EU経済・通貨統合と
ユーロ危機

星野 郁

日本経済評論社

はしがき

　ユーロ危機は過ぎた，いったい我々はこの言葉を幾度耳にしたであろうか．危機の終息が宣言されても，しばらくするとまた新たな危機が発生し，再びあたふたとその対応に追われる，そのような繰り返しが延々と続いている．ユーロ危機が最終的に克服される兆しは依然見えない．かつて欧州統合の父といわれるジャン・モネは，「危機こそがヨーロッパ統合を深化させる」との言葉を残した．しかし，統合の現状を見る限り，決して統合が望ましい方向に向かっているようには見えない．

　確かに，喧伝されたようなユーロの崩壊は生ぜず，ギリシャのユーロ離脱も今のところまだ起きていない．しかし，そのことは，決してこれまでの危機対策が有効に機能してきたことを示すものではない．幾度も際どい局面に追い込まれ，破綻の瀬戸際の切羽詰まった状況の中で打ち出された対策が辛うじて功を奏し，破綻はすんでのところで回避されるものの，しばらくするとまた危機が蒸し返される．ユーロが崩壊すれば，その経済的，政治的代償があまりにも大き過ぎるために，いかなる犠牲を払おうともユーロを救うしかない．破綻の恐怖がユーロ圏を支配し，ユーロの維持そのものが自己目的化しているといっても過言ではない．しかし，負担をめぐる深刻な政治的対立と滾（たぎ）る怒りの中で，破綻の恐怖による歯止めすら，今や危うくなりかけている．

　何よりもユーロ危機は，ヨーロッパの実体経済と社会，なかでもギリシャを筆頭とする南欧の若年層世代に，1世代に及ぶほど深刻でそしておそらくもはや取り返しのつかない打撃を与えた．危機そのものが大きな打撃を与えただけでなく，救済と引き換えにトロイカやドイツ主導の下に強制された厳しい構造調整策が，さらなる打撃となった．危機の発生以前には考えられなかったような厳しい構造調整が国民の生活の犠牲のもとに行われ，若年層を中心に未曾有の失業者が溢れ，貧困や格差が著しく増大している．危機を引き起こした張本人で真っ先に救済の対象となった金融機関とは対照的に，彼らはほとんど救済

の対象とはなっていない．深刻な不況は，多くの国々で左右両派の過激主義や反EU勢力の台頭を生んでいる．同時に，危機は，意図せざる結果として，ドイツの影響力を格段に強めることになった．通貨統合が目指していたはずの「ドイツのヨーロッパ化」ではなくて，むしろ「ヨーロッパのドイツ化」が生じることで，EUのガバナンスや統合の性格にも大きな変化が起きている．ヨーロッパ統合は重大な岐路に立たされているといっても過言ではない．

にもかかわらず，一部では「危機をばねにヨーロッパ統合は前進する」との相も変わらぬ楽観論が語られている．ヨーロッパ統合の原点は不戦の共同体の構築にあり，統合の前進に向けた不屈の強い政治的意思があるがゆえに，ユーロ危機もいずれ克服され，ヨーロッパ統合はさらなる前進を遂げるであろうと．しかし，今日ヨーロッパの統合はもはやそのような崇高な理念によって支えられているようには見えない．悲惨な戦争を経験し恒久平和の実現を理想に掲げて統合を推進してきたEU各国の政治家世代は，既に政治の表舞台から去りつつある．EU各国における政治，社会不安の増大のみならず，ロシアやイスラム世界など周辺地域との緊張も増大する一方で，冷戦終焉後に実現されたかに見えた「安定の大陸」も，今やその基盤が揺らぎつつあるように思われる．経済・通貨統合に関しては，その主要な目的はグローバル経済における生き残りにほかならない．「競い合いレジーム」を通じた市場原理の貫徹を目指すネオリベラルな路線は，統合の理念とはほとんど関係がない．むしろ各国を互いに熾烈な競争や対立関係に追いやり連帯を損なうことで，統合の理念とは相容れないようにさえ見える．ユーロにいたっては，かつての熱意に代わり，もはや引き返すに引き返せない諦めが，その存続を支えているかのようである．

なるほど，今回の危機を通じて，制度面の改革やEU機関の権限強化は著しく進んだ．特にECB（European Central Bank：ヨーロッパ中央銀行）は金融政策の運営で絶大な影響力を手に入れると同時に，新たに創設された銀行同盟（Banking Union）の下で，ユーロ圏の大手銀行の監督・規制権限も手にした．ECBは今やユーロの命運を握っているとさえいえる．ヨーロッパ委員会による加盟国の財政政策を中心とする経済政策の運営に対する監視も，格段に強化された．危機を通じて，EUの政治・経済エリートやテクノクラートによる支配が強化され，彼らがより大きな権限を手にする一方で，彼らとEUの一般市

民の距離はむしろより広がったとさえいえる．ヨーロッパ議会の権限も強化されたが，ヨーロッパ議会はヨーロッパの民意を代表する機関には程遠く，危機対策にもほとんど関与していない．

　しかも，それら制度面での統合の強化が，はたして危機の克服と再発防止につながるのかは，定かではない．危機発生の当初，危機再発防止のために提案されたラディカルな金融構造改革案は，金融機関の巻き返しやその意向を受けた独仏両政府の抵抗によって著しい後退を余儀なくされた．ユーロ危機克服の切り札とされた銀行同盟も，実態は銀行連合に近く，ユーロ圏の大手の銀行が破綻した場合，銀行危機とソブリン危機のリンクを断ち切れるかどうかについては，依然懸念が払拭されたとは言い難い．何よりも，銀行同盟の創設にもかかわらず，ユーロ圏における産業金融の担い手としての銀行の役割は，依然停滞したままとなっている．

　構造改革に関しても，トロイカや金融市場からの圧力によって一見進んでいるかのように見えた．しかし，ギリシャ危機は，「上からの革命」を通じた構造改革の限界を明らかにしたといえる．特権層の既得権益や旧来の支配構造をそのままに，一般の国民の生活を犠牲にして強行される改革は，政治的正当性を欠き，所詮持続可能ではありえない．ギリシャはいうに及ばず，スペインなどこの間改革に努力してきた国々でも，国民の間に改革疲れが窺える．他方，フランスやイタリアでは，改革は容易に進んでいない．EU当局は，サービス市場の統合や労働市場の一層の「弾力化」，アメリカをはじめとする域外有力諸国との間のFTAの締結等を通じて成長を促そうとしているが，いずれも難航し，期待されたようには進んでいない．

　そのような状況の中で，ユーロ危機対策は，既にそうであったが，ますます金融面へと傾斜しつつある．ECBによるユーロ圏の国債の大規模な購入を通じた量的緩和の推進を筆頭に，証券化市場の再生やヨーロッパ戦略投資基金の立ち上げ，資本市場同盟（Capital Markets Union）構想など，金融の力を梃子に危機からの脱出を図ろうとする姿勢が鮮明となっている．そもそも，今回の未曾有の危機のきっかけが，ユーロ導入を契機としたヨーロッパの金融機関の暴走と過剰な金融仲介にあったこと，それにECBをはじめEUの通貨・金融当局も一役買ったことを，早くも忘れてしまったのであろうか．金融危機の再

発を防止し，金融システムの安定化を図るべき ECB をはじめとする EU の当局自らが，金融市場に阿り，リスクテイキングを煽ろうとしている．大掛かりな資金注入によりデフレ懸念は収まりつつあるが，金融市場におけるボラティリティの増大やギリシャ危機によって ECB の金融政策は，非常に舵取りの難しい局面に差し掛かっている．

いずれにしても，EU やヨーロッパ統合が未曾有の危機に直面している今日，もはや希望的観測でもって EU やユーロの将来を語ることはできない．ヨーロッパ統合の現実を冷静に見据え，その意義と限界，現状の問題点や課題を明らかにすることこそが，われわれ第三国の EU 研究者が果たすべき使命ではあるまいか．本書では，そのような視点に立ち，EU 経済・通貨統合と今回のユーロの危機について，批判的な検証を試みる．

前著『ユーロで変革進む EU 経済と市場』（東洋経済新報社，1998 年）を上梓して以来，既に 17 年もの年月が経過している．前著執筆の当時，まさかヨーロッパ統合やユーロがこのような展開を見せることになるとは，予想だにしなかった．その意味で，本書は自己批判の書でもある．日本経済評論社の清達二氏には，本当に辛抱強く本書の完成を待っていただいた．編集を担当していただいた梶原千恵さんにも，厚く感謝を申し上げたい．また，本書の執筆にあたっては，数多くの方々にお世話になった．九州大学大学院で木下悦二，故徳永正二郎両先生にお世話になって以来，深町郁彌先生，本山美彦先生，関下稔先生，奥田宏司先生ら日本の国際経済，国際金融研究における最良の場で学べたことに心から感謝したい．同門木下ゼミの大先輩で日本における EU 経済研究の第一人者である田中素香先生は，常に EU 研究の導きの糸であった．本書では多くの点で見解を異にするに至ったが，先生の学恩への感謝にはいささかも変わりがない．尾上修悟先生には大学院時代以来目をかけていただき，田中先生門下で研究仲間である岩田健治先生にも長年お世話になっている．また，立命館大学に移って以来，棚池康信先生主催の関西 EU 経済研究会では，内田勝敏先生，奥村茂次先生，嶋田巧先生，岩見昭三先生，高屋定美先生，貴志幸之佑先生，豊嘉哲先生，山本いづみ先生，小西幸男先生に大変お世話になっている．本書は「立命館大学学術図書出版推進プログラム」の助成を受けた．最後に，私事で恐縮だが，10 年を超える単身赴任で妻真弓をはじめ家族には大き

な負担を掛けている．本書も家族の支えと温かい励ましがあってこそ完成を見た．記して感謝の印としたい．

2015 年 7 月 13 日

京都にて　　星野　郁

目次

はしがき

序章　ユーロとヨーロッパ統合の危機 …………………………………………… 1

第1章　ヨーロッパ経済・通貨統合とユーロ ………………………………… 15
　　　―そのネオリベラルな特質と狙い―

　　1.　通貨統合とユーロに託された期待　16
　　　　1.1　経済統合と収斂，経済成長の促進　16
　　　　1.2　EMSの非対称性の克服　19
　　　　1.3　政治統合の促進　20
　　　　1.4　アメリカの覇権に対する挑戦　21
　　2.　新古典派パラダイムによるEMU支配　23
　　　　2.1　EMUの基本的構造　23
　　　　2.2　労働市場と福祉・社会保障制度のリストラ　25
　　　　2.3　EMUをめぐる対立とドイツ・モデルの受容　27
　　3.　EUの統合戦略と経済ガバナンスの特徴　30
　　　　3.1　通貨統合を通じた動態的不均衡の創出　30
　　　　3.2　分権主義に基づく競い合い　31
　　　　3.3　責任あるガバナンスおよび危機管理主体の不在　32
　　　　3.4　統合推進の戦略的楔子としての金融統合　35

第2章　ユーロ導入以降のユーロ圏経済と構造改革 ………………………… 43

　　1.　ユーロ導入以降のユーロ圏の経済動向　44
　　　　1.1　ユーロ・ユーフォリアから構造不均衡の拡大へ　44
　　　　1.2　信用牽引型成長パターンとアングロサクソン型資本主義　50

1.3　グローバル・インバランスとの共振　55
　2.　EU の統合戦略と経済ガバナンスの問題性　58
　　　2.1　市場統合戦略の誤算とリスボン戦略の失敗　58
　　　2.2　経済構造の相違と社会モデルの多様性　62
　　　2.3　統合戦略と経済ガバナンスの欠陥　69

第3章　ユーロ圏における金融統合と金融危機　75

　1.　金融統合の進展とリスクテークの増大　77
　　　1.1　金融・資本市場の統合と国際金融統合　77
　　　1.2　ヨーロッパの銀行ビジネスの変容　80
　　　1.3　グローバルな金融仲介への関与　82
　2.　EU 通貨・金融当局による危機への関与　86
　　　2.1　銀行のリスクテークの看過　86
　　　2.2　金融統合や金融革新，金融市場の機能に対する過信　89
　　　2.3　時価主義会計と準循環効果　91
　　　2.4　EU の金融監督・規制体制の欠陥　94
　3.　ヨーロッパにおける危機の発生と展開　98
　　　3.1　グローバル金融危機からユーロ危機へ　98
　　　3.2　複合危機としてのユーロ危機　104
　　　3.3　金融ナショナリズムへの傾斜と銀行救済　110
　　　3.4　金融市場の分断と単一金融政策の機能不全　115
　　　3.5　分権的管理から集権的管理への転換　117

第4章　ユーロ危機は何をもたらしたのか　129

　1.　ネオリベラルな構造改革とその影響　130
　　　1.1　ネオリベラルな構造改革路線へのシフト　130
　　　1.2　大量失業と貧困・格差の拡大　138
　2.　危機を通じた統合の変容　146
　　　2.1　統合の「深化」とテクノクラート支配　146
　　　2.2　ECB の変貌と金融市場支配　150

3. EU諸国間の権力関係の変化　153
3.1 ドイツ化するヨーロッパ　153
3.2 独仏枢軸の後退　157
3.3 イタリアの混迷　160
3.4 危機によって揺らぐ連帯　163

第5章　銀行構造改革と銀行同盟の虚実　173
1. 危機に対する銀行部門と各国政府・EUの対応　175
1.1 危機発生以降の銀行部門の動向　175
1.2 包括的資産査定とストレステスト　181
1.3 「大き過ぎて潰せない」銀行問題　185
2. 銀行構造改革とその行方　189
2.1 リーカネン報告をめぐる攻防と帰結　189
2.2 ユーロ圏の銀行システムの構造的脆弱性　195
2.3 直接金融発展への期待と現実　203
3. 銀行同盟は危機克服の切り札となりうるか　208
3.1 オリジナルな銀行同盟と変質　208
3.2 SSMによる銀行監督・規制の限界　212
3.3 EUによるバーゼル3の骨抜き　218
3.4 大手銀行と政府・EU当局の癒着　221
3.5 破綻処理パラダイム転換と内実　226
3.6 銀行同盟の限界　230

第6章　ECB　249
　　　　　－強大化する権力と危うさ－
1. ECBの金融政策の直面するチャレンジ　250
1.1 伝統的金融政策手段の行き詰まり　250
1.2 ECBによる量的緩和の検討と実施　255
1.3 量的緩和の危うさ　263
2. 金融統合の神話　267

2.1　危機克服策として再浮上する金融統合　267
　　　2.2　リテール銀行市場の構造的差異　268
　　　2.3　資本市場同盟の問題点　271
　　　2.4　ユーロ圏の金融システムの不均質性　275
　　3.　ECBの強さと脆さ　　　　　　　　　　　　　　　　　　　　278
　　　3.1　ECB支配とドラギ・マジックの危うさ　278
　　　3.2　金融政策の運営と銀行監督・規制業務とのジレンマ　282
　　　3.3　ECBの「独裁」と高まる批判　283

第7章　ユーロ危機とヨーロッパ統合の行方……………………………　293
　　　―More Europeは危機の解決となりうるか―

　　1.　危機脱却のための成長戦略　　　　　　　　　　　　　　　　294
　　　1.1　市場統合戦略の完遂　294
　　　1.2　構造改革の最大の標的としての労働市場　298
　　2.　ネオリベラルな成長戦略の問題性　　　　　　　　　　　　　301
　　　2.1　反省なき自由化・規制緩和路線の追求　301
　　　2.2　難航するFTAと民営化　307
　　　2.3　「弾力的な労働市場」の神話　310
　　3.　ユーロとEU統合の行方　　　　　　　　　　　　　　　　　317
　　　3.1　超国家的な統合の正当性に対する疑念　317
　　　3.2　社会的ヨーロッパに立ちはだかる障害　325
　　　3.3　ヨーロッパ統合の危機とユーロの運命　328
　　むすびにかえて　　　　　　　　　　　　　　　　　　　　　　　334

　索引　344

序章
ユーロとヨーロッパ統合の危機

　ユーロ危機が発生して以来，既に5年が経過した．ユーロ危機は，2009年の暮れにギリシャで政権交代を機に財政スキャンダルが発覚し，財政破綻への懸念からソブリン危機が発生した後，2010年春に，ギリシャの救済をめぐるユーロ圏内部の深刻な対立が露呈し，ギリシャのユーロからの離脱の可能性が取り沙汰されることから始まったといってよい．ギリシャ危機は，その後ポルトガルやアイルランド，さらにはスペインやイタリアにも飛び火し，文字通りユーロ圏を震撼させ，場合によってはユーロ圏を崩壊させかねない深刻な危機となった．ユーロ危機とは，ソブリン危機に陥った国々のデフォルト（債務不履行）と，デフォルトを契機とした当該国のユーロ離脱やそれに伴うユーロ圏の金融システムの破綻，ユーロ圏の全面的な瓦解の蓋然性の高まりを指している．危機の発生以前は，ユーロ圏の瓦解はもとよりユーロ圏からの離脱も「絶対にありえない」とされたが，危機の発生以降それらの蓋然性が公然と語られるようになっている．

　ギリシャのソブリン危機で始まったユーロ危機は，特に2011年後半以降急速にエスカレートすることになった．ギリシャの第2次救済・支援交渉が難航し，容易に交渉がまとまらない中で，危機の影響がスペインやイタリアにまで広がり，いわゆるGIIPS諸国（ギリシャ，イタリア，アイルランド，ポルトガル，スペイン）の国債利回りやCDS（Credit Default Swap）レートが急騰した．こうしたソブリン危機の悪化に伴い，ユーロ圏の国債を大量に保有するヨーロッパの銀行に対する信用不安も高まり，南欧諸国の銀行を中心に預金の流出に見舞われる一方，南欧諸国以外のヨーロッパの銀行もほとんど金融市場からの資金調達が不可能となった．こうした状況は，ユーロ諸国の政治危機をも

誘発した．ギリシャのパパンドレウ首相は，EU からの圧力と国内世論の反発の板挟みの中で，EU から課せられた緊縮政策の是非を問う国民投票の実施という賭けに出ようとしたものの，内外の厳しい反発に遭って断念させられ，結局辞任に追い込まれた．長期政権を誇ったイタリアのベルルスコーニ首相も，ドイツをはじめとする他のユーロ圏諸国や国内世論，金融市場からの圧力により，屈辱的な退任を余儀なくされた．さらに，スペインのサパテロ首相も，再選の断念により事実上の辞任に追い込まれた．危機は 11 月後半に最高潮に達した．ほとんど全てのユーロ圏諸国の国債利回りの上昇とデフォルト懸念が増大し，銀行の破綻によるヨーロッパの金融システム崩壊への懸念が一気に高まり，ユーロ圏はヨーロッパ発の第 2 のリーマン・ショック発生の可能性すら取り沙汰される重大な事態に陥った．しかし，ECB の 2 度にわたるユーロ圏の銀行に対する低利で巨額の長期資金供給と，スペインやイタリアをはじめソブリン危機に瀕している国々の国債の大規模な買い支えによって，最悪の事態は辛うじて回避された．イタリアやギリシャで，モンティやパパデモスら，ヨーロッパ委員会や ECB 出身のテクノクラートが新たに首相の座に就き，緊縮政策や構造改革進展への期待が高まったことや，ギリシャの第 2 次救済・支援交渉が紆余曲折の末漸く纏まったことも，事態の好転につながった．そのため，2012 年初めには，ユーロ危機は，最悪の時期を脱したかのように見えた．

ところが，3 月以降，不動産バブルの崩壊によりスペインの銀行が抱えた巨額の損失が顕在化する．また，5 月のフランスの大統領選挙では，ドイツのメルケル首相と組んで危機の収拾に当たってきたサルコジ前大統領が敗北した．さらに，フランス大統領選挙と同日に行われたギリシャの総選挙で反緊縮派が躍進したことを受けて，再び金融市場に動揺が走ることになった．市場の関心は，ギリシャよりも，銀行危機とソブリン危機の負の連鎖に苦しむスペインと同時に，巨額の政府債務を抱え競争力の趨勢的低下に直面しているイタリアにも向けられ，両国の国債の利回りは，危機的水準とされる 7% を超えた．そうした状況に危機感を抱いたイタリアのモンティ首相とスペインのラホイ首相は，フランスのオランド大統領と組んで，6 月末の EU サミットで危機対策に消極的なドイツに強く譲歩を迫り，既に決まっていた EFSF（European Financial Stability Facility：ヨーロッパ金融安定化基金）や ESM（European Stability Mechanism：ヨーロッパ安定化メカニズム）を通じたスペインの銀行支援と併せて，ユーロ圏の銀行規制・監督の一元化を柱とする銀行同盟の実現に向け，本格的な検討を進めることでドイツの同意を取り付けた．しかし，7月に入ると，再び金融市場が動揺し始め，スペインやイタリア国債の利回りが高騰した．これに対して，ドラギECB総裁は「ユーロを救うためなら何でもすると」と言明し，条件付きながら国債を無制限に買い入れるOMTs（Overnight Monetary Transactions）プログラムを公表するなど，いわゆる「ドラギ・マジック」によって金融市場の動揺を鎮めることに成功した．2013年3月にはキプロスの銀行破綻も起きたが，比較的短期間で沈静化に向かい，2013年秋には危機の終焉も宣言された．

　ところが，2014年に入ると，ユーロ圏のデフレ懸念が強まり，各国政府による懸命な財政赤字削減努力にもかかわらず，政府や民間の債務は増大し続けた．急性の危機に代わり，慢性の危機がユーロ圏を覆い，ユーロ圏の「日本化」も囁かれた．2015年に入ると，内外に強い反対意見がある中で，ECBもついにユーロ圏の国債の大規模な購入を通じた本格的な量的緩和に踏み切らざるを得ない状況に追いこまれた．しかし，量的緩和が危機克服につながる確かな保証はない．他方で，ECBによる量的緩和は，不動産や株価など資産価格を押し上げ，債券市場のボラティリティの増大に拍車を掛け，ユーロ安によってスイス・フランやデンマーク・クローネなどの著しい騰貴を生むなど，ユーロの周辺国を動揺させている．

　今回の危機は，経済・金融面で深刻な打撃をもたらしただけでなく，政治・社会危機を誘発すると同時に，ユーロ圏各国の間で深刻な対立や緊張を生み，相互の連帯と結束に重大な亀裂を生じさせている．ユーロ圏の多くの国々の苦境を尻目に，ほとんどドイツ1国のみが危機の脱出に成功を収め，ユーロ圏最強の経済大国として救済策の主導権を握ることになった．ドイツの影響力の増大は，EUのほとんどすべての領域に及んでいる．他方，ドイツと組んでヨーロッパ統合を牽引してきたフランスは，今回の危機を通じて大きくその影響力を低下させ，イギリスは，EUそのものから遠ざかろうとしている．危機は，予期せぬ形で，「ヨーロッパのドイツ化」を促すことになった．しかも，ドイツは，危機解決のための最大の鍵を握っているにもかかわらず，危機の責任は

危機に陥った国々の経済政策運営の失敗や財政規律の欠如にあったとして，当初から一貫して救済に対して消極的な姿勢を崩していない．ドイツ国民の間には，かねてからユーロ圏が移転同盟（Transfer Union）に堕し，巨額の財政負担を余儀なくされることへの強い警戒感がある．他の EU の首脳やアメリカの説得もあって，ドイツは渋々救済に同意したものの，救済と引き換えに厳しい緊縮政策や構造改革の実施を要求し，EFSF や ESM，銀行同盟に関しても，債務の共同化（mutualization）に反対し，自国の負担をできる限り少なくするよう強い姿勢で臨んでいる．ユーロ共同債の発行はもとより，内需刺激策の実行に対しても一貫して拒否する姿勢を貫き，ECB による量的緩和の実施にも厳しい注文をつけるなど，ドイツはその頑なな姿勢を崩してはいない．

他方，ユーロ圏の他の多くの国々では，スペインなどに景気回復の兆しが見られるものの，長期にわたる緊縮政策の下で国民の不満や反発が広がっている．イタリアでは，EU からの強力な後押しを受けて鳴り物入りで誕生したモンティ政権も，そのネオリベラルな改革路線が国民の反発を受けて 1 年半足らずで退任に追い込まれ，続いて誕生したレッタ政権も短命に終わった．2014 年 3 月に誕生した現レンツィ政権も，国民の支持率は依然高いものの，容易に活路を見出せないでいる．フランスも，低成長と高失業に苦しみ，オランド大統領は不人気に喘いでいる．2015 年 1 月にフランスでイスラム・テロが起きたのも，同国のそうした経済・社会情勢と決して無縁ではない．2017 年の次期大統領選挙では，反 EU，移民排斥を掲げる極右国民戦線党首マリア・ルペンが勝利する可能性もある．2015 年 12 月に総選挙が予定されているスペインでも，反緊縮路線を掲げる政党ポデモスが急速に支持を増やしている．他方，ドイツをはじめ北部ユーロ圏諸国でも，支援を続けてきたにもかかわらず，さらなる負担を余儀なくされかねない現状に国民は不満を募らせており，ドイツでも反ユーロを掲げる政党が誕生し，支持を伸ばしている．北部ユーロ圏諸国には，ECB の量的緩和に対しても，ドイツを筆頭に反対の声が強い．

そのような状況で，3 度目になるギリシャ危機が発生した．ギリシャ経済は厳しい構造調整を経て漸く回復軌道にあったが，EU と ECB，IMF からなる，トロイカによって強制されてきた緊縮政策に対する国民の怒りが頂点に達し，2015 年 1 月に行われた総選挙では，反緊縮路線を掲げる急進左派連合スィリ

ザが勝利した．チプラス首相率いる新政権は，トロイカの緊縮路線に公然と反旗を翻し，債務減免，返済猶予救済の見直しを迫った．しかし，ドイツをはじめ他のユーロ圏諸国は，ギリシャの新政権の要求を拒否し，対立がエスカレートすることで，ギリシャはユーロ離脱寸前にまで追い込まれることになった．ギリシャ危機の先行きは余断を許さないが，離脱の場合は勿論のこと，たとえユーロに残留するにしても，この先ギリシャとその国民には長い苦難が待ち受けていることは間違いない．

こうしてユーロ危機は，経済のみならず，各国の政治や社会，そしてヨーロッパ統合そのものにも深刻な打撃を与えている．ロシアやイスラム世界との緊張，急増する移民の流入と併せ，ヨーロッパは，20世紀半ばの統合開始以来，最大の試練に直面しているといっても過言ではない．

ユーロ危機の原因については，既に膨大な分析や研究がなされている．その中で最も注目に値すると思われるのは，2012年6月に，ヨーロッパ統合に関する独立のシンクタンクであるNotre Europeから出された，「ユーロを完成させる（Completing Euro）」と題するレポートである[1]．同レポートは，ユーロの創設過程に深く関わり，ヨーロッパ委員会やECBでも辣腕を揮ったイタリアの著名な経済学者パドア‐スキオッパの名前を冠して，「トマソ・パドア‐スキオッパ・グループ・レポート」と題され，ドロールとシュミットというユーロの生みの親ともいえるフランス，ドイツの大立者の後援の下に，EUの経済・通貨統合プロジェクトの事実上のブレーンともいうべき，複数の著名な経済学者らによって作成されている．

同レポートによれば，ユーロ危機の原因として，財政規律の欠如や競争力の乖離，銀行の規制・監督の失敗，ECBによる単一金融政策運営の困難など，様々な要因が挙げられている．しかし，それらの要因は，部分的には正しいものの，ユーロ危機の根本的な原因は，結局のところ，単一の超国家的通貨であるユーロと，依然として国民国家に基づいて運営される経済政策との間の対立にあり，他のすべての危機の原因もそこから来ているとされる[2]．経済のグローバル化が進むポスト・ウェストファリアの時代にあって，ユーロはまさにそのような時代の変化に対応したプロジェクトとして創設されたものの，ユーロ圏の経済政策は未だに国民国家を基に運営されていることが，危機の根本的な

原因であり，ユーロ圏のガバナンスは，国家主権を前提とし国家間の協調と協力に基づいて運営されてきたが，もはやそのようなガバナンスは有効に機能していないという[3]．ドロールとシュミットによれば，今日指摘されているユーロ圏の問題点や機能不全のほとんどは，既にEMU（Economic and Monetary Union：経済・通貨同盟）創設の検討段階でも認識されていたが，政治的な妥協を余儀なくされた結果，理想とはかけ離れた不完全なEMUができあがってしまい，それが今回の危機に繋がったという[4]．ユーロ危機に関する原因が，財政規律の欠如など単純で矮小化された要因に帰せられることが多い中で，ユーロの創設に関わった当事者やヨーロッパの主導的な学者が，危機の原因がEMUの構造やガバナンス，経済・通貨統合のあり方そのものにあったことを自省的に認めている点で，同レポートは画期的であったといえる．

にもかかわらず，スキオッパ・レポートは，結局のところ，ユーロ危機の原因をEMUの構造やガバナンスないし経済・通貨統合の不完全さ，不十分さに帰着させている．しかしながら，マーストリヒト条約の締結に至る過程で確定されたEMUの構造やガバナンスのあり方，統合戦略は，それ自体決して不完全でも不十分でもあったわけではない．EMUそしてユーロには，明確な目的や意図が込められ，その構造やガバナンス，戦略には，当時のそして今日まで続くヨーロッパにおける国家間の力関係や社会的諸集団の間の階層・権力関係，支配的な経済思想が反映されていたのであり，まさにその中に今日の危機に繋がる諸要因が含まれていたといっても過言ではない．

1980年代のイギリス，アメリカに始まる新自由主義の台頭と，域内市場統合プロジェクトを契機とした大陸ヨーロッパへのその浸透，そして金融市場のグローバル化と巨大金融機関や機関投資家の台頭および中央銀行の権力の著しい増大，さらにはドイツの支配的な影響力を背景に，最終的に確定されたEMUの構造やガバナンスは，著しくネオリベラル色の濃いものとなった．その背景には，ヨーロッパの経済的衰退に対するヨーロッパの政治・経済エリートらの強い危機感が存在した．EMUそしてユーロは，ヨーロッパがグローバルな市場でアメリカや日本といったライバルならびに中国をはじめとする新興国との厳しい競争に勝ち抜くために，福祉・社会保障制度のリストラや労働市場をはじめとする抜本的な構造改革を促す戦略的な手段に他ならなかった．そ

れゆえ、ユーロに参加した国々は、EMU のネオリベラルな枠組みの下で、連帯や結束ではなく、熾烈なレジーム間競争を強いられることになった。然るに、そうした競争は、ユーロ圏に参加した国々の間に元々存在していた経済力格差や経済・社会構造の相違を所与として、経済構造の収斂や経済格差の縮小ではなくて、逆に経済構造や競争力、景気循環の乖離、国家間のみならず国内における社会階層間における経済・所得格差の拡大をもたらすことになった。ポスト・ウェストファリアの時代に即した制度・ガバナンスの構築といいながら、EMU は実際には国民国家同士を競わせる形となっている。

さらに、こうした統合過程は、同時に金融化（financialization）を伴うことになった。金融化とは、金融セクターが経済でより大きなウェイトを占め、経済成長の牽引車となるだけでなく、株主価値重視の経営へのシフトや時価会計制度の導入、格付制度の普及・一般化を通じて、投資家や金融市場が、経済システムにおける意思決定や運営の中枢に位置するようになることを指している。1990 年代に入り、アメリカやイギリスは、株や不動産といった資産価格の上昇に頼る、過度に金融に偏重した経済成長パターン、すなわち金融化へと著しく傾斜することになった。1990 年代後半以降、大陸ヨーロッパも、その影響を強く受けるようになっただけではなく、ユーロの導入がヨーロッパにおける金融化の趨勢を決定的なものにした。同時にそれは、通貨・金融統合を、経済統合のみならずヨーロッパ統合推進の梃子にした EU の統合戦略の帰結でもあった。

果たせるかな、ユーロ誕生の後、金融市場の統合が急速に進み、ユーロ圏内外のクロスボーダーの金融取引は飛躍的に拡大した。ユーロ圏の銀行は、イギリスやスイスなど非ユーロ圏の銀行と並んで、ロンドン経由でアメリカのサブプライム関連金融商品に対して巨額の投資を行う一方、ユーロ圏内やイギリス、東ヨーロッパ、中東などでも巨額の融資を行い、後の金融危機の発生につながる、グローバルな不動産・信用ブームの一翼を担った。グローバルな金融危機の元凶は、アメリカの投資銀行やヘッジファンドによる投機的な金融取引にあるといわれるが、ヨーロッパの大手銀行は、アメリカの金融機関に勝るとも劣らないアグレッシブでリスキーなビジネスを展開し、グローバルな金融危機の共犯者となった。にもかかわらず、アメリカ同様、ヨーロッパの金融・通貨当

局も，ほとんど規制を顧みず，銀行や金融市場主導の展開に委ねたままであった．何故なら，金融統合は，経済統合さらにはヨーロッパ統合そのものを牽引する戦略的梃子にほかならず，ユーロ圏における資金の最適な配分を実現するだけでなく，金融市場の圧力を通じてユーロ参加国に構造改革の実行を迫り，経済統合を先導することにより，経済成長の押し上げや金融政策の効率の改善に繋がる，と期待されていたからであった．それゆえ，ユーロ圏ならびにヨーロッパの通貨・金融当局は，銀行の暴走や金融市場の投機を抑制するどころか，むしろ信用バブルを統合進展の画期的な証と捉え，積極的に後押しした．

然るに，事態は突如急変する．アメリカでサブプライム・ローンの破綻をきっかけに金融危機が発生するや否や，内外で過剰なリスクをとり著しくエクスポージャー（exposure）を拡大させていたヨーロッパの大手銀行も即座に危機の道連れとなり，彼らを介して危機は瞬く間にヨーロッパにも伝播した．そして，金融危機が深化する過程で，ユーロ導入以降のレジーム競争の下でさらに拡大した経済構造の相違や競争力の格差を原因として，非対称的なショックがユーロ圏に発生した．それが経済危機のみならず，ソブリン危機や銀行危機の発生へとつながり，さらにユーロ圏各国の国内における政治的，社会的危機を誘発し，ユーロ圏諸国の間での緊張と対立を煽ることを通じて，ユーロ危機へと深化した．しかも，金融危機を引き起こした大手銀行や金融市場は，EU各国政府やECBをはじめとするEU当局の手厚い保護や支援を受けて，制裁や負担を免れる一方，その付けは巨額の政府債務となって表れることになった．その削減のために過酷な緊縮政策が求められ，南欧諸国を中心に国民の生活を圧迫し，デフレ懸念も生んでいる．その意味で，ユーロ危機は，EMUの構造やガバナンス，統合戦略の必然的な帰結に他ならない．

仮にスキオッパ・レポートのいうように，ユーロ危機の根本的な原因が，単一の超国家的通貨であるユーロと，依然として国民国家によって運営されている経済政策との対立から生じる，EMUの構造やガバナンスの欠陥，経済・通貨統合の不十分さにあると捉えるのであれば，そこから論理的に導き出される危機の克服策は，More Europe路線，すなわちユーロ圏ないしヨーロッパ・レベルでのさらなる統合の強化ということになる．現にユーロ圏の危機対策もそのような方向で進められてきた．

序章　ユーロとヨーロッパ統合の危機　　9

　危機発生以降，EFSF や ESM といった支援プログラムが EU レベルで立ち上げられ，ソブリン危機に陥った国々への金融支援が行われている．同じく，EU 加盟国の財政政策を中心とする経済政策の運営に対する監視や規律が強化され，ヨーロピアン・セメスターの下で，ヨーロッパ委員会により各国は政策の運営や改革の進捗状況について厳格なチェックを受けることになった．財政規律の強化を目的とした財政協定（Fiscal Pact）や競争力の強化を目指した Euro Plus Pact も締結された．さらに，ユーロ危機克服の切り札として，ソブリン危機と銀行危機の間の負の連鎖を断ち切り，ヨーロッパの大手銀行に対する EU レベルで監視・規制の強化を通じてユーロ圏の銀行システムの安定化を目的とした銀行同盟も創設され，既に第 1 段階の SSM（Single Supervisory Mechanism）が業務を開始している．2014 年 11 月には，向こう 3 年にわたって 3,150 億ユーロを投じて経済成長の促進と雇用の拡大を図るヨーロッパ戦略投資基金（European Fund for Strategic Investment）も立ち上げられた．ECB も，金融危機の発生以来，破綻回避のために絶大な力を振るい，危機の鎮静化に多大な貢献を果たした．ECB は，2015 年 3 月からユーロ圏の国債の大規模な買い入れを通じた本格的な量的緩和にも踏み切り，同時に ABS（Asset-Backed Securities：資産担保証券）の買入れを通じたヨーロッパにおける証券化の再生や中小企業向けファイナンスの支援も行っている．

　さらに，ユーロ危機克服のための長期戦略として，域内市場統合戦略の再強化も図られようとしている．というのも，EU 当局の認識によれば，ユーロ導入後市場統合が不十分であったために，参加国の間で経済構造の収斂や競争力格差の縮小が十分に進まず，構造的な不均一性（structural heterogeneities）が残ったままとなり，そのため ECB の単一金融政策も「ユーロ圏のすべての国にとって不適切」（"one size fits none"）なものとなった．それゆえ，市場統合戦略の完遂により構造的な不均一性を除去することが，最終的な危機の克服につながるとされる[5]．特にサービス市場に関しては，サービス産業の重要性がますます高まり，GDP に占めるウェイトも増大しているにもかかわらず，ユーロ圏ならびにヨーロッパの市場は著しく分断されたままとなっており，そのことがサービス産業における労働生産性や競争力の低さにつながり，慢性的な低成長の原因にもなっているとされる．同じく，労働市場についても，加盟国

毎に過度に保護され分断されているために競争や移動が阻まれ，それが一方における高い賃金水準と他方における高い失業の共存に象徴される，労働市場の硬直性の主因となっているとされる．さらに，金融市場も危機によって分断され，南欧の中小企業が高い資金調達コストに苦しんでいる．ゆえに，市場統合戦略を再度強化し，「真の単一市場」を作り上げることによって，危機の克服を図るべきであるとされる[6]．サービス市場に関しては，デジタル市場の統一を柱とするイノベーション同盟（Innovation Union）や，エネルギー政策の統一を目指すエネルギー同盟（Energy Union）の創設も構想されている．労働市場に関しては，より一層の規制緩和が進められようとしている．金融市場に関しては，金融サービスの自由化の推進や銀行同盟の更なる発展と並んで，ヨーロッパの資本市場の統合を目指す資本市場同盟創設の準備も進められている．さらに，こうした統合戦略を補完するものとして，リスボン戦略の後継戦略である「ヨーロッパ2020」が進行中であることに加えて，アメリカとのTTIP（Transatlantic Trade and Investment Partnership：環大西洋貿易投資協定）の締結をはじめ，FTAへの積極的な取り組みも行われている．

このように，EUないしユーロ圏は，より統合を強化し，市場原理や競争をより徹底する方向で危機の解決を図ろうとしている．しかし，はたしてそれによって危機は最終的に克服され，ヨーロッパは更なる統合への道を再び順調に歩むことになるのであろうか．

ヨーロッパ統合に関する支配的な理論である新機能主義的統合論によれば，ヨーロッパの国々が単独で解決することが困難な問題も，ヨーロッパ・レベルでより容易に解決することが可能となり，統合がアプリオリに善とされる．新機能主義的統合論が，EU当局や統合推進派の理論的支柱であることは言うまでもない．経済・通貨統合の領域では，統合過程の孕む国家間や諸社会階層間の対立や緊張関係，権力構造が捨象され，中立化され脱政治化された市場諸力が，政治統合へのスピルオーバーを介して，ヨーロッパをより高次の統合に導く合理的で理性的な存在と見なされる．同じく，EUの超国家的なエリートやテクノクラートによる支配も，彼らが合理的で理性的な存在であるという理由で正当化される．これとは対照的に，国民国家は，ポスト・ウェストファリアの時代にあって，既に主権が掘り崩されつつあるにも関わらず，偏狭なナショ

ナリズムや国益に囚われ，ヨーロッパ・レベルへの主権の移譲や統合の発展に抵抗する後ろ向きの存在と見なされる．ナショナリストやユーロ懐疑論者はもちろんのこと，ネオリベラルな統合路線に反対する国民も，ヨーロッパ統合に対する敵対者と見なされる．新機能主義的統合論は，市場原理や競争を絶対視し政府の介入を非効率と見なす，新古典派経済学とも通底している．

　しかし，新機能主義統合論や新古典派経済学の想定する架空で抽象的な世界とは異なり，現実の世界にあって市場諸力はけっして合理的でも理性的な存在でもないし，中立的でも脱政治化されてもいない．なかでも金融市場は，まさに今回の危機が示しているように，およそそのような存在であるとは言い難い．統合を推進するEUの超国家エリートやテクノクラートとて，決して特定の利害や権力関係から自由ではない．今回の危機を経てEUの意思決定の中心に躍り出たドイツも，決してEUの普遍的利害の代弁者ではない．そうであれば，彼らによって主導される統合やネオリベラルな構造改革が，多くの国々で抵抗に遭い，容易に受け入れられないでいるのは当然といえよう．EUは，危機を経て競争原理を軸とするネオリベラルな構造改革路線を再度徹底させようとしているが，完全な競争原理が支配し，最適な資源の分配や利益の極大化を可能にする，財・サービス・労働・資本に関する完全な単一市場の実現など，所詮神話に過ぎない．新機能主義的統合論は，ヨーロッパ統合と統合過程を過度に単純化ないし理想化し，現実の統合の孕む矛盾や対立，緊張を著しく軽視しているように見える．

　そもそも，ヨーロッパが直面することになった今回の危機は，アメリカ同様「フォーディズム後のレジームとして有力視されていた，金融主導型蓄積体制の限界」[7]を露呈したものであった．ヨーロッパの場合，それは80年代前半に深刻となったヨーロッパ経済の長期的停滞を打破するために，80年代後半から開始された経済・通貨統合戦略と，その下で進められてきたネオリベラルな構造改革路線の限界が明らかとなった危機でもあった．西欧資本主義の危機であるともいえる．そうであれば，たとえ統合の進展があったとしても，それによって危機が乗り越えられる保証はどこにもない．ましてや，再び金融主導のネオリベラルな統合路線への回帰によって危機の突破を図ろうとするならば，なおさらそうであろう．思えば，第2次世界大戦後のヨーロッパ統合の順調な

歩みは，安定した国際環境と長期的な成長トレンドによって支えられていた．しかし，世界が著しく多極化し，中国やインドなど新興国の台頭が鮮明となる中で，人口の減少とも相まって，ヨーロッパの衰退は必至と見られ，今回の危機はそうした趨勢を加速させている．かくして，統合の先行きは，波乱に満ちたものとなろう．ユーロ危機は，長く続く苦難の未だ始まりを告げるに過ぎないかもしれない．

　本書の構成は，以下のようになっている．第 1 章では，ユーロはどのような目的や期待を背負って登場したのか，また EMU の構造やガバナンス，統合戦略はどのように形作られ，どのような特徴を持っていたのか，について述べる．第 2 章では，ユーロの導入が経済構造の同質化や経済パフォーマンスの収斂を促す，との事前の期待とは裏腹に，ユーロ導入後参加国の間で経済パフォーマンスの乖離が顕著となり，それが信用・不動産バブルや著しい経常収支不均衡を引き起こすことによって，後の危機の一因となったことを明らかにする．また，経済の収斂が進まなかった背景には，各国の経済・産業構造の違いや競争力の格差，社会経済モデルの相違に加え，リスボン戦略の失敗によって既に明らかとなっていた，経済ガバナンスの欠陥と市場統合戦略の限界があったことを明らかにする．第 3 章では，ユーロ導入後の金融統合の目覚しい進展と，金融危機発生以降の危機の展開および当局の対応に焦点を当てる．ユーロ導入後ユーロ圏内外の金融統合が飛躍的に進み，ヨーロッパの銀行ビジネスの変容や過剰なリスクテークを促すことで危機の発生につながったこと，これに対してECB や EU の金融監督当局は，ユーロ・ユーフォリアや金融市場の自己調整的な機能への過信に囚われ，危機の発生に至る展開を阻止できず，むしろそれを助長したことを明らかにする．さらに，グローバルな金融・経済危機がヨーロッパに伝播し，ソブリン危機や銀行危機を経てユーロ危機に至る過程および危機対策の問題点について言及する．第 4 章では，ユーロ危機で最も大きな打撃を被ることになった南欧諸国を中心に，ユーロ危機および救済と引き換えにトロイカによって強制された厳しい緊縮政策がもたらした経済的，社会的影響と，危機に伴う EU の権力構造の変容，さらには EU 各国間の関係の変化について述べる．第 5 章では，危機発生以降のユーロ圏の銀行のリストラ・再編に言及し，EU 当局によって危機再発防止のために打ち出された銀行構造改革案

とユーロ危機克服の切り札として打ち出された銀行同盟について，両者の概要や課題，問題点を検証する．第6章では，今回のユーロ危機によって絶大な権限と影響力を手に入れ，今やユーロの命運を握るといわれるECBについて，金融政策の運営の問題点と同行が直面している課題を検証する．第7章では，危機から脱却するためにEUおよびユーロ圏各国でとられている，成長戦略を含む諸政策を批判的に分析すると共に，EU当局がユーロ危機から最終的に脱却するために進めているMore Europe戦略について，その問題点を批判的に検証する．最後に，むすびにかえてでは，本書全体の分析から，ユーロ危機は，経済・金融危機であると同時に，政治・社会危機でもあり，経済・通貨統合やヨーロッパ統合そのもののあり方とも深く結びついた危機であるがゆえに，危機の脱却は決して容易ではなく，今後も厳しい展開が待ち受けているとの見方が示される．

注
1) Enderlein, H., Bofinger, P., Boone, L., de Grauwe, P., Piris J-C., Pisani-Ferry, J., Rodrigues, M.J., Sapir, A., Vitorino, A. (2012), *Completing the Euro: A road map towards fiscal union in Europe* (*Report of the "Tommaso Padoa-Schioppa Group"*), Notre Europe.
2) *Ibid*., p. 9.
3) *Ibid*., p. 10.
4) Delors, J. and Schmidt, H. (2012), 'Forward', in Enderlein, H. et al. (2012).
5) Enderlein, H., et al. (2012), pp. 27-8.
6) *Ibid*., p. 28.
7) Boyer, R. (2011), *Finance et Globalisation-La crise de l'absolutisme du marché*. (山田鋭夫・坂口明義・原田祐治監訳『金融資本主義の崩壊－市場絶対主義を超えて』藤原書店，2011年，308頁）

第1章
ヨーロッパ経済・通貨統合とユーロ
―そのネオリベラルな特質と狙い―

　ユーロの誕生は，第2次世界大戦後に始まるヨーロッパ統合の歴史の中で，最も画期的な出来事の1つであった．1970年代初めの失敗を経て，1980年代末に通貨統合が再び統合のアジェンダに浮上して以降，通貨統合は経済統合と並んでヨーロッパ統合の最大の牽引車であったといっても過言ではない．経済のグローバル化や技術革新，少子・高齢化，地球温暖化といった様々な諸問題の解決に，EU 各国はヨーロッパ的次元を必要としており，ユーロは，域内市場統合を補完し，抜本的な構造改革の推進や加盟国相互の連帯の強化を促すことを通じて，ヨーロッパに繁栄と安定，さらにはヨーロッパ統合の究極の目標である政治統合への発展をもたらすものと期待されていた．加えて，対外的な次元では，ユーロがドルに対抗しうる国際通貨となることで，アメリカによる金融支配を終わらせ，対称的で安定した国際通貨システムの構築を通じて，世界経済の繁栄と安定にも寄与するはずであった．要するに，ユーロは，ヨーロッパ的次元とグローバルな次元の両方で，画期的な発展をもたらすはずであった．然るに，こうした理想や期待とは裏腹に，最終的に確定された EMU の構造やガバナンスは，著しくネオリベラル色の濃いものとなった．EMU の下で加盟国は連帯の強化ではなくて，互いに構造改革を競い合わなければならなくなった．同時に，経済・通貨統合推進の上で，金融統合ないし金融市場が重要な役割を演じることになった．こうした EMU の構造やガバナンス，統合戦略のあり方が，今回の危機と深く関わっていることはいうまでもない．そこには，1980年代初頭の英米におけるネオリベラリズムの台頭と，域内市場統合を契機とした大陸ヨーロッパへのその浸透，金融市場のグローバル化と金融化の進展，それに伴う中央銀行の権力の増大など，ヨーロッパが置かれていた構造的

ないし政治経済学的文脈が色濃く反映されていた．

本章では，通貨統合ならびにユーロが，ヨーロッパ統合のどのような政治経済学的文脈で登場し，どのような目的や構造，そして戦略およびガバナンスの特徴を持っていたのかについて概観する．

1. 通貨統合とユーロに託された期待

1.1 経済統合と収斂，経済成長の促進

通貨統合に託された期待は，第1に，経済統合を補完し，通貨統合と経済統合との間の相乗効果を通じて，単一通貨圏全体の経済成長や雇用を押し上げると同時に，単一通貨圏に参加する国々の間で経済構造や経済政策の収斂を促すことを通じて単一通貨圏の安定を強化し，長期的な存続を保証することにあった（図1-1）[1]．

周知のように，域内市場統合戦略は，非関税障壁を撤廃することによって単一市場を創出し，そこで行われる企業間競争や経営の合理化を通じて，ヨーロッパ経済を再活性化することを目的にしていた[2]．1985年から始まった域内市場統合戦略は，80年代後半には成果を挙げつつあったものの，為替レートの変動がある限り，単一市場は完全には機能しない．1979年にヨーロッパ域内における為替レートの安定を目的に創設されたEMS（European Monetary System：ヨーロッパ通貨制度）は，80年代前半の混乱を経て1980年代半ば以降安定に向かいつつあったが，域内市場統合戦略の一環である資本移動の完全自由化の暁には，不安定化も予想されていた[3]．それゆえ，単一通貨の導入により，為替レートの変動を恒久的に除去することで，完全な市場メカニズムや「規模の経済」の効果が発揮され，それが経済成長の押し上げに繋がると期待されていた[4]．単一通貨の導入によって為替取引コストや国際収支の制約がなくなり，かつ金融市場の統合が実現され，最適な資金の分配が可能になることによっても，単一通貨圏内の経済成長が押し上げられると期待されていた[5]．

他方，単一通貨圏が安定し長期的に存続するためには，単一通貨圏に参加する国々の間で経済構造や経済政策の収斂が必要不可欠の条件とされていた．もっとも，多くの実証研究によって示されていたように，ヨーロッパは，労働力

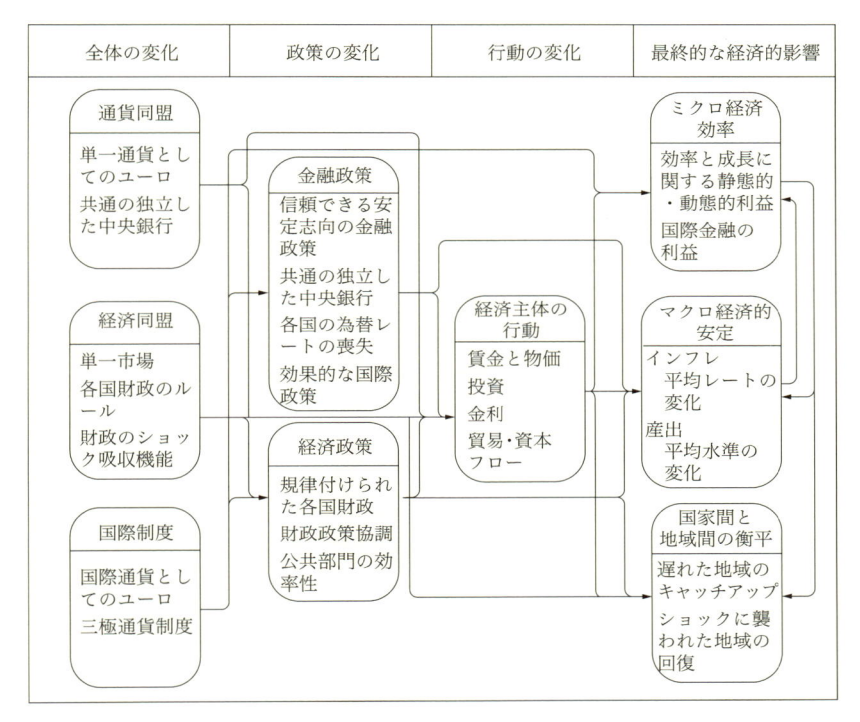

第1章 ヨーロッパ経済・通貨統合とユーロ　　17

全体の変化	政策の変化	行動の変化	最終的な経済的影響
通貨同盟 単一通貨としてのユーロ 共通の独立した中央銀行	**金融政策** 信頼できる安定志向の金融政策 共通の独立した中央銀行 各国の為替レートの喪失 効果的な国際政策	**経済主体の行動** 賃金と物価 投資 金利 貿易・資本フロー	**ミクロ経済効率** 効率と成長に関する静態的・動態的利益 国際金融の利益
経済同盟 単一市場 各国財政のルール 財政のショック吸収機能	**経済政策** 規律付けられた各国財政 財政政策協調 公共部門の効率性		**マクロ経済的安定** インフレ 平均レートの変化 産出 平均水準の変化
国際制度 国際通貨としてのユーロ 三極通貨制度			**国家間と地域間の衡平** 遅れた地域のキャッチアップ ショックに襲われた地域の回復

出所：European Commission (1990), 'One Market, One Money: An evaluation if the potential benefits and costs of forming a monetary union', *European Economy*, No. 44, p. 19 より作成．

図1-1　EMUの効果に関する図解

の高い移動性，賃金・物価の弾力性，大規模な財政資金移転などによって特徴付けられる，「最適通貨圏」の条件を満たすには程遠い状況にあった[6]．しかし，単一通貨導入の暁には，財・サービス・労働・金融市場の統合が飛躍的に進展し，生産要素の自由な移動や価格の調整を通じて経済構造の収斂・同質化が進むことにより，単一通貨圏の分裂につながりかねない非対称的ショックが生じる蓋然性は，確実に低下していくと予想されていた[7]（図1-2）．同時に，経済構造の収斂や同質化により，単一通貨圏の一体性が増すことで，金融政策をはじめマクロ経済政策の効果や効率も高まり，政策運営も容易になっていくと期待されていた[8]．

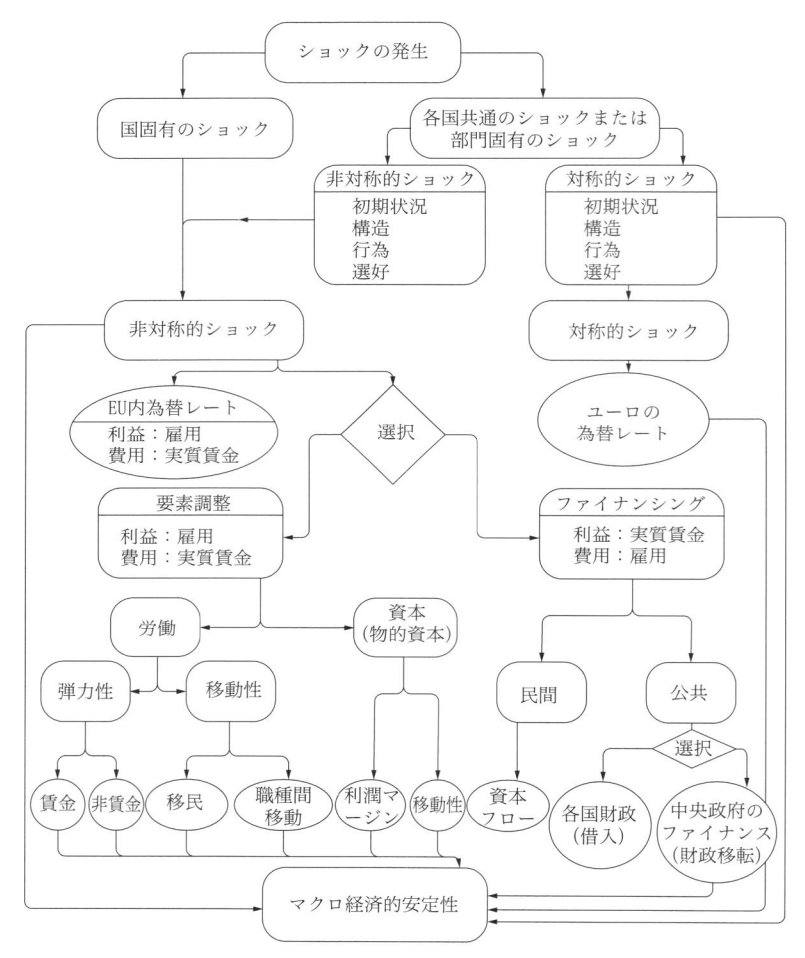

出所：European Commission (1990), 'One Market, One Money: An evaluation if the potential benefits and costs of forming a monetary union', *European Economy*, No. 44, p. 137 より作成．

図1-2　EMUの下で生じるショックと均衡化

　要するに，通貨統合が経済統合を補完し，経済統合の飛躍的な進展をもたらすことで経済成長や雇用を押し上げると同時に，経済構造の収斂や経済政策の協調を促し，非対称的ショックが発生する蓋然性を引き下げることによって，

単一通貨圏をより盤石なものにするとの期待が持たれていた．

1.2 EMSの非対称性の克服

　第2に，通貨統合の狙いは，EMSの下で顕著となった為替レート安定化のための構造調整負担の非対称性（不平等）の克服と，EMUの下でのより公平でバランスのとれたレジームの確立にあった．

　EMSによってもたらされた為替レートの安定は，域内市場統合プロジェクトならびに通貨統合再浮上の契機となり，70年代初め以降後退にあったヨーロッパの経済・通貨統合を再度軌道に乗せる上で決定的な役割を果たした[9]．しかし，他方で意図せざる結果として，ドイツ・マルクがEMSの下での支配的通貨となり，ドイツ連邦銀行が事実上ヨーロッパの金融政策を牛耳ることになった．ドイツ・マルクがEMSの支配通貨となった背景には，世界が70年代の高インフレを経て80年代にディスインフレの時代へと移行し，同時に金融市場のグローバル化の進展により，中央銀行の金融政策の持つ影響力が格段に強まる中で，通貨価値の安定を何よりも重視するドイツ連邦銀行の金融政策が，金融市場や投資家の厚い信頼を集めたことがあった[10]．ドイツはEMSの下で独立した金融政策運営の自由と為替相場の安定による利益を享受する一方，フランスをはじめ他のEMS参加諸国は，ドイツ・マルクに対して自国通貨の安定を保つために，一方的な調整の負担を余儀なくされることになった．オランダをはじめ，ドイツの「衛星国」と呼ばれるドイツ周辺の小国は，ドイツ・マルクに対する厳格なペッグにより金融政策や為替レート政策の自立性を以前から既に放棄していたため，「ドイツ支配」は取り立てて問題とはならなかったが，フランスやイタリアといった大国にとってはそうではなかった．両国にとってEMSの下での長期にわたるディスインフレ政策の実行は，長期にわたる不況と高失業，そしてドイツの金融政策への屈服という大きな代償と屈辱を伴うものであり，特にフランスにとっては我慢のならないものであった[11]．EMSの下での調整コストの不均等な配分やドイツを頂点とするその階層的構造は，ドイツ連邦銀行はともかく，ドイツ政府にとっても政治的な観点から見て決して好ましいものではなかった[12]．フランスやイタリアは，EMSに代わるより公平でバランスのとれたガバナンスを可能とする新しい通貨レジームの

構築を強く望んでいた．加えて，80年代末の冷戦体制の崩壊によりドイツ再統一の機運が急速に高まる中で，ドイツの封じ込めやドイツのヨーロッパ化も強く意識されるようになった．それゆえ，フランス，イタリア両国にとってまさに通貨統合がそのための最大の戦略的手段となった[13]．金融政策固有の領域では，ヨーロッパ中央銀行を創設し，理事会で多数派を握ることで，ドイツ連邦銀行の支配を終わらせ，通貨価値の安定に偏った政策をより経済成長や雇用志向のそれに転換することが意図されていた[14]．

1.3　政治統合の促進

通貨統合に託された期待の3番目は，政治統合の促進であった．周知のように，ヨーロッパ統合の究極の目標は，政治統合の実現にあった．しかし，1950年代には国家主権の厚い壁に阻まれて，政治統合プロジェクトの目玉であったヨーロッパ防衛共同体構想は失敗に終わった．そのため，統合推進派は，経済統合に活路を見出し，経済統合の推進を通じて政治統合推進の機運が熟す機会を窺う戦略へと転じ，以来経済統合がヨーロッパ統合の中心に位置することになった．経済統合の延長上に位置する通貨統合に，政治統合促進の期待が託されていたことはいうまでもない．ヨーロッパ・レベルへの金融政策の主権の移譲を伴う通貨統合は，財政統合や政治統合推進の契機となり，ヨーロッパ統合に新たな発展のダイナミックスをもたらすと期待されていた[15]．

もっとも，政治統合一般はもとより，特に通貨統合の実現に伴う政治統合の進展が具体的に何を意味するのかについては，決して当事者の間で明確な意見の一致を見ていたわけではない[16]．80年代後半に支配的であった見方によれば，政治統合の進展とは，より大規模な財政資金移転を可能にする財政同盟の創設をはじめとする，経済政策のより緊密な協力や，より多くの経済政策権限のヨーロッパ・レベルへの移譲を意味するものと解釈されていた[17]．また，ヨーロッパの社会民主主義グループや労働組合など中道左派勢力にとって，政治統合の進展とは，連帯と公正に根ざしたヨーロッパの社会モデルの強化，とりわけ社会的対話（social dialogue）の強化を通じたより多元的で民主的なガバナンスへの移行やヨーロピアン・アイデンティティの強化を意味していた[18]．

他方，これとは対照的に，ドイツ，特にドイツ連邦銀行にとって，政治統合

の進展とは，通貨価値の安定を志向する金融政策の遂行，ならびにそれを支援する健全な財政政策の運営に，民主主義的な正当性を提供する政治同盟の設立を意味していた[19]．というのも，そのような政治同盟なしには，将来のヨーロッパ中央銀行は，絶えず金融緩和や財政ファイナンスの圧力に曝され，長期的な物価の安定や通貨統合の存続を困難にすると思われていたからである．こうした懸念が，ドイツをしてヨーロッパ中央銀行の独立性や厳格な財政規律設定の要求へとつながっていく．ドイツは，ヨーロッパ・レベルでの大規模な財政資金移転に対してはもとより消極的であった．

要するに，政治統合といっても，それが意味するところは極めて曖昧であった．にもかかわらず，通貨統合が政治統合推進の契機となり，同時に単一通貨圏の安定と長期的な存続のためには，政治統合の進展が必要であるという点で，統合推進派の認識は一致していた．

1.4 アメリカの覇権に対する挑戦

最後は，アメリカの覇権に対する挑戦である．アメリカの通貨・金融支配からの脱却と対称的な国際通貨・金融システムの確立は，60年代からのヨーロッパの悲願であり，なかでもフランスがその最も熱心な唱道者に他ならなかった[20]．単一通貨の導入により，アメリカに支配される国際通貨・金融システムの非対称性を克服し，ヨーロッパが国際舞台でより大きな影響力を持つことにより，世界経済の安定と成長により積極的に貢献すると同時に，自らの国際的地位の強化を図ることが，通貨統合の対外的な次元における中心的な狙いに他ならなかった[21]．

60年代後半，基軸通貨国として国際収支規律を顧みないアメリカのせいでドル危機が頻発し，その度にヨーロッパ域内の為替レートの安定が揺さぶられ，フランスが重要な利害を有する共通農業政策をはじめ経済統合の成果もリスクにさらされることになった．フランスが主張した抜本的な国際通貨制度改革はアメリカの反対に遭って実現せず，60年代末にドル危機に対するヨーロッパ・レベルでの対抗策として通貨統合が打ち出されたものの，ブレトンウッズ体制の崩壊や経済政策をめぐる深刻な対立によって，計画は70年代初めに早々と失敗に終わった．ブレトンウッズ体制崩壊後もヨーロッパは「ドル本位制」

の下で気まぐれなドルの変動に翻弄されることになった．そのため，最終的にアメリカとの政策協調に見切りをつけたドイツとフランスの主導の下に，70年代末に不安定なドルの動きからヨーロッパ域内の為替レートの安定を守る防衛手段として EMS が創設された[22]．EMS の成功を経て再度浮上することになった通貨統合が，ドル支配に対する挑戦を意図したものであったことはいうまでもない．単一通貨誕生の暁には，ドルに対する有力なライバルが出現することで，グローバルなポートフォリオにも変化が生じ，アメリカも国際収支規律の遵守とドルの安定に努めざるを得なくなるだろうと予想されていた[23]．加えて，単一通貨誕生の暁には，政治統合の進展にも支えられて，EU ないし単一通貨圏が，国際舞台で1つの声で語ることができるようになり，国際的なマクロ経済政策協調や危機管理，国際金融アーキテクチャーの改革に関して，ヨーロッパがより積極的でより大きな役割を担うようになると期待されていた[24]．さらに，通貨統合には，金融市場の統合を通じてヨーロッパに巨大な単一金融市場を創り出し，それによって80年代以降の金融市場のグローバル化の下で国際通貨ドルと巨大なドル建て金融市場の存在を背景に，著しい競争優位を手に入れることになったアメリカの金融覇権に挑戦する狙いも込められていた．

もっとも，国際的なマクロ経済政策協調や危機管理，国際金融アーキテクチャーの改革にどのように関与すべきかについて，EU 内では必ずしも明確な意見の一致を見ていたわけではなかった．そうであれば，国際舞台で1つの声で語ることも，決して容易なことではなかった．他方，通貨統合に対するアメリカの反応は，概して冷淡なものであり，単一通貨の誕生はもとより，その長期的な存続可能性についても，フェルドシュタインに代表されるように，極めて懐疑的な意見が多数派を占めていた[25]．アメリカの金融覇権に対するヨーロッパの挑戦についても同様で，通貨統合とそれに続く金融統合は，アメリカの金融覇権に対する挑戦どころか，むしろヨーロッパのアメリカへの従属をより強化するものになると見られていた[26]．

このように通貨統合そしてユーロには多くの期待が込められていた．しかし，それらの期待がそのまま EMU の構造やガバナンス，統合戦略に反映されることになったわけではなかった．実際には様々な利害の対立や熾烈な政治的駆け引きの中で，EMU の構造やガバナンス，戦略が形作られていくことになる．

2. 新古典派パラダイムによる EMU 支配

2.1 EMU の基本的構造

　通貨統合は，経済統合と共に参加国の構造改革を推し進め，経済の再活性化を図る戦略的手段であった．というのも，域内市場統合と単一通貨が組み合わされた単一通貨圏の下では，各国単位の金融政策の遂行や為替レートの調整がもはや不可能になるために，抜本的な構造改革の推進が不可避になると考えられていたからである．しかし，そうであればこそ，各国に裁量的な政策運営の余地を残すと同時に，構造改革に関する国民的コンセンサスの形成，さらには単一通貨圏参加各国間におけるより緊密な政策協調や協力が重要であった．例えば，各国に裁量的な政策運営の余地を残しておくことは，各国に固有の経済ショックが発生した際に，これに対処しその影響を和らげることを可能にする．また，痛みの伴う構造改革を実行するためには，改革の必要性に関する幅広い合意形成や当事者の同意が不可欠となる．各国間におけるより緊密な政策協調や協力に関しては，個々の国ではもはや解決が困難な問題や課題に対してヨーロッパ・レベルで共同して取り組むことで解決がより容易となり，同時にそれによってお互いの連帯意識も深まり，単一通貨圏の政治基盤も強化される．そうなれば，非対称的なショックに対処するための，ヨーロッパ・レベルでのより大規模な財政資金移転拡充の可能性も広がり，単一通貨圏の経済基盤も強化される．加えて，国内における社会的連帯とヨーロッパ・レベルでのそれが有機的に結びつくことによって，社会的ヨーロッパや更なる政治統合発展の道も開かれる．これが当初思い描かれていた，通貨統合を契機としたスピルオーバー，ヨーロッパ統合のダイナミックな発展のありうべき姿であった[27]．

　然るに，最終的に確定された EMU の構造からは，各国における裁量的な経済政策を行使する余地や単一通貨圏に参加する国々の間での連帯と結束の強化，そして社会的ヨーロッパへの発展の契機は，すべてとはいわないまでも，その多くが取り除かれることになった．代わりに，EMU の基本的構造を特徴付けることになったのは，マクロ経済政策の運営に関する厳格な枠組みと縛り，自己責任・自助努力に基づく競い合いレジーム，すなわち新古典派経済学ないし

マネタリスト的なパラダイムの制度化であった．マクナマラによれば，それはEMSの成功を支えたネオリベラルなコンセンサスの延長上にある，ドイツ・モデルのEMUバージョンに他ならなかった[28]．

EMUでは，専ら通貨価値の安定とそれを保障する厳格なマクロ経済的枠組みの確立に重点が置かれ，経済成長や雇用を重視する裁量的なマクロ経済政策行使の余地は著しく狭められることになった．例えば，アメリカのFRBのように，世界の中央銀行の多くが，通貨価値の安定と並んで経済成長や雇用にも関心を払うよう求められているのに対して，ECBは，通貨価値の安定を最大の目標とし，中央銀行テクノクラートによる金融政策の遂行を容易にするために，制度上完全な独立性が与えられることになった．ECBによれば，中央銀行が金融政策を通じて実現可能なのは，物価水準の安定だけであり，物価水準の安定が達成されて初めて持続的な経済成長や雇用の拡大も可能になるというのであった[29]．また，ECBによる通貨価値の安定を目標とする金融政策の遂行に障害とならないように，単一通貨圏への参加国には，財政の健全化も求められることになった．財政の健全化は，周知のようにユーロ参加の条件とされただけでなく，ユーロ参加の後も，安定成長協定（Stability and Growth Pact）の締結により，参加国は「過剰な財政赤字」を出さないように，財政規律の遵守が求められることになった．財政政策に関しては，各国レベルでの裁量的な政策展開の余地が封じられ，他方で，ユーロ圏レベルでの財政資金移転の大幅な拡充も行われないなど，財政のショック・アブソーバー機能は著しく低下することになった．

同時に，各国政府，企業，労働者は，単一通貨の導入によって完成される単一市場の下で厳しい競争にさらされることが予想された．しかし，EMUに具現化されることになった新古典派経済学のパラダイムによれば，まさにそのようなレジーム間競争を通じて，財やサービス，労働市場の硬直性が打破され，柔軟でダイナミックな経済構造が創生されると同時に，産業構造の相違や競争力格差の是正も期待されるなど，競争ないし市場を通じた調整・均衡実現メカニズムに対して，過度に楽観的な期待と信頼が寄せられていた（図1-2）[30]．さらに，通貨統合に伴う金融市場統合の進展により，金融市場の厚みや流動性が増し，取引コストの低下やリスクの分散が可能になると同時に，国民経済の

枠による貯蓄制約が打破され，ユーロ圏レベルで最適な貯蓄の分配が実現されることによって，経済成長も促進されるという，新古典派経済学の成長モデルに基づく金融統合のメリットも語られていた[31]．デ・グラウベによれば，そのようなシナリオは，ユーロ圏が新古典派総合（New Classical Synthesis）の世界にフィットするとの仮定に基づいていた．市場原理に全幅の信頼を置き，国家の役割や介入を排除することが理想的な結果を生むとされ，そのような仮定が実現されるのであれば，問題は自動的に消滅し，ユーロ圏は政治統合に進む必要などほとんどなかった[32]．新古典派パラダイムによれば，EMUにおける国家ないしEUの役割は，規制緩和や自由化の推進を通じて競争と市場原理を貫徹させることにあり，それによって最適な成果がもたらされるとされる．国家そしてEUは，政治的・イデオロギー的に完全に中立で脱政治化され，あたかもテクノクラートのような役割を演じる，いわばハイエク的な世界が想定されていた[33]．

2.2 労働市場と福祉・社会保障制度のリストラ

EMUの基本的構造とその新古典派パラダイムに基づいて構造改革を進めるにあたって，最大の標的と見られていたのは，労働市場と福祉・社会保障制度であった．

ヨーロッパは，70年代初めまでほぼ完全雇用に近い水準にあったが，70年代半ば以降失業率は急速に悪化し，以後ヨーロッパは慢性的な高失業に悩まされることになった．域内市場統合戦略も，雇用問題の打開にはつながらなかった．90年代に入ると，ヨーロッパにおける構造的な高失業の原因として，硬直的な労働市場と行き過ぎた福祉・社会保障制度がやり玉に挙げられるようになった．すなわち，労働市場に関しては，解雇やレイオフ，労働時間，有期雇用の制限に見られるような雇用の厳格な保護，低技能の労働者の雇用に際して適用される高い最低賃金水準，産業別賃金交渉制度の下で労働組合主導によって決定される画一的で高い賃金水準とその下方硬直性，労働者の職種や地域間での低い移動性等が問題とされた．他方，福祉・社会保障制度に関しては，寛大な失業給付や年金制度，非賃金コストの上昇を招く重い租税（給与税）や社会保険料負担等が問題視された．そして，こうしたヨーロッパの労働市場の硬

直性や行き過ぎた福祉・社会保障制度が，企業の採用意欲と同時に労働者の就労意欲を失わせ，ヒステレシス（履歴効果）と相俟って，失業を高水準に留め置き，他方短い労働時間や相対的に低い就労率も経済成長低迷の一因にもなっているとして，OECDやIMFらによって厳しく批判されることになった[34]．その際，比較の対象とされたのがアメリカであった．アメリカの労働市場は，先進国の中で最も規制が緩やかで，景気動向や企業の業績に応じて弾力的に労働者の解雇やレイオフ，賃金水準の調整が可能で，労働力の職種間や地域間での移動性も高く，雇用調整がスムースに行われる柔軟な構造を有していること，また，失業給付の水準が低く期間も短いことや，雇用に際して企業の租税・社会保険料負担が軽いことも，低失業の理由とされた[35]．

よって，ヨーロッパが，高失業を解消するためには，アメリカに倣って労働市場の弾力化を推し進めることが肝要であり，なかでも産業レベルでの画一的な賃金決定に代わり，企業レベルでの分権的な賃金決定への移行と，それを通じた賃金の労働生産性上昇率以下への抑え込み，厳格な雇用保護規制（特に正規雇用労働者に対するそれ）の緩和とそれによる若者や女性といった労働市場の限界層の雇用機会の拡大が重要であるとされた．同時に，ヨーロッパの場合，行き過ぎた福祉・社会保障水準の引き下げも必要であり，失業給付水準の引き下げや期間短縮，給付基準の厳格化，早期退職制度の廃止，年金給付の減額や給付開始年齢の引き上げ，労働への課税や雇用者の社会保険料負担の引き下げなども課題とされた[36]．

そして，単一通貨圏の下では，もはや名目為替レートの調整が不可能となり，非賃金コストを含む労働コストの上昇は，当該国の対外競争力を趨勢的に悪化させ，非対称的なショックを発生させることにつながりかねない．なかでも，南欧諸国の場合，労働市場の硬直性が強く指摘され，南欧諸国はこれまで競争力の低さや敵対的な労使関係，徴税システムの不備に象徴される政治・社会構造の脆弱性から，インフレを通じた政府債務の削減と並んで，名目為替レートの切り下げを通じて競争力の改善を図っていた[37]．然るに，ユーロに参加の暁には，もはやそのような手段を講じることは不可能となり，かつ構造改革が遅れれば遅れるほど，最終的な調整コストも大きくなる．よって，こうした単一通貨圏の下での厳しい拘束が，EUの東方への拡大に伴う労働コストの低い東

ヨーロッパの国々からの競争圧力の増大と併せて，労働組合や国民の抵抗を抑え込み，労働市場の弾力化や福祉・社会保障制度のリストラクチャリングを促すと期待されていた[38]．

2.3 EMUをめぐる対立とドイツ・モデルの受容

EMUの構造ならびにパラダイムには，このように新古典派経済学ないしはネオリベラルな色彩が濃厚であった．それは，通貨統合に託された多くの期待，とりわけケインズ主義政策による成長促進を望むフランスやイタリア，さらにはEUの多くの国々における社会民主主義勢力や左派の期待とは大きく異なるものであった．何故そのような構造ないしパラダイムが最終的にEMUに組み入れられ，制度化されることになったのであろうか．そこには，EMUをめぐるポリティックスと，結果としてのドイツ・モデル――但し，共同決定制度に象徴されるコーポラティズム的なそれではなくて，まさにその対極に位置するネオリベラルなモデル――の受容があった．

既に述べたように，フランス，イタリアらにとって，EMUは，ドイツ支配からの脱却を図り経済政策をより経済成長や雇用促進に向けさせるための戦略的手段に他ならなかった．しかし，ドイツは，EMU実現のための検討委員会（「ドロール委員会」）の実質的な主導権を握ることにより，最終報告書には，ECBの金融政策の第一の目標を通貨価値の安定に定め，その目的の追求のためにECBには完全な独立性が保障されること，また財政政策についてもECBの金融政策の運営の妨げにならないよう，健全な運営に努めるとの文言が盛り込まれることになった[39]．ドロール委員会は，主にヨーロッパ各国の中央銀行総裁から構成され，彼らは70年代の著しいインフレを経験した中央銀行家としてインフレを最も重大な問題と見ていた．にもかかわらず，政府の圧力によって緩和的な金融政策の運営を強いられていたことから，高度の独立性を享受し「インフレ・ファイター」として華々しい成功を収めていたドイツ連邦銀行を羨望の眼差しで見ていた[40]．1989年4月に出されたドロール委員会最終報告は，当時のEC首脳会議で承認され，マーストリヒト条約で確定されるEMUの基礎を提供することになった．1991年12月のマーストリヒトでの首脳会議では，ドイツは，EMU最終段階以降の日付の確定の承認と引き換え

に，単一通貨圏への参加条件（収斂基準）を設けることを要求し，条約に盛り込まれることになった．さらに，マーストリヒト条約の条項だけでは財政規律の確立に不十分と見たドイツは，後に安定成長協定の締結も要求した．フランスやイタリアにとって，ドイツの参加しないEMUはおよそ無に等しかったことから，両国はドイツの要求を次から次へと受け容れることになった．

こうして，ドイツは，マルクの放棄という代償を払ったものの，EMUのあり方に関して，自らの要求のほとんどを他のEU諸国に受け容れさせることに成功した．EMUは，ドイツという鋳型にはめ込まれて作られたといっても過言ではない．皮肉なことに，フランスやイタリアにとって，ドイツ支配からの脱却を目指すはずが，むしろ逆の展開となった．ECBはまさにドイツ連邦銀行のコピーに他ならず，独立性が保障されるとはいうものの，金融政策の目標や運営のコンセプト，組織および人事においても，ドイツの強い影響下に置かれることになった（少なくとも，危機の発生前までは）．フランスのミッテランは，後にヨーロッパの通貨の管理をドイツ型の独立の中央銀行に委ねたのは誤算であったと認めた[41]．財政政策に関しても，経済成長や雇用に焦点を当てたヨーロッパ・レベルでのケインズ主義的な政策実施の道は封じられることになった．ドイツは，第1次世界大戦後の超インフレのトラウマや1970年代末のアメリカの強い要請に基づいて行われた財政拡張政策の苦い失敗の経験もあり，ケインズ政策の有効性に対しては著しく懐疑的であった．

とはいえ，EMUにはドイツの意向のみが反映されていたと考えるのは早計である．既に述べたように，ネオリベラルなEMUの構造には，新古典派経済学のパラダイムが色濃く反映されていた．ヨーロッパの主流派経済学者の多くがネオリベラルなEMUを支持していたことは間違いない．同じく，統合推進派の代表格として，EU官僚（ユーロクラット）を挙げることができる．EU官僚の場合，自らの権力・権限の拡張が統合の進展と不可分に結びついていただけではない．単一ヨーロッパの実現に向けた彼らの熱意や信念は，市場万能論ないし予定調和論を奉ずる新古典派パラダイムとも見事なまでに一致していた．その典型が，EU官僚として単一市場の実現に辣腕をふるい，後にイタリアの首相にもなったマリオ・モンティである．さらに，独立した中央銀行による通貨価値の安定重視の金融政策の運営には，EU各国中央銀行に加えて金融

市場の強い支持も存在した．70年代末以降の世界的なディスインフレの進行や金融の自由化・規制緩和の進展により，金融市場は強大な権力を有するようになった．中央銀行をして通貨価値の安定重視の政策へと向かわせ，金融政策の影響力や中央銀行の権力を高めたのも，金融市場ならびにその有力な構成員である大手金融機関やグローバルな投資家層に他ならない[42]．最後に，ネオリベラルなEMUには，グローバル志向に傾斜し，厳しい国際競争を勝ち抜くために福祉国家のリストラを望むヨーロッパの産業界の意向も強く働いていた．域内市場統合戦略にも元々ネオリベラルな要素が含まれていたが，1980年代半ばにそれが始まった時には，ヨーロッパ域内における寡占間競争の促進と並んで，経済のグローバル化による負の影響からヨーロッパの社会モデルを守ることも同時に意識されていた．しかし，1980年代に英米で台頭したネオリベラリズムが大陸ヨーロッパにも浸透し，90年代半ば以降はアメリカ経済の活況を背景に，大陸ヨーロッパでもアングロサクソン型資本主義の影響が著しく優勢となった．こうした変化を背景に，ヨーロッパの産業界における統合推進の主体も，かつての国内もしくはせいぜいのところ汎ヨーロッパ志向であった企業グループから，グローバル志向の企業グループへと移ることになった[43]．これらの企業は，もはやヨーロッパの社会モデルの擁護にそれほど拘泥せず，むしろグローバルな競争に勝ち残るために，EMUの下でのレジーム間競争を通じた，労働市場の弾力化や福祉国家のリストラを強く望んでいた．

　然るに，社会民主主義グループや労働組合をはじめとする中道左派も，こうしたネオリベラルな色彩の濃厚なEMUや通貨統合に積極的に参加することになる．彼らは，ネオリベラルなEMUに対して公然と反旗を翻すのではなく，敢えて統合に関わり社会的対話やマクロ経済対話といった手段を通じて内部からEMUの変革を目指す道を選んだ．ヨーロッパの中道左派にとって，EMUないし通貨統合への参加は，ヨーロッパの社会モデルを強化するための戦術的妥協に他ならなかった[44]．然るに，彼らの要求は，社会労働憲章やアムステルダム条約，そしてヨーロッパ雇用戦略およびリスボン戦略に部分的に採り入れられたものの，EMUの基本構造を策定する過程からはほとんど排除されることになった．EMUの構造を規定したマーストリヒト条約そのものが，ネオリベラルな構造・制度改革を指向している中で，敢えてそのような流れに加わる

ことは，戦術上大きな問題を孕んでいた[45]．

こうして，経済・通貨統合をめぐる政治的，社会的文脈の中で，EMUの構造には，ドイツのそれと並んで，グローバル指向のヨーロッパの産業界，金融市場や大手金融機関，そして統合そのものの発展に決定的利害を有するEU官僚の意向が，色濃く反映されることになった．EMUならびに通貨統合は，内部に様々な潜在的利害の対立や緊張を抱え，およそ新機能主義が唱えるような予定調和が約束されたものとは程遠いものとなった．そのようなEMUならびに通貨統合の孕む矛盾や対立が，後に危機を招来しかつ増幅することになる．

3. EUの統合戦略と経済ガバナンスの特徴

3.1 通貨統合を通じた動態的不均衡の創出

EUの統合戦略ならびにガバナンスのあり方も，EMUのネオリベラルな構造と並んで，後の危機の発生に重要な役割を演じることになる．

1960年代の末にEMU構想が最初に持ち上がった際に，経済・通貨統合戦略の進め方をめぐって，マネタリストとエコノミストと呼ばれる2つの統合戦略が鋭く対立した．両者の対立は，EMUの最終段階（為替平価の最終的固定）に至る際に，通貨・金融面での制度・機構の創設が先か（マネタリスト），経済ファンダメンタルズや経済政策の収斂が先か（エコノミスト）をめぐる対立で，フランスやイタリアらはマネタリスト戦略を支持する一方，ドイツはエコノミスト戦略を支持した．マネタリストとエコノミストの対立は統合戦略のあり方をめぐる原則的な対立であったが[46]，初期のEMU構想は失敗に終わったことから，両戦略の対立には結局決着がつかなかった．

80年代の末になって再び通貨統合構想が浮上した際に，両戦略の対立は漸進主義アプローチとビックバン・アプローチの対立という形で現れることになった．前者は，経済ファンダメンタルズ，とりわけインフレ率や経済政策の収斂を漸進的に推し進め，収斂が十分になった段階で初めて単一通貨の導入がなされるべきであると主張した．漸進主義アプローチは，エコノミストのそれと同じで，ドイツの主張にほかならなかった．これに対して，ビックバン・アプローチは，そのような漸進的アプローチでは，移行期における混乱やリスクを

完全に排除することができないばかりか,最悪の場合通貨統合の実現を不可能にしかねないと批判し,移行期のリスクをなくし,経済収斂を進める誘因を提供するためには,通貨統合を一挙に推し進めるのが最善であるだけでなく,唯一実行可能なアプローチであると主張した[47]. ビックバン・アプローチは,形を変えたマネタリスト戦略であり,フランスやイタリアの主張にほかならなかった. 両国は,EMU の構造やコンセプトに関して,ドイツから如何に譲歩を迫られようとも,通貨統合の実現を最優先することを強く望んでいた[48].

そして,熾烈な交渉や駆け引きを経て最終的に確定された統合戦略は,ビックバン・アプローチに近いものとなった. ユーロへの参加には,ドイツの要求によって収斂基準のクリアが必要とされたものの,ユーロ導入の期限が示されたことで,ドイツは本質的な譲歩を行ったといえる. 実際,通貨統合に参加する国々の間で経済構造や経済政策の収斂が不十分であることは明らかであった. ドイツの要求した収斂基準も,所詮名目的なものに過ぎず,収斂基準をクリアしているかどうかの判断は,恣意的に行われただけでなく,後に明らかになったように,報告された数値そのものが意図的に操作されていた. ユーロ圏が最適通貨圏でなかったことは最初から明白であった. しかし,EU は決して最適通貨圏の条件を満たしていたから通貨統合に進んだわけではない. ユーロの導入によって,動態的な不均衡を意図的に創り出し,それによって経済統合を一挙に前進させること,換言すれば,通貨統合を通じて最適通貨圏としての条件を自ら創り出すことに最大の狙いがあった. 要するに,通貨統合というある種のショック療法を通じて,経済統合さらにはあわよくば政治統合を一挙に推し進めようというのが,EU の統合戦略の核心にほかならなかった[49].

3.2 分権主義に基づく競い合い

EMU の下で構造改革を進める際に,EU が採用したガバナンスの特徴は,分権主義に基づく競い合いにあった. 周知のように,EU では,分野によって統合の度合いと政策の権限が異なっている. 金融政策と通商政策は共通政策としてその権限は EU に属するが,それ以外の分野に関しては,財政政策のように EU からの監視・制約を受ける分野もあるものの,基本的には各国の主権と責任の下に運営され,各国は,自己責任や自助努力に基づいて,互いに改革を

競い合うことになる．ドイツの中道左派社会民主党党首のガブリエルによれば，ネオリベラル志向の EMU の推進者にとって，EMU は，何よりも競争同盟（Wettbewerbs-Union）であるべきで，競争の妨げとなる余計な緩衝装置など設けずに互いに改革を競わせ，それを通じて税や社会保障負担，賃金の引き下げを図ることが重要と見なされていた[50]．

　ユーロの導入と並行して，ヨーロッパ雇用戦略の後継としてリスボン戦略も新たに打ち出され，新しいガバナンス方式として OMC（Open Method of Coordination：開かれた協調方式）が採用されることになった．後述のように，リスボン戦略には，世界最高水準の競争力の達成や，質の高い職による完全雇用の実現と並んで，社会的連帯の強化が目標に掲げられ，社会的ヨーロッパの発展のためのいくつかの企ても組み込まれた．にもかかわらず，ガバナンスの中心におかれたのは，ここでも競争原理に他ならなかった．各国における構造改革の取り組みと改革の進捗状況は，ベンチマーキング（benchmarking）により各分野で細かくランク付けされ，各分野ないしトータルで最も優れた成果を挙げた国の成功事例（best practice）を，他の国々が改革の模範とし，その事例に到達すべく，仲間内の圧力（peer pressure）や相互の監視を通じて改革を競わせるというのが，リスボン戦略のやり方であった．しかし，OMC に基づくこうしたガバナンス方式は，連帯や協力の契機が希薄である一方，特に改革の不十分な国に対して，改革推進のための誘因を提供する，ないしは改革実行に向けて効果的な圧力を課すという点で，極めて不十分なものであった．はたせるかな，リスボン戦略は失敗に終わることになる．

3.3　責任あるガバナンスおよび危機管理主体の不在

　EU およびユーロ圏の経済ガバナンスのもう 1 つの特徴ないし問題点は，責任あるガバナンスおよび危機管理主体の不在であった．

　EU の通貨・金融分野におけるガバナンスや管理は，補完性の原理に基づき，分権的に行われていた．ユーロ参加国の場合，金融政策は ECB によって統括されるものの，金融機関の監督・規制は引き続き各国の金融監督当局や中央銀行によって行われることになった．また，ユーロの対外為替レートの管理は，ユーロに参加した国々の財務相から構成される，ユーロクラブの権限に属して

いた．ユーロ圏の通貨・金融分野におけるガバナンスと管理は，金融政策の運営を除き，分権主義を特徴としていたが，そのような構造の裏返しとして，一旦危機が発生した場合に誰が責任を持って危機対処するのかは不明で，マーストリヒト条約によっても明確に定められてはいなかった．

危機の発生以前，コーエンらの指摘によれば，ユーロ圏は3つのレベルで，ガバナンスの問題を抱えていた[51]．第1に，ユーロ圏の金融政策を統括するECBの内部におけるガバナンスの問題であった．ECBは，通貨価値の安定を第1の目標とした金融政策追求のために，独立性が保障されていた．しかし，ユーロ参加国の数が増えるにつれて，それぞれの国々の置かれた経済・政治・社会状況の違いにより，意見を異にする中央銀行総裁が増え，意思決定が複雑で困難になる可能性があった．そのため，真の権力がECB内の少数の集団に集中し，決定的な問題に関して非公式な形で解決が図られるようになる可能性があるものの，金融政策の運営をめぐる各国間の対立は容易に解消されず，ECBが政治的な圧力に左右されることによって，独立性が損なわれることはもとより，通貨価値の安定重視の金融政策の修正を余儀なくされる可能性も指摘されていた[52]．

第2に，ユーロ圏全体の金融の安定性の保障に関する問題であった．上述のように，ユーロ圏における危機に関して，誰が危機予防の責任を負うのか，また危機が起きた場合に誰が責任を持ってこれに対処するのか，危機管理の主体は明確にされていなかった．ECBには，「最後の貸し手」としての明確な役割や権限は与えられておらず，金融システムの安定に関して同行が課せられていた責務は，ユーロ圏のクロスボーダーの決済システムであるTARGETシステムの円滑な運営のみであり，金融機関監督・規制の責任は各国の当局にあった．然るに，各国における金融機関の監督・規制体制は，後の金融危機発生の際に明らかになったように，それぞれの国内においてさえ著しく不十分であり，ましてやユーロ圏の金融システム全体が危機に曝されるような事態になった際に，だれが責任を持ってこれに対処するのかについては，実際に金融危機が発生するまで曖昧にされたままであった[53]．

第3に，ユーロ圏を対外的に代表する主体の不在であった．通貨統合の重要な狙いの1つは，国際通貨・金融システムの領域におけるアメリカ支配からの

脱却にあり，通貨統合によって EU ないしユーロ圏はより平等で対称的な国際通貨・金融システムの確立を目指すはずであった．にもかかわらず，ユーロ圏を代表して，1つの声で国際的なマクロ経済政策協調や危機管理，国際金融アーキテクチャーの改革について語る主体は，確立されなかった．EU そのものが，ユーロ参加国と非参加国に分かれ，利害を異にすることになった．なかでもイギリスの不参加は，ユーロ圏の発言力を大きく削ぐことになった．また，大きな権力を有するようになったとはいえ，政治的・組織的独立性を保障されテクノクラートによって運営される ECB が，ユーロ圏を代表して国益がぶつかり合う国際交渉の場に臨むことは，望ましいとは思われていなかった[54]．ユーロ参加国の財務相からなるユーロクラブは，ユーロ圏を代表するのに最も相応しい存在と見られていたが，少なくともユーロ発足時には，非公式な協議機関に過ぎず，各国の財務相からなるユーロクラブが，対外的に統一的なスタンスをとるのは決して容易ではなかった．ユーロクラブは，ユーロ圏の通貨・金融ガバナンスに関して，ECB と協調関係にあると同時に，潜在的に対立関係にもあった．そのため，ユーロ圏は，国際舞台の場において，単一の声で語る組織を持たなかった．アメリカをはじめ他の国々から見れば，それは危機が発生した際に，ユーロ圏には交渉すべき単一の交渉相手が不在であることを意味していた[55]．

要するに，EU はもとよりユーロ圏においてさえ，責任あるガバナンスや危機管理体制は確立されていなかった．EU の経済ガバナンスの本質は，プラグマティズムにある．たとえしっかりとしたガバナンスや危機管理体制が事前に確立されていなくとも，いざ危機が発生すれば然るべき対策が講じられるだろうとの楽観論に立つのであれば，それは「建設的な曖昧さ（constructive ambiguity）」[56]と捉えることもできなくはない．実際ヨーロッパの統合は，そのように進んできたともいえる．しかし，通貨統合の目的として，国際通貨・金融システムの抜本的な改革を掲げていたにもかかわらず，具体的な計画や対策は何も打ち出されなかった．ECB によれば，ユーロがドルに対抗する国際通貨になれるかどうかを決めるのは，意識的な努力や改革ではなくて，金融市場に他ならなかった[57]．その結果，気まぐれな金融市場の動向が金融統合やユーロの行方を左右することになった．また，ユーロ導入以前からユーロ圏における

クロスボーダーの金融監督・規制体制の不備が指摘されていたにもかかわらず，ユーロ圏には前もってしっかりとした危機管理体制を構築・準備しておこうという意識はほとんど存在しなかった．統一された責任あるガバナンス・危機管理主体の不在，そしてそれと裏腹の関係にある，金融統合主導型ないし金融市場追随型の統合戦略が，大手銀行をはじめとする金融機関の暴走を招き，危機の主要な原因になったといっても過言ではない．「建設的な曖昧さ」の代償は，とてつもなく高価なものとなった．

3.4 統合推進の戦略的梃子としての金融統合

最後に，通貨統合を梃子に経済統合を進めるというEUの統合戦略において，通貨統合と並ぶ主導的な役割を担うことになったのが，金融統合に他ならなかった．金融統合は，資源の最適配分やリスクの分散と並んで，政府の政策運営を監視・規律付けする機能も有し，政府が責任ある経済政策の実行に努めなければ，長期金利や国債利回りの高騰といった「罰則」を科すことを通じて，政策の実行を迫るものと期待されていた．金融統合（金融市場の統合）は，構造改革の推進に関して，公的ファイナンスや社会保障制度，製品市場，さらには労働市場へと波及する効果の起点に位置し，戦略上中枢的な位置を占めていた（図1-3）．

金融統合を経済・通貨統合推進の梃子にするという戦略は，既に1980年代のEMSの時代から存在していた．けれども，それが明確な形をとるようになったのは，1992年から93年にかけて続いたヨーロッパ通貨危機の後であった．通貨危機によって金融市場の凄まじいパワーをまざまざと見せつけられたEU通貨当局や各国政府は，ERM（Exchange Rate Mechanism）の変動幅の拡大と共に，金融市場の期待に沿う形で財政赤字の削減やインフレの抑制を推し進めた．換言すれば，彼らは金融市場にフレンドリーな経済政策をとることで，統合戦略への積極的な取り込みを図った[58]．そうした戦略が見事に功を奏し，金融市場で通貨統合の実現可能性に関する楽観的な期待の醸成に成功することで，通貨危機の際とは正反対に，金融市場は通貨統合の牽引役を務めることになった．そのことは，通貨統合に先立つ金融市場のビヘイビアに鮮明に表れることになった．スペインやイタリアをはじめとする南欧諸国やアイルランドでは，

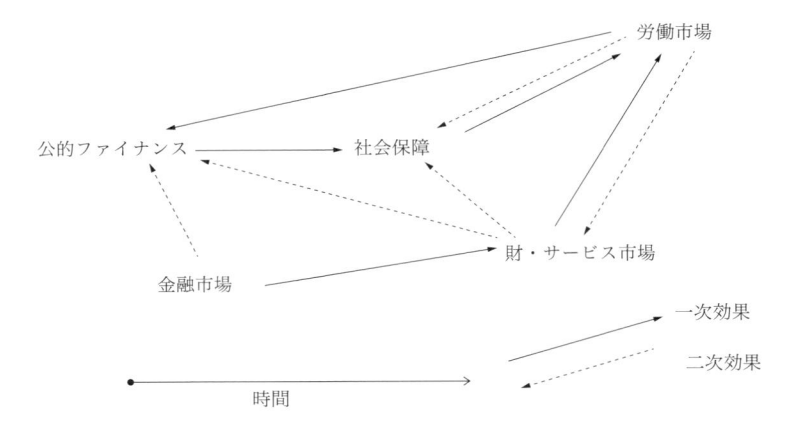

出所：European Commission (2008), *EMU @ 10: successes and challenges after 10 years of Economic and Monetary Union*, p. 274.

図 1-3　改革領域の作用順序

長らくインフレ率が高く，長期金利水準も高かった．ところが，ユーロ参加の可能性が高まるにつれて，これらの国々の長期金利水準は急速に低下し，ユーロ圏で最も信用力の高いドイツのそれに収斂していくことになった（図 1-4）．これらの国々では，ユーロ参加を睨んで多くの改革が精力的に行われていたとはいえ，少なくとも金融市場のビヘイビアが示すほどには，経済構造の改善は進んでいなかった．ましてやドイツのそれとは大きな開きがあった．にもかかわらず，金融市場の期待が通貨統合の実現を先取りすることで，金利水準の急速な低下や収斂が進み，結果的に通貨統合の実現を可能にした．ユーロ圏のソブリン利回りの収斂は，金融市場における自己実現的な期待の賜物であったといえる．

　こうして，通貨・金融統合を統合戦略の要に据えることによって，金融市場による政策評価やビヘイビアが，統合の進展にとって決定的な鍵を握ることになった．ドロールは，マーストリヒト条約調印後の 1991 年 12 月のヨーロッパ議会における証言で，EMU はそのネオリベラルな構造と脆弱なマクロ経済政策協調の枠組みゆえに，「銀行家のためのヨーロッパ」を創り出すことになろうと述べた[59]．自らも EMU の生みの親となり，結果的に「銀行家のためのヨーロッパ」作りに加担（関与）したが，労働組合の出身でカトリック系社会主

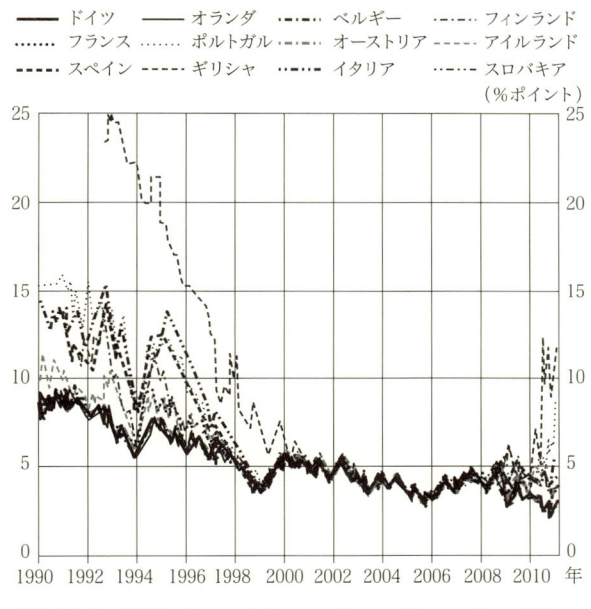

第1章　ヨーロッパ経済・通貨統合とユーロ

凡例：ドイツ　オランダ　ベルギー　フィンランド　フランス　ポルトガル　オーストリア　アイルランド　スペイン　ギリシャ　イタリア　スロバキア

出所：ECB (2011), *Financial Integration in Europe*, May, 2011, p. 56.

図1-4　ユーロ圏のソブリン利回りの収斂（日次データ）

義者として，自らの本来の信条には反するEMUの本質を直感的に感じとっていたのかもしれない．

　要するに，EMU構築の時点から，その構造や統合戦略，そしてガバナンスのあり方には，後の危機に繋がる数多くの問題点や欠陥が存在していた．しかし，たとえ出発点において，EMUが数多くの問題点や欠陥を抱えていたにしても，時間の経過と共におのずとそれらは是正され，解消されるものと考えられていた．ユーロは確かに数多くのリスクを抱えているものの，それらは計算可能であり，ヨーロッパの将来のためにとるに値するリスクであると．

注
1) EMUに関する当時のEC当局による最も包括的な研究として，以下の2つを参照（European Commission (1990), 'One Market, One Money: An evaluation if the

potential benefits and costs of forming a monetary union', *European Economy*, No. 44, October; European Commission (1991), The economics of EMU: Background studies for European Economy No. 44, 'One market, one money', *European Economy*, Special edition No. 1.).
2) 域内市場統合戦略については，以下を参照 (European Commission (1988), 'The economics of 1992', *European Economy*, No. 35, March；田中素香 (1991), 『EC統合の新展開と欧州再編成』東洋経済新報社).
3) Padoa-Schioppa, T. (1989), 'The European Monetary System: A Long Term View', in Giavazzi, F., Micossi, S., Miller, M. (ed.), *The European Monetary System*, Cambridge University Press, pp. 373-6.; Lieberman, S. (1992), *The Long Road to a European Monetary Union*, University Press of America, pp. 171-2.
4) European Commission (1990), pp. 20-2.
5) *Ibid.*, pp. 21, 24.
6) 最適通貨圏をめぐる議論に関しては，以下を参照 (Gros, D. and Thygesen, N. (1998), *European Monetary Integration: From the European Monetary System to Economic and Monetary Union, 2nd* Longman, pp. 262-316.).
7) European Commission (1990), pp. 25-8, 136-77.
8) *Ibid.*, pp. 136-38.
9) EMSの発展と安定化の意義については，以下を参照（田中素香編（1996），『EMS：欧州通貨制度－欧州通貨統合の焦点』有斐閣).
10) Hasse, R.H. (1993), *Europäische Zentralbank: Europas Währungspolitik im Wandel* (田中素香・相沢幸悦監訳『EMSからEC中央銀行へ』同文舘), 84-106頁.
11) 経済・通貨統合下のフランスの金融政策の運営に関しては，以下を参照（de Boissieu, C. & Deprat, M-H. (1990), 'French monetary policy in the light of European monetary and financial integration', in Sherman, et al. (ed.), *Monetary Implications of the 1992 Process*, Pinter Publisher London.: Loriaux, M. (1991), *France after Hegemony- International Change and Financial Reform*, Cornell University Press.).
12) Marsh, D. (2009), *The EURO: the politics of the new global currency*, Yale University Press, pp. 115-6.
13) *Ibid.*, pp. 113-31.
14) *Ibid.*, p. 113.
15) Pisani-Ferry, J. (2010), 'The euro in the storm: what have we learned?', Conference Regionalism and Reform of the Global Monetary & Financial System: What Role for Europe and Asia?, Brussel, 4, February, p. 6.
16) Padoa-Schippa, T. (1994), *The Road to Monetary Union in Europe: the Emperor, the Kings and the Genies*, Clarendon Press Oxford, pp. 190-1.
17) de Grauwe, P. (2010), 'Some Thoughts on Monetary and Political Union', in Talani, L.S. (eds.) *The Future of EMU*, palgrave macmillan.

18) Habermas, J. (2008), *Ach Europa*, Suhrkamp 255（三島憲一・鈴木直・大貫敦子訳『ああ，ヨーロッパ』岩波書店，2010 年）; Dyson, K. (ed.) (2002), *European States and the Euro: Europeanization, Variation, and Convergence*. Oxford University Press; Ross, G. and Martin, A. (2006), 'European Social Democracy and Monetary Integration', in Fishman, R.M. and Messina, A.M. (ed.), *The Year of the Euro: the cultural, social and political import of Europe's common currency*, University of Notre Dame Press.
19) Marsh, D. (2002), *The Bundesbank: the bank that rules Europe*, Heinemann, pp. 242-5.
20) Rueff, J. (1971), *Le péché monétaire de l'Occident*, Paris（長谷川公昭・村瀬満男訳『ドル体制の崩壊－金本位制の擁護者，フランスの碩学による《国際通貨改革論》』サイマル出版会，1973 年）．
21) European Commission (1990), pp. 178-90.
22) Ludlow, P. (1982), *The Making of the European Monetary System － A case study of the politics of the European Community*, Butterworth Scientific.
23) Bergsten, F. (1997), 'The Impact of the Euro on Exchange Rates and International Policy Coordination', in Masson, P.R, Krueger, T.H. and Turtelboom, B.G. (ed.), *EMU and the International Monetary System*, International Monetary Fund.
24) European Commission (1990), pp. 190-4.
25) 例えば，Feldstein, M. (1997), 'The Political Economy of the European Economic and Monetary Union: Political Sources of an Economic Liability', *Journal of Economic Perspectives*, Volume 11, Number 4－Fall 1997.
26) Cafruny, A.W. (2008), 'Europe, the United States, and Neoliberal (Dis) Order: Is there a Coming Crisis of the Euro?', in Rees, W. and Smith, M. (ed.,), *International Relations of the European Union*, Volume II, SAGE Publication Inc, pp. 322 -3.
27) この点については，以下を参照（Schmitter, P.C. (2004), 'Neo - Neofunctionalism', in Wiener, A. and Diez, T. (ed.), *European Integration Theory*, Oxford University Press, pp. 45-74.).
28) McNamara, K.R. (1998), *The Currency of Ideas: Monetary Politics in the European Union*, Cornell University Press, pp. 171-2.
29) Issing, O. (2003), 'The Euro: A Stable International Currency', Member of the Executive Board of the European Central Bank, Budapest Academy of Science, 27 February, p. 5.
30) European Commission (1990), pp. 136-77.
31) *Ibid.*, pp. 21-4.
32) de Grauwe, P. (2010), pp. 19-20.
33) Moss, B.H. (2005), *Monetary Union in Crisis － The European Union as a Neo -liberal Construction*, palgrave macmillan, p. 145.

34) OECD (1994), *The OECD Jobs Study－Facts, Analysis, Strategie* (http://www.oecd.org/els/emp/1941679.pdf),; International Monetary Fund (1999), 'Chronic Unemployment in the Euro Area: Causes and Cures', *World Economic Outlook*, May, pp. 81-121.
35) International Monetary Fund (1999), pp. 95-109.
36) *Ibid*., pp. 109-121.
37) Dornbush, R. (1988), 'The European Monetary System, the Dollar, the Yen', in Giovanni, A. and Mayer, C. (ed.), *European Financial Integration*, Center for Economic Policy Research, Cambridge University Press, pp. 322-3.
38) European Commission (1990), pp. 144-5.
39) Delors Committee (1989), *Report on Economic and Monetary Union in the European Community*, Committee for the Study of Economic and Monetary Union.
40) McNamara, K.R. (1998), pp. 157-8.
41) Marsh, D. (2013), *Europe's Deadlock: How the Euro Crisis Could Be Solved－and Why It won't Happen*, Yale University Press（田村勝省訳『ヨーロッパの行き詰まり－ユーロ危機は今後どうなるのか』一灯舎，2014年）15頁．
42) Goodman, J.B. (1989), 'Monetary Politics in France, Italy, and Germany: 1973-1985', in Guerrieri, P. and Padoan, P. (ed.), *The Political Economy of European Integration*, Harvester Wheatsheaf, p. 197.
43) van Apeldoorn, B. (2001), 'The Struggle over European Order: Transnational Class Agency in the Making of 'Embedded Neo-Liberalism', in Bieler, A. and Morton, A.D. (ed.), *Social Forces in Making of the New Europe: the Restructuring of European Social Relations in the Global Political Economy*, palgrave, pp. 74-5.
44) Ross, G. and Martin, A. (2006).
45) Mossによれば，条約そのものの目的が著しく規制緩和である時に，ヨーロッパの中道左派が，自己増殖するECの機関に，自分たちの規制目的をよりよく達成してくれると忠誠を示すのは，社会的ヨーロッパの実現に関する誤った期待に他ならなかった（Moss, B.H. (2005), p. 2）．
46) Hasse, R.H. (1993), pp. 74-82.
47) Giovannini, A. (1995), *The Debate on Money in Europe*, MIT Press, pp. 167-230.
48) Marsh, D. (1992), p. 247.
49) European Commission (1990), pp. 18-19.
50) Gabriel, S. (2010), *Handelsblatt Handelsblatt*, 14 December 2010.
51) Cohen, B.J. (2007), 'Enlargement and the International Role of the Euro', in Joaquin Roy and Pedro Gomis-Porqueras (ed.), *The Euro and the Dollar in a Globalized Economy*, Ashgate.
52) *Ibid*., pp. 117-20. Cohenと同様な指摘は，ユーロ導入以前，Alesina, Grilli らによっても行われていた（Alesina, A. and Grilli, V. (1992), 'The European Central Bank: reshaping monetary politics in Europe', in Canzoneri, M. Grilli, V. and

Masson, P.R. (ed.), *Establishing A Central Bank: Issues in Europe and lesson form the US*, Cambridge University Press, pp. 49-69).
53) Cohen, B.J. (2007), pp. 120-2.
54) *Ibid*., pp. 122-3.
55) *Ibid*., pp. 122-3.
56) *Ibid*, p. 121.
57) European Central Bank (2003), 'The International Role of the Euro: Main Developments since the Inception of Stage Three of Economic and Monetary Union', *Monthly Bulletin*, November, p. 79.
58) Bootle, R. (1996), *The Death of inflation, surviving and thriving in zero era*, Nicholas Brealy Publishing Ltd.（高橋乗宜監訳『デフレの恐怖』東洋経済新報社，1997年）．
59) Martin, A. and Ross, G. (2004), *Euros and Europeans Monetary Integration and the European Model of Society*, Cambridge University Press. p. 216.

第2章
ユーロ導入以降のユーロ圏経済と構造改革

　ユーロの導入は，本来域内市場統合戦略の補完を通じて，ユーロ圏諸国における構造改革の実行を促し，経済成長の押し上げや雇用の拡大につながると期待されていた．ユーロ導入直後には，EU の成長戦略であるリスボン戦略もスタートした．にもかかわらず，ユーロ圏諸国の構造改革は，期待されていたようには進まなかった．域内市場統合も，EU の政策当局者自身が認めたように，極めて控えめな成果を収めたに過ぎない．リスボン戦略も，危機の影響も加わって，2010 年を待たずに失敗が決定的となった．政治統合の面でも，ユーロの導入はダイナミックな発展をもたらすことはなかった．

　何故ユーロの導入によっても構造改革や経済統合が進まなかったのか．その理由として，ギリシャのケースが典型的であるように，改革意欲の欠如や怠惰が原因に挙げられ，厳しく批判される．しかし，構造改革や経済統合遅滞の原因は，決して主体的な意識の問題だけに還元されるものではない．EU 当局の掲げるネオリベラルな構造改革路線は，各国で大きな政治的，社会的抵抗に遭遇し，そのため労働市場改革や福祉・社会保障制度改革，サービス分野の自由化は，遅々として進まなかった．そもそも，ユーロ圏諸国の間には，各種制度やインフラ，人的資源，イノベーション能力等に関して，著しい格差が存在し，構造改革を進める上で重要な鍵を握る政治的，社会的諸条件についても，大きな違いが存在していた．言い換えれば，構造改革への取り組みにおいて，意欲だけでは到底埋められない，制度や構造上の相違，競争力の格差が存在していた．そのため，ユーロ導入後，時間の経過と共に，ユーロ圏諸国の経済パフォーマンスは，収斂するどころか，むしろ乖離が鮮明となった．それは，自己責任，自助努力に基づく競い合いレジーム，ネオリベラルな構造改革戦略の必然

的な帰結でもあった．そして，ユーロの導入にもかかわらず，期待されていたような構造改革やイノベーション，それらを通じた労働生産性の向上等が容易に進まない中で，1990年代末以降ヨーロッパでも鮮明となった金融化の強い影響の下，ユーロの導入を契機に飛躍的に進展した金融統合や著しい金利水準の低下を受けて，ユーロ圏諸国も米英同様信用ないし負債に頼った成長へと急速に傾斜していくことになる．

　本章では，ユーロ導入以降から金融危機発生に至るまでのユーロ圏諸国の経済状況の展開，とりわけユーロ圏が金融化進展の下で信用に頼った成長に傾斜していく経緯と経済パフォーマンスの乖離について述べるとともに，この間の労働市場改革をはじめとするネオリベラルな構造改革が何故容易に進まず，リスボン戦略も結果的に失敗に終わらざるを得なかったのか，EUの統合戦略とガバナンスの問題点について考察する．

1. ユーロ導入以降のユーロ圏の経済動向

1.1 ユーロ・ユーフォリアから構造不均衡の拡大へ

　ヨーロッパ経済は，1990年代前半に深刻な不況を経験したものの，90年代後半になって回復の兆しを見せ始めた．景気回復が進むにつれて，ユーロ参加への最大の障害と見られていた財政収支赤字も急速に改善に向かい，ERMの変動幅拡大後一時は大きく乖離していたEMS参加諸国の為替レートも，収束へと転じた．ヨーロッパの景気が改善し，通貨統合の先行きに対する楽観的な期待が高まるにつれて，金融市場がユーロの実現を先取りする形で反応した．ユーロへの参加が確実視されるにつれて，当該国の金利水準は，ユーロ参加予定国のうち金利水準の最も低いドイツのそれへと急速に収斂していった．金融市場はドイツのファンダメンタルズへの完全な収斂を予想するベスト・ケース・シナリオだけを想定していたといわれ，その背景には，それまでの10年間にソブリン市場では十分な流動性と低いリスクしか存在していなかったことや，ユーロ参加が周辺国における経済成長を促す構造改革につながるとの期待があったこと，最後に，マーストリヒト条約の非救済条項にもかかわらず，いざとなればソブリン危機に陥った国は救済され，デフォルトに陥る可能性は極

めて低いとの読みがあったといわれる[1]．金利水準の急速な低下によって，投資や消費が押し上げられ，景気の拡大や財政収支の更なる改善を促すことで，当初はユーロへの参加が困難と見られていた，イタリアやスペインなど多くの国々のユーロ参加が実現することになった．金融市場における自己充足的な期待がそれを可能にしたともいえる．かくして，長年の悲願であった通貨統合がついに実現され，ユーロ圏諸国を中心にヨーロッパ経済も活況を呈することで，ユーロの滑り出しは極めて順調であるように見えた．

しかし，ユーロ・ユーフォリアによる好景気は短命に終わった．ユーロ圏経済の活況は，実はアメリカを中心とする世界経済の好調と，ユーロ圏の金融市場における過度に楽観的な期待によって支えられていたものであった．アメリカでドットコム・バブルが崩壊するや否や，その影響は即座にユーロ圏にも及び，2001年以降ドイツを中心に，アメリカ以上に深刻な打撃を被ることになった．ユーロ圏の経済は，ユーロの誕生によって経済・金融面でアメリカ経済から相対的な自立と安定を手に入れたはずであったが，依然アメリカとの間で強固な経済・金融上の絆で結ばれていることや，ユーロ圏がアメリカ経済の動向から決して無縁ではありえないことが明白となった．2007年以降のグローバルな金融危機でも，まさにそのことが再認識されることになる．

2001年以降アメリカが景気悪化を食い止めるために積極的なマクロ経済政策を打ち出すと，ユーロは，発足当初のユーロ安からユーロ高へと転じ，以後ドルや円に対してじりじりと値を切り上げていくことになった（図2-1）．政府やFRBの積極的な経済政策によっていち早く不況から脱したアメリカに比べて，ユーロ圏の経済は停滞を続けていたにもかかわらず，これがユーロ圏の経済ファンダメンタルズ改善の証と捉えられることになった．ユーロ高が進むにつれて，国際債券市場でも2003年以降ユーロ建て債券の発行が急速に増え，一時はドル建て債券の発行額を凌ぐほどであった[2]．その背景には，スペインやアイルランドを中心に膨張しつつあった不動産ブーム（バブル）によって銀行のリファイナンス需要が高まり，BBもしくはそれ以下の投資不適格債券の発行が急増したことがある．しかし，国際債券市場におけるユーロ建て債券発行の急増は，ユーロ高と併せ，EUの当局者にはユーロが国際通貨として着実に地歩を固めつつある証しに映った[3]．しかし，後に明らかになるように，

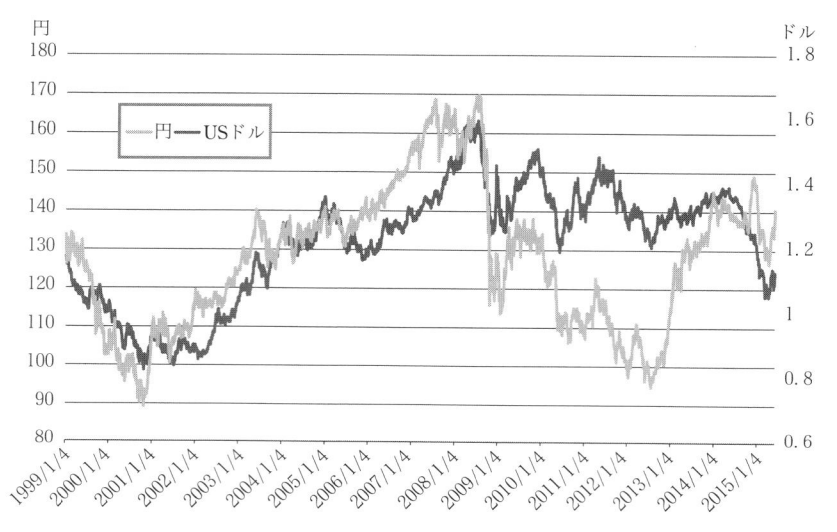

出所：http://www.ecb.europa.eu/stats/exchange/eurofxref/html/eurofxref-graph-usd.en.htm

図 2-1 ユーロの対ドル・円レートの推移

それは錯覚に過ぎなかった．

また，2002年のイタリアに続き，2003年にはフランス，そして提案者のドイツ自身が，深刻な不況下で安定成長協定を順守できなくなった．そのため，安定成長協定の規定は，ヨーロッパ委員会らの抵抗を押し切る形で大幅に緩和され，事実上骨抜きにされた．同じく，鳴り物入りで開始されたリスボン戦略も，ほとんど成果を挙げることができず，2005年には期間半ばで抜本的な見直しを余儀なくされることになった．

さらに，2002年以降過大評価されたユーロは，ドル安の追い風を受けたアジアの製造業の隆盛や中東欧諸国の勃興とも結びついて，ユーロ圏内の特に南欧諸国の国際競争力を著しく傷つけることになった．イタリアを筆頭に南欧諸国の産業は，中国をはじめとするアジア諸国やドイツをはじめとする西欧企業の生産拠点となりつつあった中東欧諸国のそれと強い競合関係にあり[4]，そうでなくとも苦戦している中で，ユーロ高により急速に競争力を悪化させ，同じくフランスも競争力を失っていった（図2-2）．

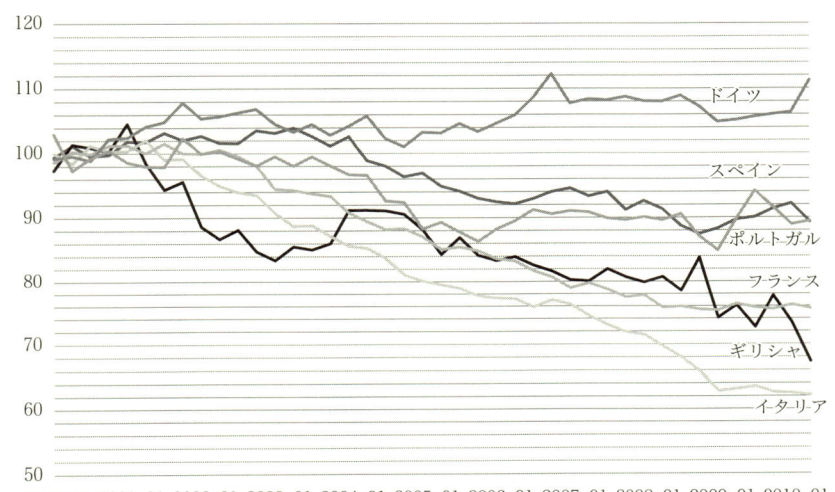

出所：OECD のデータより作成.

図 2-2　ユーロ圏諸国の輸出パフォーマンス（2000 年を 100 とする指数）

　にもかかわらず，ECB は，後のユーロ危機発生以降とは対照的に，ユーロ高を放置した．ECB のこうしたスタンスには，当時 ECB を支配していたドイツ連邦銀行の意向が色濃く反映されていた．ドイツ連邦銀行は，為替レートは市場が決めるものであるとして，相場の意図的な誘導には懐疑的であった[5]．それだけではない．絶えざるマルクの騰貴圧力が，インフレの抑制と共に，ドイツの産業の国際競争力を鍛えたとの経験から，強いユーロは，輸入コストの引き下げを通じてユーロ圏のインフレや労働組合による賃金引き上げ要求を抑え，同時にユーロ圏諸国の労働市場や福祉・社会保障制度改革を促す手段となることで，ユーロ圏の競争力の改善につながると期待されていた[6]．なるほど，かつてのマルク高，そして 2002 年から 2008 年まで続くユーロ高も，確かにドイツ経済をより強くしたかもしれない．しかし，ユーロ高は，ドイツ以外のほとんどのユーロ圏諸国においては，競争力改善の梃子とはならなかった．それどころか，ユーロ導入以降ユーロ圏のほとんどの国々で，単位労働コストが趨勢的に上昇し（図 2-3），名目為替レートの切り下げが不可能となっていたこ

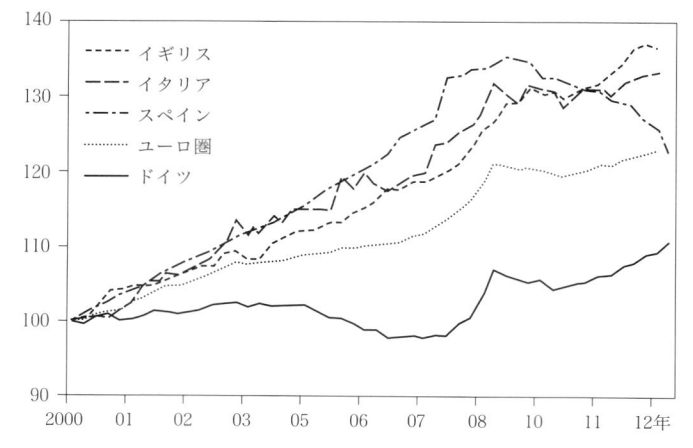

出所：IMF (2014), *Jobs and Growth: Supporting the European Recovery*, chapter 5, p. 52.

図 2-3　ユーロ導入後の名目労働コストの展開
（指数：2000 年第 1 四半期を 100 とする）

とから，労働コスト上昇率の最も低いドイツに対してじりじりと競争力が悪化した（図 2-4）．その結果，ユーロそのものの騰貴と併せ，南欧諸国をはじめドイツ以外の多くのユーロ圏諸国は，ユーロ圏のみならずグローバルな市場でも競争力の悪化に見舞われることになった．ユーロ圏は，景気循環についても，一方で不況に苦しむドイツと，他方で信用・不動産ブームに沸くスペイン，アイルランドらが併存することになった．それが ECB による金融政策の運営を困難にしたことはいうまでもない．スペインやアイルランドの場合，信用・不動産ブームは競争力の悪化を覆い隠し，国内消費の過熱に競争力の悪化が結びつくことで，経常収支赤字はさらに拡大することになった．

こうして，ユーロ誕生後数年を経て，為替レートと競争力の乖離，景気循環のずれ，それらに伴う経常収支不均衡の増大が鮮明となる一方，1 つしかない金利政策手段や安定成長協定の限界も露呈することになった．2001 年以降のユーロの騰貴は，ユーロ圏の強さではなくて，その構造的問題点や政治上の弱点を反映したものであり，その主要な原因は，ユーロ・プロジェクトの政治的・制度的欠陥にあった[7]．

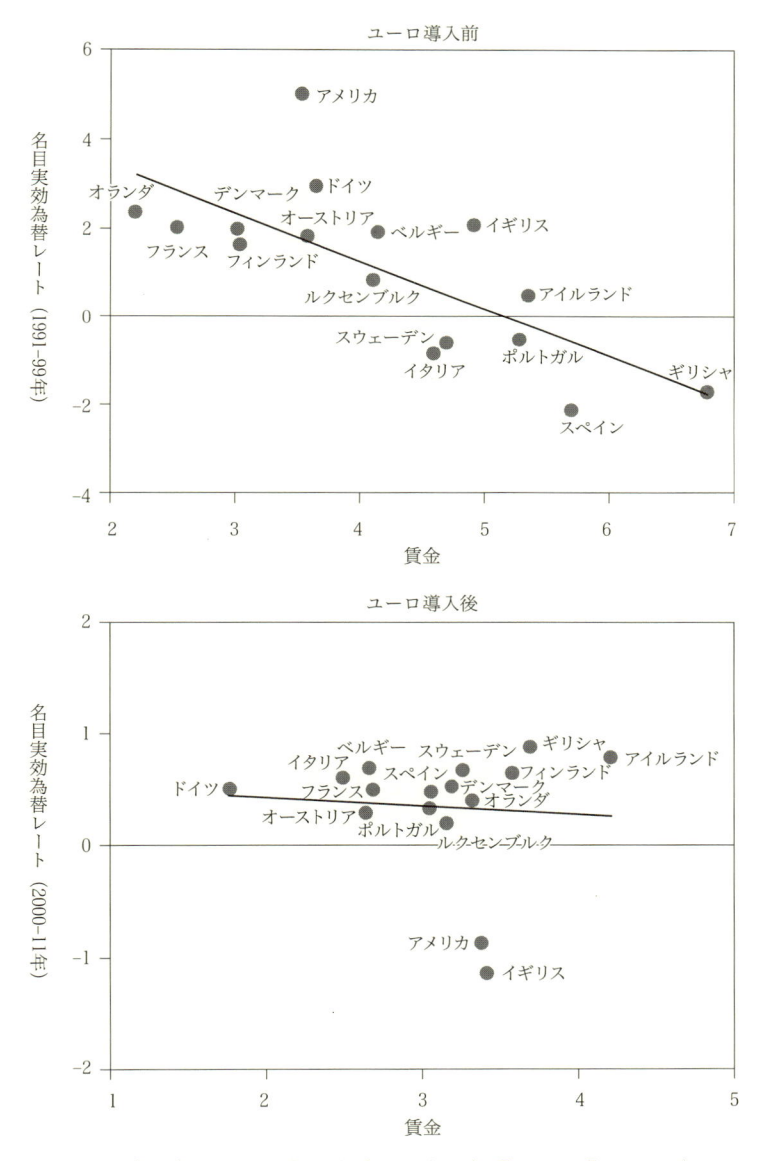

第2章　ユーロ導入以降のユーロ圏経済と構造改革　　49

ユーロ導入前

（散布図：横軸 賃金、縦軸 名目実効為替レート（1991-99年）。各国プロット：アメリカ、オランダ、デンマーク、ドイツ、オーストリア、ベルギー、イギリス、フランス、フィンランド、ルクセンブルク、アイルランド、スウェーデン、イタリア、ポルトガル、ギリシャ、スペイン）

ユーロ導入後

（散布図：横軸 賃金、縦軸 名目実効為替レート（2000-11年）。各国プロット：ベルギー、スウェーデン、ギリシャ、アイルランド、イタリア、スペイン、フィンランド、ドイツ、フランス、デンマーク、オランダ、オーストリア、ポルトガル、ルクセンブルク、アメリカ、イギリス）

出所：IMF (2014), *Jobs and Growth: Supporting the European Recovery*, chapter 5, p. 39.

図2-4　賃金と名目実効為替レートの相関（年変化率）

とはいえ，幸運なことというべきか，ユーロがスタートした数年間は，ユーロ圏の経済的な弾力性や財政フレームワークの安定性，さらにはECBの金融政策の運営も厳しくテストされることはなかった[8]．2001年以降成長が鈍化するにつれて，緊張は高まったが，ユーロの導入によって創り出された動態的な不均衡が，ユーロ圏の硬直性を打破し，構造改革や経済統合の進展につながる筈であった．2009年以降とは対照的に，金融市場は不況下で財政赤字が膨らみ，安定成長協定が事実上有名無実となっても，まったくの無反応であった．金融市場のそのような反応は，金融市場がいかに気まぐれで，その規律付け効果もあやふやで頼りにならないものであるか，また，金融統合を統合推進の柱に据えるというEUの戦略が，いかに不確かで曖昧な根拠に基づいたものであったかを物語っていたといえる．

2005年以降，低迷していたドイツ経済も，漸く輸出の増加を通じて景気回復の軌道に乗り，ユーロ圏全体の景気が上向くことになった．しかし，ユーロ圏の景気拡大は，構造改革や経済統合の成果ではなくて，グローバル経済の高成長に牽引されたものであった．BRICs諸国はともかく，アメリカの好景気は，まさしくサブプライムをはじめとする信用・不動産ブームによるものに他ならなかった．ユーロ圏の場合も，景気拡大の牽引車となったのは，低金利による信用・不動産ブームに支えられたスペイン，アイルランドらで，同じく不動産ブームに沸くイギリスやEU加盟に伴う消費・建設ブームに沸く中東欧諸国もこれに加わった．さらに，景気拡大が進むにつれて，スペインを中心に労働市場のパフォーマンスも急速に改善し，2005年以降雇用の創出に焦点を当てる形で見直しの行われたリスボン戦略も，漸くその成果を発揮し始めたように見えた．確かに，ユーロ圏諸国で行われた労働市場改革は，女性やシニアの労働者の就労率の上昇などで一定の成果を挙げたことは間違いない．しかし，ユーロ圏における雇用の改善は，その多くが信用・消費ブームによる一時的な好況と，後述のように，非正規雇用に関する労働市場の規制緩和によって生み出されたものに過ぎなかった．

1.2 信用牽引型成長パターンとアングロサクソン型資本主義

ユーロ導入後，事前に期待されていたような，抜本的な構造改革や経済統合

が容易に進まず，労働生産性も停滞し，一般の労働者の所得も伸び悩む中で，スペインやアイルランドをはじめユーロ圏の多くの諸国が頼ったのは，信用によって牽引された成長であった．

ユーロの導入をきっかけに，（金融市場の錯覚によって）ユーロ圏の金利水準がドイツのそれに収斂し，スペインやアイルランドでは，名目金利がインフレ率以下に低下することで，実質金利はマイナスとなった．その結果，家計や企業が負債を急激に膨らまし，不透明な顧客と銀行との関係や杜撰な金融監督体制と相俟って，空前の建設・不動産ブームが生じることになった．スペインやアイルランドの不動産価格の上昇はアメリカのそれを上回り，経済成長の牽引車となった（図2-5）．家計のレバレッジ（可処分所得に対する負債）の割合は，ユーロ圏平均で2000年の75％から2007年には94％に増加したものの，それ以上に資産価格が上昇する，いわゆる資産効果によって，資産に対する負債比率はむしろ低下した．家計のレバレッジの増加は2007年まで続き，非金融企業のそれに関しては，商業用不動産投資やM&A向けに2008年半ばまで上昇を続けた[9]．そして，こうした民間部門の旺盛な資金需要に応えるべく，後述のように，スペインやアイルランドをはじめこれらの国々の銀行は，インターバンク市場や債券市場，証券化市場を通じて，ドイツをはじめ他のユーロ

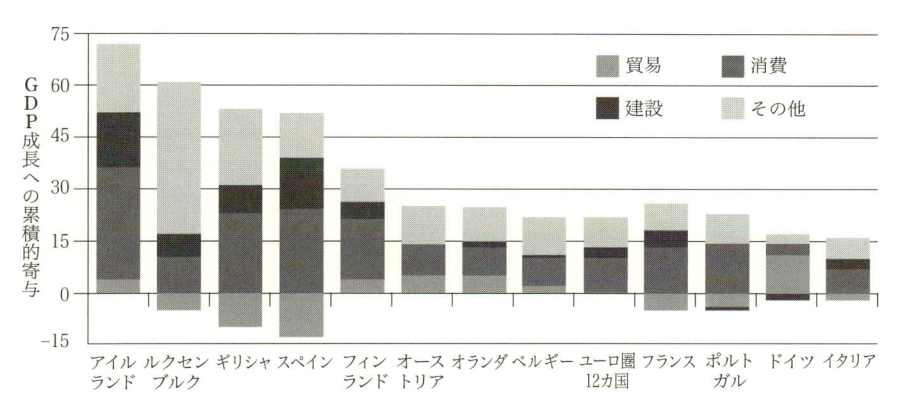

出所：European Commission (2013), *Employment and Social Developments in Europe 2013*, Directorate-General for Employment, Social Affairs and Inclusion, Directorate A, p. 293.

図 2-5　GDP 成長の内訳（1998 年から 2007 年）

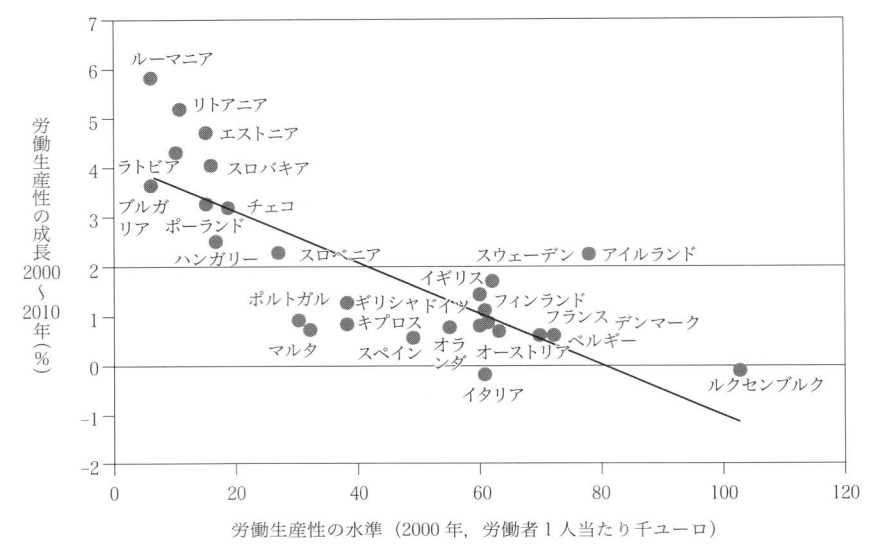

[図: EUにおける労働生産性の変化 — 縦軸:労働生産性の成長2000〜2010年(%)、横軸:労働生産性の水準(2000年,労働者1人当たり千ユーロ)。プロットされた国:ルーマニア,リトアニア,エストニア,ラトビア,スロバキア,ブルガリア,ポーランド,チェコ,ハンガリー,スロベニア,スウェーデン,アイルランド,ポルトガル,ギリシャ,ドイツ,イギリス,フィンランド,キプロス,フランス,デンマーク,マルタ,スペイン,オランダ,オーストリア,ベルギー,イタリア,ルクセンブルク]

出所:IMF (2014), *Jobs and Growth: Supporting the European Recovery*, chapter 5, p. 39.

図 2-6　EU における労働生産性の変化

圏諸国から活発な資金の取り入れを行った．ドイツでは不動産・信用ブームは起きなかったが，輸出の増加と併せ，これらの国々への投資や融資の拡大を通じて，ブームの恩恵に与った．

　このように，スペインをはじめとする南欧諸国やアイルランドの経済は，信用に頼った成長によって表向きは活況を呈し，失業率も特にスペインでは急速に改善していた．しかし，労働力や資金は，専ら建設・不動産を中心とする生産性の低い非貿易財部門に投入されていたために，イタリアを筆頭にほとんど労働生産性は上昇せず，北部ユーロ圏諸国へのキャッチアップもならなかった（図 2-6）．むしろ，ユーロ圏に属さない中東欧諸国の方が，絶対的には低い水準にあったとはいえ，労働生産性ははるかに高い伸びを見せていた．ユーロ圏全体で見ても，高度成長期はもとより，ユーロ導入以前の 1990 年代に比べても，労働生産性は低下し，2000 年以降アメリカとの間でも大きく差が開いた（図 2-7）．ユーロに託された期待は，この面ではまったくの期待外れに終わったといってよい．

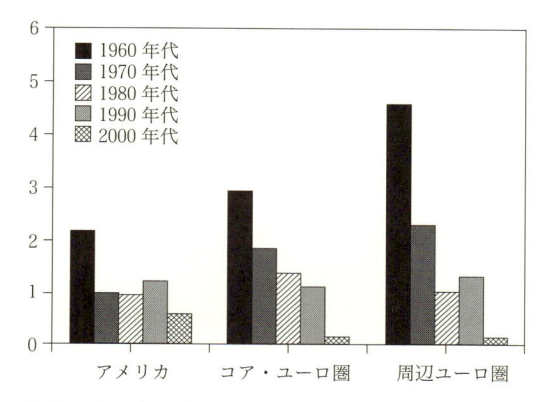

第 2 章　ユーロ導入以降のユーロ圏経済と構造改革　　53

出所：IMF (2014), *Jobs and Growth: Supporting the European Recovery*, p. 6.

図 2-7　TFP（総要素生産性）の成長（10 年平均）

　ユーロ導入後，ユーロ圏において実物経済部門への健全な投資が停滞する一方で，過剰な信用や負債に牽引された経済成長パターンへの傾斜が顕著となった背景には，ユーロの導入に先立つないしはユーロの導入によって触発・加速されたユーロ圏ないしヨーロッパにおける経済構造やガバナンス，蓄積レジームの変容が存在していた．すなわち，かつての高度成長期のヨーロッパでは，高い労働生産性に支えられた賃金および所得の上昇が消費の拡大を促し，それが経済成長を牽引する好循環が働いていた．しかし，1960 年代末以降の分配をめぐる闘争の激化を経て，70 年代末から 80 年代初めまで続いた利潤圧縮の危機の後，イギリスのサッチャー政権下で始まった新自由主義革命や大陸ヨーロッパでもその強い影響を受けて開始された域内市場統合によって，分配をめぐる闘争は資本サイドに有利に転じ，賃金シェアは減少する一方で，利潤シェアは趨勢的に拡大した[10]．にもかかわらず，ヨーロッパの場合，利潤シェアの増大は経済成長の押し上げにはつながらなかった．80 年代後半にヨーロッパにおける投資の押し上げとそれを通じて景気回復に貢献した域内市場統合も，90 年代前半には既に息切れし始めていた．EMS の下での為替レートの安定を図るための厳しい緊縮政策や，冷戦体制の崩壊による経済的・社会的コストの増大も，ヨーロッパの成長にとって重荷となった．

そのような状況の中で，1993年以降アメリカ経済が，いわゆる「ルービノミックス」によってクリントン政権下で目を見張るような鮮やかな復活を遂げ，労働生産性でも長く優位に立っていたヨーロッパを逆転した．ITや金融を中心とするアメリカの華々しい復活に魅了され，ドイツやフランスの企業をはじめヨーロッパの主要企業や大手金融機関は，90年代後半に大挙してアメリカに進出し，株式市場に上場を果たした．他方，アメリカからは，ユーロの誕生とそれに伴う資本市場ビジネスの発展を見越して，大手投資銀行がロンドンを中心に積極的なヨーロッパ市場への展開を図った．アメリカの大手投資銀行は，アングロサクソンのビジネス・カルチャーや，デリバティブ，証券化といったアメリカで生まれた新しい金融商品や金融手法をヨーロッパの金融市場や金融機関に普及させる上で決定的な役割を果たした．こうして1990年代後半には，米欧間での経済・金融取引が飛躍的に拡大し，その結果ヨーロッパはアメリカのアングロサクソン型資本主義の影響を強く——かつ一方的に——受けることになった[11]．ヨーロッパで，その影響を最も強く受けることになったイギリスは，90年代以降金融立国の道を歩むことになり，金融サービスと保険がイギリスで最も高い競争優位を持つ部門となった[12]．

しかし，アングロサクソン型資本主義隆盛の下で，90年代後半以降ヨーロッパでも顕著になった金融化とは，単にGDPに占める金融部門の割合が大きくなったことだけを指しているわけではない．金融化は，ヨーロッパの経済や企業経営において，いわゆるライン型資本主義に代わり，金融市場や株主，投資家が中心的な意思決定を行う，金融資本主義の浸透を意味していた[13]．ヨーロッパでも，保険や年金といった機関投資家が台頭し，さらにアメリカからの投資も拡大にするにつれて，情報開示や格付制度の整備，時価主義会計制度の導入が行われた．企業の経営においては，ROE（Return On Equity：株主資本利益率）に示される投下資本の収益性や自己資本に対する利益の極大化が目標とされ，アメリカほどではないにせよ，機関投資家や投資ファンドらの要求する収益基準が経営を左右するようになり，買収や合併といった金融的な戦略が増加した[14]．またストック・オプション等，株価重視の経営への誘因を高めるための手段も導入され，企業経営者の報酬は爆発的に増加した．

こうしたアングロサクソン型資本主義の浸透は，当然のことながら，労使関

係や雇用にも大きな影響を与えるようになった[15]．企業の経営においては，賃金や労働条件，雇用の確保といった従業員の利益よりも，株主の利益が重視されるようになり，人員整理を含む企業のリストラや再編が加速した．ヨーロッパの労働市場でも，産業別賃金交渉から企業別のそれへの移行を通じた賃金決定の弾力化，労働市場の規制緩和による非正規雇用の増加が進み，北欧を例外としてヨーロッパの多くの国々で労働組合の組織率も低下傾向を辿った．そうした背景の下で，平均的な労働者ないしは中位から下位の労働者の賃金は停滞し，かつ福祉・社会保障水準の引き下げにより所得格差も増大した[16]．けれども，アメリカがそうであったように，賃金や所得水準が抑えられていても，溢れかえるマネーや金融規制の緩和によって，家計の信用へのアクセスはむしろより容易となった．金融化は，家計を賃金稼得者としてではなく，債務者（住宅ローンや消費者ローン等）あるいは投資家（年金，信託・資産管理）として金融主導の蓄積レジームに組み込んだ．ユーロ圏の場合，ユーロ導入以降の著しい金利水準の低下と，次章で見る金融統合の目覚しい進展がそうした流れを決定的なものにした．その結果，賃金や所得が停滞する一方で，ユーロ圏諸国は信用に頼った成長へとのめりこんでいくことになった．

1.3 グローバル・インバランスとの共振

　単一通貨の実現は，1960年代末からのヨーロッパの悲願であり，気まぐれなドルの変動に長く翻弄されたヨーロッパにとって，ユーロの誕生は，ドル支配（国際通貨制度の非対称性）を打破し，アメリカに国際収支規律の遵守を促すきっかけになるはずであった．ところが，皮肉なことに，ユーロの誕生以降，アメリカの経常収支赤字はさらに増加し，グローバル・インバランスの一因となった．増大するアメリカの中国をはじめとするアジア諸国向けの巨額の経常収支赤字と，それをファイナンスする形でアメリカに流入したアジアのいわゆる過剰貯蓄は，後のグローバルな金融危機の主因と見なされた．

　しかし，アジアからアメリカに流入した資金が向かった先は，主にアメリカの政府債券で，アメリカの財政赤字をファイナンスする一方，グローバル・インバランスが拡大した時期には，大西洋を挟んだアメリカとヨーロッパの間で，それをはるかに上回るグロスの巨額な資金移動が発生していた（図2-8）．ヨ

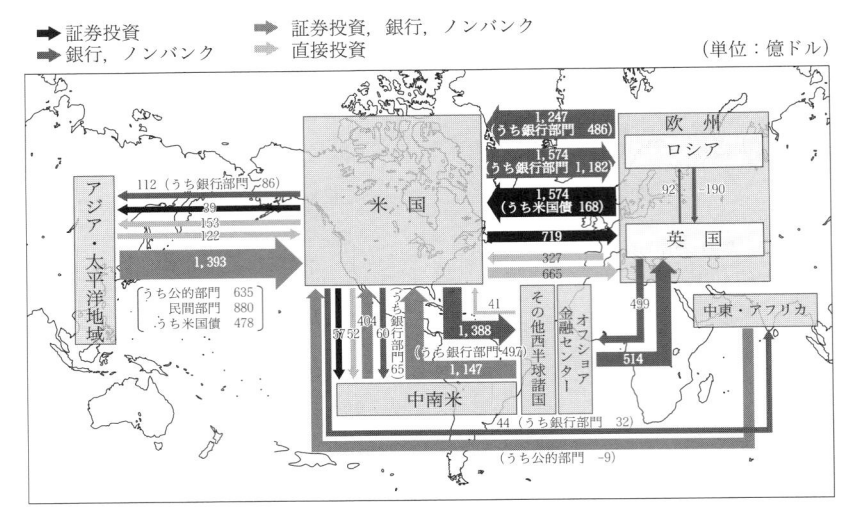

```
➡ 証券投資          ➡ 証券投資，銀行，ノンバンク
➡ 銀行，ノンバンク   ➡ 直接投資
                                                    （単位：億ドル）
```

図中の数値：
- 欧州→米国：1,247（うち銀行部門 486）
- 1,574（うち銀行部門 1,182）
- 1,574（うち米国債 168）
- ロシア 92 / -190
- アジア・太平洋地域→米国：112（うち銀行部門 -86）, 89, 153, 122, 1,393
  - うち公的部門 635
  - 民間部門 880
  - うち米国債 478
- 719, 327, 665
- 米国→中南米ほか：57, 52, 404, 60, 65, 41, 1,388（うち銀行部門 497）, 1,147
- その他西半球諸国／金融センター／オフショア：489, 514
- 44（うち銀行部門 32）（うち公的部門 -9）
- 中東・アフリカ

出所：経済産業省（2009），『通商白書』，20頁．

図 2-8　米国を起点とした世界的な資金の流れ（2007 年第 2 四半期）

ーロッパからアメリカへ流入した資金は，サブプライム関連商品や株式，社債などリスク資産への投資に向かい，アメリカの信用・不動産バブルを支える一方，アメリカからヨーロッパやオフショア市場に流れた資金は，ヨーロッパの銀行の資金源ともなった．ユーロの導入によって飛躍的に進展した金融統合の下で，ヨーロッパの大手銀行は，ドルによるアグレッシブな金融仲介を通じてグローバルな資金循環とドル体制を支える役割を演じ，かつグローバル危機発生の際には，ドル資金の調達に窮して，FRB に救済される羽目に陥った．

　しかも，グローバル・インバランスが拡大しつつあるまさに同じ時期に，ユーロ圏のインバランスも拡大しつつあった．両者の結節点となったのはドイツであった．ユーロ発足の当初，ユーロ圏内では大きな経常収支不均衡は発生していなかった．その主要な理由は，ドイツ経済の低迷にあった．ドイツ経済は再統一の際に発生した不動産バブルの後遺症に長く苦しみ，かつ過大評価された為替レートでユーロに参加したことや，ユーロ誕生直後に起きた IT バブル崩壊によるダメージにも苦しんでいた[17]．しかし，ドイツ企業による中東欧への生産ネットワークの拡大を通じた産業立地の再編や賃金コストの抑制，シュ

レーダー政権下で行われた労働市場改革（いわゆる「ハルツ改革」）等が功を奏する形で，ドイツの産業はじりじりと競争力を回復していった．なるほど，ユーロは騰貴したものの，インフレや労働コストの低下を通じた実質為替レートの減価によって，ドイツの産業の競争力は，ユーロの名目為替レートの騰貴ほどには打撃を受けず，いわばユーロに守られる形となった．加えて，高級乗用車を筆頭に強いブランド力や高品質に支えられたドイツの輸出産業部門は，為替レートの上昇にもかかわらず，強い競争力を維持していた．ECBの低金利政策も，ドイツ経済の回復を後押しした．その結果，ドイツの貿易黒字はじりじりと増加し，ドイツ1国でユーロ圏の貿易黒字のほとんどを稼ぐことになった．しかし，ドイツ国内では，賃金抑制により内需が低迷したことで，稼いだ貿易黒字は他のユーロ圏諸国をはじめとするEU域内やアメリカへの投資に向けられることになった．

他方，ユーロの誕生と共に飛躍的に発展した金融統合も，ユーロ圏のインバランスの調整で大きな役割を担った．ユーロ建て金融・資本市場は，ドイツを中心とする北部ユーロ圏諸国と，スペインをはじめとする南欧諸国やアイルランド，イギリスそして中東欧諸国の間の金融仲介を担うことになった．ドイツから南欧諸国やアイルランド等に流れ込んだ資金は，不動産バブルを空前の水準に押し上げ，スペインやポルトガルの対GDP比で見た経常収支赤字は，アメリカのそれを上回る規模にまで膨らむことになった．

要するに，グローバル・インバランスとユーロ圏内のインバランスは，お互いに密接な関係にあった．両者の結節点にいたのが，インバランスそのものに関してはドイツであり，ファイナンスに関しては，ユーロの誕生と共に飛躍的に進展した金融統合であった．その意味で，グローバルな金融危機とユーロ圏のインバランス，そしてユーロ危機も不可分の関係にあったといえる．過剰な負債と非生産的な投資によって支えられたブーム，それに伴う経常収支不均衡の著しい増大とそれをファイナンスし増幅した金融仲介，その陰で生じていたユーロ圏周辺諸国の国際競争力の悪化，それらが持続可能ではありえず早晩行き詰まるであろうことは明らかであった[18]．果たせるかな，アメリカで危機が発生するや否や，ユーロ圏も瞬く間に危機に巻き込まれることになった．

2. EUの統合戦略と経済ガバナンスの問題性

2.1 市場統合戦略の誤算とリスボン戦略の失敗

　ユーロの導入は，市場統合戦略を補完し，財やサービス，労働そして金融市場における競争と統合の促進を通じて，経済構造や物価・金利水準の収斂や景気循環の同時化をもたらし，労働生産性や経済成長の引き上げ，雇用の拡大につながる筈であった．なるほど，ユーロ圏が最適通貨圏でないことは明らかであったが，経済成長の妨げとなっている硬直性や障害を打破し，賃金や物価の弾力性，生産要素の移動性を高める動態的な不均衡を敢えて意図的に創り出すことによって，最適通貨圏の形成につながるプロセスを惹起することが意図されていた．イタリアをはじめいくつかの国々にとって，ユーロの導入は国内では政治的，社会的制約によって容易に実行できない構造改革を，外圧を利用して遂行するための手段でもあった．さらに，ユーロの導入は，構造改革や経済統合の進展と並んで，財政統合や政治統合の進展も促すことを通じて，ユーロが長期的に安定し存続しうる経済的，政治的基盤も強化すると期待されていた．にもかかわらず，ユーロに託されたそうした期待の多くは——少なくとも危機の発生以前には——ことごとく裏切られることになった．

　域内市場統合は，期待されていたようには進まず，ユーロ導入後も価格格差は残ったままであった．ユーロ圏では，国内生産の大きな割合が，不動産や重機械のように，「空間的に固定された諸要素」(spatially-fixed factors) からなっており，それらは直接に価格競争の影響を受けなかった[19]．加えて，ユーロ圏諸国の経済において，製造業よりもはるかに大きなシェアを占めるサービス分野は，製造業ほど競争にさらされておらず，EUのサービス指令も，各国政府の抵抗に阻まれて，大幅な後退を余儀なくされた[20]．そもそも企業は決して価格のみで競争しているわけではない．企業は様々な製品やサービスの差別化を通じて自社の競争優位を守ろうとし，企業にとって「底辺への競争」に巻き込まれないことこそが最高の経営戦略である．市場統合戦略は競争およびそれを通じた価格の収斂効果を明らかに過大評価していた[21]．しかも，労働力をはじめ生産要素の移動性も低いままで，格差を埋め合わす財政資金移転の拡充も

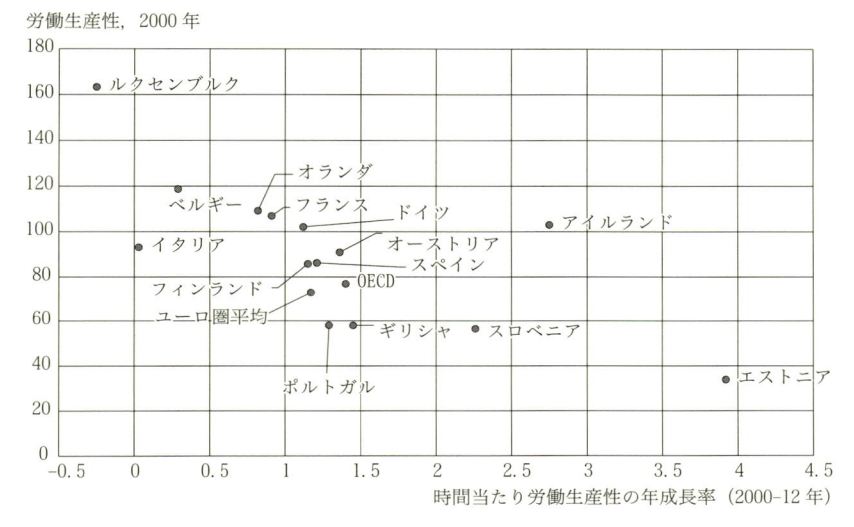

労働生産性, 2000年

図 2-9 ユーロ圏における労働生産性の変化：低い成長と乖離

出所：OECD(2014), *OECD Economic Surveys European Union*, April, p. 11.

ならなかった．そのため，ユーロ圏には著しい構造的格差が残ったままとなり，労働生産性も大きく乖離することになった（図 2-9）．市場統合は，経済構造の同質化はもとより，価格の収斂や不均衡拡大の阻止にも失敗した[22]．

しかも，経済構造やインフレ格差が残ったままの状況で，名目金利はユーロ導入後完全に収斂したために，各国毎に実質金利が大きく異なることになった．南欧諸国では実質金利がマイナスになる一方，ドイツは高い実質金利に苦しむことになった．当初の想定では，名目為替レートの固定による実質為替レートを通じた収斂促進効果の方が，実質金利の相違による発散効果を上回るはずであったが，実際には逆となった．そのため，ECB によって設定された単一金融政策は，ユーロ圏のどの国にとっても相応しくないものとなった．ECB による単一金融政策の運営は，ユーロ圏の収斂に貢献するどころか，乖離を助長し景気循環を増幅する自己強化的な効果を持つことになった[23]．ユーロの導入以降，ユーロ圏諸国は，大きな経済成長の変動やインフレ率格差を経験することになったが，それらは各国の異なる経済政策運営や制度・構造上の相違に帰

せられるだけでなく，ECB の金融政策もそうしたトレンドを強化し，さらなる景気循環の乖離や不均衡の拡大を生み出す一因となった．皮肉なことに，通貨統合は，経済統合の進展を促すはずであったにもかかわらず，むしろ結果的にユーロ圏は真に統合された経済圏からより遠ざかることになった[24]．EU の当局者自らも認めているように，EMU の最初の 10 年は，ユーロ圏における実物経済の収斂（real convergence）を生み出すことに失敗した[25]．それは，域内市場統合戦略，ならびに本来それを補完するはずであった通貨統合戦略の大きな誤算であった．

同じく，ユーロ導入時に開始されたリスボン戦略も，危機の発生以前に既にその失敗が明らかとなりつつあった．リスボン戦略は，90 年代半ば以降のアメリカ経済の目覚しい復活と，これと対照的なヨーロッパの貧弱な経済パフォーマンスに触発される形で浮上した[26]．リスボン戦略は，特に北欧やオランダで実践された成功事例をモデルとして，R&D 投資の引き上げ（対 GDP 比 3％）を通じた知識基盤型経済への移行，いわゆる Flexicurity アプローチ[27]による労働市場改革を通じた雇用の拡大や就労率の引き上げ（就業可能人口の 70％），さらには社会的連帯の強化，経済政策の協調を通じたバランスの取れたマクロ経済管理等を通じて，経済のグローバル化や急速な技術革新の進展，それらに伴う社会的排除のリスク増大に対処しようというものであった[28]．オリジナルなリスボン戦略には，1990 年代後半に EU 諸国で支配的となった中道左派政権の意向が反映されていた[29]．

しかし，リスボン戦略は，ベンチマーキングによるベスト・プラクティスの選定と仲間内の圧力を通じて構造改革への誘導を図るという OMC に基づくガバナンス方式の問題点に加えて，改革対象があまりに総花的過ぎたために，結局焦点が定まらず，IT バブルの崩壊によるヨーロッパ経済の低迷も加わって，ほとんど成果を挙げることができなかった．しかも，リスボン戦略開始以降，EU 諸国では中道右派政権が支配的になるにつれて，経済政策の協調を通じたマクロ経済政策の管理や社会的連帯の強化がアジェンダから抜け落ち，ネオリベラル色の濃いより狭いサプライサイドのアプローチが支配的となった[30]．なかでも，雇用問題が容易に改善を見せないことから，2005 年の見直しを経て労働市場改革が主要な目標となった．そもそも EU で支配的な新古典派経済学

者，OECD や IMF といった主流派国際機関からは，80 年代から続くヨーロッパ経済のスクレローシス（動脈硬化）の主要な原因は，ヨーロッパの硬直的で非効率な労働市場の構造にあるとされ，厳格な雇用保護，集団的な賃金交渉方式とその下で硬直的な賃金決定，高い労働への課税（labor tax wage），寛容な失業給付が槍玉に挙げられていた．そのため，リスボン戦略でも，Flexicurity アプローチを採用するといいながら，次第に労働市場の弾力化（規制緩和）により重点が置かれるようになっていった[31]．

けれども，労働市場改革は，市場統合戦略と併せて追求されたにもかかわらず，情報通信やエネルギー，サービス分野における自由化・改革と同様に，容易に進展しなかった．労働市場改革はドイツのシュレーダー政権の下では一定の進展が見られたが，その他の多くのユーロ圏諸国では，大きな政治的抵抗に遭遇した．そのため，労働市場改革は，専ら労働市場の限界層に対して向けられることになり，パートタイム労働や有期雇用といった非正規雇用の拡大による労働市場の分断と格差の拡大を生むことになった[32]．2005 年により雇用の創出に焦点を絞る形でリスボン戦略の見直しが行われ，それ以降景気拡大の波にも乗る形で雇用は拡大した．しかし，危機発生以前に増加した雇用の多くは，南欧諸国を中心に不動産・建設ブームに煽られた，非貿易財部門における労働生産性の低い非正規雇用であった．女性の就労率の上昇は趨勢として定着し，高齢労働者の就労も増え，前者は肯定的に評価できるものの，後者は年金支給開始年齢の引き上げや給付額の引き下げなど年金制度の改革によって強制されたところが大きい．他方で，若年層や外国人労働者の労働市場への統合には成功しなかった（表 2-1）．確かに，危機発生以前，全体としてユーロ圏および EU の雇用は増えたものの，それらはリスボン戦略が目指した良質の雇用ではなく，逆に格差はむしろ広がった．労働生産性も停滞し，リスボン戦略の掲げた R&D 投資を対 GDP 3% に引き上げるという目標も，北欧のごく一部の国が達成したに留まり，ユーロ圏は束の間の見せ掛けだけの繁栄に酔っていたに過ぎない[33]．市場統合戦略そしてリスボン戦略も，既に危機の発生以前に行き詰まりを見せていた．

表 2-1 EU28 カ国における就労率の変化 (2000-12 年)

		2000 年	2008 年	2011 年	2012 年	総変化 2000-12 年 %	総変化 2006-12 年 %	総変化 2011-12 年 %
総計	20-64 歳	66.5	70.3	68.5	68.4	1.9	−1.9	−0.1
	15-64 歳	62.1	65.7	64.2	64.1	2.0	−1.6	−0.1
性別	男（20-64 歳）	75.8	77.9	74.9	74.5	−1.3	−3.4	−0.4
	女（20-64 歳）	57.3	62.7	62.2	62.3	5.0	−0.4	0.1
	男（15-64 歳）	70.7	72.7	70.0	69.6	−1.1	−3.1	−0.4
	女（15-64 歳）	53.6	58.8	58.4	58.5	4.9	−0.3	0.1
	男（55-64 歳）	46.9	54.9	55.1	56.3	9.4	1.4	1.2
	女（55-64 歳）	27.4	36.7	40.0	41.7	14.3	5.0	1.7
年齢別	15-24 歳	37.0	37.3	33.5	32.8	−4.2	−4.5	−0.7
	20-24 歳	53.6	54.8	49.5	48.4	−5.2	−6.4	−1.1
	25-54 歳	76.0	79.4	77.6	77.2	1.2	−2.2	−0.4
	55-64 歳	36.8	45.5	47.3	48.8	12.0	3.3	1.5
国籍	自国	69.7	70.6	69.0	68.9	−0.8	−1.7	−0.1
	他の EU 諸国	n.	72.3	70.5	70.5	n.	−1.8	0.0
	非 EU 諸国	n.	62.8	58.0	56.9	n.	−5.9	−1.1
教育水準	低	54.9	56.5	52.9	52.1	−2.8	−4.4	−0.8
	中	69.7	71.8	69.8	69.5	−0.2	−2.3	−0.3
	高	82.5	83.8	82.1	81.8	−0.7	−2.0	−0.3

注：2000 年については，EU 28 カ国ではなく 27 カ国のデータ．
出所：European Commission(2013), *Employment and Social Developments in Europe 2013*, Directorate-General for Employment, Social Affairs and Inclusion, Directorate A, p. 50.

2.2 経済構造の相違と社会モデルの多様性

　市場統合が期待されたように進展せず，リスボン戦略もうまくいかなかった背景には，ユーロ圏ないし EU 諸国における経済・産業構造と社会モデルの著しい相違が存在していた．市場統合や仲間内の圧力による改革を通じた経済・産業構造の収斂というが，ユーロ圏ないし EU 諸国の間には，輸出・産業構造やグローバル・サプライ・チェーンへの関わり，教育制度やイノベーション能力，IT をはじめとするインフラやビジネス環境，さらには後に見るように金融構造においても著しい相違が存在していた．ユーロ圏のコア・ユーロ圏諸国は，特にイノベーション能力やインフラに優れている一方，南欧諸国は，労働市場が著しく非効率性で，人的資本やイノベーション，法・制度面でも著しく劣っており，なかでもギリシャは最悪であった（図 2-10）．そのため，ドイツ

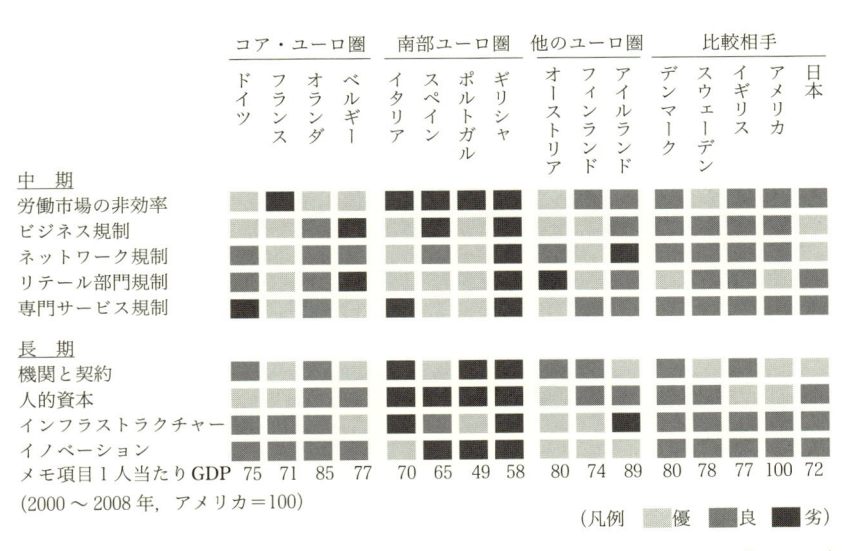

第2章　ユーロ導入以降のユーロ圏経済と構造改革　　63

図2-10　EU諸国における構造改革のギャップ

出所：Allard C. & Everaert L. (2010), 'Lifting Euro Area Growth: Priorities for Structural Reforms and Governance', *IMF Staff Position Note*, November 22. p. 8.

を筆頭に前者の国際競争力は高い一方，後者のそれは低い．しかも，ドイツを中心とする北部ユーロ圏諸国は，グローバル・サプライ・チェーンにしっかりと食い込み，新興国をはじめとする世界経済の成長の恩恵に与れる反面，南欧諸国は，グローバル・サプライ・チェーンから外れ，中国をはじめ新興国とむしろ競合関係にあるだけでなく，同じ南欧諸国同士，さらには日本やドイツ，韓国といった有力国とも競争しあわなければならなかった（図2-11，図2-12，図2-13）．しかも，かつては競争力回復の常套手段であった為替レートの切り下げも，もはや使うことができない．イタリアは，不動産バブルこそ経験しなかったが，旧態依然たる輸出・産業構造や，その原因でもあるイノベーションやR&Dの低さ，貧弱な高等教育制度等により，ユーロ参加以降競争力の慢性的な低迷に喘いでいた[34]．同じく，スペインも，EU（当時はEC）加盟以来続いていた北部ユーロ諸国の労働生産性へのキャッチアップが1990年代半ばに停止し，ユーロ参加後はむしろ趨勢的な低下によって，再び北部ユーロ圏諸国との競争力格差が広がっていた[35]．にもかかわらず，不動産・建設ブームに

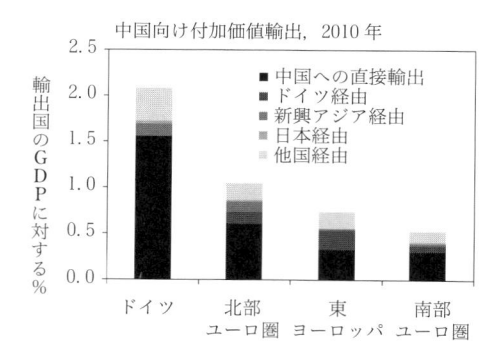

中国向け付加価値輸出, 2010年

出所：Barkub, B. et. al. (2012), 'Fostering Growth in Europe Now', *IMF Staff Discussion Note: European Department*, p. 25.

図2-11　グローバル・サプライ・チェーンへのリンク

よる好景気がそれを覆い隠していた．スペインの労働生産性の低さの原因は，建設・不動産部門の労働生産性の低さといった固有の要因もあったものの，概ねイタリアのそれと共通していた[36]．ギリシャの場合，輸出の主力は石油精製製品や農産物，海運業，観光業で，その輸出構造は，ブラジルやチュニジアに近いとされ，仮にユーロを離脱して為替レートを切り下げたところで輸出の拡大は望み薄といわれる[37]．

ユーロ圏諸国の間に存在するこうした産業構造やインフラ，イノ

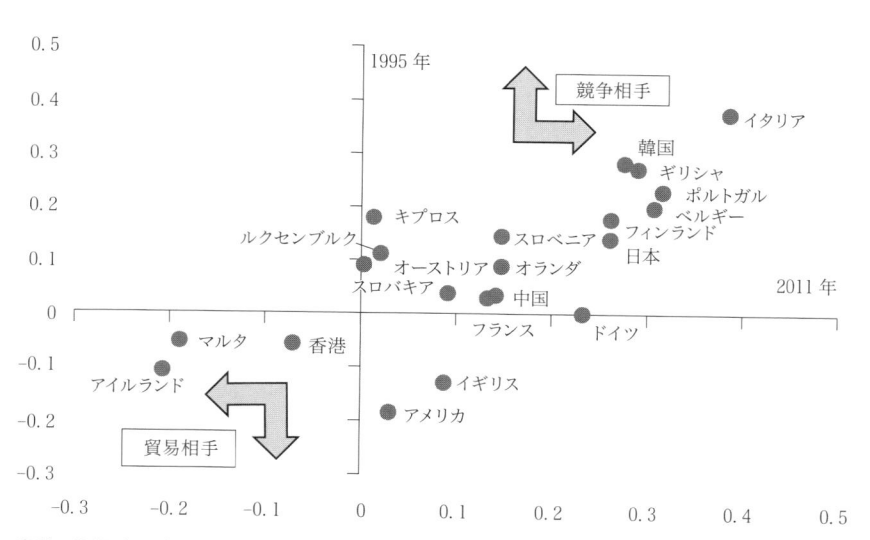

出所：IMF (2013), 'Euro Area Policies', *IMF Country Report* No. 13/232. p. 42.

図2-12　スペインの貿易競合相関指数（1995年と2011年）

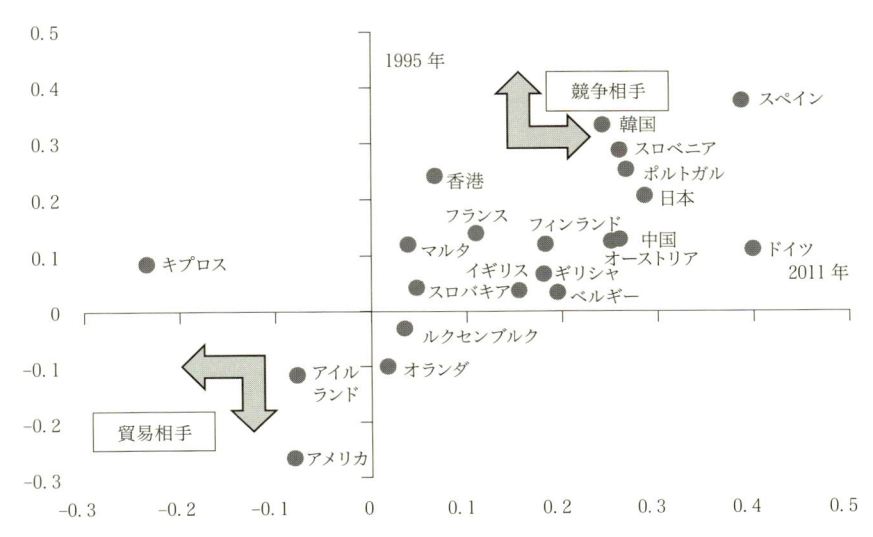

出所：IMF (2013), 'Euro Area Policies', *IMF Country Report* No. 13/232. p. 42.

図 2-13 イタリアの貿易競合相関指数（1995年と2011年）

ベーション能力等の相違を所与とすれば，いくら市場統合や仲間内の圧力を通じて構造改革を競い合わせたところで，容易に産業構造が収斂し競争力格差が縮小するはずがないことはほとんど自明であろう．2004年から2007年にかけてEUに加盟した，ポーランドとバルト諸国を除く中東欧の多くの国々でも，EUのコア諸国への労働生産性のキャッチアップが停止し，再びギャップが拡大する傾向にあるといわれる[38]．

　ユーロ圏ならびにEU諸国におけるこうした産業構造の格差や経済パフォーマンスの相違には，各々の国々の政治・社会構造，すなわち社会モデルのあり方も深く関係している．市場統合の推進論者は，単一市場の形成を通じてEU経済がアメリカのようなダイナミックで高度の柔軟性を持つ経済にシフトないし全体として収斂していくと考えた．しかし，実際にはそうはならなかった．同じく，リスボン戦略の考案者も，OMCを通じた高い競争力と高度の社会的連帯を併せ持つ北欧モデルへの収斂を思い描いていたが，やはりそうはならなかった．経済のグローバル化や「ヨーロッパ化（Europeanization）」の進展にもかかわらず，EU諸国はもとより，通貨統合の強い縛りの下にあるユーロ圏

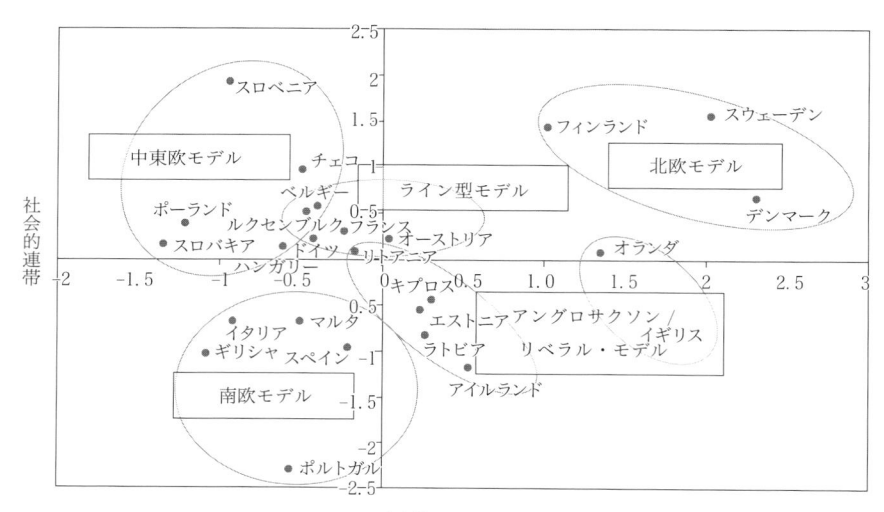

出所：European Foundation for the Improvement of Living and Working Condition (2007), *Approaches to Flexicurity: EU models*, p. 49.

図 2-14 社会的連帯と適応性／柔軟性から見たヨーロッパの社会モデルの多様性

諸国でさえ容易に1つのタイプのモデルに収斂しない．現在の EU ならびにユーロ圏には，北欧（スカンジナビア）モデル，大陸ヨーロッパ（ライン）・モデル，南欧モデル，アングロサクソン・モデル，中東欧モデルなど，少なくとも5つの異なるタイプのモデルが存在している（図 2-14）[39]．そのことは，ヨーロッパが経済のグローバル化ないしポスト・ウェストファリアの時代にあり，なおかつ高度に統合が進んでいるにもかかわらず，依然国民国家が強靱性を持ち，社会の基底部分はそう簡単に変わらないことを示している．

ドイツ経済もユーロ参加の後低迷に苦しみ，一時は「ヨーロッパの病人」とさえいわれた．しかし，そのような状況にあって，ドイツ企業は，労働組合からの譲歩を基に労働時間の弾力化や延長といった内部労働市場の改革や，拡大によって EU の一員となった東ヨーロッパで包括的なアウトソーシング戦略を展開することを通じて労働コストを引き下げ，競争力の継続的な改善に努めた．ドイツ政府も，シュレーダー政権下で労働市場の限界層を対象とした改革を推

- 政府や社会的パートナーによる意義のある行動の不在
- ヴィジョンや方向性を欠いた，適度ではあるが，まとまりを欠いた行動
- すべての関係者によるいくらか見込みのあるイニシャチブと関与－持続可能か？
- いくつかの水準での意義のある実践や関与，多様な利害関係者の参加
- 主流の政策アプローチ，革新的な実践，すべての関係者による，長期のヴィジョンや徹底的な議論を伴った関与

出所：European Commission (2012), *Industrial Relations in Europe 2012*, p. 206.

図 2-15 政府と社会的パートナーの関与と動員水準

し進めた．ドイツの場合，そのような改革を可能にしたのは，労使協調 (social partnership) を軸として，これに政府も加わった3者間で緊密な協力関係が築かれており，当事者間での合意と広範なコンセンサスの下に改革を推し進めるという，ドイツ型社会モデルの存在があったことは間違いない（図2-15）．シュレーダー政権下の構造改革（いわゆる「アジェンダ2010」）に対しては，ドイツにおける貧困や不平等，所得格差を拡大させたとの批判があるものの，ドイツの競争力の改善につながった面は否定できない．そもそも，低インフレの追求と労働コストの引き下げを通じて競争力の継続的な改善を図るのは，1950年代から続いてきたドイツのお馴染みの経済成長パターンであった．しかも，絶えずマルクが騰貴のリスクにさらされていたユーロ誕生以前とは異なり，今やドイツはユーロによって名目為替レート騰貴のリスクから守られている．EMSの下で顕著となり，ユーロの導入によってその克服を目指したはずの非対称性が，ユーロの下でも再現される形となった．市場統合さらには通貨統合によっても，ドイツの伝統的な蓄積・発展パターンは変わらず維持され，それを根底で支えているのがドイツの社会モデルにほかならない．まさしく経

路依存（path dependency）の典型といえよう．

　他方，南欧諸国の社会モデルは，これとは大きく異なる．南欧諸国の場合，ギリシャを典型として，構造改革推進のための政府や労使間での対話や協調を通じた合意，コンセンサス作りの仕組みが決定的に欠けている（図2-15）．ゆえに，ドイツのように，対立する経済的利害や政治的・社会的緊張を和らげ，労働者はもとより広範な国民や社会階層を改革にうまく動員することができない．本来社会経済環境が厳しさを増せば増すほど，これを和らげる社会的なセーフティネットへの要望が高まり，それに応えることによって対立や緊張が和らぎ，改革への合意が形成される．そうではない場合には，痛みを伴う改革は政治的，社会的対立や緊張を増大させることは必至で，改革に国民的同意を得ることが困難となる[40]．要するに，南欧諸国をはじめユーロ圏ないしEUの多くの国々で構造改革の推進を困難にしているのは，労使や広範な国民の間で改革への同意を取り付ける仕組みが欠如ないし不十分なことにある．

　このように，国家のありかたや政治・社会構造の相違によって，改革への取り組みは大きく異なる．労使間での交渉・対話を通じた協調・信頼関係の醸成はもとより，改革に向けた広範な国民的合意やコンセンサス形成の困難な国では，改革の実行は決して容易なことではない．仮に外部からの圧力によって強制され短期的には実行可能であったとしても，内発的なものでない限り，改革は長期的に持続可能なものとはならない．OECDやIMF，ヨーロッパ委員会は，EUないしユーロ圏諸国における不十分な自由化や規制緩和，保護主義を問題にするが[41]，改革に対する広範な政治的支持の取り付け，改革を長期的に持続可能とする制度・仕組みの構築なしにそのような改革が実行可能になるはずがない．彼らの提案は，改革の政治的，社会的文脈を著しく軽視しているといわざるを得ない．

　結局のところ，ユーロの導入やリスボン戦略の展開によっても，ユーロ圏各国の経済構造や社会モデルは容易に収斂しなかった．ユーロ導入後も基本的に変わることのなかったそのような社会的変遷・発展のパターンが，不均衡を生み危機を招く源となった[42]．市場統合や通貨統合，リスボン戦略を通じて，経済構造の同質化や社会モデルの収斂が進むと夢想したEUの当局者や統合推進派は，あまりにもナイーブであったといわざるを得ない．

2.3 統合戦略と経済ガバナンスの欠陥

最後に，上記の構造的相違や社会モデルの相違に加えて，改革を加盟国の自己責任と自助努力に委ねた EU の統合戦略やガバナンスの欠陥も，経済の収斂そして加盟国間の連帯を妨げた大きな要因であった．

既に述べたように，市場統合が「競い合いレジーム」を設定し，リスボン戦略も OMC を通じて EU 諸国を互いに競わせた．しかし，リスボン戦略の場合，掲げた理想は素晴らしいものであったものの，所詮努力目標の寄せ集めに過ぎなかった．提案文書には協調や協力という言葉が踊っていたものの，実際にはそれらはほとんど有効に機能しなかった[43]．加盟国の経済政策の運営を監視するシステムとしては，包括的経済政策ガイドライン（Broad Economic Policy Guideline）が存在していたものの，ユーロ圏における不均衡が増大してもこれを制御することができず，ヨーロッパ委員会からの勧告は無視された[44]．別の言い方をすれば，EU ないしユーロ圏の経済政策全般を統括・管理する責任ある統治主体・機構が欠如していたために，リスボン戦略は結局 OMC に頼らざるを得なかったともいえる．しかし，リスボン戦略は，総花的で焦点が定まらず，より狭い特定の課題に向けて共通の努力を集中させることから加盟国を遠ざけただけでなく，改革の推進や他国との政策協調のための積極的な誘因も提供することができなかった．それどころか，EU に対する国民の信頼がまさに低下している時に，ベンチマーキングやベスト・プラクティスの選定など，面倒な手続きやプロセスを加盟国やヨーロッパ委員会内の行政機構に持ち込むことで，官僚主義に対する新たな反発を生み，EU の不人気に拍車を掛けることになったともいわれる[45]．

さらに，市場統合やリスボン戦略で支配的となった「競い合いレジーム」は，加盟国間での協調や協力を掘り崩すように作用することにもなった．EU でも，90 年代以降特に東方への拡大と前後して税をめぐる競争（tax competition）が激化した．アイルランドやバルト諸国のように，低い税率でもって企業や金融取引を誘致しようとする国々が後を絶たず，それによって租税回避行動を煽り，歳入面で恒常的な低下圧力が働く一方，歳出面では福祉・社会保障水準引き下げ圧力となって現れるなど，各国の財政や国民生活にとって脅威となっている[46]．一方で，協調や協力を謳いながら，他方で非協調的な行動や不公正な競

争を煽ることで，EU は自縄自縛に陥る形となっている．そのようなガバナンスの下では，EU ないしユーロ圏レベルでバランスの取れた構造改革を追求することや，マクロ経済政策の運営に関して，加盟国が協調し一丸となって経済成長をサポートするように行動することは困難であった．その意味で，リスボン戦略の失敗は必然でもあった[47]．

そもそも EU およびユーロ圏諸国の間には，著しい経済・産業構造の格差や，社会モデルの大きな相違が存在し，市場統合を通じて改革努力を競い合わせるだけでは容易に格差や相違は埋められない．ましてや，「競い合いレジーム」で EU 全体を統一的に管理・統括することは不可能に近い．特にユーロ圏の場合には，通貨統合に伴う著しい相互依存関係の深まりの中で，一部の国における経済運営の失敗がユーロ圏全体を揺るがすシステミック・リスクにつながりうる可能性が著しく高まったにもかかわらず，専ら個々の国の管理に委ね，ユーロ圏全体を統括する危機管理の主体は不明確なままであった．そして，危機が発生するまで，こうしたガバナンスの本質的欠陥はそのまま放置された．

いずれにしても，EU ならびにユーロ圏におけるガバナンスは，加盟国間の政策協調や実体経済の収斂を促すような形では機能しなかった[48]．ヨーロッパ統合そのものに対する政治的・社会的支持も広がらず，通貨統合は単一市場を深化させる政治的な弾みとはならなかった[49]．そして，経済統合や構造改革が停滞する中で，EU およびユーロ圏諸国は，ユーロ導入後に飛躍的に進展した金融統合に牽引される形で，負債と信用に牽引された成長へと傾斜していくことになる．

注
1) Arghyrou, M.G. & Kontonikas, A. (2011), 'The EMU sovereign-debt crisis: fundamentals, expectations and contagion', *European Economy Economic Paper 4361*, February, p. 40.
2) Bank for International Settlement (2005), *BIS Quarterly Review*, December, pp. 36-8 (https://www.bis.org/publ/qtrpdf/r_qt0512c.pdf).
3) Brown, B. (2010), *Euro Crash: the Implications of Monetary Failure in Europe*, palgrave macmillan, p. 32.
4) Group of Twenty (2012), *Euro Area Imbalances, Annex to Umbrella Report for G-20 Mutual Assessment Process*, prepared by Staff of the IMF, p. 5.

5) 星野郁 (2003),「グローバリゼーション下の欧州統合とユーロの課題」, 紺井博則・上川孝夫編『グローバリゼーションと国際通貨』日本経済評論社, 第7章所収.
6) Huebner, K. (2007), 'Euro-Dollar Puzzles', in Roy, J. and Gomis-Porqueras, P. (ed.), *The Euro and the Dollar in a Globalized Economy*, Ashgate, p. 42.
7) *Ibid.*, p. 29.
8) Gros, D. (2006) 'Will EMU survive 2010?', *CEPS Commentary*, 17 January (republished 8 April 2010) p. 1 (http://www.ceps.eu/system/files/book/2010/04/Will-EMU-survive-2010.pdf).
9) European Central Bank (2011), 'The Financial Crisis in the light of the Euro Area Accounts: A Flow−of−Funds Perspective', *Monthly Bulletin*, October, p. 110.
10) Glyn, A. (2006), *Capitalism Unleashed−Finance, Globalization, and Welfare*, Oxford University Press (横川信治・伊等誠訳『狂奔する資本主義−格差社会から新たな福祉社会へ』ダイヤモンド社, 2007年).
11) Cafruny, A. and Ryner, M. (2012), 'The global financial crisis and the European Union', in Nousios, P., Overbeek, H. and Tsolakis, A. (ed.) (2102), *Globalization and Europeanization: Critical Approaches to Regional Order and International Relations*, Routledge. p. 41.
12) OECD (2007), *OECD Economic Surveys United Kingdom*, p. 34.
13) 金融化については, 以下を参照 (Lapavitsas, C. (ed.) (2012), *Financialisation in Crisis*, Brill)
14) Boyer, R. (2011), 220-2頁.
15) Bellofiore, R. and Haleve, J. (2007), 'You Can't Always Get What You Want: Why Europe is Not Keynesian-able While the US New Economy is Driven by Financial Keynesianism', in Bibow, J. and Terzi A. (ed.), *Euroland and the World Economy: Global Player or Global Drag?*, palgrave, p. 223.
16) Torres, R. (2011), 'Responding to the global crisis: achievement and pending issues', in International Labour Office (2011), *The global crisis−Causes, responses and challenges−*, Geneva, p. 12 (http://www.ilo.org/wcmsp5/groups/public/@dgreports/@dcomm/@publ/documents/publication/wcms_155824.pdf).
17) Gros, D. (2006), p. 1.
18) Deutsche Bundesbank (2010), 'On the problems of macroeconomic imbalances in the euro are', *Monthly Report*, July, p. 17
19) Enderlein, H., et al. (2012), p. 16.
20) OECD (2012), *OECD Economic Surveys European Union*, p. 30.
21) Deutsche Bank Research (2013), 'The Single European Market 20 years on Achievements, unfulfilled expectations & further potential', *EU Monitor*, October 31, p. 12.
22) Enderlein, H., et al. (2012), pp. 16-7.
23) *Ibid.*, p. 16.

24) *Ibid*., p. 16.
25) プラート ECB 専務理事のスピーチ（Praet, P. (2014), 'The financial cycle and real convergence in the euro area', Speech at the Annual Hyman P. Minsky Conference on the State of the US and World Economies, Washington D.C., 10. April 2014）．
26) European Council (2000), *Lisbon European Council Presidency Conclusions 23 and 24 March 2000* (http://www.consilium.europa.eu/en/uedocs/cms_data/docs/pressdata/en/ec/00100-r1.en0.htm).
27) Flexicurity アプローチは，地域間や職種間の労働力の移動の促進など労働市場の弾力性（Flexibility）の引き上げと，職業訓練や寛大な失業給付といった労働者に対する保証（Security）を兼ね合わせた労働市場政策で，デンマークをはじめとする北欧諸国で実践され，就労可能性の改善による雇用の拡大や労働市場のミスマッチの改善に成果を挙げていた．Flexicurity アプローチについては，以下を参照（Madsen, P.K. (2006), 'How can it possibly fly? The paradox of a dynamic labour market in a Scandinavian welfare state', in Campbell, J.A., Hall, J.A. and Pedersen, O.K. (ed.), *National Identity and variety of Capitalism: the Case of Denmark*, MacGill University Press.）．
28) European Council (2000).
29) Collingnon, S. (2010), 'The Lisbon Strategy, Macroeconomic Stability and the Dilemma of Governance with Governments (Or Why Europe Is Not Becoming the World's Most Dynamic Economy', in Talani, L.S. (ed.), *The Future of EMU*, palgrave macmillan, p. 161.
30) *Ibid*., p. 163.
31) *Ibid*.,. p. 165.
32) Torres, R. (2011), p. 12.
33) *The Economist* (2010), 'Do Europeans want a dynamic economy?', Charlemagne, European politics, 8th Jan. 2010. (http://www.economist.com/blogs/charlemagne/2010/01/do_europeans_want_dynamic_economy)
34) OECD (2009), *OECD Economic Surveys Italy*, p. 68; Lusinyan, L. & Muir, D. (2013), Assessing the Macroeconomic Impact of Structural Reforms: The Case of Italy, *IMF Working Paper*, WP/13/22, p. 4.
35) Mora Sanguinetti, J.S. and Fuentes, A. (2012), 'An Analysis of Productivity Performance in Spain Before and During the Crisis: Exploring the Role of Institutions', *OECD Economics Department Working Papers*, No. 973 (http://dx.doi.org/10.1787/5k9777lqshs5-en), p. 6.
36) *Ibid*., p. 31.
37) *The Wall Street Journal*,「ギリシャはいつまでも欧州のはみ出し者か」，2015年6月11日 (http://jp.wsj.com/articles/SB11793851007525823752504581041331027593912).
38) OECD (2014), *Economic Policy Reforms Going for Growth INTERIM RE-*

PORT 2014, pp. 21-2.
39) ヨーロッパの社会モデルおよび資本主義の多様性に関しては，以下を参照 (Crouch, C. and Streeck, W. (1997), *Political Economy of Modern Capitalism—Mapping convergence and diversity*, Sage Publications Ltd, London.（山田鋭夫訳『現代の資本主義制度－グローバリズムと多様性』NTT出版，2001年）；Hall, P.A. and Soskice, D. (2001), *Varieties of Capitalism: Institutional Foundations of Comparative Advantage*, Oxford University Press（遠山弘徳・安孫子誠男・山田鋭夫・宇仁宏幸・藤田菜々子訳『資本主義の多様性－比較優位の制度的基礎』ナカニシヤ出版，2007年）；Boyer R. (2004), *UNE THÉORIE DU CAPITALISME EST-ELLE POSSIBLE?*, Odile Jacob.（山田鋭夫訳『資本主義VS資本主義』藤原書店，2005年）).
40) Fitoussi, J.P. and Le. Cacheux, J. eds. (2009), *Report on the State of the European Union, vol. III, Crisis in the EU Economic Governance*, Basingstoke: Palgrave.
41) 例えば，OECD (2012), *OECD Economic Surveys European Union*, p. 30.
42) Cafruny, A.S. and Ryner, M. (2012), 'The Global Financial Crisis and the European Union: The Irrelevance of Integration Theory and the Pertinence of Critical Political Economy', in Nousios, P., Overbeek, H. and Tsolakis, A. (ed.) *Globalisation and European Integration: Critical Approaches to Regional Order and International Relations*, Routledge, p. 40.
43) Enderlein, H. et al. (2012), p. 10
44) *Ibid.*, p. 17.
45) Wyplosz, C. (2010), 'The failure of the Lisbon strategy', *VOX CEPR's Policy Portal*, 12 January 2010 (http://www.voxeu.org/article/failure-lisbon-strategy).
46) Piketty, T. (2013), *LE CAPITAL AU XXIe SIECLE*, Édition du Seuil（山形浩生・守岡桜・森本正史訳『21世紀の資本』みすず書房，2014年，590-1頁）.
47) Collingnon, S .(2010), p. 165.
48) Angelini, E.C. and Farina, F. (2011), 'Real Divergence across Europe and the limits of EMU Macroeconomic Governance', in Posta, P.D. & Talani, L.S. (ed.) *Europe and Financial Crisis*, palgrave macmillan, p. 69.
49) Enderlein, H. et al. (2012), p. 28.

第3章
ユーロ圏における金融統合と金融危機

　ユーロ導入後，経済統合とは対照的に，金融統合は飛躍的に進展した．ユーロの導入と共に，ユーロ圏の短期金融市場はほぼ完全に統合されることになった．その結果，ユーロ圏およびヨーロッパ域内におけるクロスボーダーの金融取引が飛躍的に拡大すると同時に，アメリカをはじめとするグローバルな金融市場との統合も格段に進んだ．ユーロ圏における金融統合さらにはグローバルな金融統合の中心的な担い手となったのは，ヨーロッパの大手銀行にほかならない．ヨーロッパの大手銀行は，ユーロ導入を契機に，積極的な国際展開に乗り出すと同時に，アメリカの投資銀行に優るとも劣らないリスキーな金融ビジネスを展開することになった．それを支えたのがユーロの導入によって誕生したユーロ建て金融市場とドル建て金融市場であった．ヨーロッパの大手銀行は，これらホールセール市場からの資金調達に著しく傾斜する一方，運用面では，証券化商品をはじめとする様々な金融商品への投資や，デリバティブを駆使した積極的なトレーディングに努めた．同時に，これらヨーロッパの大手銀行は，ドルによる積極的な国際金融仲介を通じて，ドル体制を支える一翼をも担った．グローバル金融危機の主犯はアメリカの投資銀行とされたが，ヨーロッパの大手銀行もグローバルな金融危機の共犯者であったといっても過言ではない．

　ユーロ導入の影響は，何よりも金融面で最も顕著に表れたといってよい．ユーロの導入を契機としたユーロ圏およびEU内の金融統合の進展に伴って，ヨーロッパでもアメリカに優るとも劣らない信用・不動産バブルが発生し，著しい経常収支の不均衡が発生することになった．にもかかわらず，EUの通貨・金融当局，各国政府は，金融統合の進展と信用・不動産バブルの膨張をユーロ成功の証しと捉え，それらを抑制するどころか，むしろ煽りさえした．

然るに，アメリカで金融危機が発生するや否や，アメリカの証券化市場に深く関与し，ユーロ圏やヨーロッパ全域さらには中東でもリスキーなビジネスを手広く行っていたヨーロッパの大手銀行も，たちどころに危機に呑み込まれ，ヨーロッパにもその影響が及ぶことになった．しかも，ヨーロッパの場合，金融危機は，実体経済の危機やソブリン危機，そして銀行危機を経て，最終的にユーロ危機にまで発展・深化した．危機以前，金融統合の進展を支えた金融市場の楽観的な期待は，ギリシャ危機の発生以降逆風へと転じ，ユーロ圏各国政府やEUの通貨・金融当局は，不安定で気まぐれな金融市場の動きに翻弄されることになった．未曾有のシステミックな危機に対して，各国はまとまった対応ができず，自国本位で場当たり的な行動をとることによって，非対称的なショックを増幅し，事態の悪化に拍車を掛けることになった．2011年末にはヨーロッパの銀行の流動性危機が頂点に達し，ユーロ圏の金融システムが崩壊寸前の状況にまで追い込まれることになった．さらに，2012年夏にはスペインとイタリアでソブリン危機への懸念が著しく強まった．いずれの場合も，ECBの大胆な介入によって破綻は免れたものの，金融市場の動揺が沈静化に向かう過程で，南欧諸国におけるリテール金利の高止まりが顕在化し，ユーロ圏における金融市場の分断，金融統合の解体が鮮明となった．同時に，一旦破綻の危機に直面すれば，当該国のソブリン・リスクだけでなく，ユーロ圏全体のシステミック・リスクを惹起しかねない大手銀行に対するナショナルな監督・規制体制の限界も明らかとなった．さらに，2013年のキプロスの銀行危機発生以降，金融危機を引き起こした張本人でありながら，「大き過ぎて潰せない」ことを理由に，巨額の公的資金によって大手銀行を救済することに対しても，世論の厳しい目が向けられるようになった．それらが銀行同盟の創設や銀行構造改革への動きにつながることになる．

　本章では，ユーロの誕生を契機としたユーロ圏およびグローバルな金融統合の進展とヨーロッパの銀行ビジネスの変容，それらの変化に対するEU通貨・金融当局の姿勢について述べた後，グローバルな金融危機からユーロ危機に至る展開と危機の性格，そしてユーロ圏各国政府やEU当局による危機対策の問題点について考察する．

1. 金融統合の進展とリスクテークの増大

1.1 金融・資本市場の統合と国際金融統合

　クロスボーダーの金融取引の拡大に示される，グローバルな金融統合は，1990年代末のアジア通貨危機の発生に端を発し，最終的に巨大ヘッジ・ファンド LTCM（Long Term Capital Management）の破綻によりアメリカの金融システムを震撼させた危機によって，一旦は頓挫したかに見えた．にもかかわらず，グローバルな金融統合は，以後再び今回のグローバルな金融危機発生の直前まで著しい進展を見せた．1999年から2007年末までに，世界のクロスボーダーの債権・債務の総額は4倍の192兆ドルとなり，このうちユーロ圏のそれが占める割合は40%と，3分の1を超えていた[1]．ユーロ圏のみならず，世界全体に対するヨーロッパの銀行による貸出や他のエクスポージャー，デリバティブ・ポジションで見ると，ユーロ圏ないしヨーロッパの銀行の支配的地位は，より際立っていた（表3-1）．クロスボーダーの債権では，イギリスとスイスを含めたヨーロッパの銀行は，世界全体の4分の3，デリバティブ・ポジションに関しては，ほぼ9割を占めていた．1999年以降のグローバルな金融統合の進展は，ヨーロッパの銀行によって牽引されたといっても過言ではない．ユーロの導入が，ヨーロッパの銀行によるグローバルな金融統合牽引の決定的な契機となった．

　ユーロの導入と共に，ユーロ圏におけるインターバンク市場をはじめとする短期のホールセール金融市場は，ユーロ圏のオーバーナイト金利である EONIA（Euro OverNight Index Average）の収斂が示すように，速やかにかつほぼ完全に統合されることになった．短期のホールセール金融市場の統合は，ユーロの導入によって為替リスクが消滅しただけではなく，ユーロ圏ないしEUレベルでの規制や制度上の枠組みの調和，ユーロ参加中央銀行間のクロスボーダーの決済システムである TARGET（Trans-European Automated Real-time Gross Settlement Express Transfer System）の導入といった要因によっても支えられていた[2]．さらに，短期のホールセール金融市場に続いて，国債を中心とした資本市場の統合も進んだ（図3-1）．ユーロ圏各国の国債の利回り

表 3-1 銀行のクロスボーダー債権，ローカル債権，デリバティブ

		外国債権	フランス系銀行	ドイツ系銀行	イギリス系銀行	スイス系銀行
		10億USドル	パーセン			
(a) クロスボーダー債権	2005年第3四半期	9,965	12.1	20.9	12.4	8.5
	2007年第2四半期	14,749	14.0	18.7	11.6	8.6
(b) 全ての通貨での外国オフィスのローカル債権	2005年第3四半期	7,869	6.5	11.9	18.4	14.3
	2007年第2四半期	11,371	9.0	10.0	16.8	12.2
(c) 他のエクスポージャー	2005年第3四半期	7,310	11.8	17.4	18.2	13.5
	2007年第2四半期	12,987	12.2	12.7	17.1	13.1
(c-1) デリバティブ契約	2005年第3四半期	2,083	8.2	26.4	19.0	15.4
	2007年第2四半期	2,635	9.0	26.6	23.1	13.1

他のエクスポジャーには，「デリバティブ契約」，「拡張された保証」，「クレジット・コミットメント」を含
出所：Committee on the Global Financial System (2010), 'Long-term issues in international bank-

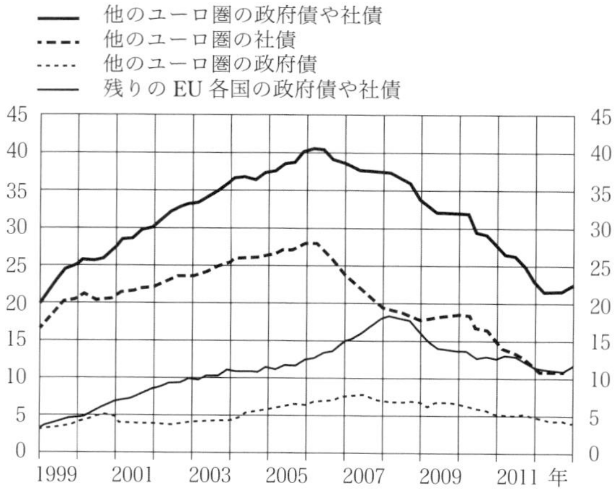

注：残高量は，発行体の居住によって分類される．
出所：European Central Bank (2013), *Financial Integration in Europe*, p. 26.

図 3-1 ユーロ圏と EU の企業・政府発行債券のユーロ圏の銀行によるクロスボーダー保有の割合（総保有の内の％，ユーロシステムを除く）

ブ・ポジション

ヨーロッパ系銀行	日系銀行	アメリカ系銀行	その他
テージ			
78.0	12.3	5.5	4.2
75.8	11.0	5.7	7.6
84.4	2.6	5.9	7.2
81.3	2.3	7.3	9.1
80.0	3.2	12.5	4.3
72.8	2.2	19.9	5.2
89.2	1.2	5.2	4.4
89.3	1.1	4.3	5.3

む.
ing', *CGFS Papers*, No. 41, p. 16.

が，ユーロ圏最低の水準にあるドイツのそれに収斂したことが，端的にそのことを物語っていた．

ユーロの導入と共に統合されたユーロ圏の金融・資本市場は，ユーロ圏およびヨーロッパにおけるクロスボーダーの資金循環の仲介役となり，ドイツを中心とするユーロ圏北部の資金余剰国から，南欧やアイルランド，イギリス，中東欧などユーロ圏ないしヨーロッパの資金不足国への民間資金移動を仲介し，後者の信用・不動産ブームとそれに伴って増大する経常収支赤字をファイナンスする上で中心的な役割を果たした．短期のインターバンク市場やレポ市場に加えて，金融債市場やカバード債市場，さらにユーロの導入を契機にヨーロッパに誕生したといってもよい証券化市場は，信用・不動産ブームに伴う旺盛な資金需要をリファイナンスするための格好の場となり，ドイツをはじめ資金余剰を抱える国々の銀行，保険会社や年金基金，投資ファンド（EU 域外からのそれも含む）が資金の出し手となることで，急拡大を遂げた[3]．同じく，ユーロ導入以前，専ら国内の投資家に限られていたユーロ圏各国の国債（特に周辺国のそれ）の保有も，他のユーロ圏諸国の金融機関を中心とした投資家層へと広がり，発行額も急激に増加した．他方で，ユーロ導入以前，成長が期待されていた非金融企業による社債や株式の発行を通じた資金調達は低位に留まり，リテール金融市場の統合も進まなかった．言い換えれば，ユーロの導入によって新たに誕生したユーロ建て金融・資本市場は，専ら金融機関そして政府のための市場として発展・機能することになった．そして，ユーロの導入を契機としたユーロ圏における金融・資本市場の統合をベースに，ユーロ圏およびイギリスやスイスの大手銀行による積極的な国際的金融仲介を通じて，ユーロ圏以外のヨーロッパそしてアメリカを中心とするグローバルな金融統合も，急速に進展していくことになった．

1.2　ヨーロッパの銀行ビジネスの変容

ユーロの導入は，ユーロ圏の金融・資本市場の構造を大きく変えると同時に，ヨーロッパの銀行によるビジネスのあり方にも大きな変容をもたらすことになった．

ユーロ導入以前，ヨーロッパの銀行は，概ね国内市場をベースにリテールを中心とした商業銀行業務を行っていた．そして，ユーロの導入以降，中小の銀行は，そのまま国内を中心にリテール業務を続ける一方，大手銀行は，ユーロ圏やヨーロッパ，さらにはグローバルなレベルで積極的にクロスボーダーの国際業務に乗り出すと同時に，商業銀行業務，証券の発行・引受，資産管理・運用といった伝統的な証券業務に加えて，マーケット・メーキングやブローカー業務，証券化や自己勘定売買といった投資銀行業務を急速に拡大させた[4]．

ユーロの導入に伴うヨーロッパの大手銀行ビジネスの変容は，バランスシートの構造の変化にはっきりと見て取ることができる．負債サイドでは，特に2004年以降インターバンク市場やレポ市場をはじめとするホールセール市場への著しい依存が顕著となった．ヨーロッパの大手銀行によるホールセール市場への依存は，ユーロ圏におけるユーロ建て資金の調達に留まらず，アメリカやロンドンを中心とする国際金融センター，オフショア市場における支店や子会社を通じた，MMF（Money Market Fund）をはじめとするノンバンクからのドル建て資金の調達にまで及んだ[5]．一般顧客からの預金（リテール預金）の受け入れも拡大したが，それ以上にホールセール市場への依存が進んだために，負債に占める前者のウェイトは低下した[6]．

資産サイドでは，インターバンク取引の拡大に伴い，同じ銀行をはじめとする金融機関向けの貸付が急速に増加し，デリバティブを含むトレーディング資産のウェイトも著しく増加した．他方で，家計や非金融企業といった一般顧客向け貸出は相対的に低下し，一般顧客向け貸出は，EU銀行の総資産のうち28％を占めていたに過ぎない（2012年3月時点）[7]．総資産に対するローンの割合も，特にヨーロッパの大手銀行で著しく低下し，純金利収入に代わりトレーディング益や手数料といった非金利収入が収益の中心となった[8]（表3-2）．それは彼らの業務の中心が商業銀行業務から投資銀行業務にシフトしたことを示している．同時に，ヨーロッパの大手銀行が自己勘定トレーディングや投資

表 3-2 欧米主要行の総資産に対する総ローンの割合の変化

(%)

	1990 年	1995 年	2000 年	2005 年	2007 年	2008 年	2009 年	2010 年
ドイツ銀行	85	73	53	17	11	15	21	27
UBS	78	61	26	15	18	21	27	22
BNP パリバ	77	73	37	28	31	28	36	38
バークレーズ	78	68	64	33	32	25	34	32
バンク・オブ・アメリカ	58	62	61	44	51	51	40	42

出所：Slovik, P. (2012), 'Systemically Important Banks and Capital Regulation Challenges', *OECD Economics Departmnet Working Papers*, No. 916. p. 7.

銀行業務からより大きな利益を獲得するようになるにつれ，彼らの投資の視野も短期化することになった[9]．

　ユーロ圏ならびにヨーロッパの金融・資本市場における，こうした金融機関同士の取引の拡大は，リスクヘッジのためのデリバティブ市場や証券化市場の発展を促すことにもつながった．すなわち，ヨーロッパの銀行は，ホールセール市場で調達した資金を貸付や投資，トレーディングに振り向けることによって生じるリスクを，CDSをはじめとするリスク移転手段（risk transfer instruments）を使ってオフバランス化することによりヘッジした[10]．ヨーロッパの銀行が世界のデリバティブ・ポジションの9割を占めていたことも，決して偶然ではない（表3-1）．証券化に関しても，ヨーロッパにおける証券化商品の発行額そのものは，アメリカのそれに比べてはるかに少なかったものの，1990年代末のITバブル崩壊後，株価の低迷と低金利が続く中で，高い格付と相対的に高い利回りに惹かれ，ヨーロッパの銀行は，トレーディングと投資の両方の目的で大きなポジションを積み上げていった．しかも，ヨーロッパの大手銀行は，自ら証券化商品を保有するだけでなく，銀行規制の枠外にあるSPVs（Special Purpose Vehicles）やSIVs（Structured Investment Vehicles）等の子会社を使って証券化商品の積極的な取引・運用を行わせ，「影の銀行システム」の発展に重要な役割を果たした[11]．

　このように，ユーロの誕生と共に特に2004年以降拡大した取引のほとんどが，同じ金融セクター内の取引に関するもので[12]，その中心を担ったのはヨーロッパの大手銀行であった．主要国でも中小の銀行やEU周辺国の銀行が，ユーロ導入後も預金の受け入れや融資といったリテール業務を中心とする伝統的

な商業銀行ビジネスに留まっていたのとは対照的に，ヨーロッパの大手銀行のビジネスは，「市場ベースの銀行業（Market-Based Banking）」にシフトした．

しかし，「市場ベースの銀行業」とはいうものの，ヨーロッパのそれは，透明性が低く金融機関にリスクが集中する，銀行ベース（Bank-Based）の金融システムの持つ潜在的弱点をそのまま有する一方で，銀行ベースの金融システムが持つ，緊密な取引関係や忍耐強い取引相手といった利点は有せず，同時に市場ベースの金融システムの脆弱性を併せ持つという点で，大きな脆さを抱えていた[13]．特にインターバンク市場をはじめとする銀行間取引の著しい拡大は，複雑で長い信用連鎖により銀行や他の金融機関を相互に緊密に結びつけあうことで，カウンターパーティ・リスクを増大させ，結果的に金融市場の混乱に対する金融機関のエクスポージャーを高めることになった[14]．さらに，ヨーロッパの大手銀行の中でも特に投資銀行ビジネス志向の強かった，バークレーズ，ドイツ銀行，ソシエテ・ジェネラルといった最大手の銀行は，2002年から2007年にかけて著しくレバレッジ比率を著しく高め，相対的に少ない自己資本しか保有していないにもかかわらず，短期のホールセール市場から調達した資金で巨額の取引を行い，総資産ならびにバランスシートを大きく膨らませた[15]．これらヨーロッパの最大手の銀行群のレバレッジ比率は，破綻したリーマン・ブラザーズをはじめアメリカの金融機関によるそれをも著しく上回っていた[16]．にもかかわらず，これらヨーロッパの大手銀行の自己資本比率は，見た目には低下せずほとんど変わらないままであった（図3-2）．というのも，ヨーロッパの大手銀行は，デリバティブや証券化を使ってリスクをバランスシートから取り除くことで，資産の増加に対して本来保有しておかなければならない自己資本を節約できたからである[17]．リスク・ウェイトに基づく自己資本比率規制は，ヨーロッパの大手銀行によるリスクテークの抑制にまったく繋がらなかったといってよい[18]．グローバルな金融危機が発生する直前までに，ヨーロッパの大手銀行のレバレッジは高水準に達し，危機の発生と共に高リスクが一挙に顕在化することになる．

1.3　グローバルな金融仲介への関与

ヨーロッパの大手銀行による金融仲介は，ユーロ圏やヨーロッパ域内に限ら

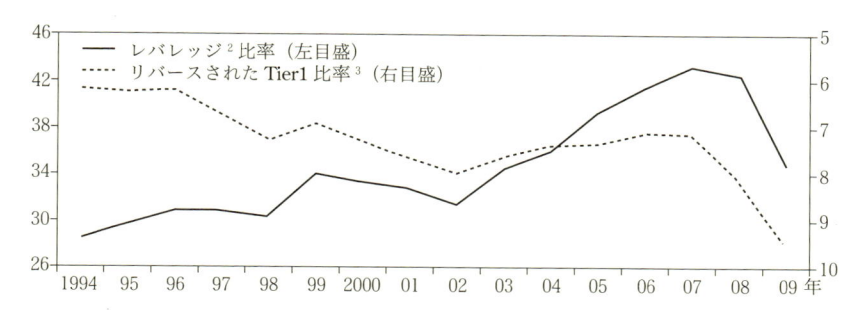

注：1. 危機以前の2006年の総資産に基づいて，10大銀行が選ばれており，BNPパリバ，クレディ・アグリコール，ドイツ銀行，ABNアムロ，ソシエテ・ジェネラル，ING銀行，バンコ・サンタンドール，ウニクレディット，フォルティス，コメルツ銀行が含まれる．
2. Tier1資本に対する総資産比率．
3. Tier1資本に対するリスク・ウェイト資産比率．
出所：OECD (2010), *OECD Economic Survey Euro Area*, p. 124.

図3-2　ユーロ圏の大銀行[1]のレバレッジ

れることなく，文字通りグローバルな規模で行われることになった．

ユーロ導入を機に，ヨーロッパの大手銀行は積極的な国際業務の展開に乗り出した．EU 18カ国の大手銀行グループ34行を対象としたECBの調査によれば，その理由は，寡占化の進行や経済成長の停滞に伴う国内市場での限られた成長可能性が28行，次いで進出相手国におけるより高い成長可能性が26行であった．以下，進出相手国におけるより高い利鞘が22行，顧客の国際化戦略の展開が20行，「規模の経済」や「範囲の経済」が14行，自国での利益の縮小が12行と続く[19]．もっとも，ヨーロッパの大手銀行による国際業務展開といっても，中東欧を除けばユーロ圏域内においてさえクロスボーダーのM&Aは少なく，多くが支店や子会社の設立を通じた資金調達・運用を目的とした進出であった[20]．

これらヨーロッパの大手銀行にとって，ヨーロッパ域外で最大の進出先となったのがアメリカに他ならない．世界最大の経済規模と巨大な金融市場を有し，革新に満ち溢れダイナミックな発展を続けるアメリカは，ドイツ銀行らヨーロッパの大手銀行にとって，かねてから憧憬と羨望の的であった[21]．特に90年代以降いわゆる「ルービノミックス」によって金融の力で見事な再生を遂げたアメリカと，長期的な低迷が続くヨーロッパとの間で，銀行の収益力にも大き

な格差が広がることになったことから[22]，ヨーロッパの大手銀行は，ますますアメリカ金融市場やその中心ともいうべき投資銀行ビジネスに魅せられるようになった．2000年に起きた株式バブルの崩壊によってアメリカ経済の成長も一旦は頓挫するかのように見えたが，その後不動産ブームによって再び活況を取り戻すにつれ，ヨーロッパの大手銀行による対米進出は急速に拡大していく．

ヨーロッパの大手銀行は，オフバランスのSIVsを使って，MMFをはじめとするアメリカの投資家から，短期のホールセール市場やオフショア市場を通じて巨額のドル建て資金を調達し，それらを証券化商品をはじめとするアメリカ国内における非政府証券への投資やトレーディングに振り向けるなど，アメリカの投資銀行顔負けのアグレッシブなビジネスを展開し，高水準のレバレッジを積み上げた．資産サイドでは，ヨーロッパの大手銀行のうち，イギリスとスイスの銀行が最大の債権を保有し，これにフランスやドイツといったユーロ圏の銀行が続いた[23]．ヨーロッパの銀行は，2008年第1四半期のピーク時には，アメリカのカウンターパーティに対して併せて5兆ドル以上の債権を保有し，その内訳は明らかではないものの，その圧倒的な部分が民間証券で，非居住者で最大の債権者となっていた[24]．同じく，アメリカの外にある銀行のドル建て資産は，危機に先立つピーク時に10兆ドルを超え，アメリカ国内の商業銀行部門の総資産に匹敵し，その著しい部分がヨーロッパの銀行によるアメリカのカウンターパーティに対する債権であったといわれる[25]．ヨーロッパの大手銀行が，アメリカの信用・不動産バブルに深く関わっていたことは間違いない．他方，負債サイドに関しては，ヨーロッパの大手銀行にとってドル建て資金の重要な調達先となったのが，短期の社債を中心に運用を行うプライム・ファンドをはじめとするMMFからの借入であった[26]．2008年半ばまで，アメリカのプライムMMFの50％が外国銀行の短期債務で，ヨーロッパの銀行が圧倒的なシェアを占めていた[27]．なかでもフランスの大手銀行が最大の借り手で，イギリス，ドイツ，オランダの銀行がこれに続いた[28]．ヨーロッパの銀行は，こうして調達したドル資金をアメリカ国内における投資・運用に振り向けただけでなく，本国の本店を通じてユーロ圏やその他ヨーロッパ域内を含むグローバルな投資・運用にも振り向けた[29]．

こうしてヨーロッパの大手銀行は，ユーロ圏やヨーロッパ域内のみならず，

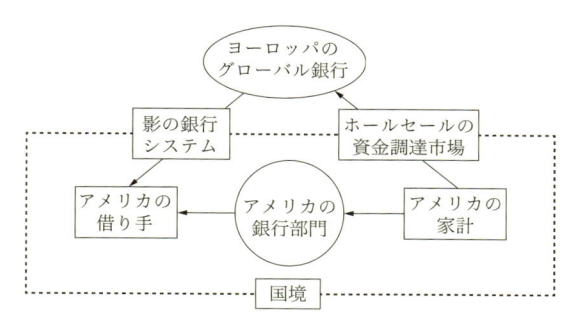

第3章　ユーロ圏における金融統合と金融危機　　　　　　　　　　85

出所：Shin, H.S. (2012), 'Global Banking Glut and Loan Risk Premium', Mundell-Fleming Lecture, IMF Annual Research Conference, Washington DC. November 10-11. p. 4.

図3-3　ヨーロッパのグローバル銀行による
アメリカの金融仲介

　影の銀行システムを通じてアメリカでも信用・不動産バブルを支えただけでなく，大西洋を股に掛けた積極的なクロスボーダーの金融取引を通じて，米欧間を中心とするグローバルな金融統合の進展においても決定的な役割を果たし，その過程でアメリカ市場およびドルへの依存を著しく高めた．

　本来ユーロの誕生は，ヨーロッパのアメリカ経済への依存や国際通貨・金融の領域におけるドル支配を終わらせ，ヨーロッパ経済の自立性を高めることで，対称的な国際通貨・金融システムの確立や世界経済の安定につながる契機となるはずであった．同じく，ヨーロッパの銀行によるビジネスも，ドルからユーロ中心へと明確にシフトするはずであった．然るに，ヨーロッパの大手銀行は，ユーロ導入以降却ってドル依存を深め，ドルによる積極的な国際金融仲介を通じてアメリカの経常収支赤字や不動産ファイナンスで中心的な役割を演じ，ドル体制を支える一翼を担うことになった（図3-3，図2-8）．グローバルな金融危機の原因は，アジアの過剰貯蓄にあったといわれるが，グロスの資金移動で見ると，米欧間の資金の移動が圧倒的なウェイトを占め，ヨーロッパの大手銀行が大西洋間の金融仲介の主役であった[30]．しかも，危機の発生以後，ヨーロッパの大手銀行による数々の不正取引や金融犯罪が明るみに出ることになった．その意味で，ヨーロッパの大手銀行はグローバルな金融危機の共犯者に他なら

なかった．そして，危機の発生の際には，これらのヨーロッパの大手銀行はドル資金の調達に窮し，FRB からのドル・スワップや TAF（Term Auction Facility）による緊急支援を仰がざるを得ない状況に追い込まれた．ヨーロッパの大手銀行のうち最大の救済対象となったのは，バークレーズや RBS（Royal Bank of Scotland）らイギリス勢であったが，ドイツやフランスなどユーロ圏の銀行もこれに続いた．ヨーロッパの大手銀行による積極的なドル・ビジネスの展開と危機によるその破綻は，ユーロの導入によって「ドル支配」への挑戦を目指した EU にとって，まさにパラドックス，大いなる皮肉といわざるを得ない．

2. EU 通貨・金融当局による危機への関与

2.1 銀行のリスクテークの看過

ヨーロッパの大手銀行の暴走は，未曾有の金融危機を招いた主要な要因であったが，EU の通貨・金融当局も，ヨーロッパの大手銀行によるリスクテークの増大を看過しただけでなく，これを助長した．

2008 年にユーロが誕生 10 周年を迎えたことを記念して，ヨーロッパ委員会は，10 年にわたる EMU の成果と課題，同じく ECB は，10 年に及ぶ自らの金融政策の運営と成果に関する包括的な報告書を，それぞれ提出した．両報告書のうち特にヨーロッパ委員会のそれは，EMU が物価の安定に関してドイツの実績を上回る画期的な成果を収め，それによってユーロ圏の金融・マクロ経済上の安定，経済統合や市場統合，金融統合の進展に大きく貢献すると同時に，ユーロがドルに次ぐ国際通貨となり，ヨーロッパのみならず世界経済にとっても安定の軸になったとして，ユーロや EMU の成果を絶賛していた[31]．他方，ECB のそれは，より控えめな調子であったが，自らに課せられた最大の使命である物価の安定に関して顕著な成功を収め，それによってユーロ圏の金融上の安定や経済成長の押し上げに貢献し，ユーロの誕生以来 2007 年末までに約 1,500 万人の雇用を新たに創出するなど，失業率の低下にも大きな成果を挙げていることを強調していた[32]．

しかし，前年の 2007 年 8 月には，アメリカでフランスの大手銀行 BNP パ

リバの子会社による証券化商品の運用の失敗,「パリバ・ショック」が既に発生していた.「パリバ・ショック」を機にヨーロッパの大手銀行による短期のホールセール市場からの資金調達が徐々に困難となり,米欧間を中心とするクロスボーダーの資金移動の巻き戻しも始まった. 12月にはドル資金の調達に窮したヨーロッパの大手銀行は, FRBやECB, 自国中銀からスワップを通じて大規模なドル資金の供給を仰がざるを得ない状況に追い込まれた. 翌2008年3月にはアメリカの大手投資銀行ベア・スターンズが経営に行き詰まり, JPモルガン・チェースに吸収合併を余儀なくされたことで, ヨーロッパの大手銀行のバランスシートの悪化に拍車がかかった. そのためヨーロッパの大手銀行は, ドル資金の調達になりふり構わず躍起となっていた. にもかかわらず, 先の報告書の中では, そのような事態に対する言及はほとんど皆無であった. ブラウンによれば, EUの通貨・金融当局は, ユーロやEMUの見せ掛けだけの成功に酔い, 陶酔感や慢心によって, アメリカ発のグローバルな金融危機とヨーロッパの大手銀行によるそれへの深い関与, さらには危機の発生がヨーロッパの大手銀行を介してユーロ圏やヨーロッパの金融システムに与えるかもしれない重大な脅威に気付かなかった[33]. なかでも, ユーロ圏の金融の安定に関して, 最高の責任を負っていたECBの責任は重大であった. 銀行監督そのものは, ユーロ圏各国の銀行監督当局の権限・責任であったとはいえ, ECBは金融政策運営の最高の責任者であった. ECBは, ユーロ圏の大手銀行によるリスクテーク増大の把握に完全に失敗しただけでなく, ユーロやEMUが獲得したとされる, グローバル経済や金融上の混乱に対する自立性についても, ヨーロッパ委員会やユーロ圏各国政府同様, 明らかにこれを過大評価していた[34].

そもそも,「パリバ・ショック」発生のはるか以前, ユーロの導入に伴ってアイルランドや南欧諸国で実質金利がマイナスとなり, それによって引き起こされた信用・不動産ブームにより住宅・商業用不動産価格が高騰していた. また, 旺盛な資金需要を満たすために, 銀行による短期のホールセール市場や債券市場からの資金調達も急増していた. 2004年以降のヨーロッパの大手銀行バランスシートの急膨張を見れば, 過剰な流動性の創出やリスクテークの増大は明らかであった[35].

信用・不動産ブーム過熱の兆候が既に現れ始めていたにもかかわらず,

ECB は何故これを放置したのであろうか．その理由の 1 つに，同行がインフレ・ターゲッティングを採用していたことが挙げられている[36]．ECB は，物価の安定と安定した経済成長を実現するために，2% 以下でかつ 2% に近いインフレ率の維持を金融政策の主要な目標に定めていた．それゆえ，2000 年代初頭ユーロ圏の一部に信用・不動産バブルの兆しが現れていたものの，ユーロ圏全体のインフレ率は極めて落ち着いた．そのため，ECB は 2005 年末まで低金利政策を続けた．一部では ECB が不況に苦しむドイツに配慮したのではないかともいわれていた[37]．しかし，長期にわたる低金利政策の継続によって創出された過剰な流動性は，銀行によるリスクテークの増大につながることになった．ECB による長期にわたる低金利政策の継続は，金融危機の主因ではなかったにしても，銀行によるリスクテークを助長したかもしれないことは，他ならぬ ECB のエコノミストらによっても指摘された．すなわち，銀行の資金調達がますます短期金融市場に依存するようになり，ビジネスの中心もトレーディングや投資銀行業務にシフトし，政策金利を含む金融市場のシグナルに銀行がますます敏感に反応するようになるにつれて，中央銀行による低金利政策の継続が金融商品の価格や収益，キャッシュ・フローに大きな影響を与え，それが銀行にリスク評価の尺度の修正を促し，より大きなリスクを取るように仕向けた[38]．さらに，低金利が長期化する中で，銀行や機関投資家は運用難に苦しみ，政府債券のように安全だが利回りの低い資産に代わり，よりリスクは高いがよりリターンも高い投資へと向かわざるを得なくなったことや，借入コストの低下によって負債を増やし，レバレッジを大きく膨らませることで収益を増やそうとした[39]．

このように，ECB の金融政策のスタンスと銀行およびその他の金融機関によるリスクテークの間には，密接な相関関係が存在し，ECB による長期にわたる低金利政策の継続やヨーロッパの銀行による市場ベースのビジネスへのシフトにより，そうした傾向が顕著となっていた．ECB は，金融危機に関して事前の注意や予防を重要と見なす BIS view ではなく，バブルは事後的にのみ認識可能で中央銀行の政策によって除去可能であるとする FRB view を踏襲していたといわれるが，いずれにしても，ユーロ圏やヨーロッパのみならず，グローバルな市場を股に掛けたヨーロッパの大手銀行によるリスクテークの増

大と，それが金融の安定性に及ぼす重大な脅威の兆候を捉えることに，見事に失敗した[40]．その後，過熱する信用・不動産ブームが世界的な食糧・エネルギー価格の高騰と結びついて，ユーロ圏でもインフレの兆候が現れた時点になって，ECBは慌てて政策金利を引き上げたものの，既に手遅れであった．しかも，2008年半ばに危機が悪化して内外の金融・不動産市場の動揺が顕著となっていたにもかかわらず，インフレに気を取られて利上げに踏み切ることで，信用・不動産バブルの崩壊に拍車を掛けることになった．後に危機の収束に決定的な役割を果たすことになったとはいえ，危機の発生に至る過程でその兆候を見逃し放置したECBの責任は，重大であったといわざるを得ない．

2.2 金融統合や金融革新，金融市場の機能に対する過信

金融政策の運営の失敗だけでなく，金融統合や金融革新，金融市場の機能に対するECBやEUの金融監督当局の過信も，危機の兆候を見逃し，事態の悪化を放置する重要な要因となった．

金融統合は，通貨統合と並ぶ，経済統合さらにはヨーロッパ統合推進の戦略的梃子であったが，固有の領域でも以下のような役割が期待されていた[41]．第1に，金融統合は，ユーロ圏の金融市場の統合と同質化を促し，金融政策のスムースで効率的なトランスミッションに貢献することで，ECBによる単一金融政策の運営を容易にする．第2に，金融統合は，ユーロ圏におけるリスクのシェアと多様化の機会を増やし，金融市場の流動性を増加させることで，ショックに対するエクスポージャーを低下させ，非対称的なショックが生じる可能性を引き下げることを通じて，ユーロ圏の金融の安定に貢献する．第3に，TARGETシステムをはじめ決済システムのスムースな機能を保障する．第4に，金融統合によって，1国単位の貯蓄と投資の制約が打破され，ユーロ圏規模での貯蓄の最適な利用が可能となり，余剰部門から不足部門へ効率的に貯蓄が配分されることで，より高い経済成長が保障される．第5に，単一の金融サービス市場の実現により，ミクロ的な次元でもより低コストで効率的な金融取引が可能になることで，経済成長や経済効率が押し上げられる．最後に，金融統合は，特に金融市場の圧力を通じて，各国政府を安定志向の持続可能な経済政策の運営や適切な構造改革を行うよう規律づけることによって，安定と成長

を促す．このように，ECB は金融統合の進展に多大な期待を寄せていた．

同じく，ECB は，金融革新を通じたヨーロッパにおける金融市場統合の進展の可能性についても，非常に肯定的な見方を示していた．ECB は，2007 年に出されたヨーロッパにおける金融統合に関する報告の中で，特に Synthetic Credit Risk Transfers Instruments（合成信用リスク移転商品，以下合成 CRT）が，金利デリバティブや通貨デリバティブなど他の信用デリバティブと同様，グローバルな性質を持ち，グローバルな市場で参加者に信用リスクを取引することを可能にし，ヨーロッパの債券市場の統合にも重要な役割を果たしていると，その役割を高く評価していた[42]．すなわち，ヨーロッパの債券市場は，各国別の規制による障壁やローン移転の法律上の制約，未発達の市場インフラ等によって分断され，ヨーロッパ的な規模で信用リスク・ポートフォリオを多様化する可能性を制限していた．これに対して，Synthetic Collateralized Debt Obligations（合成債務証券，以下合成 CDOs）のような合成 CRT は，現物の債券やローンを買い取らなくとも，信用デリバティブを通じて銘柄や資産を保証（referencing）するだけで，原資産へのエクスポージャーを発生させた．合成 CRT に関する規制上の障壁は低く，仕組みが非常に弾力的で，かつ信用リスク市場のアクセスも容易であったため，汎ヨーロッパ的なポートフォリオを組み立てることも簡単であった．また，合成 CDOs は，汎ヨーロッパ的な，しばしばグローバルでさえある，CDS 参照銘柄のポートフォリオによって担保される傾向にあった．よって，合成 CDOs をはじめとする合成 CRT 商品の成長は，分断されているヨーロッパの債券市場を統合し，ポートフォリオの多様化によるリスク分散や取引コストの軽減，信用リスクの透明性の増大につながると歓迎されていた[43]．

さらに，ECB によれば，ユーロの国際化同様，金融統合もあくまで市場主導の過程（market-driven process）に他ならず，金融統合の進展を決めるは金融市場や投資家，金融機関であって，ECB 自らは自由な競争と資源の効率的な配分を促すオープンな市場経済原理に従って，制度や法律の調和や決済インフラの整備を行うに過ぎなかった[44]．金融統合に関しては，ECB 自身も，金融面で相互依存ないし緊密化が進むことで，一旦ショックが発生した場合に即座にそれがユーロ圏全体に伝播する恐れや，非対称的なショックの発生によっ

て金融面や実物経済面での攪乱が生じる可能性を認識していた．にもかかわらず，金融統合が進展すればするほど，そのようなリスクは低下し，安定効果が不安定効果を上回るようになると，先行きを楽観視していた[45]．ECB をはじめとする EU の通貨・金融当局が，金融統合や金融革新，金融市場の機能に過剰な信頼や期待を寄せていたことは明らかであろう．

けれども，事態は ECB ら EU 当局の期待したようには進まなかった．金融統合によって，ドイツをはじめとする北部ヨーロッパ諸国から，スペインをはじめとする南欧諸国やアイルランドに巨額の民間資金が流れたものの，生産的な投資には向かわず，建設・不動産部門を中心とする非貿易財部門で非生産的に浪費され，おまけに経常収支不均衡も悪化させた．さらに，ギリシャ危機が発生するとその影響は即座にユーロ圏全体へと広がった．金融統合によってリスクの分散どころか，まさにリスクの伝染，ショックの共振が生じた．金融革新にいたっては，まさしく危機の元凶となった[46]．

2.3 時価主義会計と準循環効果

時価主義（fair value）に基づく国際財務報告基準（International Financial Reporting Standards, 以下 IFRS）の導入も，銀行の貸出行動に関する景気循環増幅効果（procyclicality）を高めることを通じて，危機の一因となった．

EU では，各国別の会計制度の相違を克服し，調和された会計ルールを持つことが，金融市場の統合に向けた決定的な一歩とされ，会計制度改革の試みが進められていた．というのも，調和された会計ルールは，透明性と比較可能性を高め，資本のより効率的な配分を可能にし，資本コストの引き下げに貢献するからであった[47]．クロスボーダーの企業活動が活発化し，調和された会計ルールの必要性が高まる中で，EU では 2005 年から投資家に対して透明な公正な財務情報を提供することを目的に，銀行を含む公開上場企業に対して IFRS の適用が義務付けられた[48]．IFRS の適用に関しては，EU 内に慎重意見も存在していた．ドイツやフランスでは，IFRS の適用は，プルーデンス原則の名目で透明性を犠牲にし，好況期には，担保価値の上昇や自己資本の押し上げによる与信の拡大を通じて資産バブルの過熱を煽る一方，不況期には，担保価値の下落や自己資本の押し下げによって信用クランチや銀行危機を招き，システ

ミック・リスクを増大させかねないとの，反対ないし慎重意見が存在していた[49]．けれども，危機の発生以前，ヨーロッパ委員会の中でも会計・金融問題担当部局は，レッセフェール（自由な市場による自己調整的な機能）を信奉するイギリスの強い影響の下に置かれていた[50]．IFRS の導入には，国際金融センターとしてのロンドン市場の利害や，ヨーロッパの大手銀行や投資家の意向も反映されていた[51]．加えて，多くの分野でアメリカの後塵を拝していた EU にとって，IFRS の導入はアメリカに対抗して会計分野で国際標準を握ろうとする目論見の一貫でもあった[52]．

　他方，ECB は，IFRS 導入の直接の当事者ではなかったものの，会計制度の変更は銀行行動の変化を通じて金融の安定にも大きな影響を及ぼす可能性があるとして，特別な関心を持ち注視していた．ECB は，調和された会計ルールの導入そのものには賛意を示す一方で，時価主義の導入には慎重な姿勢を示していた．その理由は，まず，銀行の貸出行動はその性質上まさに順循環的（pro-cyclical）であり，時価主義に基づく IFRS は，景気拡大局面では，資産価格の上昇や信用の質の改善に伴う未実現（unrealized）の利益の拡大を通じて銀行の収益や自己資本を押し上げ，貸出の増加を促す一方，景気後退局面では，その逆の行動を促すことにより，銀行の準循環的な貸出行動や短期主義への傾斜を煽る恐れがあった[53]．これは，ドイツやフランスにおける慎重論と同じであった．次に，銀行の信用リスクの評価に関する研究によれば，景気循環全体を通じて予想される借り手の平均的なパフォーマンスを考慮に入れてリスク評価を行う銀行は極めて少なく，ほとんどの銀行は，通常 1 年という短い期間で借り手のデフォルトの蓋然性やそれと結びついた信用評価を逐次的に行う．しかも，IFRS の下では，大半のローンのような原則満期まで保有される商品に対しても時価主義が適用され，利益や損失に関して著しいボラティリティが生じることで，銀行の短期主義的な貸出行動に拍車をかける．それゆえ IFRS は投資家に対して公正で適切な財務情報を提供するという本来の目的から離れ，時に誤った情報さえ提供しかねない[54]．特に景気後退期や危機発生の際には，銀行は借り手の返済能力の悪化による予想キャッシュ・フローの低下だけでなく，借り手がデフォルトした場合には担保資産価値の下落（割引率の上昇による割引現在価値の低下）の影響も受けることになり，その結果著しい

資産価値の下落と損失が生じることになる．簿価ないし取得原価主義に基づく会計制度とは異なり，時価主義に基づくIFRSの下では，それらの影響はすべて財務報告に反映され，銀行の自己資本に著しい毀損が発生することで，金融システムの著しい不安定化を招きかねない[55]．勿論，銀行は，損失の発生や自己資本の毀損に備えて準備を積んでいるものの，往々にして短期主義に陥りやすい銀行にとって，将来を見越して十分な準備を積んでおくことは決して容易なことではなく，特別な損失が既に発生しているか，間もなく発生するとの証拠がある時でないと，コストのかかる準備の積み立てには消極的であった[56]．さらに，ほとんどの国の規制当局も，経営陣が財務報告を操作する可能性を制限するために，不良債権や損失の定義を狭くする傾向にあり，ゆえに準備の積み立ても専ら後ろ向きにならざるを得ないという[57]．

　同じく，ECBは，先物やオプション，スワップのような金融デリバティブに関して，「公正価値」を算定することの困難や問題点も指摘していた．金融デリバティブが銀行にとって重要なリスク管理手段となり，その想定元本がバランスシート全体に対して著しく巨額になる中で，これら金融デリバティブを「公正価値」で評価し，バランスシート上に載せて銀行のリスク・ポジションを開示することは，IFRSの主要な利益の1つとされていた[58]．しかし，店頭取引のような相対取引が多く，適切な市場価格を持たない金融デリバティブの場合，「公正価値」の算定は銀行内部のリスク評価モデルによる推計によってなされる．それゆえ，恣意的な操作により財務報告の透明性に関して疑念が生じる恐れがあるだけでなく，リスク評価モデルないしリスク評価の方法は銀行毎に異なっているため，比較可能性についても問題が生じる可能性が存在していた．特に銀行が「公正価値」で測られるべき資産や負債について異なる選択を行うオプションを持つ場合，リスク評価は大きな影響を受け，その結果財務報告の比較可能性を損ないかねない恐れが指摘されていた[59]．

　よって，ECBは，IFRSの導入は，経済実態がよりよく反映されるという明確な効果を持ちうるかもしれない一方で，「公正価値」推計の信頼性に関して，重大な疑念が存在していると同時に，財務報告のボラティリティを高めることにより，銀行のリスク管理にも大きな影響を与えると予想されることや，銀行の貸出行動の景気循環増幅効果を強め，景気が逆方向に転じた場合に銀行

の対応能力を低下させることにより，金融システムの安定性に関する懸念を深めることになるかもしれないと結論付けていた[60]．ECB は，IFRS の下で財務報告のボラティリティの増大を避けるために，銀行が貸出に慎重になり，よりリスクをとらなくなる方向に向かう可能性も示唆していたが，実際にはよりリスクをとる方向へと向かうことになった．

ECB は，IFRS 施行後 2006 年末にその影響について詳細なフォローアップを行った．それによれば，IFRS は確かに金融の安定に貢献したかもしれないものの，財務報告の透明性や比較可能性からすると，銀行の内部リスク評価モデルによる「公正価値」評価が一般化したことで，むしろヘッジ会計や準備に関するリスク評価の多様化が進み，IFRS 導入本来の目的とは違う方向に向かっていることや，銀行間における平等な競争条件の確保や市場規律の強化という点で，依然多くの課題が未解決のまま残されており，金融システムの安定性に照らして問題であるとの指摘を行っていた[61]．

ECB によって IFRS に向けられた懸念は，その後の金融危機の発生・深化の過程でまさに現実のものとなった．2008 年 9 月リーマン・ショックの発生によって，アメリカ同様，ヨーロッパの大手銀行のトレーディング勘定で巨額の損失が発生すると，時価評価によるその衝撃を避けるために，2008 年 10 月より，満期まで保有する意志と能力を持つことを条件に，当該資産を時価評価の対象から簿価評価の対象へと再分類することが EU 当局によって認められ，IFRS は修正を余儀なくされることになった．危機を経てなお IFRS は世界的な広がりを見せているが，グローバルなレベルではもとより，EU 域内においても，比較可能性や透明性，厳密な適用可能性の点で，依然多くの問題を孕んだままとなっている．いずれにしても，時価主義に基づく IFRS の導入が，ヨーロッパの銀行行動に好ましからざる影響を与えたことは間違いない．

2.4　EU の金融監督・規制体制の欠陥

最後に，EU の金融監督・規制体制の欠陥も，ヨーロッパの銀行の暴走を許し，危機を引き起こす一因となった．

EU の金融監督・規制に関するアプローチは，単一金融サービス市場の創設を目的とし，母国監督主義（home country control），相互承認（mutual recognition），各国の国内法の最低限の調和（minimum harmonization of national laws）の3つの手段を通じて，金融市場の統合ならびに監督・規制の調和を進めようとするものであった．このアプローチは，分権主義を特徴とし，EU 各国の当局による監督・規制を通じて単一金融市場全体を上手く管理することができるとの想定に基づいており，母国がどこにあるかとは関係なく，銀行をはじめとする金融機関に対して，クロスボーダーの金融サービスの供給拡大を図る誘因に関する基本的枠組みを提供した[62]．それが，ユーロ導入以降，ユーロ圏およびヨーロッパの大手銀行によるクロスボーダー業務の拡大を促す一因となったことは間違いない．しかし，ユーロ圏ないしヨーロッパの大手銀行によるクロスボーダーの金融サービス供給の拡大は，他国で金融サービスを提供することから生じるリスクの責任を母国が負う明確な義務を伴ってはいなかった[63]．言い換えれば，EU は，上記のアプローチを通じて，金融機関に対する十分な監督や規制の強化を伴わずに，クロスボーダーの業務に関する障害を広範囲に取り除くことになった．その結果，ユーロ圏ないしヨーロッパの大手銀行によるクロスボーダーのビジネスが活発になるにつれて，リスクも増大することになったが，国内に基盤を置く監督・規制当局は，それに対応できなくなっていった[64]．例えば，後に経営破綻することになったデクシアとフォルティスは，前者はベルギーとフランスの両国に拠点を置き，後者はベルギーとオランダ，そしてルクセンブルクにも拠点を置きながら，それぞれ活発なクロスボーダー・ビジネスを行っていたが，経営破綻の際には処理が難航し，いずれの国にとっても単独での処理は手にあまり，結局，国別，部門別に分割・処理されることになった．要するに，分権主義に基づく緩いアプローチでは，クロスボーダーに活動する大手銀行を十分監督・規制できないことは，既に危機の発生以前から明白となっていた．にもかかわらず，然るべき有効な手は打たれなかった．未曾有の金融危機が発生した後になって漸く危機の悪化や再発の防止策の検討を行うために，ド・ラロジェール委員会が立ち上げられた．そして，同委員会の提言[65]を基に，ヨーロッパ・システミック・リスク理事会（ESRC：European Systemic Risk Council）とヨーロッパ金融監督制度（ESFS：European System of Financial Supervisors）が設立され，2011 年 1 月より業務を開始した．後者は，ヨーロッパ銀行監督局（EBA：European Banking Authority, 以下 EBA), ヨーロッパ保険・職業年金監督局 (EIOPA：European Insurance and Occupational Pensions Authority, 以下 EIOPA), ヨーロッパ証券監督局 (ESMA：European Securities and Markets Authority, 以下 ESMA) を傘下に置き, これらの新しい機構を通じて EU レベルでの金融機関監督・規制体制の強化が図られることになった[66]. しかし, これらの機構も依然その運営は分権的で, さしたる成果を挙げられなかった.

　当局の監督・規制が不十分であったのは, 何も自国の銀行による国外の活動だけに留まらない. そもそも国内における自国の銀行の活動すら, 十分に把握できていなかった. 例えば, スペインの金融規制は, 危機の発生以前世界の最先端を行っていると賞賛されていた[67]. ところが, 銀行の過剰融資による不動産バブルの発生を防げず, その後の不動産バブルの崩壊と銀行危機の発生によって, カハと呼ばれる地方銀行の不健全な経営や, スペインの金融機関監督当局の杜撰な管理の実態が明らかとなった. 同じく, 大掛かりな不動産バブルの発生したアイルランドでも, 銀行が国外から巨額の資金を取り入れ, 不動産向け融資を中心にアイルランドの GDP の数倍に相当するエクスポージャーを保有していた. そして, 破綻の後, その損失のほとんどを政府が負うことになった. 国内においてさえ自国の銀行の行動を十分に監督・規制できないのであれば, 国外におけるそれについては推して知るべしであろう.

　EU の金融監督・規制に関する問題点は, 分権的な監督・規制体制のあり方だけに留まらない. 先にも述べたように, グローバルな危機に先立つ時期, ヨーロッパ委員会なかでも金融監督・規制, サービス担当部局では, イギリス流のレッセフェールが支配的なイデオロギーとなっていた. フェランによれば, イギリスだけでなく, ドイツやフランスもこれに同調し, ヨーロッパ委員会の市場寄りでネオリベラルな志向は, 域内市場・サービス担当委員であったマクリーヴィや委員長のバローゾの志向とも深く結びついていた[68]. そのため, EU の金融監督・規制は, 自由で市場に優しい (market friendly) なものとなり, ヘッジ・ファンドやプライベート・エクイティに関しても, 当局が監視・規制するのではなく, 自主規制に委ねられることになった[69].

　EU の金融監督・規制に関するスタンスは, EU がその策定をリードしたバーゼル 2 にも色濃く反映されていた. バーゼル 2 の策定にあたっては, ECB

の理事や国際通貨金融委員会（International Monetary Financial Committee）の議長，イタリアの経済・財務相も務めたパドア-スキオッパ率いるヨーロッパ勢が主導的な役割を演じた[70]．バーゼル2では，第1の柱である最低資本要件（Minimum Capital Requirement）に関しては，リスクに感応的な資本要件が課され，リスク・ウェイトを計算する際に，銀行に内部格付に基づくリスク評価を認めた[71]．続く，第2の柱である監督検査過程（Supervisory Review Process）に関しては，内部リスクの自己管理能力の向上を図るために，銀行自身に自己資本戦略を策定させ，その上で監督当局が様々なリスクに対して銀行に十分な備えがあるかどうかを検査することになった[72]．最後に，第3の柱である市場規律（market discipline）に関しては，銀行は自己資本の構成やリスク計測の方法など，市場参加者に対する情報開示を充実させることが求められた[73]．

　このように，バーゼル2には，リスク管理を銀行の裁量や自主性に委ねる姿勢が濃厚であった．シンによれば，バーゼル2に盛り込まれることになった銀行に寛容なリスク規制は，1988年に施行されたバーゼル1の規制を出し抜くことに熟達し，既にヨーロッパ内で広く実践されていた銀行によるリスク管理を追認するものに他ならず，EUでは既に資本十分指令（Capital Adequacy Directive）を通じてバーゼル2の規制はほぼ完全に成文化されていた[74]．これに対して，アメリカの監督・規制当局は，バーゼル2に対してはアンビバレントで，少なくとも公式に規制された銀行部門では，銀行のレバレッジに上限を設けるなど，EUに比べて相対的により厳格な規制を維持することを選んだ[75]．銀行のリスク管理に関する，こうした米欧間における監督・規制当局の姿勢の差が，危機発生後の米欧間における展開の差につながったことは想像に難くない．それはともかく，バーゼル2の施行によって，銀行はリスクで加重された資産と保有資本の実際の量を大幅に減らすことが可能となった．ヨーロッパの大手銀行の自己資本比率は表面的には安定していたが，その陰で彼らはトレーディング業務を著しく拡大させ，高レバレッジ・高リスクのポジションをとっていた．規制によってリスクの自己管理能力の向上を図るどころか，まさにその逆を行っていた．しかも，銀行を規律付けするはずの投資家は，非現実的な高リターンを要求し，金融市場も銀行のリスクテークを煽った[76]．ヨーロッパ

勢に主導されたバーゼル2は，銀行のリスクテークの抑制に完全に失敗したといっても過言ではない．

しかも，EUの場合，問題はバーゼル2そのものの欠陥だけに留まらなかった．EUの場合，バーゼル2の加盟国への適用は，「規制（Regulation）」ではなく，一定の裁量の余地を認めた「指令（Directive）」を通じて行われた．そのため，結果的に大きな相違が生まれ，ルールの継ぎ接ぎ状況が生まれた．バーゼル2によってリスクが特定され，自己資本指令（Capital Requirement Directive）によって自己資本要件が課されたにもかかわらず，いくつかの加盟国は，移行期間におけるオプトアウト（適用除外）を利用し，またいくつかの加盟国は，正確に国内法に移行しようとしなかった．よって，銀行による内部リスク評価に関しては，銀行間の相違のみならず，加盟国間でも要件や実施方法に相違が存在するという有様であった．ヨーロッパの銀行も，こうした抜け穴や規制の裁定を通じて利益の極大化を図り，その結果競争も歪められた[77]．EUは，金融システム安定化のために銀行の行動を律することはもとより，単一の金融サービス市場が機能する上で欠かせない，統一的な監督・規制基準を設定するのにも失敗した．

こうして見てくると，EUの銀行監督・規制体制はあまりにも杜撰で，危機は起こるべくして起きたといっても過言ではない．シンによれば，グローバルな金融危機の元凶は，ヨーロッパの大手銀行の暴走とそれを看過したEUの金融当局にあった[78]．そして，金融危機の発生は，EUの金融監督・規制の根本的な欠陥を明らかにすることになった．

3. ヨーロッパにおける危機の発生と展開

3.1 グローバル金融危機からユーロ危機へ

ユーロ圏における危機は，アメリカに端を発しヨーロッパをもその渦の中に巻き込んだ，グローバルな金融危機の発生に始まった．グローバルな金融危機はヨーロッパに伝播し経済危機を誘発した後，両者の延長上にソブリン危機が発生し，銀行危機がこれに続くことによって一連の危機は最終的にユーロ危機となって頂点に達した．その後，ECBによる大胆な金融政策の実行や銀行同

盟の創設など危機対策の実施を経て，危機は徐々に沈静化に向かうという経路を辿った．

　第1の局面では，アメリカとヨーロッパの双方で限りなく膨張していた信用・不動産バブルが，まずアメリカで崩壊し，これに深く関与していたヨーロッパの大手銀行も，大きな打撃を被ることになった．2007年8月9日にフランスの大手銀行BNPパリバ傘下のファンドが，アメリカのサブプライム関連の証券化商品の運用で失敗し，突如投資家による解約を凍結した．7月末のドイツ産業銀行IKBの破綻に続いて，パリバの巨額の損失も明らかになったことで，ヨーロッパ系銀行に対する投資家の不安が一挙に高まった．ヨーロッパの銀行は，短期のホールセール市場で資金調達を行い，それに高いレバレッジをかけて活発な投資や運用，トレーディングを行っていたが，不動産バブルの崩壊に伴ってRMBS（Residence Mortgage-Backed Securities：住宅不動産担保証券）を中心に損失が膨らみ，巨額の評価損の計上を迫られた．同時に，借り換えを含め市場からの資金調達が，アメリカはもとよりヨーロッパでも急速に困難となり，それがヨーロッパにおける信用・不動産バブルの崩壊へもつながっていく．銀行の抱える資産やその損失額が不透明なこと，SIVの損失の吸収などでオフバランス化された取引が再びオンバランス化されることによって生じるかもしれない損失への不安が，投資家をして資金の引き上げや証券化商品の売却を加速させ，それが更なる資産価格の下落を生み，銀行の損失を拡大させることになった．互いに疑心暗鬼となった銀行間市場でも，取引は急速に縮小した[79]．要するに，金融危機の発生によって，市場ベース型銀行業の脆弱性が一挙に顕在化することになった．さらに，2008年9月に発生したリーマン・ショックは，アメリカ同様，ヨーロッパにおける金融システムの危機を決定的なものにした[80]．短期金融市場における流動性は枯渇し，その他の金融・資本市場でも流動性が消滅したことから，ヨーロッパの名のある大手銀行でさえ，市場からの資金調達が不可能となった．デリバティブ市場も機能不全に陥ることで，リスクをヘッジできなくなった銀行は，トレーディング勘定で巨額の損失とリスクを抱えることになり，銀行の株自身も暴落した．そのため，アメリカ同様ヨーロッパでも，金融システムの崩壊を食い止めるために，破綻しかかった銀行に対して空前の規模での公的資金の注入や預金保護，資金調達の

ための政府保証，そして中央銀行による巨額の流動性の供給が行われた[81]．

　続く，第2の局面では，政府による空前の規模での救済や中央銀行の介入により，2009年以降金融システムが徐々に安定を取り戻す一方で，実体経済の落ち込みは深刻さを増した．それゆえ，ユーロ圏各国政府も，景気や雇用の悪化を食い止めるために挙って景気対策を実施するなど，ケインズ主義への一時的な傾斜も見られた．しかし，ユーロ圏各国が景気対策に投じた資金は，銀行の救済に投入した資金に比べてはるかに少なく，金融機関の救済と同規模の財政支出を行ったアメリカとの差は歴然としていた[82]．危機に至る過程で，金融機関をはじめとする民間部門は著しく債務を増加させていたが，危機の発生によりデレバッレジを迫られる一方，政府が財政支出の拡大を通じて大きく債務を膨らませ，政府が民間債務を肩代わりする形となった．こうした政府の大規模な介入によって，ユーロ圏の経済は2010年にかけて一時的な回復の兆しを見せたが，他方で政府債務は急速に増大した[83]．

　第3の局面は，ギリシャのソブリン危機と共に到来した．ギリシャでは2009年末の政権交代を機に，巨額の財政赤字と政府債務が発覚し，救済交渉が難航する中で，危機はギリシャから他のユーロ圏諸国へと広がっていく．GIIPS諸国を中心に国債利回りやCDSレートが急騰し，2010年11月にアイルランド，2011年4月にポルトガルが，相次いで金融支援を要請する事態となった．政府だけでなく，GIIPS諸国の銀行も金融市場から不信の目で見られ，資金調達が困難となったために，ECBからの借入れに頼らざるを得なくなった．2010年7月と2011年7月に，2度にわたってユーロ圏の銀行に対するストレステスト（健全性検査）が行われたが，2009年にアメリカで行われたそれと異なり，EUのそれは金融市場の不信を払拭できなかった．また，ソブリン危機に陥った国々は，救済の条件として厳しい緊縮政策の実行による財政赤字の削減が求められたが，過酷な構造調整は景気を悪化させ，回復基調にあったドイツとの間で経済パフォーマンスの乖離が鮮明となった[84]．2011年半ばにはギリシャ危機が再燃し，第2次救済交渉が行われ，債務が一部削減されたものの，抜本的な解決には程遠いものであった．そのため，ユーロ圏の銀行に対する信用不安が高まり，グローバルな金融危機発生後もフランスを筆頭にユーロ圏の銀行の重要な資金調達源となっていたアメリカのMMFが，大

第3章　ユーロ圏における金融統合と金融危機

先進国の銀行に対する US MMF の
エクスポージャー

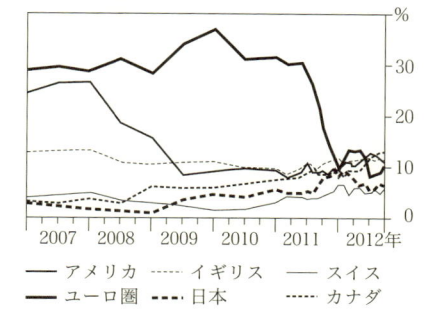

ユーロ圏の銀行に対する US MMF の
エクスポージャー

―― アメリカ　…… イギリス　― スイス
━━ ユーロ圏　━━ 日本　…… カナダ

―― ベルギー　…… ドイツ　― イタリア
━━ ポルトガル　…… フランス　――― アイルランド
――― オランダ　…… スペイン

注1：US プライム MMF トップ10の債権
出所：van Rixtel, A. & Gasperini G. (2013), 'Financial crises and bank funding: recent experience in the euro', BIS Working Papers, No. 406. p. 14.

図3-4　US MMF のエスクポージャー[1]（運用下にある資産の％）

規模な資金の引き揚げに乗り出したことで（図3-4），ドル建て資金へのアクセスを失ったユーロ圏の銀行は，損失覚悟でドル建て資産の処分に踏み切らざるを得なくなった．11月には危機が頂点に達し，スペインやイタリアからは巨額の資金が流出する一方，GIIPS 以外のユーロ圏諸国の銀行も，金融市場からの資金調達がほとんど不可能となり，リーマン・ショック発生時を上回る深刻な流動性危機に直面することで，ユーロ圏の金融システムやユーロ圏の崩壊の可能性すら取り沙汰された（図3-5）．ECB が，スペインやイタリアなどソブリン危機に瀕している国々の国債の大規模な買い支えと，12月と翌2012年2月に2度にわたり約1兆ユーロに上る低金利の3年物長期資金の供給（LTROs：Long-Term Refinancing Operations, 以下 LTROs）を行うことによって，辛うじて最悪の事態を免れることになった．ところが，3月になると，不動産バブルの崩壊による打撃と長引く不況によりスペインで銀行危機が顕在化し，EU はそれへの対応に追われることになった．5月のフランスの大統領選挙では，サルコジが敗北し，ギリシャの総選挙でも反緊縮派が躍進したことを受けて，再び金融市場に動揺が走り，スペイン，イタリア両国の国債利回りは，危機的水準とされる7％を超えた．しかも，スペイン，イタリア両国の銀行は，

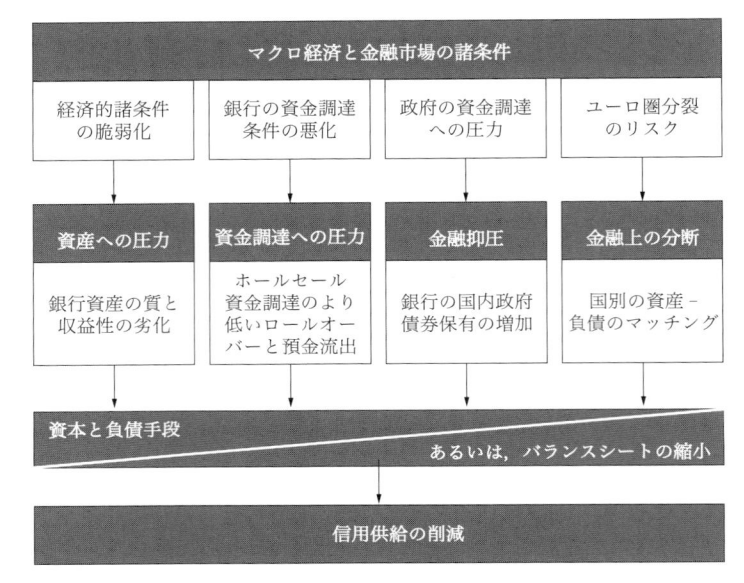

```
┌─────────────────────────────────────────────────┐
│         マクロ経済と金融市場の諸条件              │
└─────────────────────────────────────────────────┘
   ┌──────────┬──────────┬──────────┬──────────┐
   │経済的諸条件│銀行の資金調達│政府の資金調達│ユーロ圏分裂│
   │ の脆弱化  │ 条件の悪化 │  への圧力 │ のリスク │
   └──────────┴──────────┴──────────┴──────────┘

┌──────────┬──────────┬──────────┬──────────┐
│資産への圧力│資金調達への圧力│ 金融抑圧  │金融上の分断│
├──────────┼──────────┼──────────┼──────────┤
│銀行資産の質と│ホールセール │銀行の国内政府│国別の資産−│
│収益性の劣化│資金調達のより│債券保有の増加│負債のマッチング│
│          │低いロールオー│          │          │
│          │バーと預金流出│          │          │
└──────────┴──────────┴──────────┴──────────┘

資本と負債手段            あるいは，バランスシートの縮小

┌─────────────────────────────────────────────────┐
│              信用供給の削減                       │
└─────────────────────────────────────────────────┘
```

出所：IMF (2012), *Global Financial Stability Report*, October, p. 33.

図 3-5　ユーロ圏の銀行に対する圧力

ECB が LTORs を行って以降国債投資を急増させていたことから，ソブリン危機の再燃は，両国の銀行にとっても打撃となった[85]．

　第 4 局面への移行，すなわち危機が沈静化に向かう転機となったのは，2012年 8 月の「ユーロを救うためなら何でもする」との ECB ドラギ総裁の発言であった．9 月初めには，ユーロ圏の国債を流通市場から買い入れる OMTs プログラムの発動も ECB によって公表された[86]．

　ECB の強い決意によって金融市場のセンチメントが変化し，ユーロの崩壊に賭けていた投機筋が大きな打撃を受け，以後ユーロ売りポジションの解消が急速に進むことになった．金融市場のセンチメントの転換には，EFSF に加えて ESM や銀行同盟計画の浮上など，EU レベルでの危機対策の前進が見られたことや，ユーロ圏の銀行部門におけるリストラや再編が進行していたことも挙げられる．ユーロ圏の銀行は，危機の発生直後から，クロスボーダーの金融取引や国際業務の縮小，投資銀行業務に大きくシフトしていたビジネス・モデ

ルの見直しや国内業務への回帰を進めていた．ホールセール市場に過度に依存していた資金調達の見直しや，無担保に代わりカバード債やレポなど担保・保証付き金融取引へのシフトも進んでいた．さらに，2010年9月に決定されたバーゼル3の施行が，2012年末から段階的に始まることや，銀行同盟の創設に先立ち2013年から包括的な資産査定が始まることを受けて，ユーロ圏の銀行は，自己資本の強化や不良債権処理を中心とする改革・リストラを本格化させ，それらが危機の沈静化に貢献した．国際的にも，グローバルな金融危機の震源地であったアメリカ経済が次第に落ち着きを取り戻しつつあった．

しかし，危機はすんなりと終息に向かったわけではない．危機によって民間資金の移動が途絶する中で，ユーロ圏諸国の間の経常収支不均衡の調整は，ユーロ圏の中央銀行間の決済システムであるTARGET2バランスを通じて行われることになった．特に，2011年から2013年にかけて，TARGET2バランスにおいて，イタリアを筆頭とするGIIPS諸国とドイツとの間で著しい不均衡（前者のECBに対する赤字と後者のECBに対する黒字）が発生した[87]．これに対して，ドイツ国内からはTARGET2バランスを通じて無利子の財政移転を余儀なくされることにより，ドイツは経常収支赤字に陥った国々の不始末の尻拭いをさせられているとして，強い反発が起きた[88]．TARGET2バランス内の不均衡は，その後危機の鎮静化に伴って縮小傾向に転じたものの，2013年3月にはキプロス危機が発生した．キプロスの危機は比較的短期間で終息し，ユーロ圏全体を揺るがす危機とはならなかった．しかし，ロシア・マネー等を相手に不透明で投機的なビジネスを行った挙句，破綻したキプロスの大手銀行を公的資金で救済することに対しては，ユーロ圏諸国の一般国民の間で厳しい批判が高まり，後述のように，銀行同盟特に銀行の破綻処理のあり方に大きな影響を与えることになった．

キプロス危機が収束し，再び金融市場が落ち着きを取り戻す中で，2013年半ばにはEU当局者の間からユーロ危機は終わったとの声も聞かれた[89]．しかし，南欧諸国を中心にユーロ圏の銀行が，ECBからの借入や負債の発行に際して，政府の保証に頼る状況が続いていただけでなく，ECBによる金融緩和にもかかわらず，南欧諸国ではリテール金利が高止まりし，2012年から2013年にかけてユーロ圏における金融市場の分裂（financial fragmentation）が鮮明

となった．銀行中心の金融システムの中にあって（図 3-6），南欧諸国の中小企業は，高い借入コストや貸し渋りに苦しむことになった．ユーロ圏全体でも，懸命なデレバレッジの努力にもかかわらず，不況の長期化によって民間部門の債務は増え，それに伴なって銀行の不良債権も増加し，与信のさらなる減少につながった．同じく，ユーロ圏の多くの国々の政府も，高水準の政府債務残高を抱え財政赤字の削減に苦労している．換言すれば，急性の金融危機は収まったものの，代わりにユーロ圏は慢性の不況ないしデフレに陥る可能性が強まった．2012 年以降ユーロ圏の物価は低下を続け，2014 年 12 月にはついにマイナスに転じ，デフレ懸念の増大によって，ECB は金融緩和圧力にさらされることになった．2015 年 1 月 22 日に ECB はユーロ圏の国債の買い入れによる量的緩和の実施を表明したが，3 月の買い入れ開始以前から金融市場が緩和を先取りする形で反応し，ユーロ安や株式・債券価格の高騰が始まった．しかし，ECB による量的緩和がユーロ圏の経済成長や雇用の回復にどの程度貢献しうるのかは不明であり，3 度発生したギリシャ危機も含め，ユーロ危機の行方は混沌としている．

3.2 複合危機としてのユーロ危機

ユーロ危機の原因をめぐっては，様々な議論が展開されている．ユーロ危機が，直接的にはギリシャの財政破綻によって生じたことや，未だにギリシャの危機が続いていることから，財政規律の欠如によってもたらされた財政危機が，ユーロ危機の主因であるとする見方が依然有力となっている[90]．現にソブリン危機の発生以来，ドイツやトロイカはギリシャをはじめ危機に陥った国々に対して一貫して財政規律の遵守を要求してきた．しかし，財政規律の欠如を今回の危機の主因とする見方は，危機に関する皮相な見方に過ぎない．なるほど，表面的には，危機は財政危機の形をとっているものの，その背景には，数多くの歴史的，構造的要因が存在している．第 2 次世界大戦後の高度成長期の終焉に始まり，その後のインフレーションとディスインフレへの移行，政府の課税に対する政治的抵抗の増大，金融の規制緩和など，数々の要因が複雑に絡み合って今日，公的債務の著しい積み上がりを招く結果となっている（図 3-7）[91]．ギリシャのケースも決してこの例外ではない．そうした複合的要因に目を向け

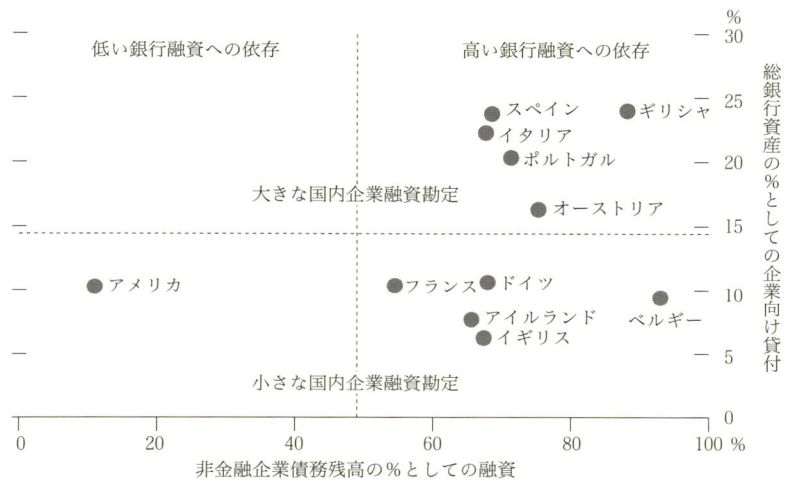

第3章　ユーロ圏における金融統合と金融危機

```
                              %
  低い銀行融資への依存    │    高い銀行融資への依存   ─ 30
                              │                                     総
                              │                                     銀
  ─                           │      ●スペイン    ●ギリシャ ─ 25   行
                              │      ●イタリア                     資
                              │          ●ポルトガル       ─ 20   産
                              │                                     の
  大きな国内企業融資勘定      │         ●オーストリア               ％
  ─ ─ ─ ─ ─ ─ ─ ─ ─ ─ ─ ─ ─ ─ ─ ─ ─ ─ ─ ─ ─ ─ ─ ─ ─ 15    と
                              │                                     し
                              │                                     て
  ●アメリカ                  │  ●フランス ●ドイツ         ─ 10   の
                              │          ●アイルランド  ●ベルギー  企
                              │          ●イギリス          ─ 5    業
                              │                                     向
  小さな国内企業融資勘定      │                                     け
                              │                              ─ 0    貸
   0      20      40      60      80     100 %               付
         非金融企業債務残高の％としての融資
```
出所：IMF（2012），*Global Financial Stability Report*, p. 38.

図3-6　非金融機関（企業）の銀行ファイナンスへの依存度
（銀行の融資残高と総資産に占める割合％）

ず，単に財政規律のあるなしを問題にするのは，あまりにもナイーブな見方というほかにない．今回の危機は，ネオリベラルなEMUの構造やEUの統合戦略，経済ガバナンスのあり方，言い換えれば，統合のあり方と深く結びついた，金融主導の複合危機に他ならなかった．

　危機発生の経緯に照らしても，今回のユーロ危機が財政ではなく，金融主導の危機であったことは明白である．財政危機主因説は，GIIPS諸国における財政赤字や財政規律の欠如を問題とするが，危機の発生に至る過程で急激に増加したのは，ギリシャを例外として，公的債務ではなくて民間債務であり，ドイツをはじめとする北部ユーロ圏諸国から流入した民間資金によってファイナンスされることになった．ところが，危機の発生によってGIIPS諸国への民間資金の流入が途絶し，かつ破綻の危機に直面することになった大手銀行の救済や，急激な景気の落ち込みに対処するための大規模な財政支出によって政府債務が急増することで，いわば公的債務が民間債務に置き換わる形となった．ECBのコンスタンシオ副総裁も，2014年4月に行った講演の中で，危機は金融主導であり，危機以前の民間金融部門における負債の増大が，持続不可能な

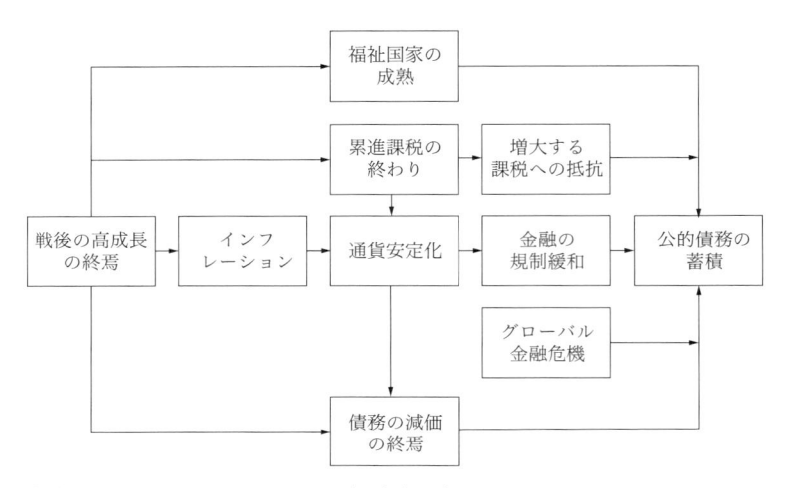

出所：Schaefer, A. & Streeck, W. (ed.,) (2012), *Politics in the Age of Austerity*, Wiley p. 6.

図 3-7　財政危機の諸要因

経常収支赤字の増大とそれをファイナンスするための巨額の資本流入を通じて実質為替レートの騰貴を招いたと述べている[92]．もっとも，ユーロ圏の周辺諸国における競争力の喪失は，単に不動産・信用ブームをファイナンスするための巨額の資本流入によって生じた実質為替レートの騰貴によるものだけではない．前章でも見たように，イノベーションの欠如やインフラの不足など，競争力の基盤にかかわる構造的な要因も関係していた．

　それでは，危機が金融主導であったとして，何故金融機関や金融部門は危機を引き起こすまで暴走するのか．グローバルな金融危機の発生を予測した現インド中央銀行総裁ラジャンによれば，それは以下のような理由からであった．

　まず，時価主義会計の導入等によるより市場ベースの値付けと，銀行の資金調達がより市場ベースのそれに依存することによって生じる，銀行と金融市場の間のより強固な結び付き・相互作用が，銀行をより大きなリスクテークに走らせる．加えて，金融システムが市場ベースのそれに移行するのに伴って，金融政策と金融市場の間の相互作用も強まり，その結果，金利が低くなればなるほど，投資家や銀行をはじめとする金融機関は，より大きなリスクテークに走

るようになり，金融部門に景気循環増幅効果が注入されることになる．彼らが何故より大きなリスクをとりたがるかといえば，そのような取引のリスクをよく理解していないことや，金利が低下する時には格付も改善し，そのためより大きなリスクをとる誘惑に駆られるからであり，政治家も選挙に制約されて短期的な視野しか持てないために，往々にして中央銀行に対して景気刺激のための低金利政策を求める．また，過剰なリスクが許容されることで，企業は過大な実物投資への意欲を掻き立てられ，往々にしてそれが過剰設備の創出や資源の浪費につながる．しかも，より高い利回りを求める投資家は，ファンド・マネージャーが利益追求のために短期主義に走るのを抑制できないし，そもそも彼らはそのような誘因をほとんど持たない．その結果，ファンド・マネージャーや金融機関にとって，短期的な利益を挙げ新たな投資家を惹きつけることによって得られる私的利益が，社会的価値を凌ぐことになる[93]．事実，ヨーロッパの大手銀行は，危機に至るまでの数年間本格的な投資銀行業務に乗り出し，トレーディングやマーケット・メーキングを著しく拡大させたが，急激な取引規模の拡大や業務の複雑化に経営管理部門が付いていけず，そのために最前線のトレーダーらによる高レバレッジで高リスクの取引，LIBORの不正操作や損失隠し等に見られる，数々の不正・違法行為を許す結果となった．言い換えれば，極端なまでの私的利益の追求によって，企業統治が機能不全に陥ることになった．

　しかも，問題は，ヨーロッパの大手銀行やファンド・マネージャーの強欲だけに留まるものではなく，金融システムのあり方とも深く結びついている．

　既に述べたように，ユーロの導入以降，ヨーロッパの大手銀行のビジネスは，もはや伝統的な銀行基盤型でもなければ，完全な資本市場基盤型でもない，両者の折衷ともいえる「市場ベースの銀行業」へと移行した．この「市場ベースの銀行業」は，その場限り（arm's length）の相手と巨額の資金取引が可能で，流動性ニーズを容易に満たせる．その反面，リスクが市場参加者の間で分散される完全な資本市場基盤型のそれとは異なり，リスクが金融部門に集中し，取引の透明性も資本市場基盤型のそれに比べて劣るだけでなく，銀行基盤型の金融システムの持つ利点である，銀行と顧客・債権者・株主との間の強固で親密な取引・信頼関係も欠けている[94]．そのため，一旦信用不安が生じると，透明

性が不十分であることから，取引相手に対する疑心暗鬼が生まれ，銀行間市場では取引が滞り，短期のホールセール市場への資金の出し手である投資家・債権者も，低い耐性しか持ち合わせていないことから，一斉に資金の引き揚げにかかろうとし，その結果ホールセール市場の流動性が急速に干上がることになる．しかも，銀行は，資金調達だけでなくリスクヘッジも金融市場の流動性に依存するようになっていることから，危機の際には損失回避のためのリスクヘッジも著しく困難となり，その結果流動性危機と巨額の損失の発生へと至る．

さらに，今回の危機は，EUの統合戦略のあり方とも深く結びついている．金融統合を通貨統合と並ぶ統合戦略の要に据え，金融市場や金融機関のビヘイビアが統合の進展にとって決定的な影響力を持つようにしたのは，EU当局自身にほかならなかった．確かに，この戦略は，ユーロ導入に先立つユーロ圏の国債利回りの収斂に見られるように，当初は非常にうまくいっているように見えた[95]．ユーロ導入後も，経済構造の収斂が進まず，ユーロ圏各国の間で経済パフォーマンスの乖離が鮮明となっても，さらに2000年代前半の不況の下でドイツとフランスが共に安定成長協定を順守できず，同協定が事実上有名無実となっても，金融市場はまったくといってよいほど反応を示さなかった．ECBの金融政策も，金融市場によってシビアにテストされることはなかった[96]．

ところが，グローバルな金融危機の発生と共に，金融市場の期待は一変する．危機の発生自体，金融市場における過度に楽観的な期待が突如反転することによって生じたといっても過言ではない．金融市場における期待の変化は，金融危機発生のきっかけとなっただけでなく，ソブリン危機ではGIIPS諸国のデフォルト・リスクの値付けを通じて，文字通り金融市場が裁定者となった．ヘッジ・ファンドをはじめとする投機筋は，GIIPS諸国の国債に対して大規模な売り崩しを仕掛けるなど，金融市場のビヘイビアは統合に対して完全に逆風へと転じた．EU当局やユーロ圏各国政府は，金融危機の発生以来，気まぐれな金融市場やヘッジ・ファンド等による投機を厳しく非難したが，そもそも金融市場の効率性に過剰な期待を寄せ，金融統合を統合推進の戦略的梃子として銀行の活動をほとんど野放しにしてきたのは，彼ら自身にほかならなかった．

結局のところ，金融統合は，当局の期待したようには機能しなかった．危機

の発生以前，金融統合は，ユーロ圏におけるリスクの分散を通じたショックの吸収，資源の最適な配分と各国の産業の最も生産的な部門への特化，そしてそれらを通じて経済成長や雇用の拡大を促進すると期待されていた[97]。ところが，実際には，金融統合は，景気循環に極めて感応的で過度にボラタイルな短期のクロスボーダーの金融フローを増大させることを通じて，金融システムの不安定性を高め，非対称的なショックを増幅した．加えて，ユーロ圏の周辺諸国で不動産・建設を中心とする非貿易財部門における非生産的な投資を助長することで，誤った資源の配分を生み，結果的に健全な経済成長をむしろ阻害することになった[98]．なるほど，ユーロ圏における経常収支不均衡は，中央銀行間の決済システムであるTARGET2システムを通じて自動的にファイナンスされることになった．それは金融統合の一形態といえるかもしれない．しかし，TARGET2システムがそのような役割を担うことは，本来想定外のことであった．そのため，ドイツら債権国の側からは，救済プログラムとは異なり，何らの義務も伴わない無利子の財政移転であるとして，厳しい批判を生むことになった．よって，経常収支赤字のファイナンスを中央銀行間の決済システムに際限なく頼ることは，経済的にはともかく政治的には問題であり，TARGET2システムそれ自体にユーロ圏の経常収支不均衡を抑制する機能はなかった．

　本来，金融統合は，理論的想定に基づけば，より多様な見方や特性を持ったより多くの投資家を市場に招き入れることで偏った見方が修正され，リスクの分散とそれを通じて金融システムの安定につながるはずであった．ところが，実際には，バイアスを強めリスクを増幅することで，むしろ金融システムの不安定性を高めることになった．ラジャンは，このパラドックスについて，次のように説明する．

　金融統合の進展によって新たに金融市場に参入してきた年金や保険，信託といった機関投資家たちは，投資対象について十分な知識を持っておらず，取引の安全を保証するリスクヘッジの手段も十分に有していないために，投資対象や取引相手のリスクに極めて敏感で，その寛容さは極めて限られている．それゆえ，かすかなリスクの兆候に対しても過敏に反応し，すぐに資金を引き揚げ市場から退出しようとする．他方，ブームの際には，逆に過度に楽観的になる

ことで，資産価格を適正な水準を超えて押し上げる．市場がそのように一方向に動こうとする時には，経験を積んだ熟達した投資家であってもこれに逆らうことは容易ではなく，市場のトレンドに追随するようになる．かくして，金融統合は，リスクの分散どころか，むしろ市場のバイアスや景気循環増幅効果をより強め，ブームやバーストを引き起こし，金融システムの不安定化をもたらす[99]．ソロスも同様のことを，「再帰性」という言葉で表現し，金融市場は往々にしてバイアスを帯び，常に合理的に行動するとは限らないことを強調していた[100]．

こうした金融市場における群集行動は，金融機関のビジネスモデルの収斂によっても増幅されることになった．リーカネン報告によれば，過去数十年の間に金融機関，特に大手金融機関のビジネスモデルは互いに似通ったものとなり，大手金融機関は共にグローバルな市場で活動し，ほとんど同じような業務を行うようになった．同時に，彼らのリスク管理システムも収斂し，同じようなリスク評価を行うようになったために，危機に際して同一の行動を取るようになり，それがショックの影響を増幅することになった[101]．また，銀行も資金調達を同じホールセールの短期金融市場に依存するようになっていることから，市場で発生するショックに対して極めて脆弱となっている．さらに，金融機関同士の貸借関係や証券化ビジネス等を通じた結びつきの強まりを通じて，間接的にも均質化（homogeneity）が生じ，多様性が欠如することで，危機の際にはリスクの共振が発生することになる[102]．ユーロの導入と金融統合の進展がこうした傾向をより強めたのは間違いない．いずれにしても，強力なガバナンスや適切な制度的仕組みがない場合には，金融統合は大きなリスクをもたらすことが明白となった[103]．ユーロ危機の主要な要因が金融面にあったことは間違いない．

3.3 金融ナショナリズムへの傾斜と銀行救済

今回の金融危機では，ユーロ圏諸国の金融ナショナリズムへの傾斜も顕著となった．危機の発生に際して，ユーロ圏諸国の政府・監督当局は，共同して危機に対処するのではなく，一斉に自国の銀行の保護と救済に走った．その中には，自国の銀行が他国で保有していた債権の保護・回収も含まれる．ドイツを

はじめとするいくつかの国々の監督・規制当局は、自国の銀行に債務国における支店を通じた与信を回収・制限するよう働きかけを行ったが、それが単一市場のルールに逆らうものであったことはいうまでもない[104]。フォルティスやデクシアのように、複数の国を跨いでクロスボーダーの業務を展開していた大手銀行も、経営破綻の結果、国別ないし部門別に分割・整理されることになった[105]。危機の発生に際して、自国の銀行の救済を最優先するユーロ圏各国政府・監督当局の対応は、財政赤字を膨らませソブリン危機の一因（特にアイルランドのケース）になっただけでなく、ユーロ圏の金融市場の分断・再国民化を促すことを通じて、危機を悪化させた。同時に、各国政府・監督当局による巨大銀行の救済や合併の促進、そして結果的な寡占化の進行は、いわゆるTBTF（Too Big To Fail）「大き過ぎて潰せない」ないしTITF（Too Important To Fail）「重要過ぎて潰せない」問題の解決をより難しいものにすることになった[106]。

　金融危機は、それが危機の原因のすべてであったわけではないにしても、銀行の暴走によって引き起こされたことは明らかであった。にもかかわらず、危機の張本人ともいうべき大手銀行は、金融システムの安定化を名目に、政府による巨額の公的資金の注入や信用保証の提供、中央銀行による巨額の流動性の供給を通じて大々的に救済されることになった。危機の発生した2008年10月から2012年10月までの間に、EUのGDPの約40%に相当する約5.1兆ユーロが、銀行に対する国家支援として承認され、そのうちの約4分の1が2011年秋までに使われた[107]。銀行に対する国家支援の多くは、銀行による債券の発行に際して政府がこれを保証する形を取ったが、資本注入（recapitalisation）や不良資産の買い取り（asset relief）、流動性支援も行われた[108]。国別では、アイルランドにおける銀行支援が最高で、これにイギリス、ドイツが続いた（表3-3）。

　勿論、銀行やその他の金融機関に対する政府の支援は、アメリカをはじめ他の国々でも行われた。しかし、ユーロ圏ならびにEUのそれは、対GDP比で見たその大きさや債権者に対する手厚い保護で突出していた。例えば、ユーロ圏の場合、株主は銀行の破綻処理によって大きな損失を負い、無一文にさえなった一方で、債権者は政府による救済によってほとんど損失を負うことはなく、

表 3-3 金融危機の文脈における公的支援

	資本注入やその他の資産買取手段		保証残高とその他の流動性手段			
	2008-12 年		2009 年		2012 年	
	単位：10億ユーロ	2012年のGDPの%	単位：10億ユーロ	2012年のGDPの%	単位：10億ユーロ	2012年のGDPの%
EU27ヵ国	591.9	4.6	906.0	7.7	534.5	4.1
ベルギー	40.4	10.7	46.8	13.9	45.8	12.2
フランス	26.3	1.3	92.7	4.9	53.4	2.6
ドイツ	144.2	5.5	135.0	5.6	10.0	0.4
ギリシャ	37.3	19.2	5.8	2.4	65.1	33.6
アイルランド	65.4	40.0	284.3	173.8	84.2	51.5
イタリア	6.1	0.4	0.0	0.0	85.7	5.5
ポルトガル	9.9	6.0	9.0	5.4	16.8	10.1
スペイン	88.1	8.4	55.4	5.3	75.4	7.2
イギリス	122.8	6.5	165.1	10.5	54.6	2.9

出所：Deutsche Bundesbank (2014), *Financial Stability Review 2014*, p. 93.

債権者も損失を負ったアメリカとは対照的であった．なるほど劣後債の保有者は多少の影響を受けたが，劣後債以外の無担保の銀行債の保有者は，ほとんど損失を負わなかった[109]．しかも，危機で示された，ユーロ圏ないしEU各国政府による大手銀行はいかなるコストがかかろうと絶対に潰さないとの方針は，大手銀行に対して暗黙の保証や補助金を提供することで，それ自体が事実上の救済へとつながった．というのも，絶対に潰さないという政府による暗黙の保証は，それがない場合に比べて銀行の格付を嵩上げし，大手銀行はより低利の資金調達が可能となるからである[110]．ヨーロッパ委員会は，EU各国政府による暗黙の保証について，ムーディーズの格付を手がかりに，2011年と2012年についてEUの総銀行資産の60%から70%をカバーする大手112行を対象に推計を行った．それによれば，これら大手銀行の80%が，1から3刻み（notches）の格付の嵩上げを享受し，最大手行の25%は他行より26%高い格付を得ていた．暗黙の補助金の推計に関しては，2011年が720億ユーロから950億ユーロ，2012年が590億から820億ユーロで，EU27ヵ国のGDPの0.5%から0.8%に上った．国別では，フランスを筆頭に，ドイツ，イギリスの銀行が特に大きな利益を享受し，銀行別では，規模が大きくて，総資産に比

して銀行向けのローンの割合が高く，ホールセール市場における資金調達の依存度が高い銀行ほど，暗黙の保証や補助金からより高い利益を享受する傾向にあった[111]．

ユーロ圏やヨーロッパの大手銀行の救済は，自国の政府や中央銀行によるものだけに留まらなかった．金融危機が発生した際に，アメリカでは，政府とFRBが巨額の資金を投じてAIG（American International Group）や大手投資銀行の救済を行ったが，それによってこれら米系金融機関に対するCDS契約や債権を保有していたユーロ圏やヨーロッパの大手銀行も，同時に救済されることになった[112]．また，危機によってドル建て資金の調達に窮したユーロ圏やヨーロッパの大手銀行は，FRBのTAFや，ECBやイングランド銀行など他の中央銀行を介したスワップを通じ，直接ないし間接的にドル資金を供給されることによっても救済された．2007年末から開始されたTAFについては，リーマン・ショック発生直後から2009年春までの時期を除き，ドイツ，フランス，イギリスを中心とするヨーロッパの大手金融機関が最大の受益者に他ならなかった[113]．アメリカにおける投資銀行業務の失敗で巨額の損失を負ったドイツ銀行の場合，自国のドイツでは直接の救済の対象にはならなかったが，アメリカ政府とFRBによる救済によって辛うじて破綻を免れたといっても過言ではない．

ユーロ圏ならびにEUの各国政府は，何故これほどまでに銀行の救済を優先しようとするのであろうか．一般的には，政府が介入しなかった場合，それによって生じる銀行の破綻が，社会全体に悪影響を与えたり，システミック・リスクを引き起こすことによって金融システムの崩壊を招きかねないことへの懸念が，その理由として挙げられる[114]．けれども，ユーロ圏やEU諸国の場合，実際にはそれほど規模が大きくない銀行までもが救済の対象となった．これについては，EUの当局者の間で，1930年代の連鎖的な銀行破綻と大恐慌に繋がったオーストリアのアンシュタルト銀行の破綻や，1970年代に国際金融市場を揺るがした旧西ドイツのヘルシュタット銀行の倒産がトラウマとなっているといわれる[115]．しかし，はたして本当にそうであろうか．5章で見るように，ヨーロッパの特に大手銀行と各国政府，そしてEU当局（ECBおよびヨーロッパ委員会）との間には，アメリカのそれに勝るとも劣らない，親密な関係が

存在している．経営陣に元ヨーロッパ委員会委員長のデハーネを頂き，リスキーなビジネスに走った挙句破綻したデクシアの救済は，EU におけるクローニー・キャピタリズムの存在を象徴する出来事であったといえるかもしれない．域内市場における「公正」な競争の番人であるヨーロッパ委員会も，独占や補助金に対して厳しい姿勢で臨み，競争法違反と見なせば域外企業であっても容赦なく巨額の賠償金や制裁を科すくせに，公正な競争を脅かす虞のある EU 各国政府による自国の銀行の救済を，ほとんどすべて黙認ないし追認した．ヨーロッパの銀行の債権者も，いざという時には政府が必ず救済してくれるとの期待から，銀行のリスクへのエクスポージャーに対して完全な代償を要求せず，そのことも銀行により大きなリスクテークを促す一因になったといわれる[116]．政府による救済の保証や銀行に対する寛容過ぎる姿勢が，銀行のリスクテークを助長したことは間違いない．そのつけは結局国民が支払わされることになる．ギリシャに関しても，ギリシャに対するフランスとドイツの銀行の大きなエクスポージャーが，政府債務のスムースな再編を妨げる最大の要因になったといわれ[117]，デフォルトによって損失処理するのではなく，銀行の債権保護を優先することで，結局損失の負担はギリシャの一般国民と，銀行に代わって債権者となったユーロ圏各国政府とその国民に押し付けられることになった．IMF からの融資も，ギリシャの救済ではなく，大半がフランスやドイツの銀行への返済に回され，その間にギリシャ政府の債務は，2010 年の対 GDP 比 130% から 2014 年には 180% にまで膨らむことになった[118]．不動産投機に失敗し大手銀行が相次いで破綻したアイルランドの場合も，ドイツの銀行をはじめとする債権者はほとんど損失を負わずに，アイルランド政府がそれを引き受け，その結果国民の福祉・社会保障費や年金が削られることになった．スペインの場合も，銀行による過剰融資が建設・不動産バブルを招き，その崩壊によって生じたつけを最終的には国民が負うことになった．

このように，ユーロ圏ないし EU 各国政府は，巨額の公的資金を投じて我先にと自国の銀行の救済に走り，他方で，若年層を中心とする大量の失業者や社会的弱者を放置し，国民生活を悪化するに任せた．EU や IMF から「救済」を名目に貸し付けられた資金も，実際にはそのほとんどが債権者や投資家への支払いに回された．高リスクのビジネスに走った挙句経営破綻に陥った銀行の

救済のために，国民生活や社会的公正が犠牲されたといっても過言ではない．そのことが，ヨーロッパの一般市民の怒りを搔き立て，自国政府やEUに対する信頼を損なわせる一因となった．同時に，政府が銀行の損失をはじめ民間債務を肩代わりすることによって公的債務が大きく膨らみ，ソブリン危機の発生へとつながっていく．危機の最大の被害者となったのは，ギリシャをはじめとするGIIPS諸国の一般国民であったことはいうまでもない．

3.4 金融市場の分断と単一金融政策の機能不全

　危機に際して，ユーロ圏およびEU各国政府・監督当局が競って自国の銀行の救済に走った結果，ユーロ圏内および外部市場との間のクロスボーダーの金融取引と国際業務の縮小が加速し，金融市場の分断が生じた．ユーロ圏ないしEUレベルで単一のルールブックが存在せず，相互承認および母国監督主義に基づいて，現地子会社は現地の監督・規制ルールに従う一方，支店は本国のそれに従うことになっていたため，同じ市場で活動する銀行について異なったルールが適用されることになり，統一的な規制や破綻処理が困難になった．また，規制の相違により裁定の機会が生まれたことも，金融市場の分断・再国民化に拍車を掛けることになった（図3-8）[119]．その結果，ECBの金融政策のトランスミッション・メカニズムも攪乱され，非対称的なショックを増幅することになった．

　危機の発生以前，ユーロ圏諸国の金利に関しては，ホールセール市場の金利は勿論のこと，リテール金利についても大きな乖離は見られなかった．ところが，2009年以降リテール金利に関してはドイツ，フランスらとGIIPS諸国の間で大きな乖離が生まれ，ユーロ圏の金融市場の分断が生じた．金融危機発生以降のECBによる金融緩和策にもかかわらず，南欧諸国には政策効果が波及せず，2012年以降南欧諸国における対非金融企業，家計向け貸出金利は，むしろ上昇することになった（図3-9）．南欧諸国では，特に100万ユーロ以下の対中小企業向け小口の貸出金利の上昇が顕著で，銀行が金融システムの中心に位置し，銀行借入れ以外に有力な外部資金調達源泉を持たず，内部留保も十分とはいえない南欧の中小企業は資金繰りに苦しみ，それが経済の低迷に拍車を掛けることになった[120]．流動性危機に陥った銀行に対して巨額の流動性を

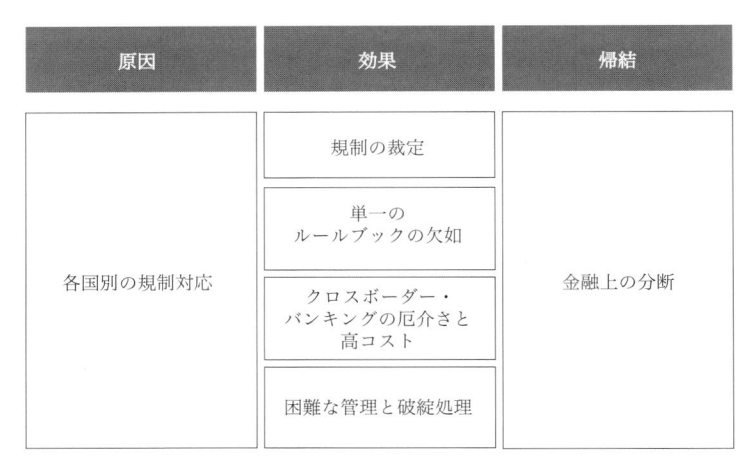

原因	効果	帰結
各国別の規制対応	規制の裁定 単一のルールブックの欠如 クロスボーダー・バンキングの厄介さと高コスト 困難な管理と破綻処理	金融上の分断

出所：European Commission (2014), 'Impact Assessment', *Commission Staff Working Document* Part 1/3, SWD (2014) 30/3, p. 24.

図3-8　非協調的な各国別改革の潜在的問題と帰結

供給することにより，ユーロ圏の金融システムの崩壊を救ったといわれるLTROsも，リテール金利の乖離によって鮮明となった金融市場の分断に対しては，ほとんど効果がなかった．

　金融政策のトランスミッション・メカニズムに関する従来の分析では，銀行が十分な資本を有し，資金調達条件にも差がなく，リスクの低い安定した環境が存在しているとの前提条件に基づいて，中央銀行の政策金利や市場金利が直接銀行のリテール金利に影響を与えるものと考えられてきた[121]．ところが，金融危機とそれに続くソブリン危機によって，信用リスクをはじめとする銀行のリスク認識（risk perceptions），銀行資本の質や量，資金調達へのアクセスといったバランスシート上の制約，さらにはソブリンの信用が，銀行のリテール金利に大きな影響を与えることが明らかとなった[122]．単一通貨圏であるにもかかわらず，国毎にリテール金利が異なる理由については，銀行のリスク認識の相違に加えて，金融市場の構造の相違（例えば，銀行間の競争の強弱や市場ベースの資金調達源へのアクセスの相違），規制や税制の違いといった制度上の相違，さらにはマクロ経済状況や産業構造の違いといった要因も指摘されている[123]．

その後，ECBの更なる利下げやOMTsプログラムの公表，2014年秋以降の証券化商品やカバード債の買い入れ，2015年3月以降のユーロ圏の国債の買い入れを通じた本格的な量的緩和策の実施等によって，銀行の資金調達条件は改善したものの，金融市場の分断は依然解消されておらず，リテール金利水準そのものの上昇も見られる[124]（図3-9）．要するに，ユーロ圏各国政府や監督当局の行動もその一因となった，ユーロ圏の金融市場の分断によって，ECBの金融政策のトランスミッション・メカニズムが攪乱され，その効率ならびに対称性が損なわれたままとなっている．ギリシャの銀行に至っては，ECBからの緊急流動性支援（ELA：Emergency Liquidity Assistance）に頼らざるを得ない状況が続いている．よって，ユーロ圏は単一金融市場として機能せず，ECBの金融政策のトランスミッション・メカニズムも十全には機能していない．

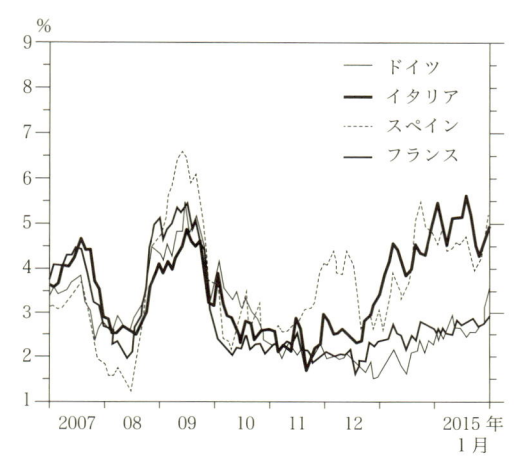

注：*は100万ユーロ以下の対中小企業向け1年から5年もの貸出金利．
出所：IMF (2015), *World Economic Outlook*, April, p. 49.

図3-9 中小企業向け実質貸出金利*の乖離

3.5 分権的管理から集権的管理への転換

ユーロ導入後，ユーロ圏の銀行は，イギリスやスイスなど他のヨーロッパの銀行同様，アグレッシブにクロスボーダーの金融取引や投資銀行業務を拡大させ，それに伴ってユーロ圏（そして米欧間）における金融統合は飛躍的に進展した．にもかかわらず，それに対応したユーロ圏レベルでの監督・規制体制の強化は図られず，分権化されたままであった．すなわち，大手銀行をはじめとする金融機関の活動は，ユーロ圏や汎ヨーロッパ的レベルさらにはグローバルなそれへと移行する一方，これらの金融機関に対する監督・規制体制はナショ

ナルなままに留まっていた．それゆえ，ユーロの導入によって格段に統合の進んだユーロ圏の銀行・金融市場においても，たとえそれがリスクを伴うものであったり，公平な競争を歪めかねないものであったりしても，ユーロ圏各国の政府・監督当局は，我関せずとばかりに自国の銀行の競争優位の確保に走った．それゆえ，単一銀行・金融市場といっても名ばかりのものに過ぎず，そのようなユーロ圏におけるバンキングないし金融ナショナリズムが，銀行の暴走を招く一因となった[125]．

そして，金融危機が発生するや否や，各国政府や監督当局は，金融システムの安定化を名目に，既に形骸化していた無差別，母国監督主義，相互承認原則を無視する形で一斉に自国の銀行の救済に走った．こうした自国本位の行動は，金融市場の分断の一因となり，安定と効率を損なうことになっただけでなく，過剰なリスクテークに走った挙句破綻した銀行の巨額の公的資金による救済は，社会的公正を損ない，世論の厳しい批判を浴びることになった．ベロンによれば，ヨーロッパの銀行問題の根底には，ヨーロッパの銀行監督者の誘因の整合不良（misalignment）があり[126]，危機によって政府間主義に基づく分権的な銀行監督・管理体制の限界が露呈することになった．危機に対処すべく，ド・ラロジェール委員会の検討を経て，EBA，EIOPA，ESMA を傘下に抱える ESFS が設立されたものの，ESFS も分権的な監督体制を踏襲し，各国の監督当局および組織間で相互に協力強化を図るに留まった[127]．2011 年 7 月には金融市場の疑念を払拭すべく，EBA によってヨーロッパの銀行のストレステストも行われたが，ストレステストの結果公表直後に，EBA が問題なしと判断した銀行の破綻が相次いだことで，惨めな失敗に終わった．前年に欧州銀行監督委員会（CEBS：Committee of European Banking Supervisors）の手によって行われたストレステストに続く失敗であり，CEBS を引き継ぎ発展させたとはいうものの，強力な監督権限を持たずスタッフも十分でない EBA が，各国政府から強い政治的圧力を受け，審査も十分に行えなかったであろうことは想像に難くない．EBA は，政府間主義に基づく監督・規制体制の犠牲となり，ストレステストの失敗によってその権威も大きく傷つくことになった．

しかし，金融危機のダイナミズムは，政府間主義に基づく分権的な監督・規制体制と金融（銀行）ナショナリズムを突き崩し，ユーロ圏をして中央集権的

な監督・規制体制の移行，銀行同盟の創設へと向かわしめることになる．

　ユーロ圏の銀行監督・規制体制が分権的なそれから中央集権的なそれに移行する重要な契機となったのは，2011年夏以降の金融危機の深化であった．そこではフランスが重要な鍵を握ることになった．1980年代後半以降，域内市場統合を契機にEUがネオリベラルな構造改革路線に転じる中にあってなお，ディリジスムの伝統を引き継ぐフランスは，銀行部門も政府の管理下に置き，ユーロ導入後もユーロ圏レベルにおける超国家的な銀行監督・規制への移行に反対していた．もちろん，BNPパリバをはじめとするフランスの大手銀行も，EUないしユーロ圏レベルの監督・規制に服すことを望んでいなかった．それどころか，「パリバ・ショック」によってグローバルな金融危機の引き金を引いた張本人であったにもかかわらず，BNPパリバをはじめとするフランスの大手銀行は，その後もホールセール市場を通じてアメリカのMMFから資金調達を続けていた[128]（図3-4）．ところが，2011年夏以降，これらフランスの大手銀行でさえ，ヨーロッパの銀行に対する信用不安の高まりによって，ドル建て資金へのアクセスが困難に陥った．銀行市場の寡占化の進むフランスでは，大手銀行5行でフランスのGDPの3倍にも相当するバランスシートを保有し，危機によってこのうちの1行でも破綻すれば，フランス政府といえどもこれを救済することは容易なことではなかった．そもそもフランスの大手銀行が破綻すれば，その影響は計り知れない．深刻な流動性危機によって破綻寸前に追い込まれることでフランスの大手銀行の自信は打ち砕かれ，同時にフランス政府・監督当局の心胆をも寒からしめることで，フランスはそれまでのナショナルな銀行監督・規制体制からの転換を考えざるを得なくなった[129]．銀行同盟の浮上も，こうしたフランスの政策転換なしにはありえなかったといっても過言ではない．

　銀行同盟は，2012年春にスペインにおける銀行危機の悪化がソブリン危機の再燃を招き，イタリアにもそれが飛び火して燎原の火の如く危機が広がろうとする中で，政府の財政収支を悪化させることなく銀行支援のための仕組みを作ると同時に，銀行経営の健全化や体質強化，集権的な監督・規制を図る目的で浮上した．その口火を切ったのは，フランス出身でIMF専務理事のラガルドであった．ラガルドは2012年4月17日の金融規制の将来に関するIMF政

策会議で、ユーロ圏におけるソブリンと銀行のフィードバック・ループ（feedback loop）を断ち切るためには、銀行システムに関する国境を越えたより大きなリスクの共有が必要であり、将来的に通貨同盟は統一された監督体制、共通のバックストップを備えた単一の銀行破綻処理機構、そして単一の預金保険基金からなる、より強力な金融統合に支援される必要があると訴えた[130]。ドイツをはじめとする北部ユーロ圏諸国が必ずしも乗り気でない中で銀行同盟が統合のアジェンダに浮上し、実現で合意を見た背景には、フランス政府の積極的な関与があったことは間違いない。後述のように、危機の過程で生じたドイツによるECB支配の終焉も、ECBの下にユーロ圏の統一的な銀行監督・規制を行う組織を創設することへの合意につながった[131]。また、投機に失敗して破綻した銀行を公的資金で救済することに対するヨーロッパ市民の強い反発は、安易な救済（bail-out）を避け、経営者や債権者、株主に相応の負担を課すベイル・イン（bail-in）原則の強化へとつながっていく。2012年6月29日のユーロ圏サミットでは、ユーロ圏における銀行監督・規制の一元化への方向が決定され、SSM創設の暁には、ESMを通じて条件付きで銀行に直接資金注入がなされることや、それまではEFSFを通じて金融支援がなされることも併せて決定された[132]。

こうして未曾有の危機の発生によって、それまでのユーロ圏の政府間主義に基づく分権的な監督・規制体制の限界と金融ナショナリズムの弊害が明らかとなり、ユーロ圏は銀行同盟の下での中央集権的な監督・規制体制に移行することになった。なるほど銀行同盟は重要な成果であり、危機が画期的な制度上の発展をもたらしたことは間違いない。けれども、銀行同盟は膨大なコストや多大な犠牲を払って漸く達成されたものであり、はたしてユーロ危機の克服や金融危機再発防止につながるのか、フランスをはじめユーロ圏各国政府は、銀行同盟によって本当に金融ナショナリズムを克服できるのか、後に見るように依然数多くの課題が残されたままとなっている。

注
1) Deutsche Bundesbank (2009), 'Financial integration and risk sharing in the euro area − long term trends and impact of the financial crisis', *Monthly Report*,

December, p. 34.
2) Committee on the Global Financial System (2010), "Long-term issues in international banking", *CGFS Papers*, No. 41, pp. 22-3.
3) European Central Bank (2011), 'The Financial Crisis in the light of the Euro Area Accounts: A Flow－of－Funds Perspective', *Monthly Bulletin*, October, p. 112.
4) Final Report of the High Level Expert Group chaired by Erkki Liikanen (2012), Brussels, October 2（ヨーロッパ金融研究会訳、田中素香監訳（2014）、「EU銀行業務部門の改革に関する最終報告書」（リーカネン報告）『経済論纂』（中央大学）第55巻第1号、27頁）.
5) Committee on the Global Financial System (2010), p. 13.
6) Final Report of the High Level Expert Group chaired by Erkki Liikanen (2012), 28頁.
7) European Commission (2014), 'Impact Assessment', *Commission Staff Working Document* Part1/3, SWD (2014) 30/3, p. 14.
8) Slovik, P. (2012), "Systemically Important Banks and Capital Regulation Challenges", *OECD Economics Department Working Papers*, No. 916, p. 7.; Final Report of the High Level Expert Group chaired by Erkki Liikanen (2012), pp. 28-9.
9) Altunbas, Y., Gambacorta, L., Marqués, D. (2010), 'Does Monetary Policy Affect Bank Risk-Taking?', *ECB Working Paper Series*, No. 1166, March 2010, p. 5.
10) European Central Bank (2010), 'Monetary policy transmission in the euro area, a decade after the introduction of the euro', *Monthly Bulletin*, May, p. 89.
11) Final Report of the High Level Expert Group chaired by Erkki Liikanen (2012), 27頁.
12) European Commission (2014), 'Impact Assessment', *Commission Staff Working Document* Part1/3, SWD (2014) 30/3, p. 14.
13) Hardie, I. and Howarth, D. (2013), 'Framing Market-Based Banking and the Financial Crisis', in Hardie, I. and Howarth, D. (ed.), *Market-Based Banking and the International Financial Crisis*, Oxford University Press, pp. 60-1.
14) European Central Bank (2011), 'The Financial Crisis in the light of the Euro Area Accounts: A Flow－of－Funds Perspective', *Monthly Bulletin*, October, p. 114.
15) Shin, H.S. (2012), 'Global Banking Glut and Loan Risk Premium', Mundell-Fleming Lecture, IMF Annual Research Conference, Washington D.C. November 10-11 (http://www.princeton.edu/_hsshin/www/mundell_fleming_lecture.pdf), pp. 7-8.
16) ルービニらによれば、2008年6月段階で、リーマン・ブラザーズのそれが31対1であったのに対して、ヨーロッパの銀行で最高のバークレーズ銀行は61対1、ドイ

ツ銀行は53対1と，2倍近い水準にあった（Roubini, N. and Mihm, S. (2010), *Crisis Economics*, The Penguin Press, p. 127）．
17) Bakk-Simon, K. et al. (2012), 'Shadow Banking in the Euro Area: Overview', *ECB Occasional Paper Series*, No. 133, April, pp. 14-5.
18) OECD (2010), *OECD Economic Survey Euro Area*, p. 124.
19) European Central Bank (2008), *EU Banking Structure*, p. 12.
20) European Central Bank (2013), *Banking Structures Report*, p. 12.
21) Kobrak, C. (2012), *Banking on Global Markets: Deutsche Bank and the United States, 1870 to the Present*, Cambridge University Press.
22) International Monetary Fund (2009), *Global Financial Stability Report*, December, p. 11.
23) Shin, H.S. (2012), p. 13.
24) *Ibid.*, p. 14.
25) *Ibid.*, p. 3.
26) *Ibid.*, p. 19.
27) Bank for International Settlements (2009), *BIS Quarterly Review*, March 2009, p. 67.
28) Errico, L. et al. (2014), 'Mapping the Shadow Banking System Through a Global Flow of Funds Analysis', *IMF Working Paper*, 14/10, p. 20.
29) Shin, H.S. (2012), 17.
30) Borio, C. and Disyatat, P. (2011), 'Global Imbalance and the Financial Crisis: Link or No Link?', *BIS Working Paper*, No. 346, pp. 13-20; Shin, H.S. (2012).
31) European Commission (2008), 'EMU@10: Successes and Challenges after 10 years of Economic and Monetary Union', *European Economy*, No. 2 (http://ec.europa.eu/economy_finance/publications/publication12682_en.pdf), pp. 3-5.
32) European Central Bank (2008), '10th Anniversary of the ECB', *Monthly Bulletin* (http://www.ecb.europa.eu/pub/pdf/other/10thanniversaryoftheecbmb200806en.pdf), pp. 5-6.
33) Brown, B. (2010), *Euro Crash － The Implications of Monetary Failure in Europe－*, palgrave macmillan, pp. 32-3.
34) *Ibid.*, p. 36.
35) 後にグローバル危機を予測して脚光を浴びることになった現インド中央銀行総裁のラジャンも，2005年8月にジャクソンホールで開かれたカンザス連銀のシンポジウムで，先進国の中央銀行による低金利政策が既に銀行のリスクテークを著しく増大させていることに警告を発していた．Rajan, R.G. (2005), 'Has Financial Development Made the World Riskier?', *NBER Working Paper* No. 11728 (http://www.nber.org/papers/w11728).
36) Brown, B. (2010), pp. 16-8.
37) *Ibid.*, pp. 26-7.
38) Altunbas, Y., Gambacorta, L., Marqués, D. (2010), 'Does Monetary Policy

Affect Bank Risk-Taking?', *ECB Working Paper Series*, No. 1166, March 2010, p. 5.
39) *Ibid.*, p. 5-6.
40) Brown, B. (2010), p. 36
41) European Central Bank (2008), '10th Anniversary of the ECB', *Monthly Bulletin*; European Central Bank (2003), 'The integration of Europe's financial markets', *Monthly Bulletin*, October; European Central Bank (2007), *Financial Integration in Europe*, March.
42) European Central Bank (2007), *Financial Integration in Europe*, March, pp. 14-5.
43) *Ibid.*, p. 14.
44) 例えば，European Central Bank (2008), '10th Anniversary of the ECB', *Monthly Bulletin*', p. 101.; Issing, O. (2003), *The euro − a stable international currency*, Member of the Executive Board of the ECB, Budapest, Academy of Sciences, 27 February (http://www.ecb.europa.eu/press/key/date/2003/html/sp030227.en.html), p. 5.
45) European Central Bank (2007), *Financial Integration in Europe*, March, pp. 6-7.
46) Lane, P.R. (2012), 'Financial Globalisation and the Crisis', *BIS Working Paper*, No. 397, p. 7.
47) European Central Bank (2004), 'The impact of fair value accounting on the European banking sector−a financial stability perspective', *Monthly Bulletin*, February, p. 72.
48) 銀行への適用の詳細に関しては，以下を参照 (http://eur-lex.europa.eu/legal-content/EN/TXT/PDF/?uri=CELEX:01986L0635-20030717&from=EN).
49) Basel Committee on Banking Supervision (2015), 'The interplay of accounting and regulation and its impact on bank behavior: Literature review', *BIS Working Paper 28*, January, p. 3.
50) Ferran, E. (2013), 'Crisis-driven regulatory reform: where in the world is the EU going?'. In Ferran, E., Moloney, N., Hill, J.G., Coffee, J.C. Jr. (ed.) *The Regulatory Aftermath of the Global Financial Crisis*, Cambridge University Press, p. 26, p. 102.
51) Boyer, R. (2011), p. 184.
52) Ferran, E. (2013), p. 102.
53) European Central Bank (2004), 'The impact of fair value accounting on the European banking sector − a financial stability perspective', *Monthly Bulletin*, February, p. 75.
54) *Ibid.*, p. 75-7.
55) *Ibid.*, p. 77.
56) *Ibid.*, p. 76.

57) *Ibid*., p. 76.
58) *Ibid*., pp. 72-3.
59) *Ibid*., p. 79.
60) *Ibid*., pp. 79-80.
61) European Central Bank (2006), *Assessment of Accounting Standards from a Financial Stability Perspective*, December, p. 34.
62) Teixera, P.G. (2011), 'The Regulation of the European Financial Market after the Crisis', Posta, P.D. and Talani, L.S. (ed.), *Europe and Financial Crisis*, Palgrave Macmillan, p. 10.
63) *Ibid*., pp. 10-11.
64) *Ibid*., p. 11.
65) Report of the High Group on Financial Supervision in the EU, chaired by Jacques de Larosiére, (2009), Brussel, February. (田中素香・岩田健治・太田瑞希子訳（2010），「EUにおける金融監督に関するハイレベルグループ報告書」（ド・ラロジェール報告），『経済論纂』（中央大学）第50巻第1・2号（http://ec.europa.eu/finance/general-policy/docs/de_larosiere_report_en.pdf）).
66) 星野郁（2010），「欧州金融危機の実相と展望」，*Business & Economic Review*，2010年4月号，日本総研，41-2頁．
67) スペインでは，景気変動に合わせて貸倒引当金を調整する制度や，オフバランスの子会社も連結対象にするなど，世界最先端の金融規制を遂行してきたと評価されていた（白井さゆり（2009），『欧州迷走－揺れるEU経済と日本・アジアへの影響』日本経済新聞出版社，201-3頁).
68) Ferran, E. (2013), pp. 55-7.
69) *Ibid*., p. 57.
70) 太田康夫（2011），『バーゼル敗戦　銀行規制をめぐる闘い』日本経済新聞出版社，78頁．
71) Basel Committee on Banking Supervision (2006), *International Convergence of Capital Measurement and Capital Standards—A Revised Framework Comprehensive Version* (http://www.bis.org/publ/bcbs128.pdf), pp. 12-119.
72) *Ibid*., pp. 202-25.
73) *Ibid*., pp. 226-42.
74) Shin, H.S. (2011), 'Global Banking Glut and Loan Risk Premium', 12th Jacques Polak Annual Research Conference, Washington D.C. November 10-11, pp. 39-42. なお，EUの資本十分指令は，1993年に最初に出された指令が1998年に改訂され，さらに2006年にバーゼル2への移行を反映させる形で指令として採択され，2007年1月より執行された．資本十分指令については，以下を参照（http://eur-lex.europa.eu/legal-content/EN/TXT/PDF/?uri=CELEX:32006L0049&from=EN).
75) *Ibid*., p. 42.
76) Final Report of the High Level Expert Group chaired by Erkki Liikanen (2012), 113頁．

77) *Ibid.*, 90-1 頁.
78) Shin, H.S. (2011), pp. 15-6.
79) Final Report of the High Level Expert Group chaired by Erkki Liikanen (2012), 17-8 頁; Roubini, N. and Mihm, S. (2010), *Crisis Economics*, The Penguin Press, pp. 127-29.
80) Final Report of the High Level Expert Group chaired by Erkki Liikanen (2012), 18 頁.
81) *Ibid.*, 18-19 頁.
82) International Labour Office (2011), *Germany, A job-centred approach, studies on growth with equity*, p. 30.
83) Final Report of the High Level Expert Group chaired by Erkki Liikanen (2012), 20 頁.
84) International Monetary Fund (2013), 'Euro Area Policies', *IMF Country Report* No. 13/232, p. 58.
85) Final Report of the High Level Expert Group chaired by Erkki Liikanen (2012), 23-4 頁.
86) OMTs をはじめ ECB の金融政策が危機沈静化に与えた影響については，以下が詳しい（長部重康（2013），「ユーロ危機からの脱出戦略－OMT と「EU ニューディール」」，『経済志林』第 80 巻第 3 号）.
87) TARGET2 システムに関しては，以下が詳しい（奥田宏司（2011），「ユーロ決済機構の高度化（TARGET2）について－TARGET Balances と「欧州版 IMF」設立の関連」『立命館国際研究』24 巻 1 号）.
88) TARGET2 をめぐる賛否両論に関しては，以下を参照（Cecchetti, S.G., McCauley, R.N., McGuire, P.M. (2012), 'Interpreting TARGET2 balances', *BIS Working Papers*, No. 393, December）．また，ドイツの主導的エコノミストでユーロ懐疑派のシンらによる TARGET2 批判に対しては，以下を参照（Sinn, H-W. (2012), 'TARGET losses in case of a euro breakup', (http://www.voxeu.org/article/target-losses-case-euro-breakup) (2015/04/05)：伊豆久（2012），「ユーロ危機と ECB」，『証券レポート』（日本証券経済研究所）No. 1672；伊豆久（2012），「欧州中央銀行における不均衡問題」，『証券経済研究』第 78 号）.
89) フランスのオランド大統領は，2013 年 6 月の日本訪問中，ヨーロッパの債務危機は終わったと公式に宣言した（http://www.theguardian.com/world/2013/jun/09/francois-holland-eurozone-crisis-over）(2015/04/05).
90) 日本では，以下を参照（小川英治（2013），「グローバル・インバランスと国際通貨体制」（小川英治編『グローバル・インバランスと国際通貨体制』東洋経済新報社，第 3 章所収）.
91) Schaefer, A. & Streeck, W. (ed.) (2012), *Politics in the Age of Austerity*, Wiley.
92) Constâncio, V, Vítor, 'Banking Union: meaning and implications for the future of banking', Speech at Banking Union Conference organised by the Master in Banking and Financial Regulation, Navarra University, Madrid 24 April 2014

(http://www.ecb.europa.eu/press/key/date/2014/html/sp140424_1.en.html).
93) Rajan, R.G. (2005), p. 349.
94) Hardie, I. and Maxfield, S. (2013), 'Market-Based Banking as the Worst of All Worlds: Illustrations from the United States and United Kingdom', in Hardie, I. and Howarth, D. (ed.), *op. cit.*, pp. 59-65.
95) Pisani-Ferry, J. (2012). 'The Euro Crisis and the New Impossible Trinity', *Bruegel Policy Contribution*, Issue 2012, January, p. 5.
96) Gros, D. (2006), p. 1.
97) Forster, K. Vasardani, M. Ca'Zorzi, M. (2011), 'Euro Area Cross-Border Financial Flows and the Global Financial Crisis', *ECB Occasional paper series*, No. 126, July, pp. 10-1.
98) *Ibid.*, pp. 11-2; Deutsche Bundesbank (2009), 'Financial integration and risk sharing in the euro area−long term trends and impact of the financial crisis', *Monthly Report*, December, p. 34.
99) Rajan, R.G. (2005), p. 318, p. 333.
100) Soros, G. (1987), *The Alchemy of Finance*, John Wiley & Sons, Inc. (深谷淳一訳『相場の心を読む』講談社, 1988 年).
101) Final Report of the High-level Expert Group chaired by Erkki Liikanen (2012), 51 頁.
102) *Ibid.*, 52 頁.
103) *Ibid.*, 48 頁.
104) Smaghi, B.L. (2013), 'Money and Banking in Times of Crisis': Balling, M. Gnan, E. and Jackson, P. (ed.), *States, Banks and the Financing of the Economy: Monetary Policy and Regulatory Perspectives*. SUERF studies 2013/3, p. 36 (http://www.suerf.org/index.php?option=com_k2&view=item&id=451&Itemid=147).
105) Teixera, P.G. (2011), p. 10.
106) International Monetary Fund (2014), *Global Financial Stability Report*, April, p. 101.
107) OECD (2014), *OECD Economic Surveys Euro Area*, p. 52.
108) Final Report of the High-level Expert Group chaired by Erkki Liikanen (2012), 37 頁.
109) OECD (2014), *op. cit.*, pp. 52-3.
110) European Commission (2014), 'Impact Assessment Annex', *Commission Staff Working Document*, Brussels, XXX, SWD (2014) 30/3, Part2/3, ANNEX 1-4 (http://hb.betterregulation.com/external/EU140129_annex-1-impact-assessment_en.pdf), p. 81-2.
111) *Ibid.*, p. 82.
112) Final Report of the High-level Expert Group chaired by Erkki Liikanen (2012), 37-8 頁.
113) Shin, H.S. (2011), p. 17.

第3章　ユーロ圏における金融統合と金融危機

114) European Commission (2014), *op. cit.*, pp. 53-5.
115) Goldstein, M. & Véron, N. (2011), 'Too Big to Fail: the Transatlantic debate', *Bruegel Working Paper*, p. 7.
116) Final Report of the High-level Expert Group chaired by Erkki Liikanen (2012), 39-40頁.
117) Véron, N. (2014), 'Tectonic Shifts', *IMF Finance & Development*, March, p. 18.
118) Mody, A. (2015), 'The IMF's big Greek mistake ― the IMF should correct its big Greek debt mistake', *Bruegel Improving economic policy*, 21st April (http://www.bruegel.org/nc/blog/detail/article/1615-the-imfs-big-greek-mistake/)
119) European Commission (2014), 'Impact Assessment', *Commission Staff Working Document* Part1/3, SWD (2014) 30/3 (http://eur-lex.europa.eu/resource.html?uri=cellar:e186dd0b-89b3-11e3-87da-01aa75ed71a1.0001.01/DOC_1&format=PDF.), pp. 22-4.
120) European Central Bank (2013), 'Assessing the retail bank interest rate pass-through in the euro area at times of financial fragmentation', *Monthly Bulletin*, August, p. 81.
121) *Ibid.*, p. 85.
122) *Ibid.*, pp. 85-6.
123) *Ibid.*, pp. 83-7.
124) International Monetary Fund (2015), *World Economic Outlook*, April, p. 49.
125) Véron, N. (2014), p. 18.
126) *Ibid.*, p. 17.
127) 長部重康 (2010),「ヨーロッパの金融危機対応戦略と金融市場の脆弱性」,『経済志林』第77巻第3号, 203-4頁.
128) van Rixtel, A. & Gasperini, G. (2013), 'Financial crises and bank funding: recent experience in the euro', *BIS Working Papers*, No. 406, p. 14; Shin, H.S. (2012), p. 19.
129) Véron, N. (2014), p. 18.
130) Lagarde, C. (2012), 'Opening Remarks', at IMF/CFP Policy Roundtable on the Future of Financial Regulation, International Monetary Fund, Washington D.C., April 17, 2012 (https://www.imf.org/external/np/speeches/2012/041712.htm).
131) Véron, N. (2014), p. 18.
132) ユーロ圏サミットの声明 (2012年6月29日, ブリュッセル) (http://www.consilium.europa.eu/uedocs/cms_data/docs/pressdata/en/ec/131359.pdf).

第4章
ユーロ危機は何をもたらしたのか

　ユーロ危機は，ユーロ圏ないしEUにいったい何をもたらしたのであろうか．ユーロ危機を通じて，ユーロ圏ないしEUのネオリベラルな構造改革路線へのシフトが鮮明となった．特にギリシャやスペインをはじめ，深刻な危機に陥った国々では，トロイカによる監視や金融市場の圧力の下で，国民の激しい抵抗にもかかわらず，危機の発生以前にはおよそ不可能と思われていた，厳しい財政緊縮政策やネオリベラルな構造改革が，一気呵成に進められることになった．ある意味で，それはEMUの原点への回帰ともいえる．それらの政策が，特に金融市場の好意的な反応を引き出すことによって，危機の沈静化に一定程度貢献していることは否定できない．一時期高騰していた国債利回りも，その後大きく低下した．しかし，ネオリベラルな構造改革路線へのシフトは，他方で未曾有の失業や貧困・格差の拡大，デフレ懸念を引き起こす原因ともなっており，長期にわたるその持続可能性については，大きな問題を孕んでいるといわざるを得ない．3度発生したギリシャ危機では，そのことが鮮明となった．

　同じく，ユーロ危機は，対等な主権国家の連合体であり，民主主義に基づく多元的なガバナンスを標榜していたEUにおいて，明確な構造的権力の存在を浮かび上がらせることになった．危機を通じて，EU，ECB，IMFからなるトロイカが，ユーロ圏諸国の経済政策の運営に対して著しく支配力を強めるようになったと同時に，金融市場もユーロ圏のガバナンスや危機対策，ECBによる金融政策の運営に支配的な影響を与えるようになった．後者は，危機の過程で何故ECBが絶大な影響力を手にすることになったのか，その構造的文脈を示しているといってよい．さらに，危機を通じて，EUの加盟国間における権力関係の変化も明確となった．ヨーロッパ統合は，長らくドイツとフランス両

国を中軸に推進されてきた（独仏枢軸）．ところが，今回の危機を通じて，ドイツの影響力が格段に強まる一方で，フランスは，経済の低迷や政治の混迷もあって，その影響力を大きく後退させることになった．同じく，イタリアも，長期にわたる経済の低迷と不安定な国内政治状況により混迷を余儀なくされている．フランス，イタリア両国は，EMUを通じてドイツの封じ込めを狙っていたが，今回の危機は皮肉な結果を生んでいる．また，今回の危機は，バルト諸国をはじめとする周辺諸国に対してはユーロへの求心力を高めた一方で，デンマークやスウェーデンをユーロから遠ざけ，イギリスに至ってはEUそのものからも遠ざけることになった．未曾有の危機は，ユーロ圏のみならず，EUのありかたにも大きな影響を与えている．

　本章では，今回のユーロ危機を通じて鮮明となった，ユーロ圏ならびにEUにおけるネオリベラルな構造改革路線へのシフトとその影響，危機によって浮び上がったEUにおける構造権力の存在，そして加盟国間の権力関係の変化について考察する．

1.　ネオリベラルな構造改革とその影響

1.1　ネオリベラルな構造改革路線へのシフト

　ユーロ危機を通じて鮮明となったのは，ユーロ圏ならびにEUのネオリベラルな構造改革路線へのシフトである．ネオリベラルな構造改革の推進は，もともと経済・通貨統合に込められた重要な狙いの1つであった．しかし，ネオリベラルな構造改革路線に対しては，既に見たようにEUの多くの国々で，強い政治的，社会的抵抗が存在していたことや，2003年以降は信用・不動産バブルによる景気回復もあり，厳しい構造改革路線は後景に退いていた．グローバルな金融・経済危機発生直後にEUでとられたのも，アメリカ同様ケインズ主義的な景気梃入れ策であり，所得安定化のために失業手当をはじめとする社会給付の引き上げや減税等が行われ，危機の影響の緩和が図られた[1]．その背景には，福祉国家に対する国民の広範な支持があり，危機によって国民の生活環境が急速に悪化する中で，労働市場の規制緩和や福祉・社会保障水準の引き下げといったネオリベラルな構造改革は，ほとんど社会的同意を得ることが不可

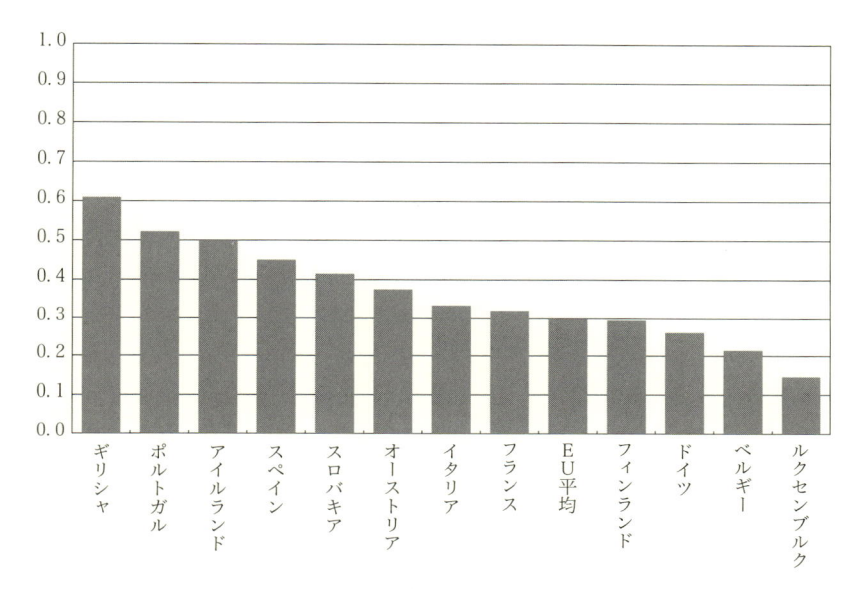

注：＊は OECD の改革勧告に対する実行の度合い．
出所：OECD (2015), *Economic Policy Reforms 2015: Going for Growth*, p. 109. より作成．

図 4-1 ユーロ圏諸国の全般的な改革反応度＊ (2007-14 年)

能と思われていた[2]．特にギリシャをはじめとする南欧諸国では，包括的で持続可能な構造改革を実行する上で必要不可欠とされる，労使間の対話や政府を交えた三者による協調体制の構築，広範な国民的コンセンサスの形成といった要件が著しく欠けているために，ネオリベラルな構造改革の実行に国民的な合意を得ることが困難で，仮に強行したところで実効ある成果を生まないと見られていた[3]．

ところが，ギリシャにおけるソブリン危機の発生を契機として，2010 年以降事態は大きく転換する．ソブリン危機がギリシャからアイルランド，ポルトガル，スペインへと広がる中でケインズ主義政策は放棄され，これら危機に陥った諸国では，2011 年から 2013 年にかけて，ギリシャを筆頭に危機以前には想像もできなかったようなラディカルな構造改革や緊縮政策が断行されることになった（図 4-1）．

構造改革は，様々な分野で行われたが，その中心は，財政再建とそれに関連

表4-1 構造的高失業と競争力の問題に直面しているユーロ圏諸国の政策課題と実行

	スペイン		ギリシャ		イタリア		ポルトガル		スロベニア	
	R[1]	A[1]	R	A	R	A	R	A	R	A
雇用創出に対する財・労働市場の障害の除去による労働需要の刺激										
参入と競争への障壁の引き下げ：										
－専門サービス	✓	●	✓	●			✓	●		
－小売流通	✓	●					✓			
－ネットワーク産業	✓		✓	●			✓	●	✓	
－全てのビジネス部門			✓	●	✓	●	✓	●	✓	●
Tax wedge と最低労働コストの引き下げ					✓	●			✓	
賃金交渉制度の改革	✓	●					✓		✓	
雇用保護立法の改革										
－訴訟手続きの短縮					✓	●				
－解雇告知期間や解雇手当の引き下げ	✓	●					✓	●	✓	●
－正当化される個人および集団解雇の条件緩和	✓	●					✓	●	✓	
－統一された契約への移行	✓									
就労や求職の阻害要因の除去による雇用促進										
失業給付と積極的労働市場政策に関するデザインと統合の改善										
－職の獲得可能性と求職基準に基づく給付	✓	●	✓				✓			
－失業給付の範囲の拡張と期間による水準調整					✓	●				
－求職補助と個々のフォローアップのリソース強化					✓		✓			
－公的雇用サービスの監視と評価の強化	✓	●	✓		✓					
労働技能や能力，より広義の人的資本の開発促進										
職業教育と訓練の強化	✓	●			✓		✓	●		
効率と成果の改善：										
－初等・中等教育	✓	●	✓		✓	●				
－高等教育					✓	●	✓		✓	

注：1. R は当該分野の勧告を，A は過去2年間に政策が実行されたことを表す．
出所：OECD (2014), *Economic Policy Reforms: Going for Growth*, p.17.

表 4-2　労働市場契約の規制緩和に関する改革の範囲

	フランス[1]	スペイン	イギリス	ギリシャ	イタリア	ポルトガル
正規雇用契約についての解雇手当の引き下げ				×		×
解雇規制の引き下げ	×				×	×
新規雇用についての試用期間の延長		×	×	×		
公正な解雇の定義の拡張	×	×				×
解雇の際の裁判機能の改善	×	×			×	
非公正な解雇補償の引き下げ		×				×
集団解雇規制の引き下げ	×			×		×
非正規雇用契約規制の引き下げ				×	×	×
非正規雇用契約規制の引き上げ		×			×	

注：1. フランスの評価は，労使協定が法律に転換されるとの想定に基づく．
出所：OECD (2013), *OECD Economic Surveys France*, p.40.

した福祉・社会保障制度改革，そして労働市場改革にあった．前者に関しては，歳出削減の一環として，教育や社会インフラへの投資や各種補助金の削減，公務員の削減や賃金の凍結ないしカット，失業給付の削減や給付要件の厳格化，年金支給額の削減や支給開始年齢の引き上げ，早期退職の制限等が行われた．また，歳入面では，脱税防止や納税コンプライアンスの改善を伴う各種の税金や社会保険料の引き上げ，公共料金の引き上げ，民営化等が行われた[4]．他方，後者の労働市場改革に関しては，最低賃金も含む賃金水準の引き下げ，解雇手当を含む退職金の削減，雇用保護・解雇規制の緩和，非正規雇用規制の緩和，集団的賃金交渉の分権化等が行われた[5]（表 4-1，表 4-2，図 4-2）．

上記の労働市場改革の中でも，特に集団賃金交渉や雇用保護，最低賃金に関するそれは，過去において最も改革が困難な分野であった[6]．ところが，トロイカによる救済と引き換えに要求された包括的な構造調整プログラムの一環として——というより中心的な課題として——それらは改革パッケージの中に盛り込まれることになった．例えば，ギリシャでは，緊縮政策の一環として集団的賃金交渉のレジームを劇的に修正できる法律が立法化され，産業別集団的賃金交渉で決定された賃金水準の適用を免除する開放条項の利用が可能となった．その結果，経営者は，設立が容易になった企業別組合との交渉により，当該企業の賃金水準を当該産業部門における集団的賃金交渉で締結された水準以下に

図 4-2 ユーロ圏諸国における雇用保護規制の緩和（1998 年と 2013 年）

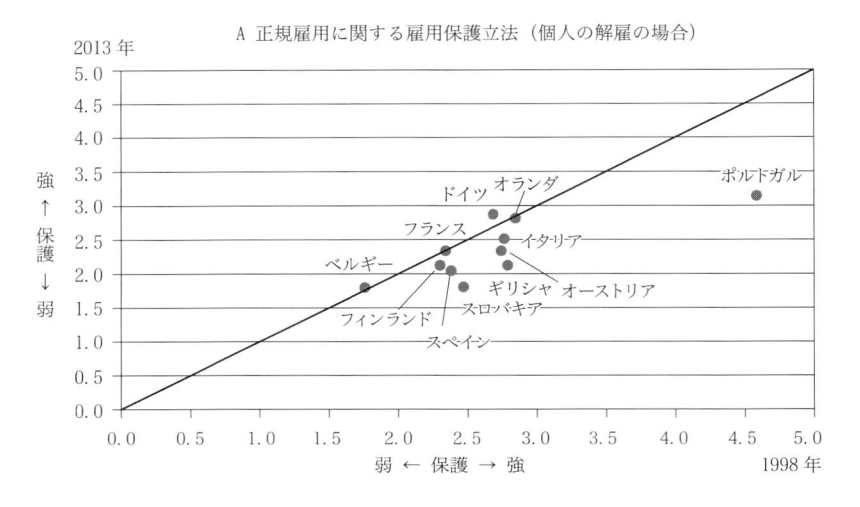

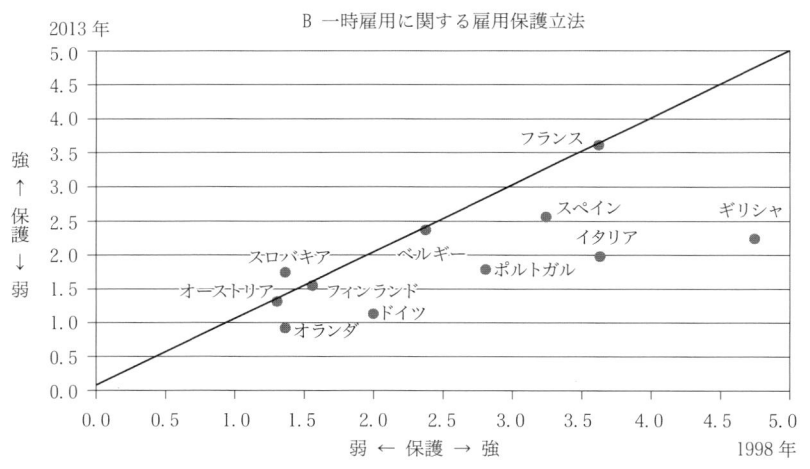

出所：OECD (2015), *Economic Policy Reforms 2015: Going for Growth*, p. 134.

引き下げることが可能となった．同じく，産業別集団的賃金交渉で決定された賃金水準は，通常地域横断的に適用されるが，地域によって協定により締結された水準以下に引き下げることも可能となった[7]．スペインでも，同様の賃金

第 4 章　ユーロ危機は何をもたらしたのか　　135

交渉制度の変更が行われた．開放条項の適用の拡大は，シュレーダー政権下のドイツでも進んでいたが，ドイツの場合，少なくとも形の上ではそれは労使交渉の結果であったのに対して，南欧諸国の場合には，政府や企業サイドからの一方的な強制によるものであった．このようにして，集団的賃金交渉の侵食が進んだ結果，ギリシャ，スペイン両国では，産業別の集団的賃金交渉に対して，今や企業レベルでの賃金交渉が優位に立つようになったとされる[8]．そのことが，これらの国々における労働コストの著しい低下をもたらした一因であったことは間違いない．なかでも，2011 年以降ギリシャにおける労働コストの低下は劇的であった（図 4-3）．もちろん，労働市場の規制緩和は，危機に陥った国々に留まらず，フランスをはじめ他のヨーロッパ諸国でも進められている（表 4-2）．

　労働市場をはじめとする広範な分野で，以前には想像もできなかったようなラディカルな構造改革が短期間で実行されることになった背景には，救済策をリードしたトロイカや，ドイツを筆頭とする北部ユーロ圏諸国，さらには金融市場からの圧力があったことはいうまでもない．トロイカやドイツ，そして金融市場は，今回の危機を通じて著しい権限や影響力を手に入れることになり，危機を通じてユーロ圏ないし EU における構造的権力の存在が浮かび上がることになった．トロイカの中でも特に EU そしてドイツは，救済と引き換えに，断固たる構造改革や緊縮政策の実行を求め，意に沿わないギリシャのパパンドレウやイタリアのベルルスコーニらを容赦なく切り捨てた[9]．彼らが一国の指導者として相応しい人物であったかどうかはともかく，民主的な選挙によって選ばれた指導者であったにもかかわらず，「上からの革命」ないしある種のクーデターによって権力の座から追放されることになった．さらに，ギリシャではパパンドレウの後任に元 ECB 理事であるパパデモスを，またイタリアではベルルスコーニの後任に元ヨーロッパ委員会委員長のモンティを就けたのも――形の上では両国議会での承認という手続きを踏んだとはいえ――，トロイカやドイツの意向であった[10]．南欧諸国をはじめ危機に陥った国々の政府は，国民の代表というよりも事実上トロイカや金融市場の代弁者となった．

　さらに，ネオリベラルな構造改革が，危機を通じて南欧諸国からヨーロッパ全域へと広がった背景には，ヨーロッパの特にグローバル指向の経営者サイド

相対労働コスト[1]
1999年第1四半期＝100
1999年第1四半期＝100
120
110
100
90
80
1999
2000
01
02
03
04
05
06
07
08
09
10
11
12
13年
ドイツ
スペイン
フランス
ポルトガル
イタリア
ギリシャ
2010年第1四半期と2013年第4四半期の間の相対労働コストの変化[2]
相対労働コストの変化％
相対労働コストの変化％
15
10
5
0
−5
−10
−15
−20
エストニア
フランス
イタリア
スロバキア
ベルギー
フィンランド
ルクセンブルク
オーストリア
ドイツ
オランダ
スペイン
スロベニア
アイルランド
ポルトガル
ギリシャ
−20
−15
−10
−5
0
5
10
15
2007年の経常収支（対GDP％）

注：1. 数字は，他のユーロ圏諸国の労働コストに対する当該国経済全体の労働コスト．
　　2. または，利用可能な最新データ．
出所：OECD (2014), *OECD Economic Surveys Euro Area*, p. 17.

図4-3　価格競争力の展開

の意向も強く働いていた．彼らは，EMUの強力な推進者に他ならなかったが，危機の深化の過程で，お馴染みのユーロ・スクレローシス（Eurosclerosis：ヨーロッパの動脈硬化症）のテーゼを再び持ち出し，ヨーロッパの硬直的な労働市場と行き過ぎた福祉国家が危機の主因となっていると強く批判，危機の打開策として，労働市場の弾力化と福祉・社会保障水準の引き下げによる内的減価を強く要求した[11]．1980年代の「サッチャー革命」や市場統合プロジェクト

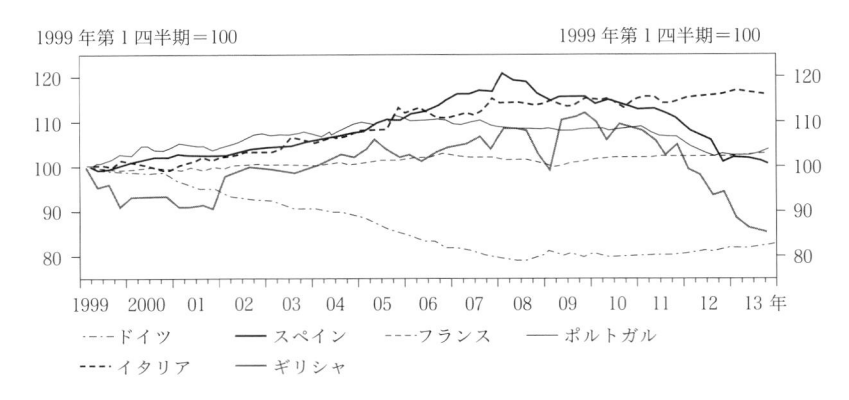

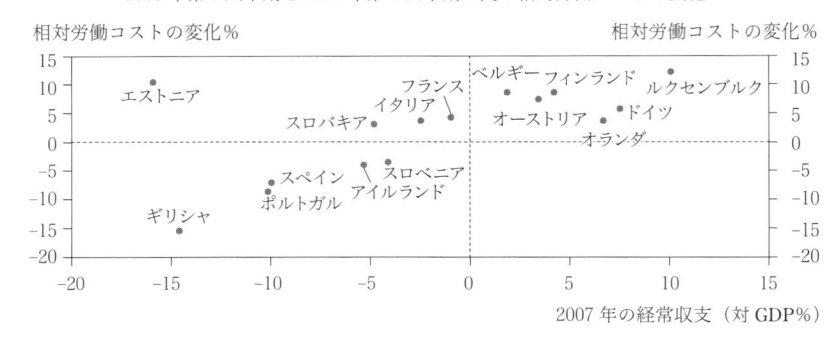

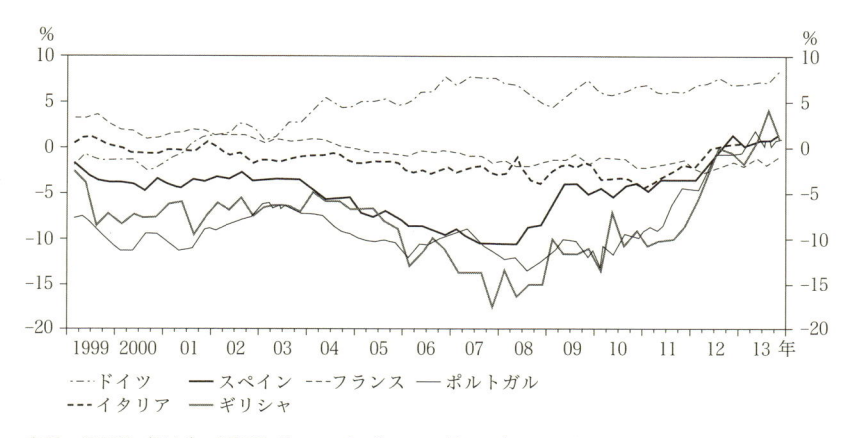

第4章　ユーロ危機は何をもたらしたのか　　137

出所：OECD (2014), *OECD Economic Surveys Euro Area*, p.17.

図 4-4　ユーロ圏諸国の経常収支（対 GDP ％）

の開始以来，経済のグローバル化の波と併せ，ヨーロッパの労働者や労働組合は，既に 30 年にわたって政府および経営者サイドからの攻勢にさらされ続けてきたが，今回の未曾有の危機は，既に弱体化している彼らを規律付けするために，政府や経営者サイドによって効果的に利用されている[12]．フランスの場合，労働組合は 2 世紀にわたる歴史と伝統を有し，組織率は低いものの戦闘的で，ストライキを含む大規模な抗議行動を展開するなど，大きな社会的影響力を誇ってきた．ところが，未曾有の危機の中で，プジョーやルノー，ミシュランといったフランスの名立たる大手企業でも，大規模な人員削減や工場閉鎖，賃金凍結が行われている．これら大手企業には有力な労働組合も存在しているが，もはやほとんど抵抗を試みなくなっているといわれ[13]，危機に乗じた経営者サイドの攻勢が顕著となっている．

　かくして，ギリシャを筆頭に労働コストは劇的に低下し，ユーロ危機の一因とされた南欧諸国における経常収支赤字や財政赤字も縮小した（図 4-4，図 4-5）．財政収支の改善に伴って金融市場の圧力も和らぎ，アイルランドに続き，ギリシャとキプロスを除く南欧諸国も国債市場への復帰が可能となった．格付機関による評価も改善し，世界的な金余りも手伝って，これらの国々の国債利回りの低下にも拍車が掛かり，2014 年にはソブリン危機発生以前の水準にま

(2009-13年，潜在的GDP%)

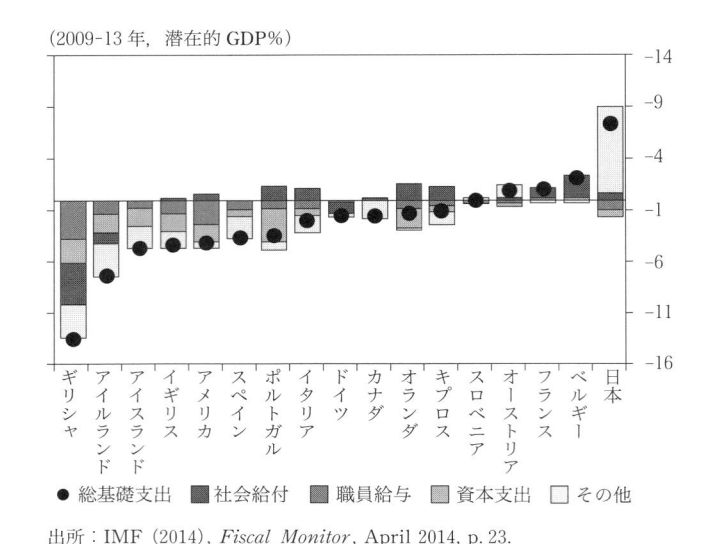

●総基礎支出　■社会給付　■職員給与　■資本支出　□その他

出所：IMF (2014), *Fiscal Monitor*, April 2014, p. 23.

図4-5　OECD諸国における財政支出の変化

で下落した[14]．

1.2　大量失業と貧困・格差の拡大

　救済策と引き換えに課されている構造改革やその一環でもある緊縮政策が，一定の成果を挙げていることは間違いない．ECBによる大胆な金融政策の打ち出しと併せ，それらの政策はソブリン危機を鎮める上で確かに効果を発揮した．にもかかわらず，長期にわたる景気低迷の下で，ユーロ圏の企業と家計の民間債務や金融機関の債務，さらには政府債務も依然として高水準に留まっている．言い換えれば，実体経済の低迷を尻目に，金融市場だけが活況を呈しているといっても過言ではない．ギリシャ国債は，ソブリン危機が頂点に達した2012年6月に底値をつけたが，トロイカによる救済やギリシャ国内の構造改革の進展によりユーロ離脱の可能性が薄れるにつれて，2014年末以降新たな危機が発生する以前には1年間で4倍以上も急騰し，ギリシャ国債に投資したファンドは莫大な利益を手にしたといわれる[15]．スペインやイタリアについても同様の状況にある．

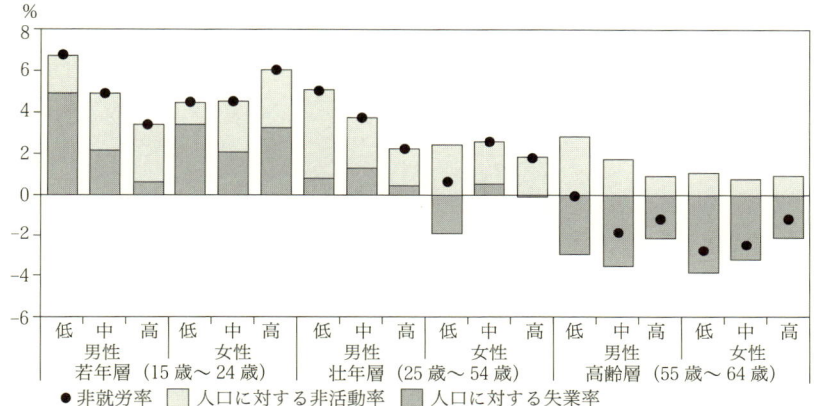

(年齢や性別，教育水準別の仕事のない人々の割合の変化．OECD 加重平均，2007 年第 4 四半期～2012 年第 4 四半期，％)

図 4-6　危機の間の若年層・低技能層の雇用動向

注：「低」，「中」，「高」は，中等以下，中等，大学教育を指す．
出所：OECD (2014), *Society at a Glance 2014: OECD Social Indicators － The crisis and its aftermath*, p. 20.

しかし，金融市場が活況を呈する一方で，ユーロ圏ならびにヨーロッパの労働市場は，依然回復の兆しを見せていない．ユーロ圏の平均失業率は，2015年 4 月時点で 11.1％ となっている．2013 年のピーク時の 12％ からは低下しているものの，依然未曾有の高水準に留まっている[16]．

危機が労働市場に与えた影響は，国や社会集団よって大きく異なっている．ギリシャやスペインを筆頭とする南欧諸国の特に若年層や低技能層が，危機によって最も深刻な打撃を被ることになった（図 4-6）．ギリシャ，スペイン両国の失業率は，2015 年 4 月時点でもそれぞれ 25.4％（2 月の数字），22.7％で，若者にいたっては 50.1％，49.6％ と，2 人に 1 人が失業状態にある[17]．今回の危機では，南欧諸国を筆頭に，ほとんどのユーロ圏諸国で長期失業者も著しく増加している（図 4-7）．これらの失業者は，今後の循環的な景気回復によっても，ほとんど労働市場に再吸収される見込みはない．南欧諸国の若年層は，危機によってまさに「失われた世代」へと追いやられたといっても過言ではない．これら若年層の EU に対する信頼も，大きく悪化している[18]．しかも，失業率の悪化だけに留まらず，貧困率や社会不安指数も増大し，雇用の質も悪化

2014 年第 3 四半期

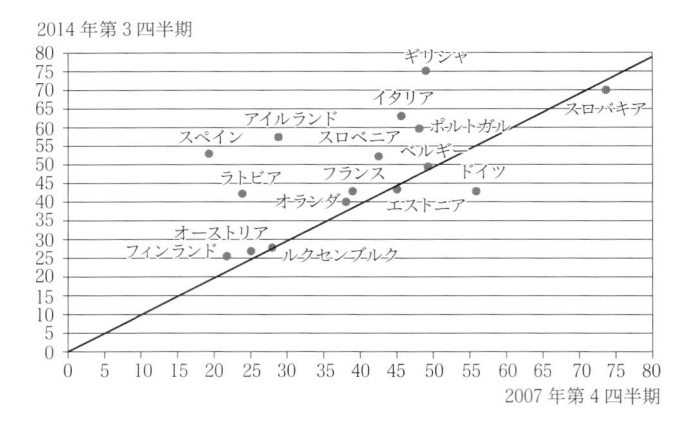

(グラフ: 縦軸 2014年第3四半期、横軸 2007年第4四半期)
ギリシャ、イタリア、アイルランド、スペイン、スロベニア、ポルトガル、スロバキア、ラトビア、フランス、ベルギー、オランダ、ドイツ、エストニア、オーストリア、フィンランド、ルクセンブルク

注1：総失業者に占める長期失業者（1年以上）の割合．
出所：OECD (2015), *Economic Policy Reforms 2015: Going for Growth*, p. 34. より作成．

図 4-7　長期失業の悪化[1]

している[19]．労働市場の惨状は，危機そのものだけでなく，トロイカや金融市場そしてドイツによって強制された構造改革や緊縮政策が合わさってもたらされたものにほかならない．

実際，GIIPS 諸国をはじめ EU 諸国で行われている構造改革は，労働市場の「弾力化」や福祉・社会保障水準の引き下げを通じた政府支出の削減が中心で，およそ積極的な雇用の創出や将来の経済成長の押し上げにつながるような改革が実行されているとは言い難い．ポルトガルやギリシャでは，政府の固定資本投資が大きく削られている（図 4-5）．財政上の困難に陥っている国々では，他の政府支出項目ほどではないものの，政府による研究・開発やイノベーションの予算も削られている[20]．さらに，EU ならびにユーロ圏の多くの国々では，教育や訓練に関する一般的な投資，積極的な労働市場政策に対する支出も削られている[21]（図 4-8）．IMF 自身も認めているように，多くの国々は一過性の手段で財政赤字を削減しているものの[22]，長期的な持続可能性や経済成長押し上げの点で大いに問題であるといわざるを得ない．経常収支赤字も著しい改善を見せ，今や南欧諸国のそれは黒字へと転じているものの，それらは競争力改善の成果というより，厳しい緊縮政策の実行を通じた内需の抑制による

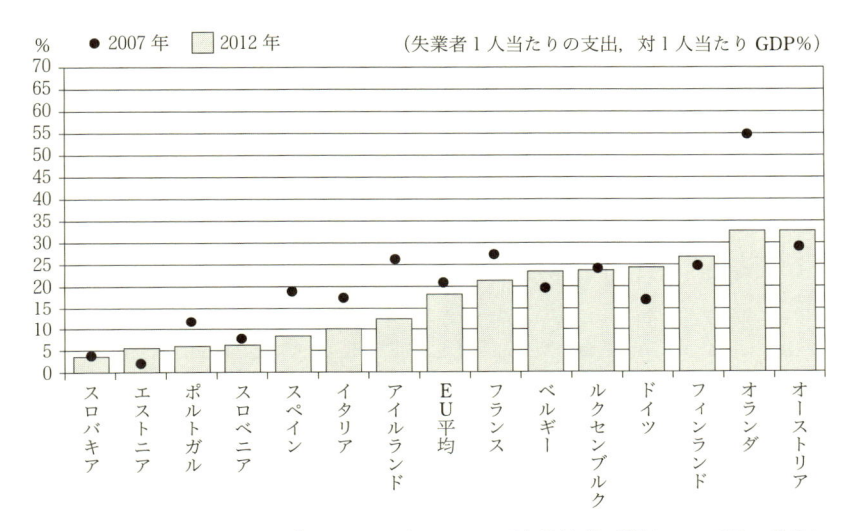

第4章 ユーロ危機は何をもたらしたのか 141

```
%  ● 2007年  ▢ 2012年    （失業者1人当たりの支出，対1人当たりGDP%）
```

グラフ（横軸：スロバキア，エストニア，ポルトガル，スロベニア，スペイン，イタリア，アイルランド，EU平均，フランス，ベルギー，ルクセンブルク，ドイツ，フィンランド，オランダ，オーストリア）

注：アイルランド，ルクセンブルク，スペインについては2011年．EUについては，ギリシャを除く．
出所：OECD (2015), *Economic Policy Reforms 2015: Going for Growth*, p. 324. より作成．

図4-8　積極的労働市場政策に対する公的支出

もので，劇的な労働コストの低下にもかかわらず，輸出は目立って伸びず，深刻な失業問題は依然解決から程遠い状況にある．

　もちろん，ヨーロッパにおける貧困や格差の拡大は，今に始まったことではない．貧困や格差の拡大は既に80年代から始まっていた．しかし，今回の危機は，その傾向をさらに加速させ，その原因の一部は，最低賃金の引き下げや集団的賃金交渉の分権化など，低所得層を保護し彼らの雇用を促進してきた制度の修正によるものであった[23]．ヨーロッパでは，貧困や所得の不平等，格差拡大の趨勢に対して，政府による財政を通じた所得再分配政策が大きなブレーキの役割を果たし，特に所得格差の是正に関しては，社会移転が租税を通じたそれに比べてより大きな役割を演じてきた（図4-9）．しかし，社会移転を通じた所得の再分配効果は，既に90年代半ば以降社会給付のカバー率の低下等により，低下傾向にあった[24]．そして，この長期的趨勢に今回の危機が加わることで，貧困や格差の拡大に追い討ちをかけることになっている．危機の発生以前，経済成長から最も恩恵を受けることのなかった層が，今回の危機によっ

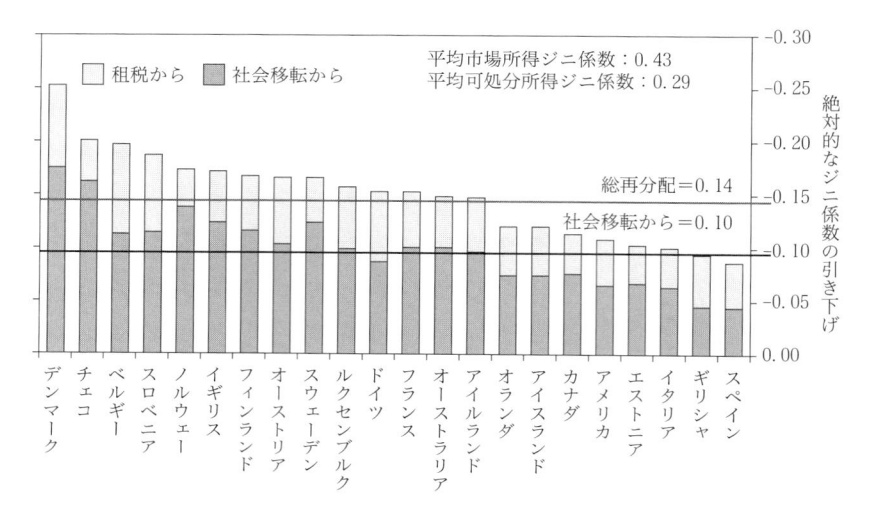

図 4-9 先進国における財政政策の所得再分配の効果（2000 年代半ば）

出所：IMF (2014), *Fiscal Monitor*, April 2014, p. 33.

て最も深刻な打撃を受けることになっている[25]．

　同じく，危機が国民の社会生活にもたらした影響は，ユーロ圏ならびにEU諸国の間でも著しく非対称であった．北部ユーロ圏諸国のように，財政による自動安定化装置（automatic stabilizer）が備わっている国々では，危機が所得に与える影響を緩和できたのに対して，南欧諸国のように，安定化装置が不十分な国では，危機の影響をストレートに受けることになった（図4-10）．危機克服のためには行き過ぎた福祉・社会保障水準の引き下げが必要というが，元々南欧諸国の福祉・社会保障水準は，他のEU諸国に比べても低く，他方で大きな所得格差を抱えるなど，およそ福祉国家とは言い難い状況にあった．ギリシャでは，社会給付の保護を受けない貧困層が7割近くに達し，就業可能な年齢層（15歳から59歳）にありながら，同一家計内の年金生活者の年金給付に頼らざるを得ない貧困層の割合も20％弱にも達するなど，想像を絶する危機的状況にある（図4-11）．1930年代の大恐慌以来，意図的な政策の結果としてこれほど厳しい経済状況に置かれた国はない．にもかかわらず，トロイカやドイツをはじめとする債権者団からは，年金をはじめ更なる福祉・社会保障水

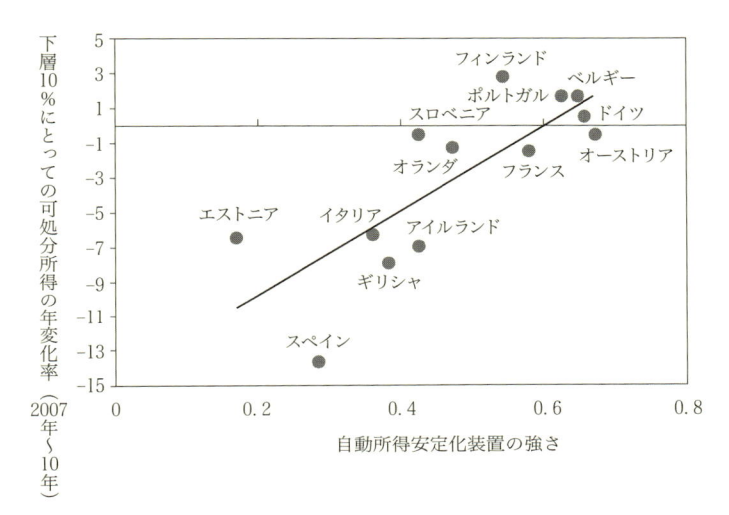

第4章 ユーロ危機は何をもたらしたのか　　143

注：「自動所得安定化装置の強さ」は、市場所得の変化がどれくらい可処分所得の変化に転換されるかを示す。係数が高くなればなるほど、安定化効果が高くなる。
出所：OECD (2014), *Society at a Glance 2014: OECD Social Indicators－The crisis and its aftermath*, p. 52.

図 4-10　最貧困層の所得損失と自動安定化装置との相関

準や賃金の引き下げが要求されている。

　公共部門も厳しいリストラの対象となっている。けれども、公共部門は、本来重要な行政上および社会的な役割を担っている。北欧諸国では、公共部門が大きなウェイトを占め、雇用の面でも特に女性にとって重要な受け皿となっている。公共部門では、男女同権が厳格に守られ、ジェンダー格差の是正においても大きな役割を果たしている。公共部門の改革といっても、本来行政サービスの効率の改善や、改革遂行のためのインセンティブの強化が重要なのであって、徒に公共部門を削減すればよいというものではない。IMFですら、財政監視報告の中で、そのことを認めている[26]。にもかかわらず、南欧諸国では、トロイカや金融市場の圧力の下、公共部門が厳しい削減の対象とされている。公共部門の削減は福祉・社会保障サービス水準の低下に拍車を掛けるだけでなく、当該部門で大きなウェイトを占める女性の雇用により大きな打撃を与えることになる。社会給付の削減も、給付が社会的弱者を対象としているだけに、

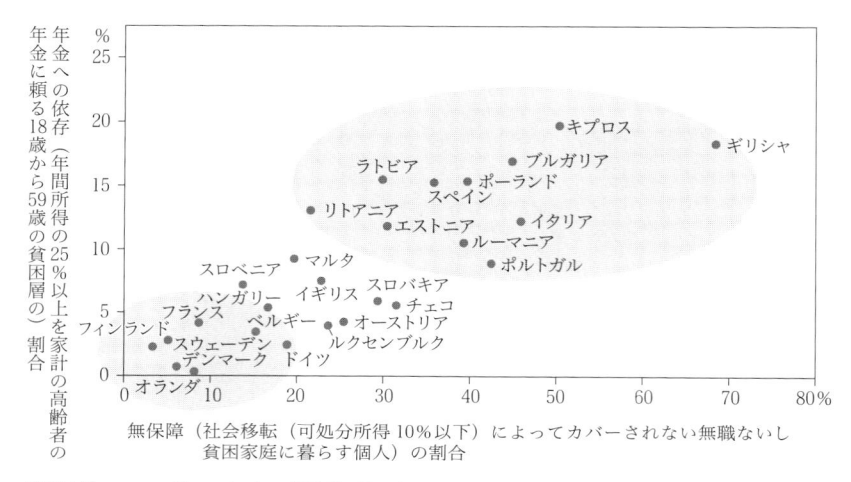

図中軸ラベル：
- 縦軸：年金への依存（年間所得の25％以上を家計の高齢者の年金に頼る18歳から59歳の貧困層の）割合
- 横軸：無保障（社会移転（可処分所得10％以下）によってカバーされない無職ないし貧困家庭に暮らす個人）の割合

出所：European Commission (2013), *Employment and Social Developments in Europe 2013*, Directorate-General for Employment, Social Affairs and Inclusion, Directorate A, p. 150.

図 4-11 社会給付の保護を受けない貧困層と年金に頼る就業年齢層の割合

これも女性に悪影響を与えることは確実といえる[27]．

　確かに，この10年余りユーロ圏諸国における女性の就労率は趨勢的に上昇してきた．危機によってもその趨勢に大きな変化はない[28]．けれども，女性の就労率の上昇は専ら中高年女性が中心で，若年女性の就職難は続いている．中高年女性の就労率の上昇は，それ自体は好ましいことかもしれないが，一家の稼ぎ手である壮年男性の雇用環境の悪化とも決して無関係ではない．また，女性の就労率の上昇といっても，雇用の増加は専ら非正規雇用によるもので，フルタイムの正規雇用が減少する一方，不安定で不本意なパートタイムや有期雇用が著しく増加している[29]．同じく，高齢労働者の就労率の増加についても，支給開始年齢の引き上げや給付の削減といった年金制度の見直しと深く関係しているのは間違いない．なるほど，就労率の引き上げ（70％へのそれ）は，リスボン戦略の最も重要な目標の1つであり，「ヨーロッパ2020」では，75％への引き上げが目指されている．しかし，就労率の上昇は，多くの国々で不安定就労層の拡大と結びついており，リスボン戦略の目標であった良質の職による完全雇用の実現や社会的連帯の強化を伴ってはいない．

危機および緊縮政策の影響は，以上に留まらない．自らの境遇への失望や政府に対する不信の増大など，危機に見舞われた国々では，危機は人々の人生や社会生活にも深刻な影響を与えている．危機は，若年層やインフォーマル・ワーカー，エスニックや移民集団，片親家庭や年金生活者など，社会的弱者に打撃を与え，南欧では NEET も増加している[30]．また，社会的弱者に限らず，社会全般で見ても，精神疾患を含めた健康被害の悪化に加え，家族形成の困難や出生率の低下といった人口動態面での悪影響も顕著となっている[31]．南欧諸国の合計特定出生率（1人の女性が一生の間に産む子供の平均人数）は元々低かったが，危機以降さらに悪化し，2012年にはポルトガルの EU 最低の1.28を筆頭に，スペイン1.32，ギリシャ1.34に低下した（EU 平均は1.58）[32]．イタリアでも，不安定な職に就き低所得で一緒に暮らし始めた時期が遅かったカップルに，子供を産まない選択をする人々が増えている．その最大の原因は，厳しい労働市場の状況にあり，失業率が高いため1年未満の雇用契約しか結べず，成人になっても親との同居を余儀なくされる若者が多いことにあるといわれる[33]．南欧諸国の場合，若年層を中心とする高失業や極めて貧弱な政府のセーフティネットという状況の下で，長く家族主義を母体とする強固な血縁や地縁が，社会的紐帯として危機に対するバッファーを提供してきた．けれども，長期にわたる深刻な不況と厳しい緊縮政策，構造調整の下で進行する，少子・高齢化，福祉・社会保障水準の引き下げ，パラサイトによる家族の負担の増大，出稼ぎの増加による家族の離別，有能な人材の国外流出が，長く南欧諸国の社会的安定を支えてきた基盤を掘り崩している．ブリューゲルの調査によれば，危機は，南欧諸国における個人の間の信頼の著しい低下をもたらしたとされる[34]．ヨーロッパ委員会委員長のバローゾ（ポルトガル出身）が2013年4月のブリュッセルの会議で語ったとされる，「緊縮政策は，政治的にも社会的にも限界に達した」との発言[35]は，まさに南欧諸国の置かれた状況を代弁していたといってよい．ギリシャの場合には，さらに状況が悪化している．

かくしてユーロ危機は，金融，経済，財政危機を引き起こしただけでなく，政治，社会危機をも誘発することになった．EMU は，元々ネオリベラルな構造改革推進の手段であったが，ユーロ危機とりわけソブリン危機の発生を契機として，本来の路線に回帰し，危機に乗じてネオリベラルな構造改革が一気呵

成に推し進められることになった．

2. 危機を通じた統合の変容

2.1 統合の「深化」とテクノクラート支配

　今回の危機を通じて，危機対策の強化と併せて制度面での統合が進み，EUの権限は格段に強化されることになった．それは経済政策の監視や金融監督・規制の分野で特に顕著となっている．

　危機対策としては，ギリシャをはじめソブリン危機に陥った国々への金融支援を行う暫定的な機構として，2010年5月にEFSFが設立された．2013年10月には常設の支援機構で7,000億ユーロの基金と500億ユーロの融資機能を有し，危機に陥った銀行に直接資本注入もできるESMが新たに創設され，EFSFを引き継いだ[36]．同じく，ソブリン危機対策として，財政赤字をはじめ過剰な不均衡が発生しないよう，2011年よりEU各国の経済政策の運営を半年毎に監視する，ヨーロピアン・セメスターが導入された[37]．金融監督・規制の面では，既に述べたように2011年1月からEBA，EIOPA，ESMAの3つの監督機構とESRBからなるESFSが設立された．ESFSと各国の監督・規制当局，ECB，ヨーロッパ委員会の担当部局が協力して，銀行監督・規制の強化や，ヘッジファンドや格付会社の規制に取り組むことになった[38]．またTBTF問題に対処するために，ユニバーサルバンキング制度の見直しを含めた銀行構造改革の検討も開始されることになった．さらに，銀行危機とソブリン危機の連鎖的悪化を契機として，2012年6月のEUサミットでは，ユーロ圏の銀行の一元的な監督・規制と統一的な破綻処理を行う銀行同盟の創設が決定された．経済成長の促進や競争力の強化に関しても，2010年に「ヨーロッパ2020（成長・雇用・社会的連帯のための包括戦略）」が打ち出され，2011年3月には，経済政策協調を通じた競争力強化を主眼とするEuro Plus Pact[39]も締結された．

　EU当局や統合推進派によって画期的と評される，これら危機対策の強化および制度面での統合の進展は，EUの権限やテクノクラート支配の強化，そして金融市場やドイツ支配の強化と結びついている．危機というより，むしろ危

機に対してとられた政策が，EUにおける構造的権力の存在を鮮やかに浮かび上がらせることになった．

危機に陥った国々では，ギリシャのケースが典型的であったように，経済政策の主権が事実上剝奪され，トロイカの厳格な監視の下で，厳しい緊縮政策やネオリベラルな構造改革の実施を強制されることになった．トロイカは，ヨーロッパ委員会とECB，IMFの三者で構成されているものの，IMFの専務理事は代々ヨーロッパ勢が占め，金融危機発生当時はフランスの元財務相のストロスカーンが，ストロスカーンが女性スキャンダルで辞任した後は，代行を経て同じフランスの元財務相ラガルドが務めている．時により融和的な米オバマ政権の介入を受けたものの，ユーロ危機対策とりわけ厳しい緊縮政策とネオリベラルな構造改革の強制は，事実上EU主導で進められてきた．

トロイカの一角をなすヨーロッパ委員会は，新たに導入されたヨーロピアン・セメスターにおいて，財政政策を中心としたマクロ経済不均衡や構造改革の進捗状況を監視し，加盟国に然るべき政策をとらせる権限を手にした．ヨーロッパ委員会は，これまでも加盟国の経済政策の運営を監視する権限を持っていたが，危機を経てそれがより強化されることになった．ヨーロッパ委員会には，特にユーロ圏諸国に対する財政監視強化策として，ユーロ圏諸国の政府の予算案を事前に審査する権限が付与されることになった．その結果，ユーロ圏諸国政府はヨーロッパ委員会による審査と承認なしに予算案を議会の審議にかけることができなくなっただけでなく，その執行についてもより厳格に監視されることになった．もっとも，ポルトガルでは，2013年に公務員の解雇や賃金カット，年金の削減を盛り込み，ヨーロッパ委員会のお墨付きも得た──というより，それらの削減案はヨーロッパ委員会が要求したものであったが──政府の予算案が，同国の憲法裁判所から3度にわたり違憲判決を受け，政府は一部修正を余儀なくされた．これに対して，ヨーロッパ委員会は，ポルトガルに対する支援プログラムのレビューの中で，憲法裁判所がこれ以上否定的な判断を下せば，政府が目指す2014年半ば以降の債券市場への完全なアクセス回復は困難になる恐れがあるとして，公然と批判を行った[40]．公務員を狙い撃ちにした解雇や賃金カット，年金・教育予算の削減を盛り込んだ政府案に対しては，内外の強い批判があり，財務相の辞任にも繋がった．にもかかわらず，ヨ

ーロッパ委員会は，あたかも憲法や公務員の権利，憲法裁判所の判断よりも，財政赤字の削減や金融市場の評価の方が大事と言わんばかりであった．ヨーロッパ委員会は，ECBやEBAの協力の下に，金融監督・規制の面でもより関与を強め，第15総局（域内市場・金融サービス）が銀行構造改革を担当することになった．

同じく，トロイカの一角を形成するECBは，救済プログラムの立案・執行を通じて，危機国における構造調整に深く関与するようになった．何よりもECBは金融政策固有の領域で，危機の鎮静化に絶大な貢献を果たすことにより，金融市場に対する影響力を格段に高め，同時に新たに創設された銀行同盟の下でユーロ圏の大手銀行の監督・規制権限も手に入れることになった．ECBがその受け皿として相応しいかどうかは別として，加盟国レベルでの分権的な金融監督・規制からユーロ圏ないしEUレベルでの中央集権的な管理体制への移行は，危機対策としては必然的な流れであったともいえる．しかし，次章で見るように，大手銀行の分割やユニバーサルバンクの解体も視野に入れていた銀行構造改革は，銀行業界の激しい抵抗や独仏両政府の反対に遭って事実上挫折し，分割や解体を免れた——それどころか，危機を経てさらに巨大化した——ユーロ圏の大手銀行を監督・規制するために，EUの監督・規制機関自らも肥大化した．EUの監督・規制機関は，銀行の暴走を見逃すことで危機の発生に大きな責任を負っていたが，いわば焼け太りともいうべき利益を手にすることになった．

さらに，EUの主要な超国家機関であるヨーロッパ議会も，リスボン条約の発効ならびに危機を経てより大きな権限を手にすることになった[41]．ヨーロッパ議会は，金融監督・規制や銀行構造改革にも関与し，当該分野におけるEUの立法にあたっては，ヨーロッパ議会の最終的な承認が必要となる．ヨーロッパ議会の議員は，EU各国の直接選挙で選ばれ，ヨーロッパ議会が金融監督・規制や銀行構造改革に関与することは，当該分野でもユーロクラットや業界・エリート支配に対する民主主義的な統制が強化されたようにも見える．しかし，ヨーロッパ議会の権限の拡大に伴い，ヨーロッパ委員会同様，ヨーロッパ議会の議員や各種委員会に対する産業界のロビーイング活動も活発化している．なかでも金融業界の活動は著しく活発で，各種の提案は金融業界の意向を強く反

表 4-3 低いヨーロッパの機関に対する支持率

(好意的%)

	EU	ヨーロッパ議会	ヨーロッパ委員会	ヨーロッパ中央銀行
ポーランド	72	57	56	52
ドイツ	66	49	45	44
フランス	54	45	45	44
イギリス	52	36	34	30
スペイン	50	32	30	24
イタリア	46	35	34	29
ギリシャ	34	26	22	17
中位	52	36	34	30

出所：Pew Research Center (2014), *A Fragile Rebound for EU image on Eve of European Parliament Elections*, May 12. p. 6.

映する形となっている．ヨーロッパ委員会の提案はいうまでもなく，ヨーロッパ議会による決定への関与も，はたして EU の一般市民の民意を反映するものとなっているのか，疑問は拭えない．ヨーロッパ議会は直接選挙で選ばれた議員で構成されているにもかかわらず，ヨーロッパ議会に対する EU 市民の評価は，民主主義的な説明責任を負わないテクノクラートからなるヨーロッパ委員会や ECB に対する評価と変わらないくらいに低い（表 4-3）．

確かに，表面的には危機を踏まえてユーロ圏ないし EU レベルでの危機管理体制が強化され，銀行同盟の創設をはじめ統合が「深化」したように見える．しかし，その裏では，各国の主権や議会の権限，民意を押し退ける形で，EU のテクノクラートやドイツによる支配が進んでいる．危機に際してとられた対策や制度面での統合の進展は，ヨーロッパ統合それ自体を強化するというよりも，むしろネオリベラルな構造改革の徹底を通じて，グローバル経済におけるヨーロッパの主導的地位を死守することや金融市場の期待に応えることに主眼が置かれているといっても過言ではない．オーバーベックによれば，救済や緊縮プログラムを通じて科せられる「懲戒的（disciplinary）」なネオリベラリズムは，必然的に権威主義的な傾向を生んでおり，ECB による国債の買い入れや，ユーロ共同債の発行によるソブリン債市場のヨーロッパ化，あるいは何らかの形のヨーロッパ財政・マクロ経済監視機構の創設であれ，この方向へのいかなる動きも，ほぼ確実にユーロ圏ならびに EU におけるテクノクラシー（官僚にガバナンスを委ねる傾向）や政府間主義への趨勢を強め，さらに統合の民

主主義的な正当性を弱めることになるという[42]．ヨーロッパ統合の性格の変化，超国家的テクノクラートと産業界の主導によるネオリベラルな構造改革路線へのシフトは，既に80年代から始まっていたが，今回の危機がそれを決定的にしたといえる．

2.2 ECBの変貌と金融市場支配

ECBは，ドイツ連邦銀行をモデルに創られ，通貨価値の安定を最大の目標とし，その政策目標達成のために独立性が保障されている．ECBがドイツ連邦銀行に似せて創られたのは，EMU参加の同意を取り付けるために，フランスやイタリアがドイツに譲歩せざるを得なかった結果であった．もっとも，ECBの独立性に関しては，フランスやイタリアをはじめドイツ以外のユーロ圏の中央銀行のテクノクラートも，長年政府への従属を余儀なくされていたことから，強くそれを望んでいた．それゆえ，ユーロ導入の後，総裁こそ初代ドイゼンベルグ（オランダ），2代目トリシェ（フランス）と非ドイツ系テクノクラートが就任したものの，ECBの金融政策は，金融危機発生の直前までドイツ連邦銀行の強い影響下にあった．特にECBの金融政策の運営を掌る主席エコノミストの座は，初代イッシング，2代目シュタルクと，ドイツ連邦銀行出身者が占め，ドイツ連邦銀行が事実上ECBを支配していたといっても過言ではない．

ところが，未曾有の金融危機のダイナミズムは，ECBを次々と前例のない金融政策手段の実行へと駆り立て，ドイツ連邦銀行によるECB支配を突き崩すことになった[43]．ECBは，未曾有の危機に直面して，通貨価値の安定を金科玉条とする危機以前の頑迷で保守的な金融政策のスタンスをかなぐり捨て，流動性危機に陥ったユーロ圏の銀行に対する大量の流動性の供給や，ソブリン危機に陥った国々の国債の大規模な購入を行うなど，危機に対して積極果敢な行動をとった．後者は，流通市場からであったとはいえ，中央銀行による政府からの直接的な負債の購入やそれに準じた行為を禁じた，EU機能条約第123条第1項を事実上侵害するに近い大胆な行動であった．ECBの金融政策のスタンスの変化は，フランスの財務官僚出身のトリシェ総裁の在任時代に危機の発生と共に始まったが，イタリア財務省出身でゴールドマン・サックスでの職

務経験もあるドラギ現総裁の下で決定的となった．

　ECBに対するドイツ連邦銀行の影響力の低下は，人事の面でも顕著となっている．ドイツ連邦銀行前総裁のヴェーバーは，トリシェ総裁の最も有力な後継候補で，ECB総裁ポストのフランス中央銀行からドイツ連邦銀行への引き継ぎは，ほとんど既定路線と見られていた．にもかかわらず，ヴェーバーがECBによるソブリン危機に陥った国々の国債の大量購入を公然と批判したことで，トリシェ総裁以下ECBメンバーの不興を買い，2011年4月に退任に追い込まれた[44]．同じく，ドイツ連邦銀行元副総裁で，ヴェーバー同様ECBによる国債の購入に異を唱えた専務理事のシュタルクも，9月に辞意を表明した[45]．ヴェーバーの後任には，メルケル首相の首席経済顧問を務めたこともあるバイトマン現総裁が，シュタルクの後任には，元ドイツ財務次官のアスムセンがそれぞれ就任した．バイトマンは，事あるごとに舌鋒鋭くECB批判を展開しているものの，あくまでECBに踏み止まり，巧みな戦術を弄しながら，ドイツ連邦銀行ならびにドイツの利害を守るべく行動する現実主義者であり[46]，他方，アスムセンは，ドイツ政府とECBとの仲介役を務め，ユーロ共同債にも賛成するなど融和派であった[47]．ラスムセンは，ドイツの労働次官に就任するために2013年一杯で退任し，2014年1月よりドイツ連邦銀行副総裁でラウテンシュレーガーが就任している[48]．もっとも，ラウテンシュレーガーの専門は銀行監督で，金融政策はフランス出身のクーレ，ベルギー出身のプラート両専務理事が担当している．ドイツ連邦銀行は，依然有力ではあるものの，今やECBを構成する一中央銀行に過ぎない．ECBは，危機をきっかけにドイツ連邦銀行支配の頸木から脱し，明確な政策上のアイデンティティを有する自立した中央銀行，文字通りのユーロ圏の中央銀行へと変貌を遂げることになった．ドイツ支配の終焉を受け，銀行同盟の下でECBの権限が金融監督行政に拡張されることに対しても，すべての加盟国が同意することになった[49]．

　ECBの変貌とECBによる危機鎮静化の「成功」は，金融統合を統合戦略の中枢に据え，金融市場による評価やそのビヘイビアに決定的な重要性を持たせたEUの戦略と，ソブリン危機を通じて鮮明となった金融市場支配と決して無縁ではない．金融統合を統合推進の梃子とするEUの戦略は，ヨーロッパの大手銀行の暴走を許し，過剰な金融仲介を煽ることで，ユーロ危機はもとより

グローバルな金融危機発生の一因ともなった．しかも，アメリカの場合，中央銀行が直接管理できないノンバンクが信用・不動産バブルの主役であったのに対して，ユーロ圏の場合，ECBが管理可能な銀行が自ら過剰な融資を行っていた．にもかかわらず，トリシェ前総裁は，自らを「ミスター・ユーロ」と称し，一切の非を認めず，危機発生の直前まで——というか，危機が生じてもなお——ユーロの成果を自画自賛し，自信満々に振る舞っていた[50]．ところが，リーマン・ショックを契機としたユーロ圏における深刻な金融危機の広がりによって，ECBに対する信頼や名声も一旦は地に堕ちたかに見えた．にもかかわらず，逆説的というべきか，危機を通じて鮮明となった金融市場支配が，むしろECBを救う形となった．

　2007年のグローバルな金融危機の発生以来，国民経済の健全性を判断したり，追加的な財政緊縮手段の実行を決定したりする際に，最も注視されるようになったのは，マクロ経済指標ではなく，国債のスプレッドやCDSといったリスク指標であった．言い換えれば，金融市場によって各国の財政状況やその他のマクロ経済バランス，国際競争力が測られるようになり，危機克服の上で金融市場の評価が決定的に重要となった．そのため，たとえ福祉・社会保障水準の引き下げや労働市場の「弾力化」など，国民に負担や犠牲を強いるものであっても，金融市場の期待に沿う形で改革を実行し続けない限り，金融市場の疑念は払拭されず，危機の克服も望めない[51]．マクロ経済指標そのものよりも，それに対する金融市場のリスク評価が決定的に重要になることによって，当局の政策運営も，「金融市場主導型」アプローチへと移行することになった．ECBはまさにこうした文脈で支配的な影響力を行使することになる．

　かくしてECBは，ドイツ連邦銀行をモデルとする通貨価値の安定重視の保守的な中央銀行から，プラグマティズムをモットーに金融市場との対話を重視するFRBタイプの中央銀行へと劇的な変身を遂げた．そして，金融危機を引き起こした張本人ともいうべき投資銀行やその他大手金融機関，投資ファンドとも緊密なコミュニケーションを図り，市場に優しい政策を次から次へと打ち出すことで，彼らの信頼を勝ち得ることに成功した．ドラギ現総裁がゴールドマン・サックス出身であることも，ECBの変身と決して無縁ではない．ECBによる大胆な金融政策の打ち出しによって，ソブリン危機に陥った国々の国債

スプレッドや CDS も著しく低下し，銀行も流動性危機を免れたことで，ECB は危機の救世主として崇められるようになった．ECB は絶大な信頼と名声を手に入れ，銀行同盟の創設によってユーロ圏の大手銀行の監督・規制権限も手に入れることになった．けれども，第 6 章で見るように，ECB の影響力や権力の増大は同時に危さを秘めている．危機を経てドイツ連邦銀行による ECB 支配は終わりを告げたとはいえ，ECB は総体としてドイツに支配されたレジームの強い拘束の下にある．一方におけるドイツと ECB による支配の共有と，他方における両者の対立と確執が引き起こすところの緊張と矛盾は，危機を通じてより鮮明となりつつある．

3. EU 諸国間の権力関係の変化

3.1 ドイツ化するヨーロッパ

EU は，ヨーロッパ委員会や ECB のような超国家的な機関を有しつつも，基本的には対等な主権国家の連合体であった．少なくともそのように装ってきた．しかし，今回の危機は，EU の超国家機関の権力を押し上げ，金融市場による支配を強化しただけでなく，EU 構成国間の力関係も大きく変え，ドイツの影響力を著しく高めることになった．ドイツの振る舞いが，ユーロの命運だけでなく今や EU の存亡を左右するようになったといっても過言ではない．

危機発生の当初，ドイツが置かれていた状況は，他のユーロ圏諸国とそれほど変わらなかった．他のユーロ圏諸国と異なり，ドイツ国内で不動産バブルは起きなかったが，それはドイツが決して健全であったからではなくて，たまたまドイツ統一の際に発生した不動バブルの調整が漸く終了した直後であったからに過ぎない．ドイツの金融機関は，他のヨーロッパの金融機関同様，アメリカやアイルランド，スペインの不動産関連投資で大きな損失を負い，リーマン・ショックで破綻もしくは破綻寸前に追いやられた．同時に，アメリカをはじめ主要な貿易相手国が経済危機に陥ることで，ドイツの輸出も著しい打撃を被ることになった．

転機となったのは，ギリシャの救済をめぐる交渉であった．ドイツは，当初ギリシャの救済に反対したものの，アメリカからの強い圧力もあり，妥協を余

儀なくされた．しかし，ドイツはユーロ圏最大の経済大国であり，救済資金の最大の拠出国でもある立場を生かして，以後ユーロ危機対策や救済策の主導権を握ることになった．同時に，ドイツ経済が2010年以降ユーロ圏の中でほとんど唯一危機から回復し始めたことも，ドイツの立場を強めることになった．ドイツ経済は，危機発生の当初こそ大きな打撃を受けたものの，危機に先立つ2000年代の初めにシュレーダー政権下で行われた福祉・労働市場改革に加え，危機発生後は，労使の「協調」と政府の支援を受けた労働時間の弾力的な運用，賃金水準の切り下げが功を奏する形で徐々に競争力が改善し，輸出が伸びることで次第に活況を呈するようになった．無論，ドイツ経済の回復は，既に述べたようにユーロの恩恵によるところも大きい．ユーロの導入によって名目為替レートが固定され，ドイツはもはやかつてのように名目為替レートの騰貴に悩まされることなく，インフレや賃金コストの引き下げを通じて着実に競争力を改善し，輸出を拡大させることが可能となった．

　こうしてユーロの下でもブレトンウッズ体制やEMSの下でのそれと同様のドイツの経済成長パターンが復活した．しかし，実質為替レートの引き下げによって，いわば他国の犠牲によって輸出を増やす成長パターンは，ある種の近隣窮乏化政策に他ならなかった．にもかかわらず，ドイツがうまく危機を乗り越えられたのは，すべてが自らの努力の成果であり，危機を克服したければドイツを見習えと言わんばかりに，危機に苦しむ他のユーロ圏諸国に対してもドイツ流の改革をモデルにした財政協定やEuro Plus Pactを押し付けた．他方ドイツは，EU予算の拡大やユーロ共同債，オリジナルな銀行同盟構想の中にあったEUレベルでの破綻処理基金や預金保険の創設に悉く反対し，EFSFやESMを通じた救済にも厳格な制限や条件を設けることを要求した．

　ドイツのこうした頑なな姿勢には，オルドリベラリズム（Ordoliberalism）の強い影響を見て取ることができる．オルドリベラリズムは，ドイツに固有ともいうべき思想で，20世紀初めの無秩序なリベラリズムとナチス政権下の介入主義的な財政・金融政策に対する反省から生まれ，政府の役割は，市場における結果が完全に競争的な市場で生じる理論的ないしは最適なそれに近づくようなやり方で，市場を規制することにあると考える[52]．オルドリベラリズムは，政府・国家による介入を認めている点で，それらを一切排除すべきと考える市

場原理主義的なネオリベラリズムとは異なるものの,不況期における景気安定化のための拡張的な財政政策や金融政策の活用を拒否し,供給サイドの改革を強調する点で反ケインズ主義的で,新古典派経済学に極めて近い.オルドリベラリズムは,ドイツの主流派経済学者はもとより,ドイツの政治・経済エリート,ドイツの官庁やドイツ連邦銀行の思考の中にも深く刻まれ,国際的な経済政策協調すなわち景気後退回避のための財政余力のある国々による財政支出の拡大や経常収支不均衡是正のための経常収支黒字国による拡張政策の実施に対する拒否,ECBによる国債購入への反対等にも色濃く反映されている.

もっとも,今回の危機は,意図せざる形でドイツをユーロ圏の支配的な立場に押し上げたとはいえ,元々EMUのレジームそのものにドイツのオルドリベラリズム的思考が深く組み込まれていたのであって,危機を経てその本質が顕在化したに過ぎない[53].ポーランドのシコルスキー外相は,「ヨーロッパにとっての大きな脅威は,ドイツの覇権ではなくて,その不作為にある」[54]と述べ,危機克服のためにドイツに主導的な役割を果たすよう求めたものの,ドイツは危機に対して一貫して曖昧な立場をとり続けている.ベックによれば,ドイツのメルケル首相とかのマキャヴェッリの間には,政治的な親和性があるという.メルケルは,危機を巡るヨーロッパ構築論者(統合推進論者)と国民国家正統主義者(懐疑派)との間で繰り広げられる対立においてどちらの側にも与せず,意図的に不作為の立場をとっており,そこにメルケル流マキャヴェリズムの本質がある.ヨーロッパへの冷淡さと拒絶,関与が混じり合った,メルケルの意図的な躊躇という技巧こそが,危機に見舞われたヨーロッパにおけるドイツの力の源泉に他ならず,それがドイツによるヨーロッパの支配を可能にしているという[55].そうであるならば,メルケルそしてドイツは今後もユーロ危機に対して曖昧でどっちつかずの立場をとり続けるだろう.

ドイツによるヨーロッパ支配は,特に南欧諸国に対して顕著となっている.ドイツは,当初ギリシャをはじめとする南欧諸国の救済に反対したものの,同意に転じ,以後今日まで救済策を主導してきた.ECB同様,ドイツの支援なしには,ギリシャをはじめとする南欧諸国は破綻を免れえなかったといってよい.とはいえ,ドイツが南欧諸国を危機から救ったのは,決して同じユーロ圏のメンバーとしての連帯意識に基づくもの――少なくともそれだけによるも

の——ではなかった．ドイツの銀行がギリシャをはじめ南欧諸国に対して大量の債権を保有していただけでなく，ギリシャ危機が嵩じてポルトガルやスペイン，イタリアにまで波及し，ユーロが瓦解するような状況になれば，ドイツ経済にとって破壊的な打撃が生じるだけでなく，ユーロを崩壊させた張本人としてEU内外の厳しい非難にさらされることになる．加えて，ギリシャは中東・北アフリカ，ロシアに対峙する地政学上重要な位置にあり，世界で5位の武器輸入国でもあるギリシャは，ドイツをはじめとするヨーロッパの軍需産業にとって大切な顧客でもあった．ギリシャの防衛支出は，EU内で最高の対GDP比3％を超え，財政危機の最中の2010年にも，ギリシャはドイツやフランスから数十億ユーロに上る軍艦の輸入を行った[56]．武器輸入や軍事支出に関する債務は，ギリシャが削減を求められている財政赤字の項目の中には含まれていない．仮にギリシャがユーロ圏から離脱・追放されることになれば，EUからの離脱も余儀なくされる可能性があり，ギリシャ人の多くもユーロ残留を望んでいる．他方で，メルケルは，救済に懐疑的でギリシャをユーロ圏から追放すべきであるとする国内世論を宥め，説得する必要にも迫られている．要するに，ドイツによるギリシャをはじめとする南欧諸国の救済は，ベックいうところの，メルケル流マキャヴェッリズムに基づくものにほかならず，メルケル自身の政治的サバイバルにとっても重要な意味を持っている．ドイツと南欧諸国は同じ運命共同体に属してはいるものの，両者の関係は決して対等ではなく，階層的な関係にあるといえよう．

　よって，結果的に救済が実行されることになったものの，ドイツはトロイカと共に南欧諸国に対して権威主義的な態度で臨み，危機はすべて己の過ちがもたらしたものとばかりに，厳しい緊縮政策の実行を迫っている．ギリシャの場合には，ほとんど保護国のような惨めな状況に置かれ，そのことがヨーロッパ文明発祥の地でもあるギリシャの国民のプライドを甚だしく傷つけている．だからこそ，ギリシャ国民は救済に感謝するどころか，逆にドイツやトロイカに対する憎悪や憤りを募らせ，左右両派の過激な主張を掲げる政治団体の台頭を許すこととなった．ベックによれば，「ドイツの緊縮政策の失敗の本質は，欧州の公共の福祉を単独で，一カ国的に規定しているばかりか，国家の利害を欧州の他の様々な民主主義に優先させて規定しているところにある」[57]．かくし

て危機を通じたドイツ支配の強まりは，南欧諸国をはじめとする他のユーロ圏諸国との間で深刻な対立と緊張を引き起こす要因となっている．

3.2　独仏枢軸の後退

今回の危機は，独仏枢軸として第2次世界大戦後のヨーロッパ統合の発展を牽引してきたドイツとフランスの間にも，深刻な亀裂を生むことになった．ドイツとフランスは，互いに欠かせない戦略的パートナーであると同時に，ライバル関係にもあった．しかし，EMSの創設以降，両国間のバランスには微妙な変化が生じた．EMSの下で「マルク支配」ないし「ドイツ連銀支配」が鮮明となり，EMSに参加したドイツ以外の国々が，為替レート安定化のための調整の負担を一方的に背負わされることになった．フランスも，国内の経済成長や雇用を犠牲にしてフランの安定化に努めねばならず，独仏枢軸を牽引してきた大国フランスにとって，それは屈辱的なことであった．よって，フランスにとってその政治的・経済的代償は，EMUの下でドイツ支配を終わらせ，経済・金融政策運営の主導権を自らの手に取り戻すことによってしか解消されないと思われていた．同時に，EMUは，統一によって強大化するドイツを，ヨーロッパに封じ込める戦略的手段にもなるはずであった．

然るに，その後の展開は，フランスが期待していたのとはまったく正反対の方向を辿ることになった．ユーロ導入以降，フランスは，国際競争力の趨勢的な悪化と国内経済の低迷に悩まされ，ドイツとの経済格差も拡大した．2007年の大統領選挙では，行き過ぎた福祉・社会保障制度を見直し，フランスをアメリカ型のダイナミックな資本主義に変えることを公約に掲げたサルコジが勝利した．しかし，サルコジは，就任後まもなく危機に遭遇したこともあり，危機対策に忙殺され，ほとんど国内の抜本的な構造改革に手をつけることができなかった．危機発生の後，ドイツのメルケルとの間で「メルコジ」と称されるほど緊密な連携の下に危機の収拾に当たったが，フランス国内ではドイツに譲歩し過ぎているとの批判を受け，それも2012年の大統領選挙における敗北の一因となった．サルコジに代わり，中道左派の期待を担って新たに大統領に就任したオランドは，選挙公約では，経済成長や雇用拡大のための積極的な政策の実施，富裕層への増税，ドイツからより独立したユーロ危機対策の推進等を

掲げていた．ところが，大統領就任後，負担増を嫌った富裕層や企業が相次いで国外脱出を図り，他方国外からは，ドイツやヨーロッパ委員会，さらには金融市場から構造改革実行の圧力を受けることになった．それゆえ，支持層の期待を裏切る形で，緊縮路線ならびにネオリベラルな構造改革路線への転換を余儀なくされ，その結果オランド政権への支持率は，歴代最低の水準にまで落ち込むことになった．ケインズ主義ないし社会主義的な政策の実行を公約に掲げながら，いざ政権をとると，様々な圧力によって断念を余儀なくされる．ミッテラン政権以来，フランスの中道左派は同じ苦渋を味あわされ続けてきた．他方で，中道右派が政権を取っても，反グローバリズムや反EU，左翼の影響が根強いフランスでは，ネオリベラルな構造改革を進めることは決して容易ではなく，ゆえに改革は頓挫する．フランス社会の混迷と分裂，そして憂鬱は，80年代以来既に約30年にもわたって続いている[58]．フランスは，EMSの下で明白となった非対称的な構造調整負担の是正とドイツ封じ込めのための戦術的妥協の一環として，ドイツのオルドリベラリズムの影響が濃厚なEMUのレジームを受け入れたが，同国の政治や経済，社会の仕組みはおよそこれに上手く適合しているとは言い難い．フランスは，ディリジスムに象徴されるように，国家による経済過程への介入が顕著で，長く国家が経済運営で中心的な役割を担い，中央銀行も長く政府の影響下に置かれていた[59]．また，フランスには，政府と緊密な結びつきを有し，グローバルな市場で成功を収めている大企業がいくつも存在する一方で，ドイツのように，強い国際競争力を持った中小企業は少ない．労使関係も敵対的で，フランス社会も分裂している．そのため，抜本的な構造改革の推進に必要な国民的コンセンサスの形成は容易ではなく，ゆえに福祉・社会保障制度改革や労働市場改革は，常に激しい政治的，社会的抵抗に遭遇する．今回の危機は，フランス社会のさらなる混迷と分裂を促し，反EU派や右翼・排外主義勢力の台頭を生んでいる[60]．

　さらに，危機の過程で生じたECBにおけるドイツ支配の終焉も，必ずしもフランスに有利となるような形に働いてはいない．それどころか，EMUのレジームは，真綿で首を絞め上げるように，むしろフランスをじりじりと追い詰めている．オランド大統領は，2014年8月末に，緊縮政策を公に批判した経済相と教育相を更迭して内閣改造を実施し，緊縮路線を継続する姿勢を鮮明に

した[61]．ところが，10月に公表された2015年度予算では，財政赤字削減の達成期限を先延ばししたため，ヨーロッパ委員会から歳出削減を強化するよう求められ，改革を実行しなければ，予算案を承認しないとの通告を受けた．これに対して，当初フランス政府は，自分たちの国の予算は自分たちで決めると，委員会の要求を無視する姿勢をとった[62]．というのも，委員会の圧力に屈すれば，国内で高まっている反EU感情を刺激し，オランド政権はさらに窮地に追い込まれる懼れがあったからである．2014年5月に行われたヨーロッパ議会選挙では，EU批判や排外的な主張を掲げる国民戦線が躍進し，党首のマリア・ルペンは2017年に予定されている次期フランス大統領選挙の有力候補に躍り出ることになった．マリア・ルペンは「フランス人によるフランス人のための政策をフランス人と共に遂行する」と宣言，EUの外交政策や拡大，アメリカとの間のTTIP交渉を厳しく批判し，ウクライナのEU加盟にも断固反対するなど，国家主義的な主張を強く打ち出している．しかし，ヨーロッパ委員会の側からすると，修正要求が拒否されれば，委員会の面目は丸潰れになり，他の財政計画未達成の国に対する示しもつかなくなる．委員会から是正勧告を受けたベルギー政府は，すぐさま計画目標達成のために失業給付を削減し，早期退職年齢を引き上げる措置を取った．ベルギーのような小国に対しては，厳格な政策の実行を要求し，フランスのような大国に対しては，不履行を容認するのでは，財政協定や委員会への信頼が失われることになる．しかも，ユンケル率いる新ヨーロッパ委員会の下では，フランスのモスコビシ前財務相が，各国の歳出削減を監視する経済・金融・税制・関税同盟担当に就任した．フランス政府の財政運営には格付機関も目を光らせている[63]．よって，フランス政府は，財政赤字削減目標の達成に向け努力すると表明する一方，ユンケル率いるヨーロッパ委員会も，発足早々フランスと事を構えるのを避けたいことから，結局玉虫色の決着となった[64]．そもそも，安定成長協定や財政協定には，不況期により厳しい緊縮政策の実行を課すことで，不況をより深刻にしかねない問題点を孕んでいる．フランスは本来裁量的な財政政策の運営を望みながら，常に譲歩を余儀なくされ，ヨーロッパ委員会による予算の審査まで受け入れざるを得なかった．よって，フランスの不満は解消されないままとなっている．こうして，危機を経てドイツが自己主張を強める一方，フランスはユーロ圏およ

びEU内における影響力を低下させており，独仏枢軸は岐路に立たされている[65]．

3.3 イタリアの混迷

フランスに続いて，ユーロ圏で3番目の経済規模を誇るイタリアも，長い混迷の最中にある．かつてイタリアは，同国最大の支配的政党であったキリスト教民主党の下で，EECの原加盟国としてベネルックス諸国やドイツとの間で同盟関係を結び，特にドイツとは，第2次世界大戦の敗戦国として，共にヨーロッパ統合の積極的な推進役を担った[66]．イタリアの政治家や国民もヨーロッパ統合の熱心な支持者であったこともイタリアの立場を強め，特に単一欧州議定書とマーストリヒト条約の締結に際して，イタリアはフランスと共に多大な貢献を果たした．また，財政赤字に関する収斂基準のクリアは，イタリアにとってユーロ参加の最大の障害と見られていたが，短期間で改革を断行し，財政赤字を劇的に減らすことで，ユーロ参加に漕ぎ着けた（もっとも，後に財政赤字の粉飾が判明することになったが）．しかし，イタリアのEUないし統合への貢献は，専ら傑出した個人によるもので，システマティックなそれではなかった点に，根本的な弱点を抱えていたといわれる[67]．そのため，キリスト教民主党の崩壊によって，他のEU諸国との戦略的同盟関係が弱体化し，かつEUの様々な問題に対して組織的に関与できないことから，イタリアの対EU交渉能力は低下の一途を辿ることになった．頻繁な政権交代や絶えず繰り返される党内抗争，前近代的な政治文化といったイタリア国内の政治状況も，それに拍車をかけた．

加えて，高度成長期には目覚しい成長を見せたイタリア経済も，以後趨勢的に国際競争力や成長率を低下させ，2000年以降は10年間で平均0.4%と，ほとんどゼロ成長に近い[68]．イタリアにとって，本来ユーロへの参加は，同国の不完全なヨーロッパ化（incomplete Europeanization）の状況を打ち破り，経済の再生と共に，遅れた政治・社会構造変革のための絶好の機会となるはずであった[69]．ところが，ユーロ参加実現の過程で発揮された改革の勢いは，結局長く続かなかった．2001年から5年間，2008年から2011年に失脚するまでの3年間，さらに90年代半ばの1年を合わせると，実に計9年にわたって首相の

座にあったベルスコーニの下で，ほとんどイタリア国内の政治・経済改革は進展せず，ベルスコーニ本人の数々の個人的なスキャンダルや問題のある資質，彼の率いる政党および連立政党の掲げる極右思想や排外主義，腐敗・汚職は，国内だけでなく，他の EU 諸国からも不評を買い，イタリアは EU 内で孤立することになった[70]．また，イタリア経済の特徴は，著しい南北間の格差であり，北部だけを取れば，インフラも整い，産業も高い競争力を有するなど，北部ヨーロッパ諸国と比べてもほとんど遜色がない一方で，南部は著しく経済発展が遅れ，失業率も若年層を中心に極めて高く，あたかもユーロ圏の縮図のような構造となっている．

　イタリアは，当初発生した金融危機には巻き込まれなかったものの，実体経済の低迷と国際競争力の趨勢的低下，その表れでもある高水準の政府債務と増大する財政赤字により，その後のソブリン危機に巻き込まれることになった．また，スペイン同様，イタリアの銀行も大量の国債を保有していたことで——それは部分的には ECB の金融政策によっても促されたが——，ソブリン危機は銀行危機へと発展した．さらに，2013 年以降の危機深化の過程で生じた金融上の分断により，イタリア経済の屋台骨を支える中小企業に資金が回らず，破綻や国外脱出を引き起こすことで，南部を中心に構造的な危機に拍車を掛けている[71]．2011 年 11 月はじめにソブリン危機ならびに銀行危機が頂点に達しようとした際に，ベルスコーニが首相の座から追放され，代わりに学者出身でヨーロッパ委員会委員長も務めた超国家的なテクノクラートであるモンティが首相の座に就任した．ヨーロッパ委員会委員長として活躍し清廉潔白なモンティは，国内のみならず，ヨーロッパ委員会やドイツをはじめ他の EU 諸国からもイタリアの救世主として期待されていた．ところが，内外の大きな期待を背負って登場したにもかかわらず，モンティが進めようとした財政緊縮や労働市場の規制緩和をはじめとするネオリベラルな構造改革は，国民の反発を買い，支持率が急速に低下する中で，2012 年 12 月に就任 1 年足らずで退任に追い込まれることになった．2013 年 2 月には選挙が行われ，中道左派が勝利したが，首相選出が難航し，4 月に漸く多数連立の下に民主党を率いるレッタが首相に就任した．ところが，レッタも民主党内で改革の遅れを批判され，2014 年 2 月に首相を辞任した．レッタの後任には，党内抗争で彼を退陣に追いやった前

フィレンツェ市長のレンツィがイタリア史上最年少の39歳の若さで就任し，古いイタリア政治の一掃を掲げて国民の高い支持を集め，民主党は5月のヨーロッパ議会選挙でも大勝した．

しかし，レンツィの前途も決して容易ではない．華々しく改革をぶち上げたものの，新しい選挙法や憲法の修正，健康・教育改革，労働法の近代化，官僚主義の打破等，当初の公約の多くが実現されていない．財政再建にも苦しみ，フランス同様目標達成が困難となっている．レンツィの改革の遅さに，野党は勿論のこと，国内産業界からも批判の声が上がるなど，前任者同様の苦難にさらされている[72]．レンツィ政権は，構造改革と財政再建の両方を同時に推進することを迫られているが，経済の停滞が続き，失業や政府債務が膨れ上がる中で，両者を同時に推進することは極めて困難と見られる．それゆえ，イタリアもフランス同様，緊縮財政の緩和を求めているが，ヨーロッパ委員会もドイツも要求を拒否している．また，イタリア経済の低迷は，ECBが量的緩和に踏み切る一因になったともいわれるが，ECBの金融政策に対しては，かねてからドイツにはドラギ総裁は母国のイタリアのために行動しているとの批判がある[73]．特に量的緩和に関しては，本格的なそれに踏み切る以前から，ECBは急速にユーロ圏の危機国のバッドバンクと化しつつあり，自行のバランスシートを予見不可能なリスクにさらしていると批判がある[74]．しかも，ECBがいくら金融緩和を続けたところで，イタリアが置かれている困難な状況を変えることは決して容易ではないと見られ[75]，銀行同盟の発足に先立って行われたユーロ圏の銀行の包括的資産査定とストレステストでは，不合格となった25行の内イタリアの銀行が9行と，ユーロ圏で最悪となった[76]．イタリアの多くの銀行が経営難に苦しむ背景には，国際競争力の低下やデフレ，人口減少など深刻な経済状況がある[77]．この数年イタリアは，アフリカから押し寄せる難民への対応にも苦慮している．

かつてイタリア国民の圧倒的多数はEUに好意的であったものの，2014年5月に公表されたピューリサーチの調査によれば，EUに好意的な国民の割合は今や半分以下となり，経済統合がイタリア経済を強化するかの問いに関しては，これに同意する意見は1割にも満たない[78]．レンツィに対する国民の支持率は依然高いものの，彼の政治的資源もいつまでも持つわけではない．2013年2

月の総選挙で躍進したポピュリスト政党「5つの星運動」党首のグリッロは，特に政府による労働市場改革を攻撃し，ドイツでさえ今や失敗が明白となっている劣悪な低賃金労働（Mini job）をイタリアにも取り入れようとしていると厳しく批判している．さらに，ユーロについても，国民投票を実施し，イタリア中央銀行を取り戻して再びリラを刷れるようにしなければならないと主張している[79]．2014年秋には，仮にレンツィが前任者同様早期の退任に追い込まれた場合には，イタリア中央銀行総裁のヴィスコを首班とするテクノクラート政権の設立さえ取り沙汰されていた[80]．第2次世界大戦後のイタリアの政治の歴史の中で，何度同じことが繰り返されてきたであろうか．

　本来イタリアは，ユーロ圏3番目の経済大国で，G7のメンバー国でもあり，潜在的には大きなパワーを秘めている．フランスと組んで南欧を束ねてEU内で多数派を形成し，ドイツを抑え込むことさえ決して不可能ではない．マーストリヒト条約締結の際には，フランスと組んでEMUの早期実現をドイツに呑ませた．2012年6月のEUサミットでも，フランス，スペインと組んで，渋るドイツに銀行同盟の創設を受け入れさせた．にもかかわらず，イタリアは，その不安定な国内政治が災いして，フランスをはじめ他のEU諸国からは信頼できる恒常的な戦略的同盟相手とは見なされていない．また，EUにあって同規模で潜在的な同盟の候補であるスペインやポーランドとも，上手く提携関係を築けていない[81]．南欧のまとめ役という点ではむしろスペインが優る一方，ポーランドはドイツとの提携関係を強めつつある．イタリアは，ヨーロッパ統合の発展に多大な貢献をしてきたにもかかわらず，果たすべき役割を見出せなくなっている．国民のEUや統合に対する信頼や支持は失われつつあり，イタリアの混迷は深く，レンツィ現政権に課せられた課題は重い．

3.4　危機によって揺らぐ連帯

　残るEU諸国の中では，ドイツ，フランスについでEU第3位の経済力を誇るイギリスが，かつて大英帝国として世界に君臨した歴史や，政治・外交面でドイツに対抗しうるという意味で，本来有力な国であることはいうまでもない．にもかかわらず，1973年のEC加盟以来，イギリスは一貫して統合の中心から距離を置いてきた．そのため，ユーロにも参加していない．しかも，今回の

危機は，イギリスをユーロはもとより EU からも遠ざけることになった．イギリスは，当初深刻な金融危機に見舞われたものの，独自の金融政策や為替レート政策を駆使して，危機に喘ぐユーロ圏諸国を尻目に，いち早く危機から立ち直りを見せた．しかし，皮肉なことに，むしろそのことがイギリス国内の EU 懐疑派を勢いづけることになった[82]．2014 年 2 月のヨーロッパ議会選挙では，ヨーロッパ懐疑主義を掲げ EU からの離脱を主張する独立党（UKIP：United Kingdom Independent Party）が躍進し，2017 年に行われる予定の国民投票でイギリスの EU 離脱が決まる可能性も現実味を帯びてきた．EU 離脱を国民投票に懸けるというキャメロン首相の計画は，国内の EU 懐疑派を牽制すると同時に，離脱をちらつかせることで労働力移動の制限を認めさせるなど EU からの譲歩を引き出すことに狙いがあったといわれるものの[83]，そのような戦略がうまくいく保障はない．2014 年 9 月に行われたスコットランドの独立を問う住民投票では，イングランド出身者が多数を占めるイギリス政府の懸命の説得工作もあって，スコットランドの独立は僅差で否決された．しかし，仮にイギリスが EU から離脱すれば，スコットランドはイギリスから離脱して EU に加盟する可能性もあり[84]，2017 年の国民投票如何では，イギリスの EU からの離脱と分裂が同時に起きる可能性もある．EU 側も，イギリスの EU 離脱を望ましいとは考えておらず，イギリスの引き止めを図ろうとしているものの，それほど熱心なようにも見えない．イギリスは，ユーロに参加していないことから救済プログラムには加わっておらず，銀行同盟にも参加していない．危機を通じて，イギリスと EU の距離は確実に開いたといえる．仮に EU から離脱しなくても，イギリスが EU に与える影響力は今後も限られよう．英仏の防衛協力は進んでいるものの，現状ではドイツに対する有効な同盟にはなりえない．ユーロ危機やヨーロッパ統合の行方が今後もイギリスに大きな影響を与えることは確実であるにもかかわらず，イギリスが傍観者であり続け，統合に主体的に関われない，関わろうとしないことは，イギリスにとってもまた EU にとっても不幸なことであるといえよう．

　イギリス同様，ユーロに参加していないデンマークとスウェーデンに関しては，危機発生の当初，ユーロが危機の防波堤となりうるとの期待から，参加を模索する気運が高まった．ところが，ソブリン危機が発生・深刻化するにつれ

て，ユーロ参加の気運は急速に萎んでいった．両国は，北欧・スカンジナビア地域でフィンランドやバルト諸国との協力関係を深めつつあるものの，通貨統合からは遠ざかる姿勢を見せている．デンマーク政府は，2013年5月にユーロ導入を無期限に延期すると発表した[85]．スウェーデンは，銀行同盟への参加を見送った．もっとも，ECBが量的緩和を通じてユーロ安への誘導を始めたことで，デンマーク，スウェーデン両国はスイスと共にその影響をもろに受け，対策に追われている[86]．2015年6月に行われたデンマークの議会選挙では，移民排斥と反EUを掲げる政党が躍進し，議会の第2党となった[87]．

　他方，これとは対照的に，ユーロ危機は，ウクライナ危機と相俟って，中東欧諸国をEUそしてユーロ参加へ引き寄せることになった．2015年1月には，バルト3国で最後となるリトアニアがユーロに加わり，危機発生以降では，スロバキア（2009），エストニア（2011），ラトビア（2014）に続く4番目，全体では19番目の参加国となった．また，大きな国内市場を背景として内需を中心に順調な経済成長を遂げ，危機の影響をほとんど受けず，政治的にも安定しているポーランドが，東欧の有力国として台頭することになった．そのようなポーランドの勢いを物語るように，ポーランド国内におけるネオリベラルな構造改革の推進者で，ロシアに対する強硬姿勢でも知られるトゥスク前首相が，EUの新大統領に就任した．彼のような人物がEU大統領の座に就いたことは，EUの中心が西から東へ移動しつつあること，そして今後のEUの政策の方向性を物語っている[88]．メルケルもトゥスクのEU大統領就任を支持したといわれ，ドイツとポーランドをはじめとする中東欧諸国は関係を深める一方で，ロシアに対する政策では必ずしも一致を見ていない．ウクライナ・ロシア危機は，例によってEUの結束を促す好機と期待されたが，実際にはそのように進んではいない．ロシアは，EU内で生じている亀裂を見透かして，ルーマニアやブルガリア，キプロス，さらにはユーロ離脱の危機に見舞われているギリシャにも秋波を送っている．

　かくして，ユーロ危機は，ユーロ圏およびEU域内の勢力図を大きく変えつつある．危機を通じて，ドイツの強さが際立つ一方，フランスやイタリアは凋落を余儀なくされ，イギリスもEUから遠ざかることで，ヨーロッパを幾世紀にもわたって悩まし続け，統合がそれを最終的に解決するはずであった「ドイ

ツ問題（German Problem）」が再び浮上することになった．無論，ドイツの影響力の増大は差し迫った脅威と認識されているわけではなく，ポーランドをはじめ中東欧諸国はむしろドイツとの関係を深めようとしている．しかし，覇権を追求するには小さ過ぎ，かといって安定した勢力均衡を維持するには大き過ぎるドイツの存在は，ユーロ危機の克服を難しくしているだけでなく，救済をめぐるユーロ圏諸国同士の対立も誘発している．当初，北部ユーロ圏諸国と南欧諸国との間で生じた対立や緊張は，それ自体依然としてなくなってはいないものの，3度生じたギリシャ危機におけるチプラス政権の「傍若無人な振る舞い」によって，ギリシャと他のユーロ圏諸国の対立に転化し，本来同じ危機に見舞われた仲間としてギリシャと連帯すべき南欧諸国も，ギリシャに対してドイツ以上に厳しい姿勢で臨むようになっている．というのも，これら南欧諸国もギリシャに対して救済資金を提供しているだけでなく，ギリシャに寛容な姿勢を見せれば，国内で台頭しつつある反緊縮派を勢いづかせ，厳しい緊縮政策を自国民に強いてきた自らの政権基盤が揺るぎかねないからである[89]．

このように，危機を通じてユーロ圏諸国やEU諸国は，より連帯を深めるどころか，逆に相互に対立や緊張を深め，およそ政治統合発展の道筋はそこからは容易に見えない．そうでなくとも，ユーロ危機は，多くの国々で政治，社会危機を誘発し，反EU勢力や排外主義の台頭を生んでいる．ユーロに託された期待は裏切られたといっても過言ではない．

注
1) グローバル金融・経済危機後の欧米におけるケインズ経済学の復活については，以下を参照．Skidelsky, R. (2009), *Keynes: The Return of the Master*, The Peters, Fraser & Dunlop Group Ltd.（山岡洋一訳『なにがケインズを復活させたのか？－ポスト市場原理主義の経済学』日本経済新聞出版社，2010年．
2) Fitoussi, J.P. and Le Cacheux, J. (ed.) (2009), *Report on the State of the European Union*, vol. III, Crisis in the EU Economic Governance, Basingstoke: palgrave.
3) Ghellab, Y. and Papadakis, K. (2011), 'The Politics of Economic Adjustment in Europe: State Unilateralism or Social Dialogue?', in ILO, *The Global Crisis － Causes, responses and challenges －* (http://www.ilo.org/wcmsp5/groups/public/---dgreports/---dcomm/---publ/documents/publication/wcms_155824.pdf), p. 86.
4) European Commission (2013), Annual Growth Survey 2014, *Communication*

from the Commission, COM (2013) 800 (http://ec.europa.eu/europe2020/pdf/2014/ags2014_en.pdf), p. 17; European Commission (2013), *Employment and Social Development in Europe 2013*, Directorate-General for Employment, Social Affairs and Inclusion, Directorate A, p. 58.
5) OECD (2014), *Economic Policy Reforms: Going for Growth*, p. 18-20; IMF (2014), *Jobs and Growth*, Chapter 7. Assessing the Gains from Structural Reforms for Jobs and Growth (http://www.imf.org/external/np/seminars/eng/2014/EURbook/pdf/7.pdf), p. 7.
6) *Ibid.*, p. 9.
7) Ghellab, Y. and Papadakis, K. (2011), p. 85.
8) OECD (2014), *Economic Policy Reforms: Going for Growth*, p. 18.
9) Evans-Pritchard, A. (2014), 'EU officials plotted IMF attack to bring rebellious Italy to its knees', *The Telegraph*, 15 May, 2014. (http://blogs.telegraph.co.uk/finance/ambroseevans-pritchard/100027284/eu-officials-plotted-imf-attack-to-bring-rebellious-italy-to-its-knees/).
10) *Financial Times*, 11 May 2014 (http://www.ft.com/intl/cms/s/0/f6f4d6b4-ca2e-11e3-ac05-00144feabdc0.html#axzz3dZ7Gkodt).
11) Nousios, P. and Andreas Tsolakis, A. (2012), 'The contested reconstruction of the Belle Époque? Europe 2020, transnational capitalism and political economy of global restructuring', in Nousios, P., Overbeek, H. and Tsolakis, A. (ed.), *Globalisation and European Integration – Critical Approaches to Regional Order and International Relations*, Routledge, p. 249.
12) *Ibid.*, p. 248.
13) *Financial Times*, 2013, 6. December.
14) アイルランド国債（10年もの）は，2014年8月18日に一時過去最低の1.96％にまで低下した（*Reuters*，「アイルランド国債利回り初の2％割れ，格上げ受け＝ユーロ圏市場」2014年8月19日（http://jp.Reuterss.com/article/businessNews/idJPKBN0GI1QW20140818）．
15) *The Wall Street Journal*,「今年最高のリターン達成したのはギリシャ国債に投資するファンド」，2013年10月28日(http://jp.wsj.com/news/articles/SB10001424052702303925304579162692591018608)．
16) European Central Bank (2015), *Economic Bulletin*, Issue 4/2015 (http://www.ecb.europa.eu/pub/pdf/ecbu/eb201504.en.pdf?1ab1ac390dc60e25297ead66e7930567), p. 19.
17) Eurostat (2015), *Newsrelease euroindicators*, 98/2015-3 June 2015 (http://ec.europa.eu/eurostat/documents/2995521/6862104/3-03062015-BP-EN.pdf/efc97561-fad1-4e10-b6c1-e1c80e2bb582).
18) Pew Research Center (2013), *The New Sick Man of Europe: the European Union*, May 13, 2013, p. 25.
19) International Labour Office (2014), *Global Employment Trends 2014, Risk of*

a jobless recovery?, p. 42; OECD (2014), *Society at a Glance 2014 — OECD social indicators*, p. 20.

20) Veugelers, R. (2014), 'Undercutting the future? European research spending in times of fiscal consolidation', *Bruegel Policy Contribution*, Issue 2014/06, June, p. 2.

21) ヨーロッパ委員会によれば，教育投資の削減は，特にブルガリア，ギリシャ，イタリア，スロバキア，ルーマニアで顕著であった (European Commission (2014). *Annual Growth Survey 2014, Communication from the Commission*, COM (2013) 800, p. 19).

22) International Monetary Fund (2014), *Fiscal Monitor*, p. 24. ポルトガルでは，国有化された銀行の保有するジョアン・ミロの絵画（50億円相当）を政府が競売に掛けようとしたが，文化遺産の喪失であるとする国内の強い世論の反対により中止に追い込まれた（*The Wall Street Journal*,「クリスティーズ，ミロの絵画の競売中止―ポルトガル国内で抗議」，2014年2月6日 (http://jp.wsj.com/news/articles/SB10001424052702303996604579365751532904282)).

23) European Commission (2014), *Employment and Social Development in Europe 2013*, Directorate-General for Employment, Social Affairs and Inclusion, Directorate A, p. 93.

24) OECD (2014), *Society at a Glance 2014: OECD Social Indicators — The crisis and its aftermath*, p. 51.

25) *Ibid*., p. 9.

26) International Monetary Fund (2014), *Fiscal Monitor*, p. 24.

27) European Commission (2014), *Employment and Social Development in Europe 2013*, Directorate-General for Employment, Social Affairs and Inclusion, Directorate A, p. 182.

28) *Ibid*., pp. 39-40.

29) *Ibid*., pp. 39-40. イギリスの場合，金融・経済危機以降2012年末に至るまで，雇用の増大は，すべて非正規雇用のそれによるものであった (OECD (2013), *OECD Economic Survey the UK*, p. 26).

30) OECD (2014), *Society at a Glance 2014 — OECD social indicators*, p. 20

31) European Commission (2014), *Employment and Social Development in Europe 2013*, Directorate-General for Employment, Social Affairs and Inclusion, Directorate A, p. 50.

32) http://epp.eurostat.ec.europa.eu/statistics_explained/index.php/File:Total_fertility_rate,_1960%E2%80%932012_(live_births_per_woman)_YB14.png

33) *The Wall Street Journal*,「イタリアで子供を産まない選択をする女性が増加」2014年4月23日 (http://jp.wsj.com/news/articles/SB10001424052702303595604579518752011088382).

34) Bruegel (2014), *Southern Europe is suspicious: the evolution of trust in the EU*, 14 May 2014 (http://www.bruegel.org/nc/blog/detail/article/1331-southern-euro

pe-is-suspicious-the-evolution-of-trust-in-the-eu/).
35) *The Wall Street Journal*,「現在の緊縮政策，限界に達した＝バローゾ欧州委員長」2013 年 4 月 23 日（http://jp.wsj.com/articles/SB10001424127887324689604578439251148851668）．
36) European Stability Mechanism（http://www.esm.europa.eu/）．
37) European Commission（http://ec.europa.eu/economy_finance/economic_governance/the_european_semester/index_en.htm）; JETRO（2011），「ヨーロピアン・セメスターの概要と今後のスケジュール」，『ユーロトレンド』2011.4．(http://www.jetro.go.jp/jfile/report/07000609/eu_european_semester.pdf）．
38) European Commission（2010），'The Date of 1st January 2011 Marks a Turning Point For The European Financial Sector', Statement by Barnier, M. Vice-president of the European Commission（http://ec.europa.eu/commission_2010-2014/barnier/headlines/speeches/2011/01/20110101_en.htm）．
39) Euro Plus Pact については，以下が詳しい（JETRO（2011），「経済政策協調を目指したユーロプラス協定の概要」，『ユーロトレンド』，2011 年 4 月号（http://www.jetro.go.jp/jfile/report/07000607/eu_europlus.pdf））．
40) *Bloomberg*, 'EU Says Portugal Court Rulings May Complicate Return to Market', 21 November 2013.（http://www.bloomberg.com/news/2013-11-21/eu-says-portugal-court-rulings-may-complicate-return-to-market.html）．
41) Ferran, E. (2013), 'Crisis-driven regulatory reform: where in the world is the EU going?', In Ferran, E., Moloney, N., Hill, J.G., Coffee, J.C. Jr., *The Regulatory Aftermath of the Global Financial Crisis*, Cambridge University Press, p. 88.
42) Overbeek, H. 'Global capitalist crisis and the future of the European project', in Nousios, P., Overbeek, H. and Tsolakis, A. (ed.), p. 235.
43) Véron, N. (2014), 'Tectonic Shifts', *IMF Finance & Development*, March, p. 18.
44) *Bloomberg*,「ウェーバー氏，独連銀総裁辞任へ―ECB 総裁レース白紙に」2011 年 2 月 12 日（http://www.bloomberg.co.jp/news/123-LGGMG56S972G01.html）．
45) *Bloomberg*,「ECB にまた打撃，シュタルク理事辞任―危機対応で対立激化か」2011 年 9 月 10 日（http://www.bloomberg.co.jp/news/123-LR9BEA6K50YN01.html）．
46) Marsh, D. (2013), pp. 84-7.
47) *Bloomberg*,「アスムセン ECB 理事辞任へ，独政権入りで―債務危機で手腕」2013 年 12 月 16 日（http://www.bloomberg.co.jp/news/123-MXV8BC6TTDS101.html）．
48) *Reuters*,「ECB がラウテンシュレーガー氏の理事就任承認，アスムセン氏後任」2014 年 1 月 9 日（http://jp.Reuterss.com/article/businessNews/idJPTYEA0807A20140109）．
49) Véron, N. (2014), 'Tectonic Shifts', *IMF Finance & Development*, March, p. 18.
50) Brown, B. (2012), *Euro Crash: The Exit Route from Monetary Failure in Europe*, palgrave macmillan, p. 199.

51) Arghyrou, M.G. & Kontonikas, A. (2011), 'The EMU sovereign-debt crisis: Fundamentals, expectations and contagion', *European Economy Economic Paper 4361*, February, p. 41.
52) Dullien, S. and Guérot, U. 'The Long Shadow of Ordoliberalism: Ger, many's Approach to the euro crisis', *European Council on Foreign Relations Policy Brief* (http://www.ecfr.eu/page/-/ECFR49_GERMANY_BRIEF_AW.pdf), p. 2.
53) Bruegel (2013), 'Blogs review: Ordoliberalism and Germany's approach to the euro crisis by Cohen-Setton', J., 16 September 2013 (http://www.bruegel.org/nc/blog/detail/article/1150-blogs-review-ordoliberalism-and-germanys-approach-to-the-euro-crisis/).
54) *The Economist*, 'Poland's appeal to Germany-Sikorski: German inaction scarier than Germans in action' (http://www.economist.com/blogs/easternapproaches/2011/11/polands-appeal-germany).
55) Beck, U. (2012), 59-61 頁.
56) Fouskas, V.K. and Dimoulas, C. (2013), *Greece, Financialization and the EU – The Political Economy of Debt and Destruction*, palgrave macmillan, pp. 158-9.
57) Beck, U. (2012), 74 頁.
58) 清水弟（1992),『フランスの憂鬱』岩波新書.
59) Loriaux, M. (1991), *France After Hegemony-International Change and Financial Reform*, Cornell University Press.
60) インタビュー（ベルナール・スティグレール，聞き手石田英敬)「「国民戦線」の治療法－世界の右傾化をいかに超えるか」,『世界』No. 859, 2014 年 8 月号, 岩波書店.
61) *Reuters*,「フランスが内閣改造，大統領は緊縮財政批判の経済相更迭へ」2014 年 8 月 26 日（http://jp.Reuterss.com/article/topNews/idJPKBN0GQ00C20140826).
62) *The Wall Street Journal*,「EU，フランスの来年度予算拒否する構え」2014 年 10 月 6 日（http://jp.wsj.com/news/articles/SB12645916890387823719904580197162660320480).
63) フィッチや S&P など主要格付会社は，2014 年 10 月に相次いでフランス国債の格付を「安定的」から「ネガティブ」に引き下げた（Reuters,「フランス格付け見通し，ネガティブに引き下げ＝S&P」2014 年 10 月 11 日（http://jp.Reuterss.com/article/businessNews/idJPKCN0HZ26620141010).
64) *Reuters*,「フランス，財政赤字の追加削減案策定も」2015 年 2 月 15 日（http://jp.Reuterss.com/article/businessNews/idJPKBN0LN1N020150219).
65) Merler, S. (2014) 'Is there a path to political union? - Debunking some myths about Europeans' attitudes towards European integration', Bruegel, Blog., 25 August, 2014 (http://www.bruegel.org/2014/08/is-there-a-path-to-political-union/).
66) Bindi, F. (2011), *ITALY and the European Union*, Brooking Institution Press, p. 202.

67) *Ibid.*, p. 209.
68) Lusinyan, L. & Muir, D. (2013), 'Assessing the Macroeconomic Impact of Structural Reforms: The Case of Italy', *IMF Working Paper*, WP/13/22, p. 4.
69) Bindi, F. (2011), *op. cit.*, p. 1.
70) *Ibid.*, p. 202.
71) http://www.spiegel.de/international/europe/matteo-renzi-struggling-to-solve-italian-economic-crisis-a-995558.html
72) *Reuters*, 'Italy PM Renzi attacks establishment resistance, vows to press on', 28 September 2014 (http://www.Reuterss.com/article/2014/09/28/us-italy-politics-idUSKCN0HN0MM20140928).
73) *Spiegel Online*, 'Draghi vs. Germany: ECB President Surrounded by Critics', 29 May 2013 (http://www.spiegel.de/international/europe/ecb-president-draghi-takes-criticism-for-euro-policy-a-901952.html).
74) *Reuters*,「独議員が相次ぎECB批判，社債買い入れ報道で」2014年10月23日 (http://jp.Reuterss.com/article/businessNews/idJPKCN0IC02C20141023).
75) *Reuters*, 'ECB has an Italy problem, and vice versa: James Saft', 21 August 2014 (http://blogs.Reuterss.com/james-saft/2014/08/12/ecb-has-an-italy-problem-and-vice-versa-james-saft/).
76) European Central Bank (2014), *Aggregate Report on the Comprehensive Assessment*, October, p. 10.
77) *The Wall Street Journal*,「イタリアの銀行問題，根本は経済情勢」2014年10月28日 (http://jp.wsj.com/news/articles/SB12072851737206304029704580241703624225856).
78) Pew Research Center: Global Attitudes and Trend (2014), *A Fragile Rebound for EU Image on Eve of European Parliament Elections-Sentiment toward the European Project May Be Rebounding* (http://www.pewglobal.org/2014/05/12/a-fragile-rebound-for-eu-image-on-eve-of-european-parliament-elections/pg-2014-05-12-eu-0-03/).
79) *Reuters*, 'Italy's Grillo attacks Renzi reform, seeks referendum on euro', 12 October 2014 (http://www.Reuterss.com/article/2014/10/12/us-italy-grillo-idUSKCN0I10QD20141012).
80) *Reuters*, 'Italy PM Renzi attacks establishment resistance, vows to press on', 28 September 2014 (http://www.Reuterss.com/article/2014/09/28/us-italy-politics-idUSKCN0HN0MM20140928).
81) Bindi, F. (2011), p. 200.
82) Marsh, D. (2013), pp. 109-11.
83) *Financial Times*, 'Miserabilism risks causing Britain serious harm', by Ganesh, J., 20 October, 2014 (http://www.ft.com/intl/cms/s/0/4c317db0-583e-11e4-a31b-00144feab7de.html#axzz3H7KpIGNh).
84) *Reuters*, 'JPMorgan warns Brexit could trigger Scottish independence vote', 10

June 2015 (http://www.reuters.com/article/2015/06/10/us-britain-eu-jpmorgan-idUSKBN0OQ20W20150610).
85) *Bloomberg*,「デンマーク，ユーロ導入は無期延期へ－ペッグ制が国守ると首相」2013 年 5 月 20 日（http://www.bloomberg.co.jp/news/123-MMXSU26JIJW301.html）.
86) *Reuters*,「アングル：デンマーク・クローネのユーロ連動が標的に，市場で憶測浮上」2015 年 1 月 20 日（http://jp.reuters.com/article/businessNews/idJPKBN0KT04H20150120?sp=true）.
87) *Bloomberg*,「デンマーク総選挙：連立与党敗北，反移民政党が躍進」2015 年 6 月 19 日（http://www.bloomberg.co.jp/news/123-NQ5VVT6K50XZ01.html）.
88) *World Socialist Web Site* (2014), 'Polish Prime Minister Tusk to become new EU Council president', 4 September 2014 (http://www.wsws.org/en/articles/2014/09/04/tusk-a04.html).
89) スペインでは，政府の緊縮政策に反発する新興左派政党「ポデモス」が世論調査で支持率 1 位となり，スペイン政府は危機感を募らせていた（*Bloomberg*,「スペインがギリシャに最も強硬姿勢，左派台頭に危機感－関係者」2015 年 2 月 23 日（http://www.bloomberg.co.jp/news/123-NK75ZM6JTSEF01.html））.

第5章
銀行構造改革と銀行同盟の虚実

　ギリシャ危機の行方は予断を許さないものの，ユーロ圏の金融システムやユーロを崩壊させかねない重大な危機は，ひとまず去ったように見える．危機を通じて，グローバルなレベルと同様，ユーロ圏ないしEUレベルでも，銀行に対する監督・規制体制が格段に強化された．特にユーロ圏の場合，危機以前の分権的な監督・規制体制から銀行同盟の下での中央集権的なそれへと移行し，ユーロ圏の大手銀行の監督・規制を統轄する機構としてSSMが，銀行の破綻処理機構としてSRM（Single Resolution Mechanism，以下SRM）が設立され，危機対応能力は格段に強化された．危機の元凶であった銀行部門でも，監督・規制体制の強化や厳しい経営環境を背景に，自己資本の増強と並んで，業務のリストラや再編が進行している．金融市場の分断も徐々に修復され，金融統合も回復しつつある．銀行同盟の「成功」を受けて，資本市場同盟も新たな統合のアジェンダに浮上している．
　このように一見すると金融部門では，事態は大きく改善の方向に向かって進んでいるかのように見える．しかし，状況を詳細に観察すれば，決してそうではないことが明らかとなる．
　ユーロ圏の銀行部門では，規制強化もあり，自己資本の増強は進んでいるものの，繰延税金資産や偶発転換社債のような，本来適切とはいえない資産までもが自己資本に算入され，自己資本比率の嵩上げが行われている．SSMの発足に先駆けて行われたECBによる包括的な資産査定や，EBAと協力して行われたストレステストでも，そのような嵩上げが事実上黙認された．ユーロ圏の国債についても，依然ゼロリスクの扱いが行われている．また，ユーロ圏の大手銀行の収益は上向きつつあるものの，規制強化に伴う資本コストの増大や

巨額の訴訟費用に苦しめられ，投資銀行部門の削減等により資産圧縮に努めているにもかかわらず，レバレッジ比率の改善は依然思わしくない．収益力のある新たなビジネス・モデルを探しあぐね，むしろトレーディングの回復が収益の改善に貢献するなど，経営の先行きは不透明なものとなっている．ユーロ圏の中小の銀行の経営も，長引く経済の低迷や銀行間同士の激しい競争の影響で思わしくない．さらに銀行に対する規制が強まる中で，ユーロ圏における金融取引も規制の緩い「影の銀行システム」にシフトしており，極端な低金利で運用難に苦しむ保険や年金基金などユーロ圏の機関投資家は，再びリスクテークに走ろうとしている．要するに，危機の元凶となったユーロ圏の金融システムは，依然不安定さを克服していない．

　危機の再発を防止するための銀行構造改革についても，アメリカにおける銀行規制強化法案（いわゆるボルカー・ルール）の上程を受ける形で，EUでも当初はユニバーサルバンクの解体すら検討課題に上った．けれども，銀行業界の激しい巻き返しや自国の銀行業界の意を受けたユーロ圏各国政府（特にドイツとフランス）の介入により，EUの改革姿勢は大きく後退した．リスクの高い投資銀行業務の銀行本体からの分離という穏健な提案を行ったリーカネン報告すら，事実上無視される形となっている．EUによる銀行監督・規制の済し崩し的な緩和は，バーゼル3にまで及んでいる．今回の危機を通じた画期的な成果で危機克服の最終的な切り札とされる銀行同盟も，その実態は銀行連合に近い．ユーロ圏の大手銀行の監督・規制権限はSSMに集約されたが，大手銀行が破綻した場合の処理の責任は依然各国政府にあり，単一預金保険制度の創設も見送られるなど，銀行同盟は本来の目的であったソブリン危機と銀行危機の連鎖を完全に断つものとはなっていない．破綻処理手続も極めて複雑で，危機の際に迅速かつ効率的に機能するかどうかは不明であり，公的資金による大手銀行救済の余地も多分に残している．本章では，危機以降のユーロ圏の銀行部門の動向を絡めながら，銀行構造改革ならびに銀行同盟の概要と問題点について考察する．

1. 危機に対する銀行部門と各国政府・EU の対応

1.1 危機発生以降の銀行部門の動向

ユーロ圏の銀行部門におけるリストラ・再編は，金融危機発生直後から始まった．もっとも，当初の対応は，専ら対症療法的なものに留まり，自国の政府から手厚い救済・支援が行われたにもかかわらず，アメリカや同じ EU でもイギリスの銀行のリストラ・再編に比べて，ユーロ圏の銀行部門におけるそれは極めて緩慢であった．しかし，2010 年 9 月に，金融危機再発防止のためのバーゼル 3 の導入が決定されたことや，2011 年以降は危機の悪化を受けて，ユーロ圏の銀行もリストラや業務の再編を通じたバランスシート調整を本格化させることになった[1]．

ユーロ圏の銀行は，危機発生以降クロスボーダーのインターバンク業務を大幅に縮小した（図 5-1）．もっとも，同じユーロ圏の銀行でも，危機に陥った国々の銀行とそれ以外の国々の銀行では，対応が異なっていた．対外的なエクスポージャーを大きく減少させたのは，危機を免れた国々の銀行であり，これに対して，危機に陥った国々の銀行は，国内の民間部門に対するエクスポージャーを大きく減らし，それが中小企業の資金調達難につながる一方，政府等に対するエクスポージャー（特に国債保有）を拡大させた（図 5-2）．同じく，特にユーロ圏の大手銀行で縮小が顕著であったのは，トレーディングを筆頭に，リスクが高く新たな規制の下でより多くの資本を積まなくてはならない投資銀行業務や，インターバンク貸付，商業用不動産融資，シンジケートローン，リース，ファクタリング，コーポレート・バンキング等で，将来もあまり高い収益の望めないリテール業務や非中核業務も縮小の対象となった[2]．他方，今後も成長の見込める分野としては，トランザクション・バンキング（資金・証券決済，機関投資家向けカストディ業務（証券管理・決済業務））や資産・ウェルネス・マネジメントが有力視されている[3]．ユーロ圏の大手銀行も，米英のライバル行に後れを取りながらも，リスクや収益性に照らして資産圧縮や業務の見直しを推し進め，なかには自行の内部評価モデルの修正によりリスクの引き下げを図るケースも見られた[4]．

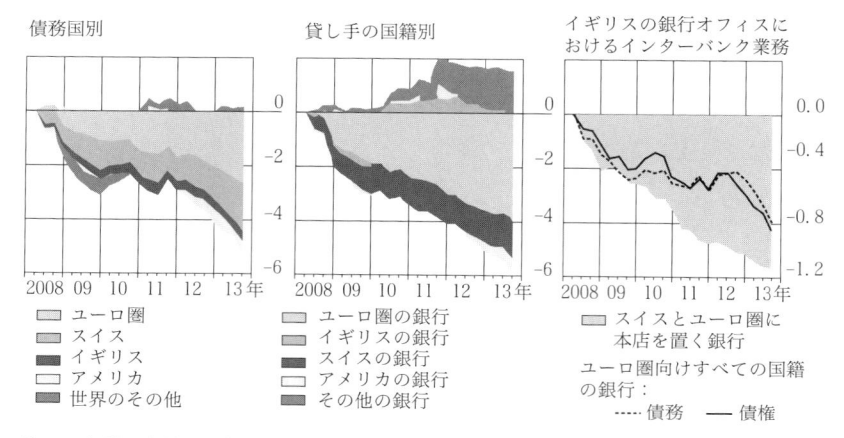

債務国別 / 貸し手の国籍別 / イギリスの銀行オフィスにおけるインターバンク業務

凡例（左図）：
- ユーロ圏
- スイス
- イギリス
- アメリカ
- 世界のその他

凡例（中図）：
- ユーロ圏の銀行
- イギリスの銀行
- スイスの銀行
- アメリカの銀行
- その他の銀行

凡例（右図）：
- スイスとユーロ圏に本店を置く銀行
- ユーロ圏向けすべての国籍の銀行：
  - ---- 債務　— 債権

注：1. 銀行の自行の海外オフィスへのクロスボーダー債権を含む．
2. 2008年3月末と2013年9月末の間の四半期ごとの為替で調整された変化の累積量．この期間の残高額の絶対的変化は，絶対的変化が時系列や為替レートの動きで調整されていないので，累積的変化よりも小さい．

出所：BIS (2014), *Quarterly Review*, March, p. 14.

図 5-1 ユーロ圏の銀行による国際インターバンク業務の縮小[1]（2008年3月末以来のクロスボーダーのインターバンク債権の累積的変化，単位10兆米ドル[2]）

2012年に入ると，ユーロ圏における銀行部門の調整は，リスク・ウェイト資産（Risk-Weighted Asset）に対する自己資本比率の引き上げに焦点が移った．ユーロ圏の銀行は，資本集約的業務や高リスク業務の整理・縮小によりリスクの引き下げを図ると同時に，政府からの資本注入や資本市場の回復を受けた債券や株式の発行により自己資本の増強を図ることを通じて，自己資本比率の引き上げに努めた[5]．その結果，大手銀行の自己資本比率は2013年にかけて大きく改善し（図5-3），金融危機の鎮静化に伴う資金調達コストの低下も，ユーロ圏の銀行にとって追い風となった．同時に，こうしたユーロ圏の銀行部門におけるリストラ・再編には，当該国政府も深く関与していた．例えば，スペインでは，EFSF（後にESM）からの金融支援と引き換えに銀行部門の抜本的な改革を求められたこともあって，政府が中心となって国内銀行部門のリストラ・再編が推し進められることになった[6]．

2013年に入ると，ユーロ圏の銀行部門における調整は，投資家や規制当局の関心がリスク・ウェイト資産比率からレバレッジ比率に移ったこともあり，

第 5 章　銀行構造改革と銀行同盟の虚実　　177

総資産の縮小を通じたバランスシートの圧縮により重点が置かれるようになった[7]．加えて，同年後半以降，ユーロ圏の銀行部門におけるリストラ・再編は，さらに加速することになった．その背景には，2014 年 11 月からの SSM の業務の開始を控え，ECB によるユーロ圏の大手銀行のリスク評価や資産査定が本格化したことがあった．ECB による包括的な資産査定の後には，EBA との協力でストレステストも行われ，10 月に結果が公表されることになっていた．ECB や EBA は，過去のストレステストの失敗に懲りて，ユーロ圏の銀行のリスク評価や資産査定，その後に行われるストレステストには厳格な姿勢で臨み，ユーロ圏の銀行を最悪のシナリオに備えさせると表明していた[8]．仮に包括的な資産査定によって資本不足が明らかとなり，ストレステストで不合格になれば，当該銀行は経営計画の抜本的な見直しや更なる業務のリストラを余儀なくされるだけでなく，株価や債券価格の下落による資金調達コストの上昇に見舞われ，最悪の場合，退出を迫られる虞もあった．既に市場の関心も，ユーロ圏のシステミック・リスクの値付から，個々の金融機関固有のリスクの特定に移っていた[9]．そのため，ユーロ圏の大手銀行は，包括的資産査定やストレステストのクリアを目指して，資産の売却や貸倒引当金の積み増し等を通じた不良債権の処理を

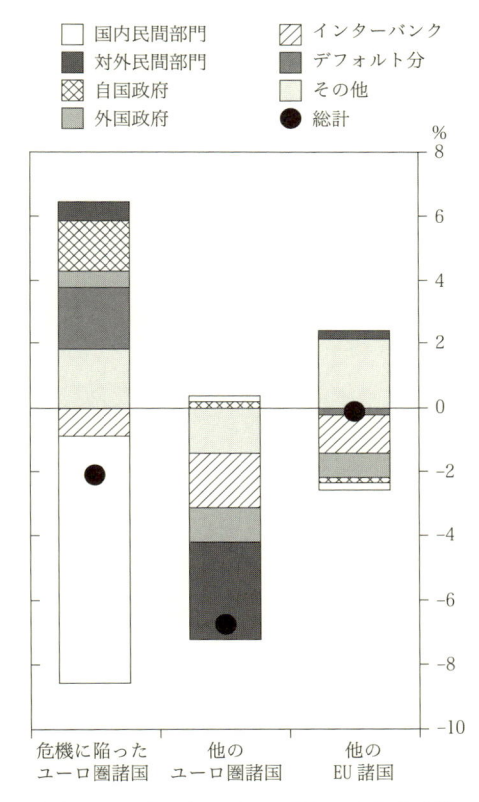

出所：IMF (2014), *Global Financial Stability Report: Moving from Liquidity-to Growth-Driven Markets*, April, p. 47.

図 5-2　EU の銀行のエクスポージャー調整の変化（％）（2010 年第 4 四半期～2013 年第 2 四半期）

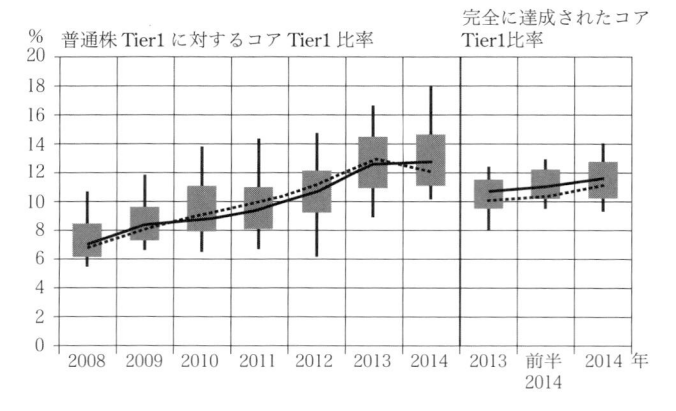

出所：European Central Bank (2015), *Financial Stability Review*, May, p. 70.

図 5-3　ユーロ圏大手銀行グループの普通株 Tier1 に対するコア Tier1 比率（2008-14 年；％；10 分位と 90 分位の 100 分位と 4 分位数間領域分布）

加速させ，債券・株式の発行を通じて自己資本の増強も活発化させた[10]．その中には，通称 CoCos と呼ばれる資本性証券で，危機発生の際には元本の削減や資本への転換が可能であるものの，極めてリスクの高い偶発転換社債（contingent convertible capital instruments or bonds）も相当額が含まれていた[11]（図 5-4）．

　さらに，ユーロ圏各国政府も，自国の銀行に包括的資産査定やストレステストをクリアさせるために，積極的な支援を行った．というのも，自国の銀行が資本不足と査定され，ストレステストに不合格となれば，当の銀行自身が経営困難に陥るのはもちろんのこと，政府の面子も損なわれ，場合によってはいずれ救済の負担も負うことになるからである．当初は専ら技術的なものと見なされていた包括的資産査定とストレステストは，俄かに重要な政治的意味合いを帯びることになった[12]．

　自国の銀行に包括的資産査定とストレステストをクリアさせるにあたってユーロ圏各国政府が用いたのは，銀行に対する資本注入に加えて，銀行による繰

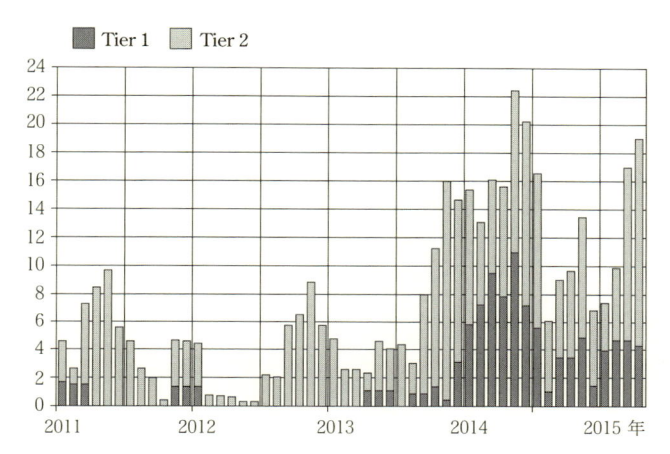

第5章　銀行構造改革と銀行同盟の虚実　　179

出所：European Central Bank (2015), *Financial Stability Review*, May, p. 75.

図 5-4　ユーロ圏の銀行による劣後債発行（2011 年 1 月～2015 年 4 月；3 カ月移動平均；10 億ユーロ）

延税金資産（deferred tax assets）の自己資本への算入を通じた自己資本比率の嵩上げの容認であった．なかでも，スペイン，イタリア，ポルトガル，ギリシャら南欧諸国政府は，繰延税金資産の扱いを税額控除に変更して回収を確実にし，それを銀行が自己資本に算入できるように税制の改革まで行った[13]．繰延税金資産とは，過去の損失（保有資産に関する評価損も含む）に将来の税額控除を適用するもので，将来支払う税金を当期に前払いしたと見なし，これを繰延処理することによって生じる資産である．しかし，実際の控除には利益の計上が必要で，将来の収益に左右されるため，資産としては不確定要素が強く，仮に利益が計上できなければ，バランスシート上実在しない資産が計上されていることになる．繰延税金資産の扱いを税額控除に変更した上記の南欧 4 ヵ国の場合，仮に銀行が経営難や破綻に至れば，その負担は政府が負わなければならない[14]．将来の収益性に左右される繰延税金資産の扱いに関しては，アメリカでは厳正に対処され，EU でも 2018 年（ユーロ圏は最長 2023 年）までに中核的自己資本から段階的に取り除くよう義務付けられている[15]．それゆえ，繰延税金資産の自己資本への算入は，現時点では違法とはいえないものの，規制

の趣旨からすれば，これに反するものであることは明らかであった．にもかかわらず，繰延税金資産の自己資本への算入は，包括的資産査定とストレステストをクリアするために，ユーロ圏各国政府や銀行によって大々的に利用されることになった．ギリシャでは，繰延税金資産が銀行の中核的自己資本の40％以上を占め，以下ポルトガルが25％，アイルランドが20％，スペインが15％と続き，ドイツでも10％近くに上った[16]．ユーロ圏各国政府や銀行は，ある種の「錬金術」（The Wall Street Journal）を使って自己資本比率の嵩上げを図ったといっても過言ではない．ECBもそうした状況を把握しながら，事実上黙認せざるを得なかった．というのも，繰延税金資産の扱いは，少なくとも移行期間中は各国の裁量に任され，ECBは直接介入することができないだけでなく，厳正な規制の適用を要求すれば，特に南欧諸国の銀行の自己資本を劇的に悪化させ，景気回復基調に打撃を与えるのが必至と見られたからであった[17]．

　危機発生以降のユーロ圏の銀行部門におけるリストラ・再編や，EUの監督・規制当局によって課せられた包括的資産査定やストレステストが，ユーロ圏の銀行の経営改善や体質強化に貢献したことは間違いない．しかし，ユーロ圏の銀行の対応は，危機の教訓を踏まえた新たなビジネス・モデルの構築や新しい経営環境への積極的な対応というよりも，危機後に強化された監督・規制体制をとりあえず何とか乗り切ろうとする，後ろ向きの対応の色彩が濃厚であった．ヨーロッパの銀行の中には，イギリスやスイスの大手銀行のように，銀行を取り巻く構造的な変化を踏まえ，コスト・ベースに大ナタを振るった銀行も一部にあるものの，ユーロ圏の多くの銀行は小手先のコスト削減を行ったにすぎず，経営方法やビジネス・モデルの抜本的な変革には踏み込んでいないとされ，そのことが，長引く景気の低迷と併せ，ユーロ圏の銀行が低収益に苦しむ一因になっているといわれる[18]．同じく，ユーロ圏各国政府も，自国の銀行に経営の抜本的な改革を迫るというよりは，規制の抜け穴を利用して自国の銀行を保護しようとする姿勢が顕著であった．そうであれば，ECBとEBAによって行われる包括的資産査定やストレステストの結果がどのようなものになるのかは，既に事前の段階で凡そ明らかであった．

1.2 包括的資産査定とストレステスト

　ユーロ圏の銀行に対する包括的資産査定とストレステストは，ECBとEBAの協力の下に行われたが，それがどのようなものになるかは，既に最初から概ね決まっていた．すなわち，ユーロ圏の銀行に対する懸念を払拭するために，可能な限り厳格でなければならず，前回のように合格と査定された銀行が直後に経営破綻するような事態はあってはならない．けれども，他方で，あまりにも厳格すぎて，ユーロ圏の銀行に対する信用不安を惹起するようなものであってもならない．ECBも，包括的資産査定やストレステストの信頼性を確保するために，一部の銀行を見せしめに不合格にする必要があると述べる一方で[19]，繰延税金資産や偶発転換社債のような問題のある資産の自己資本への算入を黙認したり，資産査定に適用する不良債権基準の緩和を行ったりするなど，次々と譲歩を行った[20]．また，ストレステストで不合格となった銀行に対しては，資本不足を埋めるために，6カ月から9カ月の猶予期間も与えられた[21]．さらに，査定結果が不測の事態を招くような場合には，ECBや各国政府・監督当局による介入の可能性も示唆された[22]．要するに，包括的資産査定とストレステストは，まさしくある種の政治的イベントにほかならなかった．よって，どのような結果が公表されるかは，個別銀行の合否に留まらず，ユーロ圏における今後の銀行監督・規制体制の行方を占う重要な試金石であった．

　包括的資産査定とストレステストの結果は，共に2014年10月26日に公表された．包括的資産査定に関しては，対象となった大手130行のうち，25行が資本不足と査定され[23]，ストレステストに関しては，対象123行のうち24行が不合格となった[24]（表5-1）．もっとも，包括的資産査定によって2013年末時点で資本不足と見なされ，3年後の2016年時点でも最悪のシナリオの下では資本不足の解消が困難と判断されストレステストで不合格となった銀行も，2014年に入り相次いで増資を行ったことにより，最終的に不合格とされた銀行の数は13行へと減少した[25]．同じく，ユーロ圏の大手銀行の自己資本不足額も，当初の246億ユーロから100億ユーロ弱へと減少した[26]．要するに，包括的資産査定とストレステストは，ユーロ圏の大手銀行に大規模な資本増強を迫るものとはならなかった．投資家や市場は結果を概ね好感を持って迎え[27]，その意味で首尾よく所期の目的は達成されたといえる．

表 5-1　包括的資産査定とストレステストの結果

	銀行	2016 年時点の資本不足[1]	調達ないし転換された純コア Tier1 資本[2]
オーストリア	Österreichische Volksbanken-AG with credit institutions affiliated according to Article 10 of the CR	0.86	—
ベルギー	AXA Bank Europe SA	0.20	0.14
ベルギー	Dexia NV	0.34	—
キプロス	Bank of Cyprus Public Company Ltd	0.92	1.00
キプロス	Co-operative Central Bank Ltd	1.17	1.50
キプロス	Hellenic Bank Public Company Ltd	0.28	0.10
ドイツ	Münchener Hypothekenbank eG	0.23	0.41
フランス	C.R.H.-Caisse de Refinancement de l'Habitat	0.00	0.25
ギリシャ	Eurobank Ergasias	4.63	2.86
ギリシャ	National Bank of Greece	3.43	2.50
ギリシャ	Piraeus Bank	0.66	1.00
アイルランド	Permanent tsb plc.	0.85	—
イタリア	Banca Carige S.P.A.-Cassa di Risparmio di Genova e lmperia	1.83	1.02
イタリア	Banca Monte dei Paschi di Siena S.P.A.	4.25	2.14
イタリア	Banca Piccolo Credito Valtellinese	0.38	0.42
イタリア	Banca Popolare Dell'Emilia Romagna-Società Cooperativa	0.13	0.76
イタリア	Banca Popolare Di Milano-Società Cooperativa A Responsabilità Limitata	0.68	0.52
イタリア	Banca Popolare di Sondrio	0.32	0.34
イタリア	Banca Popolare di Vicenza-Società Cooperativa per Azioni	0.68	0.46
イタリア	Banco Popolare-Società Cooperativa	0.43	1.76
イタリア	Veneto Banca S.C.P.A.	0.71	0.74
ポルトガル	Banco Comercial Português	1.14	−0.01
スロベニア	Nova Kreditna Banka Maribor d.d.	0.03	—
スロベニア	Nova Ljubljanska banka d.d.	0.03	—
	総　計	24.19	17.90

注：1. 2016 年時点での最大の資本不足．
　　2. 転換されない偶発転換手段を含まない．
出所：European Banking Authorities (2014), *Results of 2014 EU-wide stress test -Aggregate Result-*,

(単位：10億ユーロ)
増資後の2016年での資本不足
0.86
0.07
0.34
−
−
0.18
−
−
1.76
0.93
0.85
0.81
2.11
−
−
0.17
−
0.22
−
−
1.15
0.03
0.03
9.52

p. 38.

しかし，結果を詳細に分析すれば，決して万全といえるものではなかったことが明らかとなる．まず，ユーロ圏大手銀行の自己資本の査定にあたっては，バーゼル3の暫定基準が用いられることになったが，繰述税金資産の自己資本への算入が容認されるなど，バーゼル3完成時に適用される基準に比べると緩いものであった．仮に完成時（2018年）の基準を適用すると不合格となる銀行の数は増え，その中には，ドイツ銀行をはじめとするドイツの大手銀行数行や，ウニクレディットやメディオバンカといったイタリアの大手銀行が含まれていた[28]．フランスの場合，査定途中の段階はともかく，最終的には1行も不合格とならなかったことから，ノワイエ仏中銀総裁は「フランスの銀行はユーロ圏で最善の状況にある」と，例によって成果を自画自賛した[29]．しかし，ニューヨーク大学スターン・ビジネス・スクールのアチャラらが行った，2013年上半期までのデータに基づくストレステストの推計によれば，フランスの銀行の資本不足がユーロ圏で最悪とされた．金融危機が最悪であった時期には，フランスの銀行には，アメリカやイギリスの銀行を上回る，4,000億ドルの資本不足が生じ，ECBとEBAによって行われた今回のストレステストでは，フランスの銀行の資本不足は0と査定されたものの，彼らのストレス・シナリオに基づく推計によれば，フランスの銀行の資本不足は2013年上半期時点で2,220億ユーロと，同国のGDPの13％にも相当した[30]．

加えて，今回のストレステストの問題点は，レバレッジ比率（ノンリスク・ベースのエクスポージャーに対する自己資本の比率）を課さなかったことにある．レバレッジ比率は，バーゼル3で自己資本比率規制を補完し，エクスポージャーの積み上がりを抑制する目的で導入が予定され，アメリカのFRBによるストレステストでは，バランスシートの強さを測る全般的尺度の1つとして採用されている[31]．にもかかわ

らず，今回のユーロ圏の大手銀行に対するストレステストでは，レバレッジ比率は用いられなかった．ECB はその理由を明らかにしていないが，仮にレバレッジ比率が適用されていれば，14 行が基準の 3% に達せず不合格になったとしている[32]．同じく，ユーロ圏がデフレに陥るシナリオや，訴訟による巨額の賠償金や和解金等による損失の可能性も，今回のストレステストには盛り込まれていなかった．ギリシャをはじめ南欧諸国の銀行は，資金調達を依然 ECB に頼ったままであったにもかかわらず，そのことも資産査定では不問に付された[33]．

そもそもユーロ圏の大手銀行は巨額の資産を抱えており，これら大手銀行のリスク評価は，バーゼル 2 と同じく，バーゼル 3 の下でも資産ごとに当該銀行の内部リスク評価モデルに基づいて行われている．従って，内部モデルによる評価如何でリスク評価の結果も大きく異なることになる．それゆえ，包括的資産査定やリスク評価にも，たぶんに裁量や恣意的な判断が入り込まざるを得ない．ユーロ圏の場合，問題をさらに複雑にしているのが，19 カ国もの国々がこれに参加していることである．銀行の監督・規制に関して，19 もの異なる法的枠組みが存在し，これを統一——少なくとも調和——させなければならず，不良債権の定義 1 つをとっても調整作業は容易なことではなかった．銀行の監督・規制体制に関しても，中央銀行が兼ねているケースと別々の組織に分かれているケースが存在している．今回の包括的資産査定とストレステスト，今後の SSM の運営に関しては，ECB と EBA，そしてユーロ圏各国の監督・規制当局がチームを組み，協力して任務に当たることになったが，多くの課題を積み残したまま，いわば突貫工事で作業を進めた感が強い．EU はユーロ導入のためには 9 年の準備期間を費やし周到な準備を行ったが，今回の SSM の立ち上げには 1 年足らずの準備期間しかなかった．ECB は，包括的資産査定とストレステストを経て，2014 年 11 月からユーロ圏の大手銀行に対する監督・規制という新たな業務を担うようになったが，この業務に十分な職員を配置しておらず，そのため職員や管理職には厳しいプレッシャーと過重な労働が課され，職員の 3 分の 1 近くに「燃え尽き症候群」が見られ，現場からは絶えず不満の声が上がっている[34]．SSM の課題や運営上の問題点に関しては後に論じるが，いずれにしても，今回の包括的資産査定とストレステストは，あくまで暫定的

なものに過ぎない．加えて，ユーロ圏の大手銀行による必ずしも適切とはいえない資産の自己資本への算入や，自国の銀行が不合格とならないように各国政府によって行われたあからさまな支援，さらにはユーロ圏の監督・規制当局の融和的な姿勢は，ユーロ圏の銀行に抜本的な改革を通じて経営体質の強化を促し，金融システムの安定化や金融ナショナリズムの克服を目指すという，銀行同盟本来の目的に照らしてはたして相応しいものであったのかどうか，大いに疑問が残るといわざるを得ない．それは，銀行同盟の創設に伴う中央集権的な監督・規制体制への移行にもかかわらず，銀行の行動を律し各国政府の介入を排除することが如何に困難であるかを暗示しているともいえる．

1.3 「大き過ぎて潰せない」銀行問題

ユーロ危機の主要な原因の1つは，ユーロの誕生と共に著しいリスクテークに走ったユーロ圏の大手銀行の行動にあった．ユーロ圏の大手銀行は，リーマン・ショック発生直後，英米の大手金融機関同様，破綻寸前となっただけでなく，ユーロ危機が頂点に達した2011年末にも深刻な流動性危機に陥り，破綻寸前に追い込まれた．自国政府による救済やECB，FRBの支援がなければ，相次いで破綻を余儀なくされ，世界は1930年代以来の金融恐慌に突入していたかもしれない．

その後ユーロ圏の経済状況が決して思わしくない中でも，これらユーロ圏の大手銀行は，自国政府による手厚い保護やECBによる支援にも支えられ，リストラ・再編を通じて収益の改善に努めてきた．その結果，2013年以降ユーロ圏の大手銀行の収益は改善傾向にあり，概ね2013年段階で自己資本比率を8％以上に保つバーゼル3基準を達成した．また，ユーロ圏の大手銀行は，アメリカの大手銀行同様，危機を経て資産規模を拡大させ――ドイツ銀行のように，その後のリストラ・再編で総資産の圧縮を進めている銀行もあるが――，危機以前からそうであったが，ベネルックス諸国やフランス，南欧諸国（イタリアを除く）では，銀行市場の寡占化が進行している[35]．

ユーロ圏の大手銀行の中で，危機発生以降特に復活が顕著であったのは，フランスの大手銀行であった．例えば，2007年8月の「パリバ・ショック」によって，グローバルな金融危機発生の最初の引き金を引いたといわれるフラン

ス最大手の BNP パリバの場合，同じフランスのソシエテ・ジェネラルやクレディ・リヨネ同様，グローバルな金融危機によってトレーディング勘定で巨額の損失を負い，一時は破綻寸前に追い込まれた．さらに，2011 年夏以降アメリカの MMF の引き上げによって資金調達に窮し，同じく深刻な状況に追い込まれた（図 3-4）．にもかかわらず，BNP パリバはその後急速に立ち直り，2013 年には今回の危機で破綻しベルギー政府によって国有化されたフォルティスを傘下に収め[36]，経営状況の思わしくないイギリスの RBS とドイツのコメルツ銀行から，前者からはリテールの仕組み商品やエクイティ・デリバティブを，後者からは資産預かり部門をそれぞれ手に入れた[37]．さらに，オランダのラボバンクからポーランドの銀行 BGŻ（Bank Gospodarki Żywnościowej）の持分を買い取り[38]，ユーロ圏の銀行が撤退する中でアジアにおけるビジネスの強化も図ろうとしている[39]．傘下のカーディフは保険業務も手掛けている．なるほど，フランス経済の長期にわたる低迷や，ロシアとの緊張の増大に伴う中東欧ビジネスの不透明性，さらに BNP パリバの場合，アメリカにおける制裁違反により科された巨額の和解支払い等の問題もあるものの，短期間で危機から立ち直り，巨大金融コングロマリットへの道をひた走っているように見える．

　未曾有の危機を引き起こし，自らも破綻寸前に追い込まれたにもかかわらず，ユーロ圏の大手銀行が急速に危機から立ち直り，より巨大化・複雑化している背景には，各国政府や ECB からの強力な支援があることはいうまでもない．政府は大手銀行の破綻による経済的，社会的混乱を恐れ，中央銀行も金融システムの麻痺を恐れて，大規模な公的資金の注入や巨額の流動性の供給を通じて，救済に必死となった．また，大手銀行の場合，緊急時の支援に留まらず，平時においても政府や中央銀行による保護や暗黙の保証がバックに付くことで格付評価や投資家の信頼もより高くなり，資金調達コストが低下することで，利益が嵩上げされることになる[40]（図 5-5）．こうして「大き過ぎて潰せない銀行」は，文字通り危機に直面しても潰れることなく生き残り，さらに巨大化・複雑化する．BNP パリバを筆頭とするフランス 5 大銀行の総資産は，2011 年段階でフランスの GDP の実に 3 倍に達する一方，総資産に対するエクイティ比率（レバレッジ比率）は，同時期には 3% 以下に留まっていた[41]．フランスの大

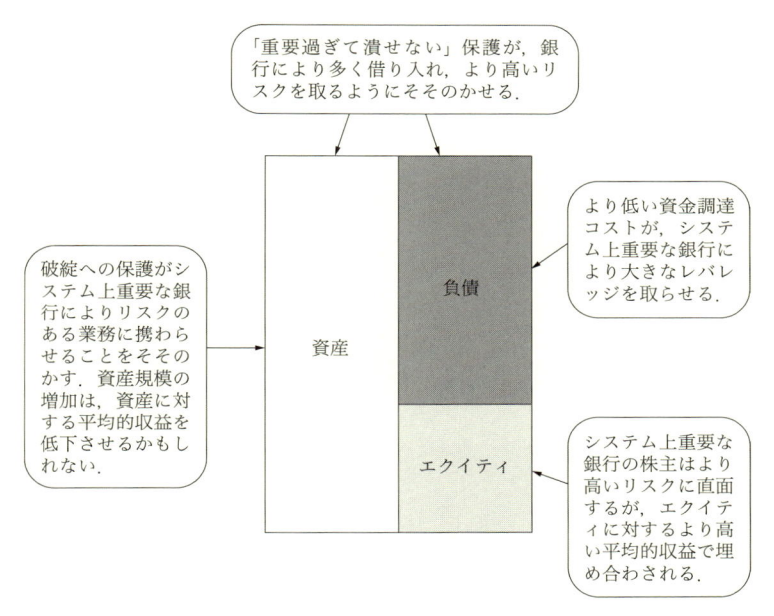

第5章　銀行構造改革と銀行同盟の虚実　　187

図中のテキスト：

- 「重要過ぎて潰せない」保護が，銀行により多く借り入れ，より高いリスクを取るようにそそのかせる．
- より低い資金調達コストが，システム上重要な銀行により大きなレバレッジを取らせる．
- 破綻への保護がシステム上重要な銀行によりリスクのある業務に携わらせることをそそのかす．資産規模の増加は，資産に対する平均的収益を低下させるかもしれない．
- システム上重要な銀行の株主はより高いリスクに直面するが，エクイティに対するより高い平均的収益で埋め合わされる．

（図中ラベル：資産／負債／エクイティ）

出所：IMF (2014), *Global Financial Stability Report*, April, Chapter 3., p. 3.

図5-5　重要過ぎて潰せない銀行の保護効果

手銀行がいかにリスキーなビジネスを行っているかが分かる．

　危機の発生以降，アメリカやイギリス，スイスの大手銀行同様，ユーロ圏の大手銀行に関しても，数々の不正行為や違法取引が明らかとなり，不正行為を行った元トレーダーや行員の逮捕や解雇が相次いでいる．相次ぐ訴訟や罰金，さらには銀行監督・規制の強化に伴う負担も相当な金額に上り，収益を圧迫する大きな要因となっている．しかし，不正行為や違法取引に関しては，専ら個人の犯罪として処罰され，組織としてのそれに関しては，ユーロ圏の大手銀行の場合も，銀行免許の剝奪に至るような刑事訴追の対象にはならず，専ら和解によって処理されている．それゆえ，いかに巨額の賠償金を一時的に科されようとも，彼らが稼ぐ収益からすればそれほど大きな負担とはならず，むしろ損失を取り戻すためにも，よりアグレッシブなビジネスを追求しようとするといわれる[42]．アメリカの制裁対象国と違法な取引を行ったとして，89億ドルもの和解金を支払うことになったBNPパリバの場合も[43]，まさにその典型とい

えるかもしれない．

　実際，LIBORや為替相場の不正操作でも明らかになったように，一握りの巨大銀行がますますグローバルな金融ビジネスを支配し，独占的なカルテルの下で権力を濫用することで，危機が生じる可能性が高まっている．にもかかわらず，大手銀行による市場の寡占化を阻止することは決して容易ではない．というのも，金融規制の強化・厳格化により，銀行は様々な規制への対応やコンプライアンスの遵守が求められ，それに伴って法務費用は著しく増大するものの，中小の銀行はこれに対応できず，結果的に巨額の法務費用負担に耐えることのできる大手銀行だけが生き残り，金融ビジネスの寡占化が進行するからである[44]．

　無論，EUの当局も，アメリカの当局同様，ユーロ圏の大手銀行が巨大化・複雑化する状況を，手を拱いて見ていた訳ではない[45]．EUでも，金融危機が最高潮に達した時期には，世論の圧力に押されて「大き過ぎて潰せない」銀行の解体も議論に上った．特にEUの場合，ユーロ圏の大手銀行に典型的なユニバーサルバンキング・システムのあり方が大きな問題となった．

　ユーロ圏の大手銀行は，商業銀行業務と投資銀行業務を兼営し，後者には，トレーディング（マーケット・メイキングや自己勘定取引），ブローカー・引受業務，デリバティブ取引，証券化，資産管理業務等の資本市場関連ビジネスが含まれる．第3章で見たように，金融危機発生以前，ユーロ圏の大手銀行は，ユニバーサルバンキング・システムの下で，商業銀行部門で受け入れた一般預金やホールセール市場で調達した資金を投資銀行部門のビジネスに回し，高いリスクを取りながら活発なトレーディングを行っていた．そのことが危機の際の経営破綻につながったが，投資銀行業務の失敗による破綻は，EUでも本来救済の対象外であった．ところが，ユーロ圏の大手銀行は，ユニバーサルバンキング・システムの下で預金受入業務を営み，決済システムにおいても重要な役割を担っていたことから，容易に潰すわけにはいかなかった．翻って，そのことが，ユーロ圏の大手銀行のモラルハザードを生み，過剰なリスクテークの一因になっていたともいわれる[46]．要するに，公的なセーフティネットで守られた銀行が，システミック・リスクを伴う過剰なトレーディングを行い，経営破綻に直面したために，秩序だった破綻処理が困難となり，結果的にユーロ圏

各国政府は，巨額の公的資金の注入による大手銀行の救済を余儀なくされた．金融危機の発生以前には，銀行の規模は大きければ大きいほど，また業務も多様であればあるほど，経営の安定性が高まるとされ，業務の多様性に関しては，ユニバーサルバンキングの場合，商業銀行業務と投資銀行業務が互いに補い合うことで収益源が多様となり，同時にリスクの分散も図れることで，より高い収益や経営の安定性が担保されるとされていた[47]．ところが，危機によって，規模の経済や範囲の経済による利益は，確かなものとはいえず，仮にあるとしても一定の水準までであり，それを超えると不経済（diseconomies）が生じることが明白となった[48]．すなわち，大手銀行が，その規模や業務範囲を著しく拡大させるにつれて，経営管理上著しい複雑さや部門間での利益相反が生じ，持続可能なビジネス・モデルと調和させることが難しくなっていった．加えて，EUの銀行システムは，比較的少数の巨大で相互に緊密に結びついたユニバーサルバンキング・グループによって支配されており，個々の銀行グループ・レベルにおける業務の拡大や多様化は，実際のところ，お互いのビジネス・モデルをより似たようなものにすることで，銀行システム全体をショックに対してより脆弱にしていた．そのため，一旦危機が発生すると，個々の銀行グループの破綻に留まらず，EUの銀行システム全体さらにはグローバルな金融システムの破綻にさえ繋がりかねないシステミック・リスクに発展し，各国政府や中央銀行による大規模な救済が避けられないものとなった[49]．よって，危機で露呈したEUの銀行システムとりわけユニバーサルバンキング・システムの持つ問題点を検証し，解決策を探るために，フィンランド中央銀行総裁リーカネンを長とする専門家による検討委員会（リーカネン委員会）が設立されることになった．

2. 銀行構造改革とその行方

2.1 リーカネン報告をめぐる攻防と帰結

リーカネン委員会は，2012年10月に最終報告書（リーカネン報告）を提出した[50]．報告書の中では，今回の金融危機の背景やユニバーサルバンキング・システムの持つ問題点について，詳細で包括的な分析・検討が行われ，論理お

および結論の方向性としては，大手ユニバーサルバンクの解体の必要性を示唆していた．にもかかわらず，EUの銀行部門におけるユニバーサルバンキングの重要性や現状に鑑み，ユニバーサルバンクから投資銀行業務を切り離す，EU版グラス・スティーガル法ともいうべきラディカルな構造改革案は退けられ，代わりにトレーディング業務を銀行グループ内の別の法人（legal entity）に移すことが提案された[51]．リーカネン報告でいうトレーディング業務には，銀行による自己勘定取引だけでなく，マーケット・メイキングなど顧客のために行う業務も含まれていた．というのも，今回の危機で問題とされた銀行による自己勘定取引は，問題の一部に過ぎないかも知れず，リスクはマーケット・メイキングに含まれる全ての資産やデリバティブ・ポジション，ヘッジファンドやSIVs向けのローンや信用エクスポージャー，プライベート・エクイティ投資等からも生じる可能性があるからであった[52]．リーカネン報告の提案は，ユニバーサルバンクの解体案に比べれば，はるかに穏健なものであった．にもかかわらず，ヨーロッパの銀行業界からは勿論のこと，EUのいくつかの政府や監督・規制当局，中央銀行からも，不必要で過剰な規制を行おうとしていると強い反発を受けることになった[53]．

その後，リーカネン報告を叩き台として，より具体的な銀行構造改革案の検討が進められることになり，その一環として利害関係者に対するヒアリングも行われた．このうち消費者（団体および個人）は，リーカネン報告の提案した業務分離やよりラディカルな構造改革案に賛成する一方，銀行はトレーディング業務の分離を含む改革案に真っ向から反対し，企業も改革案はコスト増に繋がりかねないとして慎重意見が大半を占めた[54]．銀行がトレーディング業務の分割に抵抗するのは，それが投資銀行業務における重要な収益源の1つであるからにほかならない．トレーディング業務は，金融危機発生の際に大手銀行が破綻の瀬戸際に追い込まれる主要な要因の1つになったが，その後はむしろ収益の改善に貢献してきた．ユーロ圏の銀行の中でも，特に独仏の銀行の場合，トレーディングのために保有されている資産は，依然3割近くに及び（図5-6），規模別では，ユーロ圏の大手銀行ほど，トレーディングのための資産をより多く保有している（図5-7）．フランスの場合，2012年半ばの時点で，BNPパリバ，ソシエテ・ジェネラル，クレディ・アグリコル，ナティクシスの上位

第5章　銀行構造改革と銀行同盟の虚実　191

凡例：
- ■ ローンと、金融リースを含む受け入れ可能なもの
- トレーディングのために保有される金融資産
- ⊠ 売却に利用可能な金融資産
- ▨ 満期まで保有される投資商品
- 現金及び中央銀行との現金勘定
- 利益ないし損失を通じて時価評価で示される金融資産
- □ その他

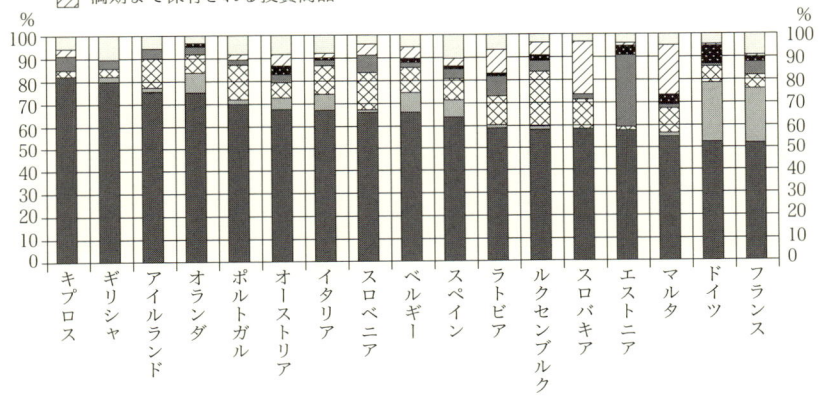

（棒グラフ：キプロス、ギリシャ、アイルランド、オランダ、ポルトガル、オーストリア、イタリア、スロベニア、ベルギー、スペイン、ラトビア、ルクセンブルク、スロバキア、エストニア、マルタ、ドイツ、フランス）

注：国際会計基準で報告を行っている銀行のみ．フィンランドについてはデータが利用できない．その他の資産は、ヘッジ目的のデリバティブや、有形（たとえば、土地）・無形資産や投資商品を含む．
出所：European Central Bank (2014), *Banking Structures Report*, October, p. 17.

図 5-6　ユーロ圏の銀行部門の資産分類（2013年；全ての国内銀行；総資産の%）

4行が、フランスのGDP（2兆7,700億ユーロ）に匹敵する2兆500億ユーロのトレーディング資産を保有していたといわれる[55]．

確かに、ユーロ圏の大手銀行は、目下事業のスピンオフや人員削減と並んで、トレーディング業務の縮小による資産圧縮にも努めている．しかし、ユーロ圏の大手銀行の場合、規制をクリアするためにやむなく行っているのであって、イギリスやスイスの大手銀行のように、トレーディング業務そのものから撤退を考えているわけではない．例えば、ドイツ銀行は、レバレッジ比率引き上げのために、目下トレーディング業務の縮小による総資産の圧縮を進めているものの、バークレーズやUBSなどヨーロッパのライバル行が次々と撤退しつつある状況を好機と捉え、ヨーロッパで唯一のグローバルな投資銀行に留まるべく、債券や為替を中心とするトレーディング業務を戦略の柱にする姿勢を変えてはいない[56]．BNPパリバをはじめフランスの大手銀行もおそらく同様の考

192

■ ローンと，金融リースを含む受け入れ可能なもの
■ トレーディングのために保有される金融資産
⊠ 売却に利用可能な金融資産
▨ 満期まで保有される投資商品
■ 現金及び中央銀行との現金勘定
□ 利益ないし損失を通じて時価評価で示される金融資産
□ その他

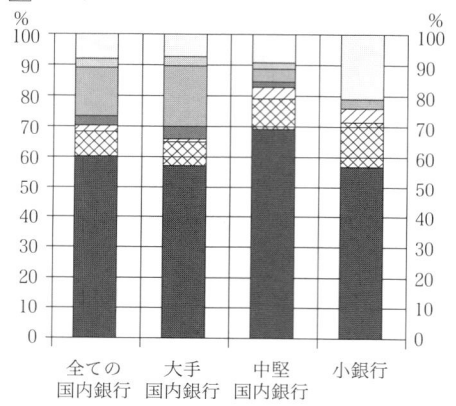

注：国際会計基準で報告を行っている銀行のみ．その他の資産は，ヘッジ目的のデリバティブや，有形（たとえば，土地）・無形資産や投資商品を含む．
出所：European Central Bank (2014), *Banking Structures Report*, October, p. 18.

図 5-7　ユーロ圏の銀行の規模別資産分類
（2013 年；全ての国内銀行；総資産の%）

えであろう．加えて，現行の規制も，トレーディング業務に対する自己資本比率の低さから生じる相対的な収益率の高さによって，大手銀行に商業銀行業務よりもトレーディング業務を好むようにさせる誘因を提供しており，バーゼル3移行後もそれはなくならないと見られている[57]．市況回復の暁には，再びトレーディング業務の拡大を狙っており，よってユーロ圏の大手銀行，特に独仏の大手銀行が，トレーディング業務の規制・分離を望まないのは当然であったといえる．

トレーディング業務が自国の大手銀行にとって重要な収益源になっている独仏両政府も，当然の如くトレーディング業務の分離を勧めるリーカネン報告の提案に反対した．ドイツ政府は，自己勘定取引や一部のヘッジファンドとの間の取引，高頻度取引を商業銀行業務から切り離し，2017年までに十分な資本や準備を積むことをドイツの銀行に義務付けたが，顧客のために行うトレーディング業務の分離は行わず，ユニバーサルバンキング・モデルの温存を図った[58]．同じく，フランス政府も，自己勘定取引は禁じたものの，マーケット・メイキングは認めるなど，リーカネン報告の提案とは異なる対応をとった．実際，自己勘定取引の規模は，独仏の銀行の場合，著しく限られており，仮にこれが分離されたところで，大手銀行のビジネスにはほとんど影響を与えないといわれている[59]．

2014年1月にヨーロッパ委員会のバルニエ委員（域内市場・金融サービス担当）から，銀行構造改革に関する最終提案がなされた[60]．同提案は，5年にも及んでいる「大きすぎて潰せない」銀行問題に対するEUの闘いの柱とされ，同提案によれば，総資産が少なくとも300億ユーロで，700億ユーロもしくは総資産の10%に相当するトレーディング業務を行うEUの約30行のG-SIIs (Global Systemically Important institutions) については，2018年より自己勘定取引が禁止される．また，自己勘定取引以外のシステミック・リスクを伴うトレーディング業務（顧客のための取引）については，監督当局に対して銀行にグループ内の別法人に分離して行わせる権限が与えられるものの，銀行が金融システムに脅威を与えることなく他に適切な手段でリスク管理が可能であることを示すことができるのであれば，敢えて分離を求めなくてもよく，その点については，監督当局の判断や裁量に委ねられることになった．

バルニエの提案に対しては，独仏両政府に加え，ユーロ圏に属さないスウェーデン，ポーランド，チェコからも反対の声が上がった．反対はトレーディング業務のうち，特にマーケット・メイキング業務の取り扱いに向けられ，マーケット・メイキングをグループ内の別の法人に分離しなければならないことになれば，顧客の企業向け金融サービスの提供に悪影響を与えかねないというものであった．特に強硬だったのはスウェーデンで，銀行の様々に異なるタイプの業務の間に「人為的で官僚主義的な」障壁を設けようとする，EUによる如何なる動きに対しても反対するとの意見表明を行った[61]．また，ヨーロッパ議会の経済・金融問題担当者からも，提案が遅すぎて議会で詳細に検討する時間がないことや，提案は官僚主義的で監督機関に強大な権限を与え，分離の判断を監督機関の裁量に委ねることで競争条件の歪みをもたらしかねない一方，リーカネン報告の提案に比べて，要監視対象の銀行と禁止・分離すべき業務が限定され，多くの銀行に規制逃れや自己勘定取引以外のリスクを伴う取引を許すことになっているとの批判が寄せられた[62]．リーカネン報告は，規模やビジネス・モデルに関係なく，すべての銀行を対象にマーケット・メイキングを含むトレーディング業務の分離を提案していた．これに対してバルニエの提案では，「顧客のための取引」という名目で事実上多くのリスキーな取引が容認されるだけでなく，EUの約30行のトップ以外の銀行——その中には，かなり大き

な規模の銀行も含まれる——は，トレーディング業務の分離や自己勘定取引の禁止規定から免れることになっていた．最後にユーロ圏の大手銀行は，当然のことながらバルニエの提案にも真っ向から反対した．

そもそもヨーロッパ委員会は，大銀行を分割することによって生じる政治的不穏や，ライバルの非EU銀行に競争優位を与えることをおそれ，ラディカルな改革には乗り気でなかったといわれる[63]．提案者であるバルニエも，2014年10月末に任期満了が決まっていたために，在任中に波風を立てることを望まず，結局銀行構造改革案の法制化を断念し，その処理は後継者に委ねられることになった．この間に，アメリカではボルカー・ルールが，そしてイギリスでもビッカーズ・ルールが施行されている状況と比較すると，いかにこの問題に関するEUの改革の取り組みが鈍くて意欲に欠けているかが分かる．銀行構造改革問題を担当していたバルニエ自身，銀行の規模や業務範囲に対する制限がヨーロッパにおける「大き過ぎて潰せない」銀行問題の適切な解決策になるとは考えていなかったといわれ[64]，提案の責任者からしてそのような考えの持ち主であったとすれば，結果は推して知るべしであった．

このように，銀行構造改革に関するEUの姿勢は大きく後退し，穏健な改革案を提示したリーカネン報告すら，大手銀行を中心とする銀行業界の激しい抵抗や独仏両政府をはじめとする各国政府の強い反対により，事実上骨抜きにされる形となった．EU当局は，銀行構造改革を諦め，銀行同盟の下でのSSMによるユーロ圏大手銀行の監視・規制の強化や，破綻の際のベイル・インの導入によって「大きすぎて潰せない」銀行問題の解決を図ろうとしているように見える．しかし，リーカネン報告は，それらの対策では十分でないと考えたからこそ，穏当でかつ受け入れ可能な案として銀行内の別組織へのトレーディング業務の分離を提案したのであった．然るに，リーカネン委員会の提案はもとより，それをさらに弱めたバルニエ提案ですら，容易に受け入れ可能とはならなかった．バルニエ退任の後，新しい委員会の下で銀行構造改革案の再提案が行われ，2015年6月19日のEU財務相会議で基本的に合意を見た[65]．再提案では，バルニエ提案で700億ユーロとされた規制の対象となるトレーディング業務の下限が1,000億ユーロに引き上げられるなど，バルニエ提案からも——若干ではあるものの——さらに後退した内容となっている．既に，ビッカー

ズ・ルールを導入しているイギリスは，改革案の規制の対象から外されているが，EU の規制案はイギリスのビッカーズ・ルールよりも緩く，英米に比べてEU の改革姿勢の後退が鮮明となっている．

2.2 ユーロ圏の銀行システムの構造的脆弱性

ユーロ圏の銀行システムは，2013 年以降回復基調にある．にもかかわらず，ユーロ圏の銀行システムは依然脆弱で，不安定化のリスクは解消されてはいない．

IMF の推計によれば，ユーロ圏の銀行の不良債権残高は，2009 年初めの4,000 億ユーロから 2014 年末には 9,000 億ユーロを超え，うち約 6,000 億ユーロが危機に陥った諸国の不良債権となっている（図 5-8-1）．スペインとポルトガルでは，経済環境の好転を受けて改善の兆しが見られるが，ユーロ圏全体として銀行の不良債権は，依然高水準に留まっている．その背景には，長期にわたる経済の低迷の中で，家計や民間企業が高水準の負債を抱え，銀行の貸付債権が劣化する一方，新規の資金需要も容易に伸びず，収益が低迷していることがある[66]．特に危機に陥った国々の場合，銀行の不良債権は専ら国内のエクスポージャーから発生している．厳しい緊縮政策により政府の支出が抑制され，危機の原因と見なされた財政赤字が縮小し，銀行のデレバレッジも進む一方，需要不足による国内経済の停滞が，銀行の民間部門に対する貸付債権の劣化やそれに伴う貸倒引当金の積み増しと並んで，民間部門における資金需要の低迷を招いている（図 5-2）．政府による財政赤字の削減や銀行のデレバレッジの速度に比べて，民間非金融企業や家計のデレバレッジの速度は緩慢で，そのために金利が低水準にあっても信用需要は伸びない[67]．例えば，アイルランドは，危機に陥り支援を仰いだ国の中で最初に救済プログラムから脱し，2014 年 3月に国債市場に復帰することで，事実上ソブリン危機から脱した．にもかかわらず，アイルランドの銀行が保有する不良債権は増大し，総信用エクスポージャーに対する不良債権比率は，ギリシャやスロベニア，ポルトガル，キプロスと並んで高水準にある（図 5-8-2）．

とはいえ，ユーロ圏の銀行部門が抱える問題は，決して今回の危機によるものだけではない．ユーロ圏の銀行部門は，あまりに多過ぎるプレーヤーを抱え，

1. 不良債権残高（10億ユーロ）

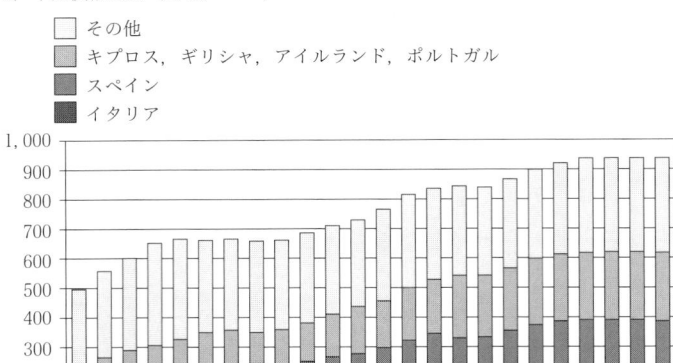

   - その他
   - キプロス，ギリシャ，アイルランド，ポルトガル
   - スペイン
   - イタリア

2. 不良債権化している資産：各国別（サンプル資産の%）

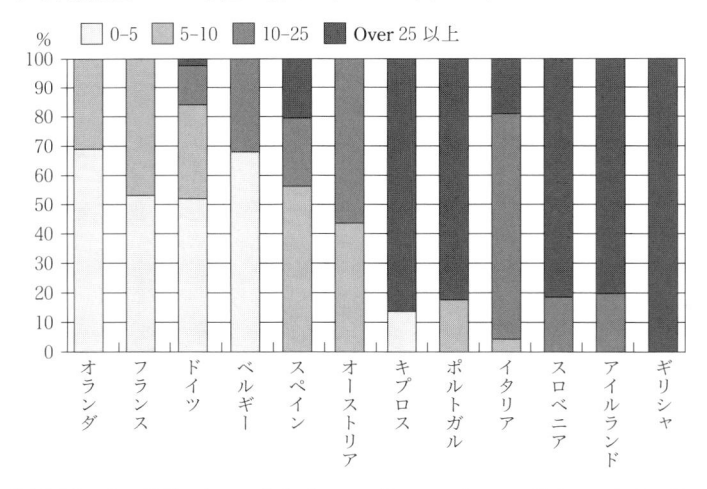

   0-5　5-10　10-25　Over 25 以上

   （国別：オランダ，フランス，ドイツ，ベルギー，スペイン，オーストリア，キプロス，ポルトガル，イタリア，スロベニア，アイルランド，ギリシャ）

注(上図)：その他は，オーストリア，ベルギー，フランス，ドイツ，オランダからなる．
注(下図)：ECBの包括的資産査定に参加している12か国106行のサンプルに基づく．銀行は，不良債権化しているエクスポージャーにより並べ替えられている．
出所：IMF (2015), *Global Financial Stability Report*, April, p. 21.

図 5-8　ユーロ圏の銀行の不良債権

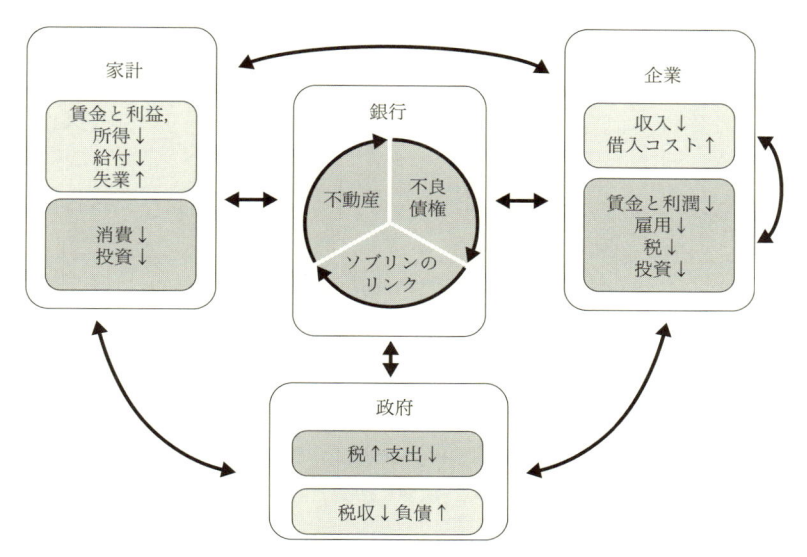

第5章　銀行構造改革と銀行同盟の虚実　　197

出所：IMF (2014), *Jobs and Growth: Supporting the European Recovery*, p. 13.

図 5-9　経済主体間の悪循環のループ

寡占化の進むホールセール部門でも，図体は大きいものの長期的に有効なビジネス・モデルを欠いた銀行群が犇きあっているといわれる[68]．ユーロ圏の銀行は，アイルランドの銀行部門の7倍を筆頭に，それぞれの国のGDPの数倍に上る総資産を保有し，ユーロ導入以降その規模は平均で2倍（最大のスペインは3倍強）に達していた[69]．従って，一旦銀行部門に問題が生じれば，政府の財政に大きな負担が生じるのは自明のことであった（図5-9参照）．案の定，危機の発生により，ユーロ圏の銀行部門は救うにはあまりに大き過ぎることが判明し，低成長と強まる規制といった厳しい経営環境の下で，ユーロ圏の多くの銀行はただ生き残りのためだけに格闘しているといわれる[70]．ユーロ圏の大手銀行の中には，ホールセール・ビジネスや投資銀行業務の失敗と規制強化に懲りて，リテール・ビジネスやトランザクション・バンキング，資産管理ビジネスにシフトしようとする動きも見られる．しかし，これらのビジネス分野も多すぎるメンバーに苦しみ，激しいパイの奪い合いが恒常化している．要するに，多過ぎる銀行と熾烈な銀行間競争，それによる低いマージンと低収益とい

ったユーロ圏の抱える構造的な問題は，今回の危機以前から存在していた．そもそもユーロ圏ないしヨーロッパの銀行が，ハイリスクの投資銀行業務や不動産融資，アグレッシブな国際化にのめり込んでいった背景には，国内銀行市場の飽和や趨勢的なマージン・収益の低下といった構造的な要因が存在していた[71]．危機を経て，ユーロ圏ないしヨーロッパの銀行は，再び同じ問題に直面しているといっても過言ではない．

スペインでは，危機を経て銀行部門の構造改革や再編が劇的に進んだ．危機に見舞われた他のユーロ圏の国々とは異なり，不良債権の処理も——その絶対的水準は，依然高いとはいえ——急速に進展しつつある．しかし，トロイカの一員としてスペインの銀行部門の改革に加わったIMFも，改革の進展を高く評価する一方で，スペインの銀行部門には依然多くの課題が残されていることを指摘している．具体的には，不良債権処理の増大に伴う貸倒引当金の増加や資本不足，低迷している民間部門の資金需要や優良顧客の払底，高い国債依存度，相対的に高い資金調達コスト，それらの結果としての低収益による銀行経営の圧迫等を挙げている[72]．過剰な不動産融資の破綻によってスペインにおける危機の元凶となった貯蓄銀行のカハに関しても，ESMを通じた救済の条件として大掛かりな統合・再編が行われ，業務の大部分が新たに設立された商業銀行にスピンオフされた．同時に，銀行に対する監督体制の強化や企業統治の改善など，法律・制度面での改革もなされた．しかし，それらの法律・制度改革が実際に有効に機能するかどうかは，今後の銀行の経営如何に懸かっているといわれる[73]．

イタリアの場合，スペインと同じく銀行が金融システムの中心に位置し，中小企業を中心に銀行への依存度は著しく高い（図3-6）．しかし，国内の信用・不動産ブームが破綻したスペインとは異なり，イタリアの国内銀行部門は金融危機の影響を直接受けることはなかった．とはいえ，イタリアの銀行部門は，かねてより銀行の過剰と低い業務効率による低収益に悩まされ続けてきた[74]．しかも慢性的な低成長と危機発生以降の深刻な不況により顧客の企業が倒産し，不良債権が増大する一方，有力な企業は次々とイタリアを離れ国外に流出することで，銀行は優良な貸出先を失っている[75]．2011年末にユーロ危機が頂点に達した時には，イタリアの銀行も巻き込まれ，信用不安により資金

表 5-2　ECB からの流動性供給への依存[1]

(10億ユーロ)

	MRO	LTROs	その他（緊急流動性支援を含む）[2]	ECB 依存
オーストリア	—	—	—	18
ベルギー	0	40	0	40
フランス	3	173	1	177
ドイツ	2	74	1	76
ギリシャ	28	2	101	131
アイルランド	12	67	38	117
イタリア	4	273	0	277
オランダ	—	—	—	26
ポルトガル	5	51	0	56
スペイン	71	329	0	400

注：1. 2012年9月の残高.
　　2. 緊急流動性支援（ELA）は各国中央銀行のバランスシートからは除かれている.
出所：van Rixtel, A. & Gasperini G. (2013), 'Financial crises and bank funding: recent experience in the euro', BIS Working Papers, No. 406. p. 21.

調達が著しく困難となった．他のユーロ圏の銀行同様，イタリアの銀行の窮地を救ったのが，ECB の LTROs であり，イタリアの銀行はスペインの3,290億ユーロに次ぐ2,730億ユーロもの融資を受けた（表5-2）．イタリアの銀行は低利で得たこの資金のほとんどを，スペインの銀行同様自国国債への投資に振り向け，急激に国債保有を増やすことで巨額の利鞘を稼いだ（図5-10）．イタリアの銀行は，スペインの銀行同様，総資産の10％強を国債で保有し，2013年12月時点で4,000億ユーロを超える，ユーロ圏の銀行の中で最大の国債保有者となっていた[76]．イタリアの銀行は，国内に優良な融資先がない中で，ECB から低利で得た資金を国債で運用することによって危機を凌いだといえる．イタリアの銀行が直面している苦境は，包括的資産査定やストレステストで不合格となった銀行の数が，ユーロ圏の中で最大であったことにも端的に現れている．ソブリン危機が再燃すれば，イタリアの銀行は再び厳しい状況に追い込まれることは間違いない．それ以前に現在はゼロとされている国債のリスク評価の見直しが行われることになれば，国債を大量に保有するイタリアの銀行にとって著しい打撃となることは間違いない．

さらに，ユーロ圏最強の経済を誇るドイツの銀行部門でさえ，実は決して安泰とはいえない．イタリア同様ドイツでも大小多数の銀行が犇き合い，構造的

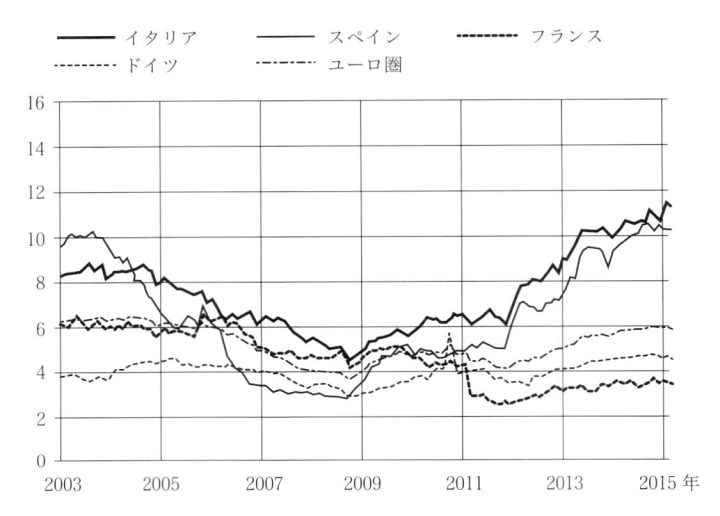

出所：European Central Bank (2015), *Financial Stability Review*, May, p. 78.

図 5-10　ユーロ圏各国の銀行によるソブリン債保有
(2003 年 1 月～2015 年 3 月；総資産の%)

な銀行過剰の下で熾烈な競争が展開され，趨勢的にマージンが低下している．そのような状況でドイツの銀行も今回の危機に遭遇し，かつ ECB の金融緩和による極端な低金利の下で，伝統的な商業銀行のビジネス・モデルは苦境に立たされている[77]．

　ドイツ最大の民間銀行であるドイツ銀行は，危機の発生以前，グローバルなプレーヤーとして米国の投資銀行とも互角に渡り合うなどアグレッシブな経営を展開していた．ドイツ銀行はピーク時に 70 倍近い高レバレッジで「巨大ヘッジファンド」と呼ばれるほど極端にリスキーで投機的なビジネスを行っていたが，果たせるかな金融危機によって著しい打撃を被ることになった．同行の場合，危機そのものによって被った損失の大きさもさることながら，LIBOR の不正操作など，危機の発生以前からの数々の不祥事や不正行為が次々と露見し，巨額の訴訟負担に苦しみ，収益ならびに株価も低迷している．ドイツ銀行はトレーディング業務を維持する戦略を依然捨ててはいないが，レバレッジ比率の 5% への引き上げと収益改善のために，資産圧縮とトレーディング業務の縮小を余儀なくされ，リテール業務見直しの一環として過去に買収したポスト

バンクの売却や国内支店数の大幅な削減等を打ち出している．けれども，株主や投資家の信頼は得られず[78]，2015年にはドイツ銀行を率いてきたトップの辞任も余儀なくされた．

　ドイツ第2の民間大手銀行であるコメルツ銀行も，同じく厳しい経営環境に置かれている．コメルツ銀行は，金融危機により投資銀行業務で大きな損失を負っただけでなく，グローバルな危機発生の以前に急拡大し，危機によって過剰が顕在化した，海運業や海外の商業不動産向け融資で巨額の不良債権を抱え，2013年時点では，前者の25％以上が不良債権化していたといわれる[79]．ドイツ政府が同行の資本（エクイティ）の17％に相当する資本注入を行って救済し，包括的資産査定やストレステストでも不合格を免れた．しかし，コメルツ銀行は，ドイツ銀行のようにグローバルな競争に打って出るほどの力はなく，さりとて国内における経営基盤も決して磐石とはいえない．国内業務の中核である中小企業向け融資では，銀行間の競争が厳しく，利鞘も縮小している．ドイツ第2の銀行でありながら，コメルツ銀行も容易に将来の展望が開けない状況にある．

　ドイツの州立銀行も，以前からその非効率な経営と貧弱なビジネス・モデルが問題とされていたが，今回の危機では運用面で巨額の損失を出し，大きな痛手を負った．2012年にはWest Landesbankが清算されたが，Norddeutsche Landesbankなど他の州立銀行も，海運業向けを中心に大きな不良債権を抱え，他方で新規の有力なビジネス分野も見つからないなど，同じく厳しい状況に置かれている[80]．しかも，州立銀行は貯蓄銀行と緊密な金融上の絆を有し，ドイツのインターバンク市場で大きな役割を演じている．そのため，州立銀行に問題が生じた場合には，貯蓄銀行にも即座にその影響が波及しかねないシステミック・リスクを抱えているといわれ，今回の金融危機でも，West Landesbankが破綻した際には，ドイツ政府が巨額の公的資金を注入し沈静化を図ることで，辛うじてその影響を最小限に留めたとされる[81]．さらに，ドイツの銀行部門の中枢であり，今回の危機そのものをほとんど無傷で乗り切ってきた貯蓄銀行や信用組合銀行も，ここにきて困難に直面している．ドイツ経済そのものは好調を維持し，数多くの優良な中小企業がドイツ経済の屋台骨を支えている．しかし，これらドイツの優良な中小企業は内部金融中心で豊富なキャッシ

ュを有していることから，銀行の融資をそれほど必要とはしていない．しかも，ECB が政策金利を未曾有の低水準に引き下げたことから，銀行の金利マージンはほとんどゼロにまで圧縮され，かねてからの厳しい競争環境と相俟って，規模の大小や業態を問わず，ドイツの銀行の収益を圧迫している．ユーロ圏の中で最強の経済力を誇り，最大の人口と数多くの優良な中小企業を擁し，リテール金融ビジネスでは EU 内で最も有望な市場であるとされるドイツにおいてさえ，多くの銀行が経営の困難に直面している．にもかかわらず，イタリア同様，ドイツでも国内銀行市場の再編は容易に進んではいない．

確かに，既に見たように危機の発生以降，ユーロ圏の銀行部門のリストラ・再編が進み，包括的資産査定やストレステストを経て，新たに創設された銀行同盟の下で，ECB によるユーロ圏の大手銀行の監督・規制体制も格段に強化された．とはいえ，ECB や EBA が個々の銀行の経営戦略やビジネス・モデルまで査定するわけではない[82]．ユーロ圏の銀行は，ギリシャの銀行を筆頭に，ECB からの借入れや政府保証に頼っているが，政府や中央銀行のファイナンスに依存したそのようなビジネス・モデルが持続可能であるはずがない．イタリアやスペインをはじめユーロ圏の銀行による巨額の国債保有も，銀行危機とソブリン危機の連鎖を断ち切るという銀行同盟の目的だけでなく，本来銀行が果たすべき産業金融の役割に照らしても，大きな問題であろう．また銀行に対する監督・規制の強化は，金融システムの安定化に貢献しうる反面，脆弱な銀行の経営をより困難な状況に追い込むことによって，却って金融システムの不安定化を招く恐れもある．ECB は自己資本強化の観点から，依然として懸念が拭えないユーロ圏の大手銀行に対して，エクイティによる資本の増強を求めている[83]．現に，包括的資産査定やストレステストをクリアするために，ユーロ圏の大手銀行は増資や劣後債を含む債券発行に努め，資本市場の活況も追い風となった．しかし，経営難に苦しみ，これといった有望なビジネス・モデルも見つからず，将来にわたり十分な利益を上げることができないかもしれない銀行に対する投資がいつまでも続く保証はない．しかも，2016 年 1 月以降ベイル・インが導入され，ユーロ圏の銀行が経営破綻した場合には，投資家や債権者，大口預金者も損失の負担を負わねばならない．ユーロ圏の銀行部門は，今回の危機による打撃だけでなく，長期のより構造的な問題にも直面している．

2.3 直接金融発展への期待と現実

　ユーロ圏の銀行が置かれている厳しい状況と，産業金融における極めて不十分な役割に照らして，ヨーロッパ委員会やECBは，資本市場の発展を促し，産業金融の面で資本市場により大きな役割を担わせようとしている．2014年7月からヨーロッパ委員会委員長に就任したユンケルは，5年の任期中の基幹プロジェクトの1つに資本市場同盟の創設を掲げた．ユンケルによれば，ヨーロッパ経済の資金調達条件を改善するためには，資本市場をさらに発展させかつ統合すべきであり，それによって特に中小企業の資金調達コストの低下や，銀行ファイナンスへの過剰な依存の引き下げが促される．同時に，資本市場の発展は投資先としてのヨーロッパの魅力を高めることにもなる[84]．ユンケルは，イギリスをEUに留め置く戦略の一環として，国際金融センターとしてのロンドン市場の利害に訴えるべく，イギリス人でキャメロン首相の信頼の厚いヒルを，金融安定化・金融サービスを兼ねる資本市場同盟担当委員に任命した．

　EUにおける資本市場同盟創設計画の推進にあたっては，明らかにアメリカのダイナミックな資本市場が念頭に置かれている．アメリカでは，企業のファイナンスの75%以上が社債や株式市場を通じて行われ，アメリカ経済の成長を後押ししている．これに対して，ヨーロッパでは，資本市場の分断によって国境を越えた債券や株式の取引が制限され，貯蓄も加盟国ごとに分断されかつあまりにも銀行に集中し過ぎていることによって資本市場の規模や厚みが損なわれ，機関投資家による資産運用や企業（特に中小企業）による資金調達を困難にしている（図5-11）．なるほど，ヨーロッパの場合，銀行部門の重要性を考えると，資本市場からの資金調達が銀行貸出に代替することは当面現実的ではないものの，資本市場の統合によって補助的でより多様な資金調達源が生まれれば，銀行のバランスシートのリバランスやリスク分散も容易になり，それが経済成長の促進や雇用の拡大にもつながるとされる[85]．

　もっとも，ヨーロッパの資本市場を統合し発展させようという試みは，既に1960年代から存在している．通貨統合計画よりもさらに古い1966年に，「ヨーロッパ資本市場の発展（The Development of a European Capital Market）」と題する包括的な報告書（いわゆるセグレ報告）が出され，報告書の中では共同市場の適切な機能を保障し，高い経済成長をサポートする，統合された資本市

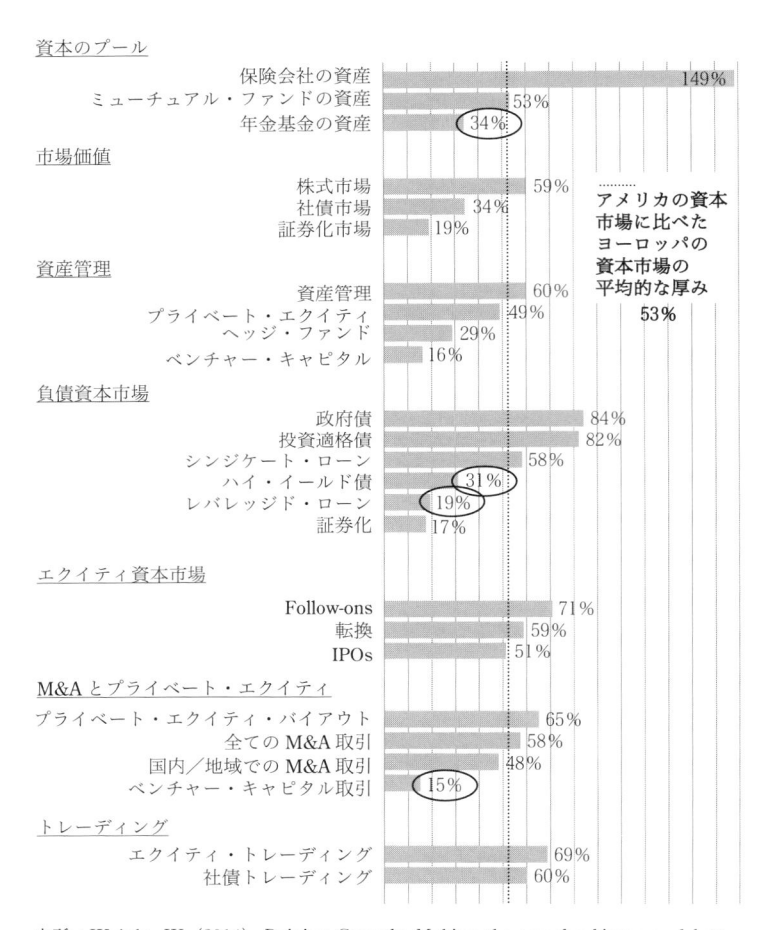

資本のプール
- 保険会社の資産　149%
- ミューチュアル・ファンドの資産　53%
- 年金基金の資産　34%

市場価値
- 株式市場　59%
- 社債市場　34%
- 証券化市場　19%

資産管理
- 資産管理　60%
- プライベート・エクイティ　49%
- ヘッジ・ファンド　29%
- ベンチャー・キャピタル　16%

負債資本市場
- 政府債　84%
- 投資適格債　82%
- シンジケート・ローン　58%
- ハイ・イールド債　31%
- レバレッジド・ローン　19%
- 証券化　17%

エクイティ資本市場
- Follow-ons　71%
- 転換　59%
- IPOs　51%

M&A とプライベート・エクイティ
- プライベート・エクイティ・バイアウト　65%
- 全ての M&A 取引　58%
- 国内／地域での M&A 取引　48%
- ベンチャー・キャピタル取引　15%

トレーディング
- エクイティ・トレーディング　69%
- 社債トレーディング　60%

アメリカの資本市場に比べたヨーロッパの資本市場の平均的な厚み　53%

出所：Wright, W. (2014), *Driving Growth: Making the case for bigger and better capital markets in Europe*, New Financial: Rethinking capital markets, p. 5.

図 5-11　アメリカとヨーロッパの資本市場各セグメントの規模の比較

場実現のための条件や課題が詳細に分析されていた[86]．にもかかわらず，その後ヨーロッパの資本市場が大きく発展することはなかった．ユーロ導入の際にも，通貨統合と資本市場の統合によってアメリカのそれに匹敵する巨大なユーロ建て資本市場が誕生し，それによって直接金融へのシフトが進むと期待され

ていた．ところが，実際に誕生したのは，銀行と政府のための市場であった．両市場は今回の危機の震源地となる一方，非金融企業向けの社債市場や株式市場，特に中小企業向けの資本市場の発展は，まったくの期待はずれに終わっている．

資本市場の統合は，長年の課題であったにもかかわらず，何故容易に進まないのか．その理由は，各国の金融システムや資本市場の構造，決済インフラ等の相違に加えて，会社法や証券取引法，企業統治や所有構造，会計基準や監査，破産や債務再編手続き，税制など，様々な制度や法律，慣習の相違にあるとされる[87]．真の資本市場同盟（A Genuine Capital Markets Union）の実現を目指すのであれば，それらの相違を可能な限り埋めなくてはならない．けれども，ECBのメルシュ専務理事も認めているように，資本市場同盟への期待は高い一方で，それがいったい何を意味し，どのようであるべきかについて，明確な共通の理解は存在していない[88]．2015年2月には，ヨーロッパ委員会により資本市場同盟創設に関するグリーン・ペーパーも提出されたが[89]，構想は依然として曖昧なままとなっている．

確かに，ユーロ圏の銀行が危機の痛手から回復せず，未だに産業金融において十分な役割を果たせない中で，2012年以降ユーロ圏の非金融企業による債券発行を通じた資金調達は増加する傾向にある[90]（図5-12）．非金融企業によって発行された債券の購入者となっているのが，保険会社や年金基金といった機関投資家，投資ファンド，ヘッジファンドで，ユーロ圏の銀行がレバレッジ比率引き下げのために民間向け融資を減らす一方で，これらの投資家が非金融企業債券の保有を増やしている[91]．けれども，非金融企業によ

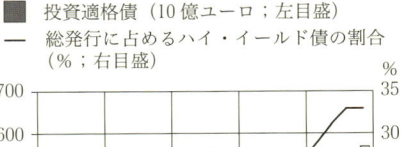

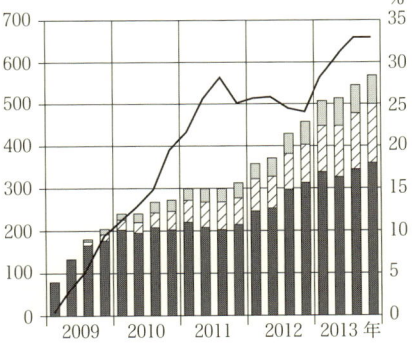

注：第4四半期データは，11月15日まで．
出所：ECB (2013), *Financial Stability Review*, p. 55.

図5-12 ユーロ圏の非金融機関による累積純負債発行（2009年第1四半期～2013年第4四半期）

る債券発行を通じた資金調達が増加しているといっても，危機によって銀行貸出が劇的に減少したために，結果的に相対的なウェイトが高まっただけで，非金融企業の債務に占める債券の割合は未だ1割程度に過ぎない[92]．しかも，債券市場を含め資本市場で資金調達できるのは専ら大手企業に限られ，南欧の中小企業の場合には，銀行借入れに代わる資金調達手段をほとんど持たない．

　資本市場の発展を促す戦略の一環として，特に中小企業の資金アクセスを改善すべく，EU当局によって証券化再生の試みも行われている．銀行の保有する中小企業向けローン債権を証券化し，組成した証券化商品を保険会社や年金基金といった機関投資家に売却可能にすることで，銀行のリファイナンスを容易にし，併せて中小企業の資金アクセスも改善しようというものである[93]．ECBとイングランド銀行が主導するこの試みには，危機によって大きく傷ついたヨーロッパの証券化市場を再生する狙いも込められている[94]．EU当局による証券化再生計画のバックには，IMF専務理事やフランス中央銀行総裁も務めたことのあるド・ラロジェールやヨーロッパの大手金融機関，さらにはゴールドマン・サックスやJPモルガンなどアメリカの投資銀行もいて，計画に関わっている[95]．ECBは，証券化市場の発展を後押しすべく，量的緩和策も兼ねて，既に2014年11月よりABSの買い入れを始めている．

　証券化市場の発展ないし「再生」のためには，機関投資家をはじめとする大口の投資家を呼び込む必要がある．けれども，バーゼル3では，証券化の破綻が金融危機の主要な原因の1つになったことを踏まえて，リスク商品である証券化商品の機関投資家による購入に規制を設け，潜在的な損失に備えてより大きな準備の保有を義務付けようとしている．しかし，そうなれば，準備の負担が重くなり，機関投資家による証券化商品の購入を難しくしかねない．そのため，ECBとイングランド銀行は，ヨーロッパにおける証券化がデフォルト率の低い質の高い証券化，金融危機を引き起こした「悪い証券化」ではなくて，「良い証券化」であることを理由に，特別扱いをするよう求めている[96]．その要求に呼応する形で，ヨーロッパ委員会と保険会社・年金基金の監督機関であるEIOPAは，2014年10月にリスクに関する保険会社の内部モデル評価を尊重し，高い格付部分（senior tranche）に関する準備の保有比率を4.2%から3%に引き下げる提案を行った[97]．ヨーロッパにおける証券化再生計画の黒幕

ともいうべきド・ラロジェールは，同提案を歓迎すると共に，リスクの高いメザニアン部分（mezzanine tranche）を含まざるを得ないSME（Small and Medium-size Enterprise）の証券化についても，市場性を損なうほどに厳しい規制を設けないように当局を牽制している[98]。EU監督・規制当局と金融業界との馴れ合いという，未曾有の金融危機を引き起こし，リーカネン報告を事実上葬り去ったのと同じ構図がここでも再現しているといってよい。

　しかし，EU当局の熱心な取り組みにもかかわらず，証券化市場は低迷したままとなっている。EU当局が最も発展を期待している，中小企業向け貸付債権を抵当に発行される資産担保債券であるSME ABSは，2014年第3四半期段階で発行残高が1,000億ユーロ足らずと，ヨーロッパの証券化市場全体の1割以下に過ぎない[99]。SME ABSは，スペイン，イタリア，ベルギーの3カ国で7割強を占めるなど偏在しているだけでなく，証券化商品の中でも最も格付が低く，30％から40％が投資不適格ないし格付なしとなっている[100]。その理由は，裏付け資産となる銀行の中小企業向けローンが雑多で企業ごとに異なり標準化が困難なことや，長引く景気の低迷で企業のバランスシートが悪化していること，さらに中小企業の場合，財務情報に関する開示が不正確で定期になされていないことなどがある[101]。そのため，SME ABSは，新規発行のほとんどが組成した銀行のバランスシート上に保有され，市場で売り出されているのはわずか10％に過ぎない[102]。中小企業向け資本市場の今後の発展に関しては，財務状況に関する情報開示と調和が重要な要素の1つと見られているが[103]，そのような状況では，容易に発展は望めないだろう。EUでは2005年からIFRSを施行しているが，財務報告の質や加盟国間の比較可能性は依然不十分で，しかもIFRSが適用されるのは上場企業のみとなっており，それ以外の企業の財務報告については，各国で異なる会計基準が適用されている[104]。破綻リスクの高い中小企業の場合には，破産・債務再編手続きの調和も重要な課題とされているが，国によって枠組みが大きく異なり，完全な調和はもとより，部分的な調和も必ずしも容易ではないと見られている[105]。そうであれば，機関投資家による証券化商品の保有規制を緩和させたところで，RMBSのような格付が高く流動性も高い証券化商品であればともかく，SME ABSのような商品に対して，ヨーロッパの保守的な機関投資家が投資を拡大するかどう

かは疑わしい．

　結局のところ，EU 当局による直接金融振興の試みにもかかわらず，銀行中心のユーロ圏の金融システムにおいて，近い将来資本市場がこれに取って代わることはありそうにない．たとえ補完的なそれであっても，中小企業向けの市場に関しては，その発展の可能性は低い．また，銀行に代わり資本市場を通じた金融仲介が増大することは，それ自体は望ましいにしても，金融監督・規制の観点からはリスクを孕んでいる．ましてや杜撰な監督・規制体制が金融機関の暴走を招いたヨーロッパでは，尚更そうであろう．いずれにしても資本市場の発展を通じた直接金融へのシフトの道は，依然遠いといわざるを得ない．

3.　銀行同盟は危機克服の切り札となりうるか

3.1　オリジナルな銀行同盟と変質

　銀行同盟は，ユーロ導入以来の最も画期的な制度上の変化で，ユーロ危機克服の切り札と期待されている[106]．銀行同盟は，ユーロ圏における銀行危機とソブリン危機のループ，特にスペインのそれが深刻となる中で，2012 年春に構想が浮上した．銀行同盟は，ユーロ圏の銀行を一括して監督・規制することにより，危機で傷んだバランスシートの改善を促し，その後に EFSF を引き継いで恒久的な救済基金として創設された ESM が，各々政府に財政的な負担を負わせることなく直接銀行に資本注入を行い，経営の改善をサポートすることで，銀行危機とソブリン危機の連鎖を断ち切ろうとするものであった[107]．銀行同盟の構想過程では，ユーロ圏の銀行を一括して監督・規制する SSM に加えて，破綻処理を扱う SRM と単一預金保険スキーム（SDGS：Single Deposit Guarantee Scheme）も浮上した．というのも，ユーロ圏の銀行の監督・規制体制が ECB の下に一元化されても，破綻処理や預金保険スキームが各国政府・監督当局任せでは，適切な監督・規制および破綻に際しての迅速かつ効率的な処理が困難になると見られたからであった．さらに，システミック・リスクに繋がりかねないような破綻に対しては，それがソブリン危機を誘発しないためにも，EU レベルでの十分な財政上のバックストップないしは債務の共同化が必要であると考えられていた[108]．仮にそのような本格的な銀行

同盟（a fully-fledged Banking Union）が創設されるのであれば，財政統合や政治統合への道も開けたのかもしれない．

ところが，銀行同盟も，銀行構造改革のケースと同様，EUおよびユーロ圏各国間の対立や，銀行業界の強力なロビー活動を通じた巻き返し等を経て，当初の構想とは大きく性格の異なるものとなった．

当初SSMによる監督・規制対象は，ユーロ圏のすべての銀行とされていたが，最終的に大手128行に限定されることになった．この問題をめぐっては，フランスとドイツの対立が鮮明となり，フランスはより統合された汎ヨーロッパ的な監督・規制システムの創設を望んでいたものの[109]，ドイツの反対に押し切られる形となった．単一預金保険スキームも，銀行同盟から脱落して各国の預金保険制度の調和に置き換えられ，SBRF（Single Bank Resolution Fund：破綻処理基金，以下SBRF）も総額550億ユーロに抑えられた．当初構想されていた，EUレベルでの財政支援や債務の共同化を通じてユーロ圏の銀行システム全体を強化するという野心的な狙い，すなわち銀行同盟の超国家的な性格は大きく後退し，代わりに，政府間主義的な色彩が濃厚となった．従って，その実態は，銀行同盟というより，むしろ銀行連合（banking confederation）に近い[110]．

このように銀行同盟が後退を余儀なくされた背景には，銀行同盟を南欧を中心とするユーロ圏の脆弱な銀行に対する支援の手段にすることへの，ドイツをはじめとする北部ユーロ圏諸国の強硬な反対が存在していた．彼らは，銀行同盟が負債同盟や送金同盟に堕することを強く警戒していた．実際，銀行同盟をめぐる最大の争点は，銀行の監督・規制ではなく，SRMと財政負担のあり方にあった．そのため，交渉の難航も予想されたが，早期に決着をみた背景には，ドイツをはじめとする北部ユーロ圏諸国が，他のユーロ圏諸国における銀行破綻によって多額の財政負担を余儀なくされる虞から解放されたためといわれる[111]．SRMは，SBRFの金額が抑え込まれただけでなく，EU条約ではなく，政府間条約であるTFEU（Treaty on the functioning of the European Union）第114条に基づいて設立されることになった．言い換えれば，銀行の破綻処理は原則各国政府の責任となった．同時に，銀行同盟には，ベイル・イン，政府による救済や介入の排除，規制やルールの共通化による平等な競争条件の創出，

それらを通じたユーロ圏における銀行の再編・統合の促進といった「競い合いレジーム」の強化と金融統合の深化といった狙いも盛り込まれることになった．

銀行同盟の2つの柱の1つであるSSMに関しては，その目的は，各国によって異なる銀行監督・規制ルールが，規制の裁定を通じてユーロ圏ないしEU域内における競争上の歪みや金融上の分断を増幅しないよう共通の枠組みを設定することで，危機の際に顕著となった金融ナショナリズムや保護主義を克服し，同時に銀行のバランスシートの改善や経営の健全化を促すことを通じて，危機によって損なわれた銀行部門に対する信頼性を回復することにあった[112]．より具体的には，第1に，銀行監督・規制に関する単一のルールブックの確立とその効果的な適用を図り，監督・規制ルールの共通化を通じたユーロ圏ないしEUにおける銀行の競争条件の標準化により，各国の銀行市場を隔てている障壁を取り除き，取引コストやコンプライアンス・コストを引き下げることで，クロスボーダーの銀行の再編・統合と真の汎ヨーロッパ銀行の創出を促すこと．第2に，ヨーロッパの産業にとって支配的なファイナンスの源泉である銀行システムの利便性と効率の引き上げを目指すこと．第3に，ユーロ圏ならびにEUにおける銀行監督・規制業務の焦点を，クロスボーダーの活動を行っている銀行やユーロ圏ないしEU規模での銀行部門へと向けさせ，金融システムの安定性維持の観点からマクロ・プルーデンス政策の適用を強化することなどがあった[113]．

他方，銀行同盟のもう1つの柱であるSRMに関しては，その名の通り破綻処理が中心で，破綻処理の決定を行うSRB（Single Resolution Board）とSBRFが設立されることになった．SRBは，法人格を有し，常任理事，EUレベルで任命されるフルタイムの4人のメンバー，各国破綻処理当局の代表から構成され，ECBからの破綻銀行の告知とヨーロッパ委員会による破綻処理スキームの提案を受けて，破綻処理の決定を行う[114]．また，SBRFに関しては，参加各国で銀行預金の1%相当額を積み立てる破綻処理基金を創設し，1年目で総額の40%を拠出し，その後8年かけて満額の550億ユーロを積み立て，破綻処理に充てることになった[115]．

とはいえ，SRBやSBRFはSRMの中心にはない．コンスタンシオECB副総裁によれば，SRMが銀行危機とソブリン危機のループを断ち切る切り札

になるというのは誤りで，両者のループを和らげる助けにはなるものの，完全には除去しない．そうではなくて，2012年にヨーロッパ委員会によって提案され，2014年4月にヨーロッパ議会によって最終的に承認された，BRRD (Bank Recovery and Resolution Directive) [116] こそが，破綻処理における最も決定的な変化で，真のパラダイムシフトと見なされている [117]．BRRD は銀行が破綻した際に，当該銀行の株主と債権者に負担を負わせるベイル・インを定めたもので，ベイル・インが開始される2016年1月以降は，公的資金は各国政府もしくは EU からのそれであれ破綻処理の最終局面でのみ使われ，実際にはほとんど使われることがないとされる [118]．また，SBRF が最終的に完成するまでの期間，銀行の救済に際して ESM から最大600億ユーロまで借り入れ可能であるものの，厳しいコンディショナリティが課されることから，これも実際にはほとんど利用されることはないとされ [119]，現在は許されている銀行に対する政府の補助金も，ベイル・イン施行後は，株式やハイブリッドの資本，劣後債に取って代わられる [120]．

　要するに，SRM は，破綻しかかった銀行の公的資金による救済を目指すのではなく，たとえ大手銀行であっても，破綻処理原則に従って破綻・退出させることにより，政府の財政負担の軽減を図ると同時に，「大きすぎて潰せない」銀行問題の改善にも資する．これらは破綻処理原則の大転換とされ，破綻・退出を通じてヨーロッパの銀行の再編・統合を促すことにより，銀行の過剰や低収益も改善される [121]．また，各国政府はこれまで大手銀行の救済に巨額の公的資金を投入し暗黙の支援も提供してきたが，今後は当該銀行の実力のみが格付や資金調達コストに反映されるようになり，同じ条件で国内の中小銀行や他国の銀行と競争しなければならない．換言すれば，各国政府は，国内大手銀行の保護や救済を放棄し，監督・破綻処理権限をユーロ圏ないし EU レベルに移すことにより，通貨統合の強化に対する強い意志を示し，主権の更なる共有化を図らねばならないという [122]．それゆえ，新しい体制の下で銀行の破綻が生じた場合には，ベイル・インにより株主や債権者，大口預金者に負担を負わせ，それでも十分でない場合には各国レベルで対応し，なおかつそれでも対処できない場合に初めて SRB や SBRF，あるいは ESM の出番とされる．その限りでは，ソブリン危機と銀行危機のループは依然として残ることになるものの，

各国がそうならないように望むなら，結局のところ自国の銀行を競争原理に曝して再編・統合を推し進め，強くするしかないという．

かくして銀行同盟は，市場統合戦略と併せてヨーロッパの銀行にネオリベラルな競争原理を強いるものとなり，債務の共同化とそれを通じた財政統合や政治統合への移行を思い描いていた当初の構想とは，大きく性格の異なるものとなった．

3.2 SSMによる銀行監督・規制の限界

銀行同盟の第1の柱であるSSMは，既に2013年11月に発足し，ECBはユーロ圏の大手銀行の監督・規制権限を手に入れ，包括的資産査定やEBA・各国監督当局と協力してストレステストを実施した．包括的資産査定やストレステストの問題点については既に述べた．しかし，より根本的な問題は，グローバルなビジネスにも従事するユーロ圏の大手銀行を，今後SSMの下でECBがしっかりと監督・規制し，再び危機を引き起こさないように管理できるかどうかである．

ECBによれば，SSMの下では，ECBと各国の所轄監督当局（NCAs：National Competent Authorities：各国の中央銀行や金融監督当局）からなる合同の監督チームが，既存のリソースや各国の監督当局の専門性，経験を利用することにより，クロスボーダーの活動を行っている大手銀行に対して直接的で完全に統合されたアプローチが可能となる．それゆえ個々の国別の監督に比べて優位に立つことができ，大手銀行による過剰なリスクテークやそれと結びついたクロスボーダーの外部性（externalities）の検出が可能となる[123]．そして「単一のルールブック」を基礎に，各国政府による恣意的な介入を排し，SSMの下で一元的で厳格な監督・規制を行うことで，再び深刻な危機が起きるのを防止できるという[124]．

しかし，今回のグローバルな金融危機でも明らかになったように，ユーロ圏の大手銀行の場合，アメリカやイギリス，スイスなど他の先進国の大手銀行同様，グローバルで複雑な金融ネットワークを築いており，決してユーロ圏だけで閉じているわけではない．それどころか，ユーロ圏の大手銀行の場合，ユーロ圏の外にあるイギリスのロンドンを軸にグローバルな金融ネットワークを展

開している．イギリス，そしてスウェーデンも SSM には参加していない（もっとも，銀行規制に関しては，イギリスの方がむしろユーロ圏よりも厳しいものとなっている）．同じく，ユーロ圏の銀行の中には，ドイツの銀行のように，母国にある本店が集権的にホールセール市場からの資金調達や流動性の管理を行っているケースや，スペイン，オーストリア，イタリアの銀行のように，進出先ごとに分権的な管理を行っているケースも存在している[125]．後者のケースでは，当該銀行は，ラテンアメリカや東ヨーロッパなど，現地で資金調達や貸付・運用を行うようになっている．要するに，ユーロ圏の大手銀行のビジネスは，決してユーロ圏内に限られるものではないため，SSM を通じてユーロ圏もしくは EU 域内にある本店や支店は監視できても，外部のそれは十分監視できない虞もある．もちろん，SSM に参加しなくとも，あるいは EU 域外の国々であっても，金融機関の監督・規制に関しては，相互に緊密な協力を行っている．しかし，EU 域内であっても，SSM に参加する国々とそうでない国々との間では，同一レベルでの監督・規制という訳にはいかない．銀行同盟に参加している国々とそうでない国々の間では，既に見た銀行の構造改革のあり方や破綻処理のあり方をめぐっても，大きな相違が生まれている．ましてや，EU 域外の国々との間ではなおさらで，グローバルなビジネスを展開しているユーロ圏の大手銀行を監督・規制することは，決して容易なことではない．

さらに，ユーロ圏の大手銀行に関しては，形の上では「単一のルールブック」を基に ECB が一元的な監督・規制を行うことになっているものの，実際には各国の監督・規制当局にかなりの程度裁量の余地を残している．コンスタンシオ ECB 副総裁も認めているように，「単一のルールブック」はすべてのルールの完全な調和を意味するものではない．それは，すべてに単一のルールを適用するアプローチ（one size fits all approach）を当局に強制するものではなくて，各々の銀行のビジネス・モデルを評価し，必要に応じた処置を取るための，一連のコア基準の調和（a harmonized core set of standards）を課そうとするものに過ぎない[126]．その意味で，「単一のルールブック」との表現は，明らかにミスリーディングであるといえよう．もっとも，コンスタンシオ ECB 副総裁は，たとえルールを厳密に統一できなくとも，ルールの調和により取引コストやコンプライアンス・コストは著しく引き下げられるという．特に銀行

の内部リスク評価モデルの信頼性を改善する方法やモデルのパラメーターに関しては，共通の原理を課すことで，銀行がリスク・ウェイト資産を計算する方法の相違によって生じる問題の解決に取り組めると主張している[127]。

しかし，既に述べたように，銀行の内部モデルから引き出されたリスク評価が，本当に銀行のポートフォリオのリスクを正確に反映しているかどうかについては，多くの異論が存在している．しかも，EUの金融監督・規制当局は，銀行の内部モデルをはじめ規制やルールの調和を推し進めようとするのみで，それらの基準をより厳しくしようとする姿勢はほとんど窺えない．それどころか，バーゼル3をEUに適用する際にこれを緩和しようとする動きや，バーゼル3の規制そのものを緩和しようとする動きが露骨となっている．

今回のグローバルな金融危機の発生により，バーゼル2で用いられた，銀行の内部評価モデルに基づく自己資本比率（リスク・ウェイト資産に対する自己資本比率）規制は，所要自己資本を過小評価することで実際のリスクをより低く見せているとの批判が高まり，それがバーゼル3の導入へとつながった．今回のグローバルな金融危機では，既に述べたように，ユーロ圏大手銀行10行の自己資本比率は，8％をやや下回るに過ぎない水準にあった一方で，レバレッジ・レシオ（Tier1資本に対する総資産比率）は，危機直前の2006年には平均で40倍を超えていた[128]．破綻したリーマン・ブラザーズでさえ31倍であったことからすれば，ユーロ圏の大手銀行が如何に大きなリスクテークを行っていたかがわかる[129]．それゆえ，バーゼル3では，所要自己資本に関して，自己資本の水準の引き上げと質の向上を図るべく，リスク・ウェイト資産に対して最低限4.5％のコアTier1資本[130]を保有することを銀行に求め，コアTier1とその他のTier1[131]からなるTier1に対しては6％，さらにTier1とTier2[132]からなる総自己資本については，8％以上（資本保全バッファーを入れると最終的に10.5％）保有することを求めた．同時に，バーゼル3では，今回の危機を経てレバレッジがリスクを表す適切な指標であるとの意見を取り入れ，総資産に対するコアTier1資本比率を3％以上とするレバレッジ比率と，流動性規制も新たに導入されることになった．流動性規制は，市場から資金調達が困難となった際に当面必要な資金を確保しているかどうかを示す流動性カバレッジ比率（Liquidity Coverage Ratio）と，長期的に安定した資金調達（負

債管理）が行われているかどうかを示す安定調達比率（Net Stable Funding Ratio）の2つからなり，両者共に最終的には100％が目標とされていた[133]．

バーゼル3の合意を受けて，EUは，自らバーゼル3の8％を上回る9％の自己資本比率を課すことで，銀行の監督・規制に対するより厳しい姿勢をアピールしている．けれども，表面的な厳格さやEU当局の主張とは裏腹に，EUの規制は実際にはバーゼル3よりも緩いと見られている．例えば，バーゼル3は，危機の際に損失を吸収するため，銀行にリスク・ウェイト資産に対して最低限4.5％のコアTier1資本，すなわち普通株を持つように求めているが，EUで適用されるそれには，コアTier1資本のうちどれだけを普通株で保有するかの明確な規定はない．また，自己資本比率に関しても，EUはバーゼル3よりも高い9％に設定しているものの，このうちどれだけを株式で保有すべきか，また様々なハイブリッドの証券について，これらをどれくらい質の高いものと見なすかについての決定は，銀行の裁量に委ねている[134]．要するに，EUの銀行は，普通株以外の偶発転換社債のようなリスクのある資産によって自己資本比率を嵩上げすることが可能となっている．そのことは，包括的資産査定とストレステストを前にして，ユーロ圏の大手銀行の自己資本比率の改善が著しく進む一方で，レバレッジ比率（総資産に対するコアTier1資本比率）の改善がそれほど進まなかったことに端的に表れていた[135]（図5-13）．2018年まで猶予が与えられているとはいうものの，ユーロ圏の銀行のレバレッジ比率の平均は，アメリカの銀行のそれに比べて1％近くも低く，ドイツ銀行を筆頭に，ユーロ圏の大手銀行のいくつかは，2012年末の段階では3％の基準を達成していなかった[136]（図5-14）．

ユーロ圏の大手銀行のレバレッジ比率の低さは，これらの銀行のビジネス・モデルにも関係している．特にドイツやフランスの大手銀行のレバレッジ比率の低さは，これらの銀行が高レバレッジで大規模な投資銀行業務，資本市場ビジネスを行っていることからきている[137]．これは，独仏両国の銀行が他のユーロ圏の国々の銀行と比べてより大きなトレーディング業務を行っていることとも関係している．ヨーロッパ委員会の銀行の構造改革に関する報告書は，「ユーロ圏の銀行は，預金業務に関しては，自己資本で完全に損失をカバーできるものの，現在のルールで推計されたトレーディング業務に関する自己資本

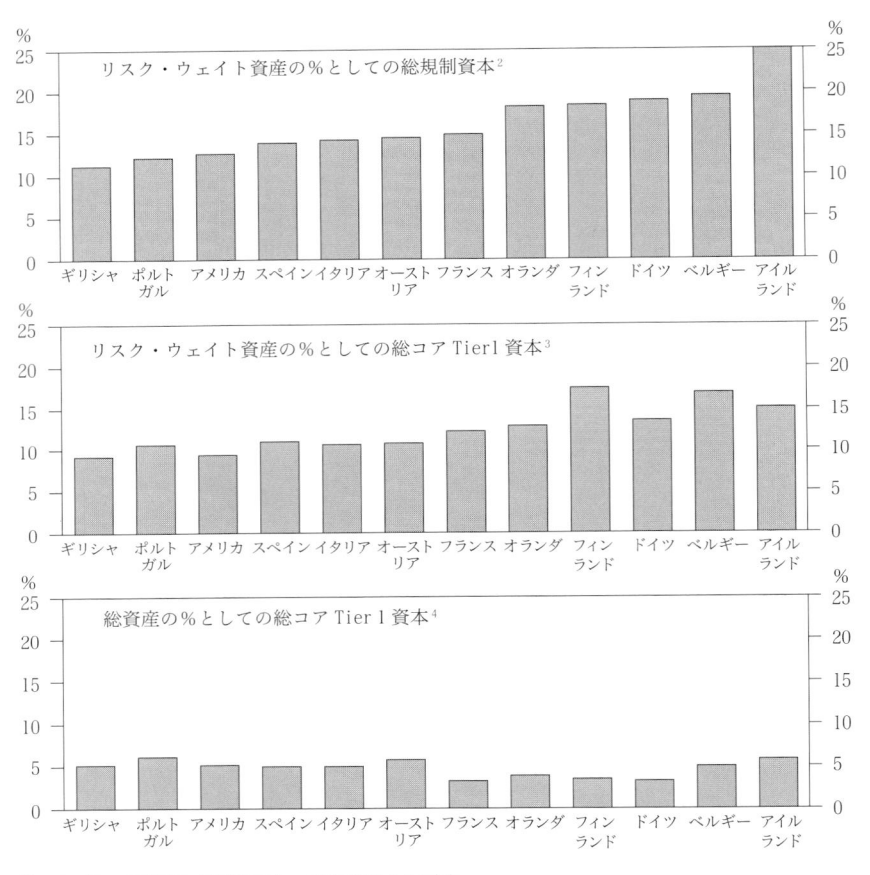

注：1. 個々の銀行の総資産によって加重された平均．
2. 総規制資本は，期間末に最新の規制上のガイドラインによって定義される．ヨーロッパの銀行については，移行期間の資本調整は除かれる．総リスク・ウェイト資産は，適切な会計基準や規制基準に従って報告される．
3. 総コアTier1資本は，規制上のガイドラインによって定義される普通株の実際の量．総リスク・ウェイト資産は，適切な会計基準や規制基準に従って報告される．
4. 2013年12月の四半期データに基づく．レバレッジ比率は，総資産に対する銀行のコアTier1資本に関連し，帳簿上の価値で表される．コアTier1資本は，規制上のガイドラインで定義されるコア普通株の実際の量．総資産に関するデータは，国際会計報告基準（IFRS）を反映するよう調整される．

出所：OECD (2014), *OECD Economic Surveys Euro Area*, p. 31.

図 5-13　自己資本比率とレバレッジ比率[1]

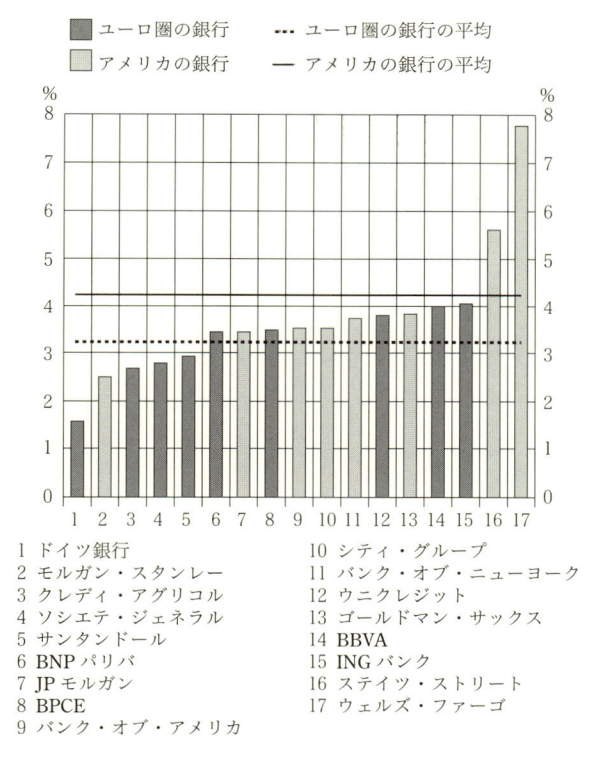

第5章　銀行構造改革と銀行同盟の虚実

凡例：
- ユーロ圏の銀行
- ユーロ圏の銀行の平均
- アメリカの銀行
- アメリカの銀行の平均

1 ドイツ銀行
2 モルガン・スタンレー
3 クレディ・アグリコル
4 ソシエテ・ジェネラル
5 サンタンドール
6 BNPパリバ
7 JPモルガン
8 BPCE
9 バンク・オブ・アメリカ
10 シティ・グループ
11 バンク・オブ・ニューヨーク
12 ウニクレジット
13 ゴールドマン・サックス
14 BBVA
15 INGバンク
16 ステイツ・ストリート
17 ウェルズ・ファーゴ

注：アメリカの銀行について，資産は，US GAAPとIFRSルールの下でデリバティブについて異なった扱いをするよう調整されている．調整された有形エクイティと資産は，のれん代や他の無形資産，繰延税金資産を含まない．
出所：ECB (2013), *Financial Stability Review*, p.71.

図5-14　ユーロ圏とアメリカの銀行のレバレッジ比率
（2012年第4四半期；平均；IFRSの有形エクイティ・資産に関する取扱いに基づく）

では，2008年の危機の際にトレーディング業務で発生した規模の純損失を吸収できないように見える」[138]と述べていた．それが独仏両国の大手銀行を指していたことは間違いない．要するに，EUの自己資本比率規制は，形の上ではバーゼル3に比べてより厳格になっているものの，自己資本に割り当てるべき資産については銀行に裁量の余地を与えることで，実際にはバーゼル3よりも緩いものとなっており，それが独仏の銀行を中心としたレバレッジ比率の低さ

（過小資本）となって現れていた[139]（図5-14）．

3.3　EUによるバーゼル3の骨抜き

そうした問題を意識してか，2014年1月にバーゼル銀行監督委員会の上部機関である，中央銀行総裁・銀行監督当局グループ（Group of Governors and Heads of Supervision）は，レバレッジ比率算出基準の緩和を公表した[140]．それを受けて，ドイツ銀行をはじめヨーロッパの大手銀行の株価も大きく上昇した[141]．レバレッジ基準の緩和は，当初の規制では，リスク・ウェイト資産に対するノン・リスク・ベースで，最低限3％のレバレッジ比率のバックストップを義務付けていたのを，リスク・ベースの資本を含んでもいいように拡張された．併せて，同一カウンター・パーティとの証券金融取引の相殺やデリバティブの取り扱い要件の変更により，レバレッジ比率上分母に相当する部分のエクスポージャーの削減も認められた．要するに，中央銀行総裁・銀行監督当局グループは，レバレッジ比率の厳格な遵守を要求するのではなくて，大きな投資銀行部門を持つ銀行に配慮し，バーゼル3で設定された基準を緩和した．レバレッジ基準の緩和には，ヨーロッパの大手銀行からの強い働き掛けがあったことは間違いない．

同じく，ユーロ圏の金融監督・規制に関しては，国債のリスク評価をどのように扱うかも大きな問題であった．EUの規定では，国債のリスク・ウェイトはゼロと見なされ，国債は銀行のバランスシート上ではリスク資産として扱われていなかった．しかしながら，今回のソブリン危機では，GIIPS諸国の国債が暴落し，当該国債を大量に保有していた銀行が巨額の損失を余儀なくされ，銀行危機を誘発することになった．すなわち，今回の危機によって，国債も決してリスク・フリーではないことが明白となった．にもかかわらず，イタリアやスペインの銀行は，ECBによりLTROsが行われた2011年末以降，利鞘を稼ぐためにむしろ自国国債の保有を著しく増加させた．南欧諸国の銀行にとって，国債はECBとのレポ取引でも重要な担保となっている．ギリシャの銀行の場合には，まさに保有している国債がECBとの取引の生命線であった．ピーク時に比べて減らしているとはいわれるものの，それでもイタリア，スペイン両国の銀行は大量の自国国債を保有し続けている．IMFやOECDも，ユー

ロ圏の銀行が自国国債を大量に保有し続けていることに対して懸念を表明しており[142]，ECB の内部にも銀行による自国国債の大量保有が金融の安定にとって脅威になるとの批判もある[143]．にもかかわらず，包括的資産査定やストレステストでも，国債のリスク・ウェイトはゼロとされた．というのも，国債のリスク評価を厳正に行うとなれば，自国国債を大量に保有するイタリアやスペインの銀行が厳しい評価を下され，ダメージを受けるのは確実であったからである．そうでなくとも，両国特にイタリアの銀行は苦境に喘いでいる．EU は，国債のリスク評価を決定するのはバーゼル銀行監督委員会の職務であるとして，自らこの問題に積極的に取り組む姿勢を見せてはいない．バーゼル銀行監督委員会は，目下国債のリスク評価の見直しを進めているが[144]，ヨーロッパ勢は同委員会の有力なメンバーであり，不利な決定は阻止できるとの読みがあるのかもしれない．しかし，危機によって国債のリスクも決してゼロではないことが明白となっており，この問題を曖昧なままにしておくことは，ユーロ圏の規制はもとより，リスク・ウェイトに基づくバーゼル 3 の自己資本比率規制の有効性に対する疑念を生むことにもなりかねない．

　さらに，バーゼル 3 では，今回の危機の経験を踏まえて，流動性規制の一環として新たに流動性カバレッジ比率と安定調達比率を設けた．しかし，短期のホールセール市場からの資金に著しく依存していたヨーロッパの銀行は，アメリカや日本の銀行に比べても，両規制のクリアに関して大きな遅れをとっていた[145]．そのような状況を受けてか，2013 年 1 月に中央銀行総裁・銀行監督当局グループは，流動性カバレッジ規制に関して，基準を満たすために利用可能な資産の範囲を広げ一部の株式や証券化されたモーゲージ債を含めることや，完全遵守する期限も当初のそれから 4 年先延ばしして 2019 年とすることを決定・公表した[146]．中央銀行総裁・銀行監督当局グループの協議では，チェアマンを務めるドラギ ECB 総裁自らが，当初の規制では銀行間融資が抑制され景気回復が阻害される上，中央銀行による金融政策の運営もより困難になるとして，強く緩和を求めたとされる[147]．他方，安定調達比率についても，2014 年 1 月に同じく中央銀行総裁・銀行監督当局グループによって，先のレバレッジ比率に関する規制のそれと併せて緩和することが公表され[148]，銀行のビジネス・モデルにより順応したものとなった[149]．

しかも，流動性規制に関しては，バーゼル3の修正を求めるだけでは飽き足らず，EUには適用を緩和しようとする動きもある．EUの銀行は，デンマークやドイツ，スペインの銀行を中心に，不動産融資などを抵当とするカバード債を大量に保有している．バーゼル3では，カバード債については，レベル2に分類し流動性バッファーへの算入を最大40％までしか認めていないが，EUとしてはこれを70％に引き上げ，かつ掛け目も引き上げることで，現行のバーゼル3の下でのそれに比べて75％上積みしたい意向といわれる[150]．しかし，今回の危機によって優良資産と見られていたカバード債も，決して流動性リスクや信用リスクから無縁でないことが明らかとなっている．しかも，カバード債の流動性バッファー算入比率の引き上げをEUに強く働き掛けているデンマーク（同国はユーロに参加していないが，銀行同盟には参加している）をはじめ北欧諸国では，1人当たりのカバード債残高が世界最高の水準になっており，危機発生後も不動産価格が高止まりしたままで調整が済んでいないことから，クルーグマンをはじめ多くの学者が不動産バブル崩壊のリスクを指摘している[151]．にもかかわらず，EU当局は，カバード債に対する規制緩和を押し進めようとしており，ECBも量的緩和の一環として2014年10月よりカバード債の購入を開始した．

このように，EUでは，バーゼル3の適用の緩和もしくはバーゼル3そのものをなし崩し的に緩和しようとする動きが露骨となっている．IMFも，2014年春の金融安定報告の中で，EUを名指しこそしていないものの，レバレッジ比率の緩和を中心にバーゼル3の骨抜きがなし崩し的に進んでいることを指摘していた[152]．グローバルな金融危機の発生を看過・助長したと悪名の高いバーゼル2の策定にあたり，銀行にフレンドリーな規制を採用し，業界寄りの姿勢を鮮明にしたのは，イタリア中央銀行総裁で後にECB初代理事にもなったパドア-スキオッパをはじめとするヨーロッパ勢にほかならなかった．バーゼル3についても，まさに同様の試みが行われている．

グローバルな金融危機によって共に深刻な打撃を受けた中で，EUに比べてむしろアメリカの方が金融危機の教訓を踏まえてより厳格な規制を敷こうとしているように見える．アメリカは，金融業界からの抵抗により後退を余儀なくされたとはいえ，未だ行方の定まらないEUの銀行構造改革案に比べてより厳

しいボルカー・ルールを 2014 年 4 月より施行させた[153]．また，FRB は，2014 年 2 月に，今後アメリカで営業する 500 億ドル以上の資産を持つ外国銀行に対して，中間持ち株会社の設立を義務付け，これに十分な資本と流動性を持たせて，FRB の監視下でストレステストを行うと表明した[154]．外国銀行特にヨーロッパの銀行も米国のサブプライム問題に深く関わり，破綻の瀬戸際で辛うじて FRB によって救済されたことを考えれば，当然の措置といえる．ところが，これに対して，ヨーロッパの銀行業界は勿論のこと，EU の金融監督当局も「欧州における米銀には同様のルールは課せられていない」（バルニエ金融・サービス担当）と強く反発した[155]．そのことは，ヨーロッパの規制がアメリカに比べて如何に甘いかを物語っている．また，スーダンやイラク，キューバといったアメリカの制裁対象国と取引を行っていた BNP パリバに対する米規制当局による制裁決定に関しても，フランス中央銀行総裁のノワイエは，「同行はアメリカの法律に従っていることを示す必要はあるが，フランスやヨーロッパの法律には決して違反していない」と，BNP パリバを擁護した[157]．さらに，フランス政府・監督当局の一部は，オランド大統領を介してオバマ大統領に BNP パリバに対する制裁を緩和するようアメリカの監督当局に圧力をかけることを求めたが，オバマ大統領はそれは監督当局の管轄であるとして取り合わず，アメリカの監督当局も BNP パリバの不正はドル建ての取引であることを理由にフランスの要求を突っぱねたと伝えられている[157]．こうしたエピソードは，銀行の監督・規制に関する EU 各国政府や監督当局の姿勢を端的に物語っているといえよう．

3.4 大手銀行と政府・EU 当局の癒着

未曾有の金融危機を経験し，かつ鳴り物入りで銀行同盟を立ち上げたにもかかわらず，何故 EU では銀行の厳格な規制や抜本的な構造改革ができないのであろうか．

その主要理由として，EU の金融監督・規制さらには通貨当局とヨーロッパの金融業界，そして政府との間の深い結びつきを挙げることができる．銀行規制や銀行構造改革に関する議論は，問題が非常に複雑で専門的であるため，限られた関係者と専門家，当局の間で協議が行われ，それゆえ規制の検討段階

はいうに及ばず，最終的な決定・立法過程においてもそれに関わる金融業界の意向が色濃く反映されることになる．そのため未曾有の危機を経験したにもかかわらず，危機によって駆り立てられた（crisis-driven）規制改革が成功する可能性は低いとされ[158]，現にブリュッセルでも，ワシントン同様，金融業界による規制緩和を求めるロビーイング活動が活発に行われている．Corporate Europe Observatory の調査によれば，ヨーロッパでも，金融業界が 700 以上の機関を通じて年間 1 億 2,000 万ユーロを超える資金を使って積極的なロビーイング活動を行っている[159]．ロビイストの中には，コンサルティング会社や法律事務所も含まれ，これらロビイストは，ヨーロッパ委員会の専門家グループやコンサルテーションへの参加を通じて，まず法案の企画・検討段階で意思決定に関与する．ヨーロッパ委員会内の金融問題を検討する専門家グループ・アドバイザーの実に 7 割以上が，金融業界と直接の絆を有しているといわれる[160]．さらに，これら金融業界のロビイストは，ヨーロッパ議会での協議や議員との間のインフォーマルな会合を通じて，法案の決定段階に関与し，最終的に規制の執行段階にも加わることで，強い影響力を保持している（図5-15）．ヨーロッパの大手銀行の中でも最もアグレッシブなビジネスを展開してきたドイツ銀行は，EU 諸機関やヨーロッパならびに国際的な関連業界団体に強力なロビーイング活動のネットワークを築いており，今回の金融危機以前にEU の金融規制が著しく緩かったのも，こうしたヨーロッパの金融業界による積極的なロビイスト活動の結果であったといわれる[161]．リーマン・ショック発生直後に EU の監督・規制体制の改善を目的に設立され，提言を行ったものの，結果的にほとんど役に立たなかったド・ラロジェール委員会では，金融業界の関係者が実に 6 割を占め，リーカネン委員会でも，金融業界の関係者が 4 割を占める一方，NGO や消費者，労働組合代表は 1 割に過ぎなかった[162]．そのような委員会から，銀行構造改革に関するラディカルな提案がなされるはずもない．ECB の運営とて決してその例外ではない．ECB 関係者の天下り先もしくは前職は，ドラギ総裁がかつて副会長を務めたゴールドマン・サックスをはじめ欧米の名だたる大手金融機関が目白押しとなっている．

　銀行に対する監督・規制以外に，ヨーロッパの金融業界やその意を受けた EU 各国政府・関係当局によって，規制が骨抜きにされつつある典型的な事例

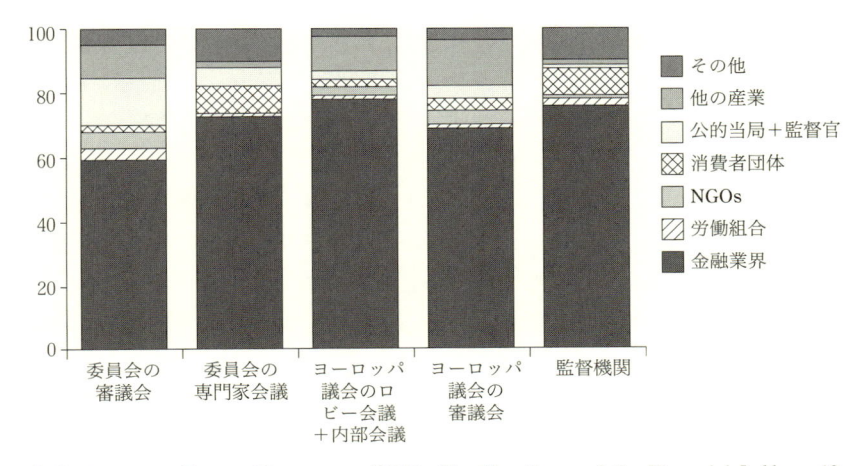

第5章　銀行構造改革と銀行同盟の虚実

出所：Corporate Europe Observatory (2014), *The Fire Power of the Financial Lobby*, p. 12.

図5-15 EUの金融関連諸機関に関係しているロビイストの構成

として，金融取引税のケースを挙げることができる．金融取引税は，投機的金融取引の抑制や危機対策の財源確保を目的としてヨーロッパ委員会から提案され，当初イギリスやスウェーデンなど非ユーロ圏諸国を除くユーロ圏のすべての国が参加する予定であった．ところが，金融取引への打撃を懼れたオランダやルクセンブルクらが，早々に不参加を表明した．2012年に残るフランスやドイツをはじめとするユーロ圏11カ国で合意し，2014年1月から導入予定であったものの，未だ実施の目処は立っていない．フランスでは，他の国々に先駆け，2012年8月よりオランド政権の下で金融取引税が導入された．しかし，フランスの場合，金融取引税は現物株式の購入に対して課されるのみで，マーケット・メイキングをはじめとするトレーディングやデリバティブ取引には課されておらず，税収はともかく投機の抑制に関してはほとんど成果を挙げていないといわれる[163]．中央銀行総裁ノワイエ自らが，金融取引税の効果や財源としての有用性について，公然と懐疑的な見方を表明する始末であった[164]．金融取引税の導入は，鳴り物入りで打ち上げられたにもかかわらず，腰砕けの感が否めない．どのみちEUレベルで導入されたところで，たいしたものとはならないだろう．

今回の危機以前，EU はバーゼル 2 の導入を先導し，自らが国際的な銀行監督・規制のモデル，国際標準になろうとした．その試みは，今回の危機によって挫折を余儀なくされた．にもかかわらず，EU は SSM を通じたそれを再び世界の標準にすることを望んでいるという[165]．けれども，なし崩し的な規制緩和や銀行構造改革をめぐる迷走は，EU がはたして本当に厳正な監督や規制を実行しようする意思があるのかどうか，その真意を疑わせるものとなっている．仮に EU 当局が厳格な監督や規制を行う意思を持っていたとしても，政治的圧力の排除はもとより，規制それ自体の問題点や欠点を埋め合わすことは決して容易なことではない．スロヴィクによれば，新たな規制レジームのもたらす効果は，往々にして過大評価される傾向がある．鳴り物入りで導入されたバーゼル 2 も，リスクのオフバランス化による自己資本規制の回避や，高リスクのサブプライム・ローンの一見低リスクに見える証券への転換といった規制回避行動を生み，結局金融危機の再発防止に失敗した[166]．SSM そしてバーゼル 3 が同様の轍を踏まない保証はどこにもない．リーマン・ショック以降，システミック・リスクを制限するために導入された数々の規制は，確かに銀行のリスクに対するエクスポージャーの引き下げには成功したものの，銀行ほど規制されていない他の金融機関（影の銀行）によるリスクテークを抑制することができず，そのため，リスクテークは今や大手銀行から影の銀行に移りつつある[167]（図 5-16）．ECB の調査によれば，ユーロ圏の金融部門の総資産の 3 分の 1 を今や影の銀行業界が占めるに至っている[168]．

さらに，ECB をはじめ EU 当局は，SSM を通じて，同一のルールや競争条件の適用を図り，単一の金融サービス市場を作るという．そのような単一金融サービス市場がはたして実現可能であるかどうかはともかく，銀行市場の統合が進めば，大手銀行が優位に立つことは明らかであろう．しかも，大手銀行は，依然として自国政府から公然もしくは暗黙の保護や支援を受けている．一見すると規制が強化され，ビジネスに対する制約が強まるように見えて，大手銀行が SSM を歓迎している理由もそこにある．ルールの整備や競争条件の標準化により，彼らにとってユーロ圏ないし EU 域内におけるクロスボーダーの汎ヨーロッパ戦略の展開がより容易になるからである．ドイツ銀行の監査役会会長で，ゴールドマン・サックスやアリアンツでの職務経験もあり，資本市場政策

2008 年第 4 四半期～ 2014 年第 4 四半期；指数：2008 年第 4 四半期＝100

―― 影の銀行：ヘッジ・ファンド
― 影の銀行：投資ファンド（MMF を除く）
‥‥‥ 影の銀行：全体
------ 銀行

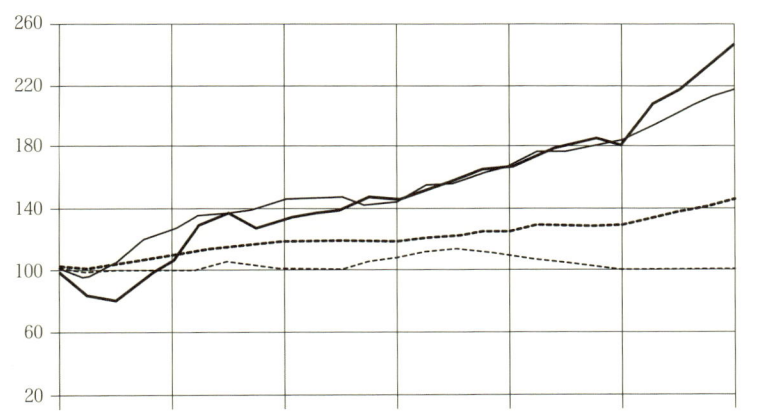

出所：European Central Bank (2015), *Financial Stability Review*, May, p. 13.

図 5-16　ユーロ圏における影の銀行部門の拡大

に関するアドバイザーとしてドイツ財務省にも顔の利く，ドイツ金融界の大立者アッハライトナーは，「ドイツのような国やヨーロッパのような大陸には，米銀に対抗できる金融機関が必要で，ドイツ銀行はその1つとなりうる潜在力を持つ．我々にとって重要な課題は，そうした能力を確実に引き出すことにある」[169] として分割を含む大手銀行の規制強化に真っ向から反対している．現に金融危機を経て，グローバルな投資銀行間の競争からイギリス（バークレーズ）やスイス（UBS，クレディ・スイス）を含むヨーロッパ勢が軒並み脱落し，ゴールドマン・サックスやモルガン・スタンレーらアメリカ勢の優位が鮮明となっている．そうした中で，ヨーロッパ勢で唯一米系投資銀行に対抗し，来る資本市場同盟でも主導的な役割を果たしうる銀行として，ドイツ銀行に大きな期待が寄せられている[170]．EU 当局も，銀行同盟を通じてユーロ圏の銀行の再編・統合を積極的に後押ししようとしているが，その背景には同様の戦略

的意図があるのかもしれない．しかし，EU レベルでの銀行の再編・統合は，「大き過ぎて」あるいは「複雑すぎて潰せない」銀行問題の解決をより困難にする虞もある．同時に，見逃してならないのは，分割というリーカネン報告の提案を退け，複雑で巨大化するユーロ圏の大手銀行を監督・規制するとの名目で，EU の監督・規制当局自らも著しく肥大化・複雑化したことである．銀行同盟とは，実のところ，EU の大手銀行と各国政府・監督規制当局，そして ECB や EBA といった EU の超国家機関からなる連合体にほかならない．

3.5 破綻処理パラダイム転換と内実

SRM は SSM と並ぶ銀行同盟のもう 1 つの重要な柱である．というのも，SSM によって銀行監督・規制を一元化する以上，破綻処理の一元化も必要になり，EU レベルで破綻処理の一元化を図るためには，共通の財政上のバックストップや単一預金保険制度の設立，換言すれば EU レベルにおける各国間での債務の共同化も必要になると考えられていたからである．そうであれば，銀行同盟ないし SRM は事実上の財政統合の始まりを意味するものにもなりえた．けれども，破綻処理制度をめぐる多くの加盟国の意見の相違や，財政負担をめぐる対立，経済的に困難な時期にそのような制度を導入することの望ましさ，さらには各国の破綻処理権限の侵食に対する懸念から，当初の構想は著しい後退を余儀なくされ，特に SRM に関しては政府間主義的な色彩が濃厚となった[171]．

破綻処理に関しては，第一義的には当該銀行の経営者と株主，債権者，大口預金者そして当該国政府の責任であり，SRM に関しては，実態は銀行連合に近い．それは，SRM が EU 条約ではなく，政府間条約に基づく暫定的な取り決めとなっていることや，550 億ユーロという SBRF の金額の低さにも表れている．キプロスのような小国における銀行破綻の処理に際しても，100 億ユーロものコストがかかったことを考えれば，金額面での不十分さは否めない．しかも，550 億ユーロが完全に利用可能になるまでには，最終合意で 2 年短縮されたとはいえ，それでも 8 年もの年月を要する．その間に問題が発生し銀行に直接資本注入する必要が生じた場合には ESM から最高 600 億ユーロまで借り入れることができる．しかし，既に述べたように，ESM からの借入れには

厳格なコンディショナリティが課され，与信国の同意も必要なことから，実際の借入れはほとんど行われないと見られている．

けれども，SRMの主たる狙いは，もはや公的資金の注入を通じた銀行の救済にではなく，厳格なベイル・インの導入を通じた破綻の予防にある．ベイル・インの対象は，当該銀行の株主や債権者（劣後債およびシニアの無保証の債券保有者），預金保険スキームによってカバーされていない預金者集団[172]で，銀行破綻の際には，これら株主や債権者，大口の預金者が真っ先に負担を負い，それでも不十分な場合にのみ，各国政府および最終的にEUレベルでの救済を仰ぐことになる．言い換えれば，厳格なベイル・インを導入し，破綻の際には株主や債権者を真っ先に罰するようにすることで，銀行の経営者が再び無謀な行動に走らないようにブレーキを掛け，それを通じて金融システムの安定を保つと同時に，納税者負担も最小にする．コンスタンシオECB副総裁によれば，それは安易な救済から新しいベイル・イン文化へ根本的なパラダイムの転換にほかならなかった[173]．

銀行の破綻処理に関するこのような「パラダイム転換」の背景には，EU各国の一般市民の間に，無謀な投機に走った挙句経営破綻した大手銀行と，大手銀行は巨額の税金を使ってでも救済する一方，未曾有の経済危機や雇用危機に際して何ら有効な対策を打てない自国の政府やEUに対する，激しい怒りや憤りが存在していたことはいうまでもない．EU各国政府やEU機関も，こうした厳しい世論に押されて，何らかの措置を取ることを迫られた．それが，銀行構造改革の検討や大手銀行に対する監督・規制の強化，金融取引税の導入や銀行経営者の報酬制限の試み等にほかならなかった．とはいえ，銀行の破綻処理に関する「パラダイム転換」の最終的かつ直接的な契機となったのは，2013年3月の大手銀行の経営破綻によって生じたキプロス危機であった．危機発生の当初，支援と引き換えに銀行の破綻処理のためにすべての銀行預金に課税するというトロイカの提案をキプロス議会が否決したことで，大きな混乱が発生した．もっとも，最終的にはキプロス第2の銀行であったポピュラー銀行の閉鎖と最大手キプロス銀行への整理・統合，さらには株主や債権者に加え，10万ユーロを越える大口の預金者にも損失の負担を課すことで，銀行危機そのものは比較的短期間で収束を見た[174]．納税者ではなく，破綻した銀行とその株

主や債権者，さらには大口預金者をベイル・インの対象とする，キプロス危機における銀行破綻処理手法は，結局 SRM にも取り入れられることになった．キプロスの危機に際しては，とくにドイツとフィンランドが厳格なベイル・インの適用を強く主張した[175]．しかし，当のドイツでは，今回の危機を通じて自国銀行の救済のためにユーロ圏で最大の公的資金の注入が行われた一方，預金者は勿論のこと，株主や債権者も誰一人ベイル・インを課されることはなかった．元イタリアの財務官僚で ECB の理事も務めたスマギは，国内で一度も試みたことのないベイル・インに固執し，拘束的なルールに押し込めることで，最終的に銀行への取り付け騒ぎを引き起こしかねない状況を作り出していると，ドイツを痛烈に批判した[176]．ドイツやフィンランドなど北部ユーロ圏諸国がベイル・インに固執したのは，それによって銀行の経営に規律を促すというより，むしろ財政負担の増大を嫌ったからにほかならない．こうして，2013 年春のキプロス危機を契機とした，銀行の破綻処理に関する「パラダイム転換」により，ベイル・インを中心に掲げる SRM の基本的な性格が形作られることになった．

　ベイル・インは，2016 年 1 月より適用される．しかし，はたして実際に厳格に適用され，銀行の破綻防止に本当に役に立つのであろうか．

　一見するとベイル・インは厳格で，銀行とその株主，債権者を厳しく律するように見える．にもかかわらず，大手銀行を中心とする銀行業界は，むしろベイル・インを歓迎しているといわれる．その理由は，銀行の破綻処理に際して透明で一貫したフレームワークが提供されることで，アイルランドやスペイン，そしてキプロスの危機で生じたような，銀行の破綻処理を巡る不確実性や混乱を回避できるからである[177]．また，破綻処理手続きが明確になれば，銀行は当局の介入を受ける以前に有効な手を打つことができ，資産を救うことも可能になるとされる[178]．さらに，8% のベイル・インの水準も一見高いように見えるが，銀行が破綻した場合，アングロ・アイリッシュ銀行のケースのように，株主や債権者が 8% 以上の損失を負う可能性もあり[179]，破綻の際の損失の上限が確定されたことで，銀行にはむしろ安心感を与えたといわれる[180]．

　銀行業界がベイル・インを歓迎している理由は，それだけに留まらない．ベイル・インの適用には，緊急時の適用除外[181]を含め，実は多くの例外が設けられている．例外項目の中には，預金保険でカバーされた 10 万ユーロ以下の

小口の預金やカバード債のような保証債務，自己勘定取引を除く顧客のためのトレーディングによって生じる債務，従業員の給与や年金，IT サービスなど日々の業務の運営に欠かせない商業信用，さらにインターバンク取引ないし決済システム上の満期 7 日以内ないし残存満期 7 日以内の債務も含まれる[182]．デリバティブに関しても，例外的な状況という条件付きではあるものの，ベイル・インの対象から除かれている[183]．デリバティブに関しては，かねてから銀行業界や法律の専門家，証券市場関連団体が，危機に際しての時価評価が困難で迅速なベイル・インに馴染まないとの理由から，ベイル・インの対象から外すよう強く求めていた[184]．このように，ベイル・インの適用には多くの例外が設けられ，それが銀行業界の不安を和らげている．

他方で，ベイル・インの適用に上記のように数多くの例外が設けられることにより，実際に銀行の経営破綻が生じた際にベイル・イン可能な債務が著しく減少し，十分な損失負担を銀行はもとより，株主や債権者にも課すことができなくなる虞も指摘されている[185]．さらに，短期の銀行債務も決済システム上の安定性確保の観点からベイル・インの対象外とされている[186]．しかし，そのような措置は，インターバンク市場をはじめとする短期のホールセール市場への銀行の依存をさらに高め，銀行をより安全でより長期の資金調達へ誘導するという，銀行同盟の創設に込められたユーロ圏の金融システム安定化の目的に逆行しかねない[187]．そうでなくとも，ユーロ圏の銀行の流動性カバレッジ比率は低い．他方で，スマギがドイツを厳しく批判したように，厳格なベイル・イン適用の結果，投資家や債権者，預金者が銀行の経営状況の悪化や銀行システムの不安定化により敏感に反応するようになり，そのことが銀行の破綻の可能性をより高める虞もある[188]．

問題は，8％ のベイル・インによっても，事態の収拾が困難な場合である．大手銀行が破綻した場合には，8％ のベイル・インによっても処理が困難になる可能性が高い．その場合，各国の破綻処理当局には，当該銀行を最終的に破綻させないために，いくつかの選択的な手段をとることが認められている．すなわち，支配能力のある銀行（solvent banks）に対しては，自国の破綻処理基金から資本注入を行ったり，8％ のベイル・インによってもなおかつ残る債務についてベイル・インを免除したり，債務の免除や破綻処理基金の利用でも足

らない，「異常な状況下（in extraordinary circumstances）」では，別の資金源泉からの資金提供を求めたりすることもできる[189]．さらに，システミックな流動性不足が生じるようなケースでは，金融の安定性を確保するために，政府保証や中央銀行による緊急の流動性の供給も認められている[190]．要するに，形の上では厳格なベイル・イン原則の導入にもかかわらず，金融システムの安定を揺るがしかねない場合など「例外的」な状況では，破綻処理当局や政府および中央銀行による介入や裁量の余地を認めている．

しかし，破綻処理にあたり，各国の破綻処理当局や政府に介入や裁量の余地を与えたことは，危機に際して柔軟な対応を可能にする一方で，大きな問題も孕んでいる．すなわち，各国の破綻処理当局や政府に介入や裁量の余地が認められたことで，国によって破綻処理能力——従って，政府の信用力評価——に違いが生まれ，財政基盤の強固な国は財政資金を自国の銀行の救済に用いようとする一方，財政基盤の脆弱な国は十分にそれができないことから，破綻処理に際して両者の対応に格差が生じうる．そのため，南欧諸国における危機の際に実際に起きたように，財政基盤の脆弱な南欧諸国からドイツをはじめ財政基盤の強固な北部ユーロ圏諸国に預金の攪乱的なシフトが生じる可能性もある[191]．同じく，今回の金融危機では，ユーロ圏の複数の国々に跨ってクロスボーダーの業務を行っていたデクシアやフォルティスの破綻処理をめぐって，大きな混乱や対立が生じた．EU域外を含め，複数の国々に跨ってクロスボーダーの業務を行っている大手銀行の経営破綻は，おそらく次の危機でも生じうる破綻の典型的なケースであろう．にもかかわらず，BRRDでは，複数の国々に跨ってクロスボーダーの業務を行っている銀行の破綻処理に関しては，関係国の当局の間で緊密な協力を行うことと，EBAにその仲介役を割り当てているだけで[192]，具体的にどのように破綻処理を行うのかについて明確な規定はない．そのことも破綻処理に際して対立や混乱を招く虞がある．さらに，ギリシャのケースのように，ユーロ離脱の危機によって銀行システムそのものが全面的な破綻の危機にさらされるような場合，これに対処する方法は規定されていない．

3.6　銀行同盟の限界

ユーロ圏はもとよりグローバルな業務を展開する大手銀行が経営破綻に直面

した場合，これに対処することは極めて困難な仕事であることはいうまでもない．ユーロ圏の大手銀行の破綻処理に関する決定は，ECB による破綻処理対象行の告知を受け，SBRF の利用も含めて SRB が行うが，SRB は SRB 固有メンバーと各国の破綻処理当局の代表によって構成される（図5-17）．また，破綻処理が政府による支援や破綻処理基金の使用を含む場合には，競争法上の問題がないかどうかをチェックするために，ヨーロッパ委員会も決定に関与し，場合によっては破綻処理スキームに反対することもできる．さらに，閣僚理事会やヨーロッパ議会も，条件付きながら決定に関与できる．このように SRB が破綻処理に際して複雑で面倒な手順を取らざるを得ないのは，ユーロ圏の金融システムや実体経済に著しい影響を及ぼしかねない大手銀行の破綻処理に関して，SRB が生殺与奪の権限を有するからに他ならない[193]．けれども，迅速な決断と素早い対応が求められる大手銀行の破綻処理に関して，そのように複雑で込み入った手順を踏むことが果たして可能か，外部からの批判はもとより，内部の関係者の間にさえ，その実行可能性を危ぶむ声が存在している[194]．特に業務停止や清算の決定に関しては，当該銀行の母国の破綻処理当局や政府の強い抵抗が予想される．仮に SRB が政治的干渉を排しルールに基づいて迅速かつ粛々と処理手順を進め，最終的な判断・決定を下せるとしたら，それはユーロ圏が銀行ナショナリズムを克服できた明確な証しにもなりうる．しかし，銀行構造改革や銀行監督・規制のあり方で示された，各国政府の露骨な自国銀行の擁護や EU 当局のご都合主義的な対応等から判断する限り，SRB がそのような決定を下せる可能性は低いといわざるを得ない．米国の金融規制当局による BNP パリバ制裁の際に，フランス中央銀行総裁や同国政府の見せた露骨な介入姿勢は，SRB による破綻処理決定の際にも，同様な――というより，EU 内の意思決定であればなおのこと，はるかに強力な――政治的介入がありうることを示唆している．従って，SRB による銀行の破綻処理も，決して純粋に技術的な決定ではありえない．ベイル・インの規定や破綻処理ルールにおける広範な裁量と適用免除に照せば，破綻処理に関する公平性や透明性に関する疑念も完全に払拭されているとは言い難い．

確かに，BRRD を核とする SRM は，ベイル・インの可能性のある銀行の株主や債権者，大口預金者をして，当該銀行の経営に関する監視を強め，それ

232

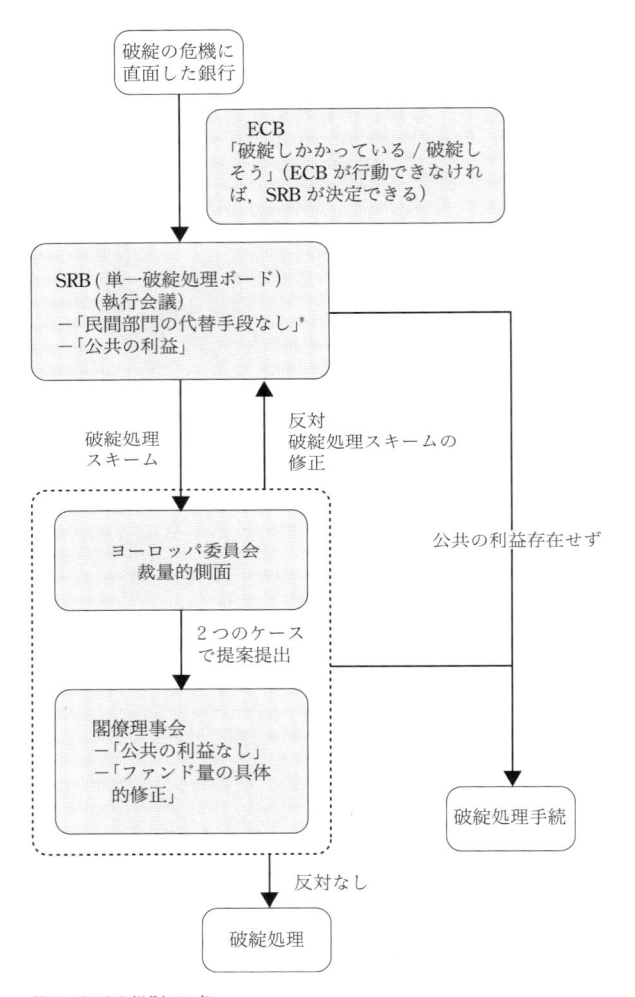

```
                    ┌──────────────┐
                    │ 破綻の危機に  │
                    │ 直面した銀行  │
                    └──────┬───────┘
                           ↓
                    ┌──────────────────────────┐
                    │ ECB                      │
                    │ 「破綻しかかっている／破綻し│
                    │ そう」(ECB が行動できなけれ│
                    │ ば，SRB が決定できる)    │
                    └──────────────────────────┘
                           ↓
                    ┌──────────────────┐
                    │ SRB（単一破綻処理ボード）│
                    │ （執行会議）      │
                    │ -「民間部門の代替手段なし」*│────────────┐
                    │ -「公共の利益」    │            │
                    └──────────────────┘            │
                    破綻処理↓  ↑反対                │
                    スキーム   破綻処理スキームの修正  │公共の利益存在せず
                    ┌─ ─ ─ ─ ─ ─ ─ ─ ─ ─┐        │
                    │ ┌──────────────┐   │        │
                    │ │ ヨーロッパ委員会│   │        │
                    │ │ 裁量的側面    │   │        │
                    │ └──────┬───────┘   │        │
                    │        ↓2つのケース │        │
                    │        で提案提出   │        │
                    │ ┌──────────────┐   │────────┤
                    │ │ 閣僚理事会    │   │        │
                    │ │ -「公共の利益なし」│  │        │
                    │ │ -「ファンド量の具体│  │        │
                    │ │  的修正」     │   │        │
                    │ └──────┬───────┘   │        ↓
                    └─ ─ ─ ─ ─│─ ─ ─ ─ ─┘   ┌──────────┐
                              ↓反対なし      │破綻処理手続│
                    ┌──────────────┐        └──────────┘
                    │ 破綻処理      │
                    └──────────────┘
```

注：*SRM 規則 18 条
出所：Deutsche Bundesbank (2014), *Financial Stability Review 2014*, p. 85.

図 5-17　SRM における意思決定手続き

が当局による監督・規制強化と相まって，ガバナンスの改善および銀行の過剰なリスクテークの抑制に繋がるかもしれない．また，破綻処理ルールや破綻処理決定権限・手順の明確化は，銀行の破綻処理に関する不確実性や不透明性を

一定程度引き下げることには貢献しうる．にもかかわらず，そのこと自体は銀行の破綻処理をより容易なものにはしない．Financial Stability Board によれば，クロスボーダーの業務を行っている大手銀行の破綻処理に関しては，その組織や業務の複雑さ，高度に統合された性質故に現行の体制下で迅速かつ整然と破綻処理することを実質的に不可能にしている[195]．ユーロ圏の大手銀行はその典型的なケースであろう．にもかかわらず，BRRD にはクロスボーダーの業務を行っている銀行の破綻処理に関して明確な規定はなく，同じく SRM ならびに SRB がこの問題をどうする処理するのかについても明確な規定がない．そうであるとすれば，ユーロ圏の大手銀行の破綻の危機に際しては，介入や救済が行われる可能性が極めて高い．というよりも，大手銀行の分割ないし投資銀行業務の切り離しという選択肢が退けられてしまった以上，そうしなければ，ユーロ圏の金融システム自体が危機の連鎖によって崩壊してしまいかねない．SBRF の 550 億ユーロという金額の少なさといい，破綻処理決定の複雑さといい，現行の SRM は，EU の当局者がいうような，ユーロ圏の大手銀行を著しい財政負担や金融システムの不安定化をもらすことなしに破綻させることができる仕組みになっているとは到底言い難い．

　無論，問題はユーロ圏の大手銀行の破綻のケースのみに留まらない．SRM の枠外に置かれている中小の銀行の破綻のケースも，問題となりうる．これら中小の銀行が破綻した場合，そのコストを負うのは当該国の政府である．リーカネン報告も指摘していたように，銀行の規模それ自体は唯一の問題ではない[196]．たとえ小さくとも，多くの銀行が同じようなビジネス・モデルを営み，共通のショックにさらされた場合には，1980 年代のアメリカの S&L のように，連鎖的な破綻が生じうる（いわゆる「多すぎて潰せない（Too many to fail）」問題）．その結果，当該国政府は巨額の財政資金の投入を余儀なくされ，ソブリン危機を誘発する可能性も否定できない．ユーロ圏のいくつかの国々では，中小の銀行の数が多すぎて，経営基盤も脆弱であることは既に見た．だからこそ，南欧諸国は，銀行同盟のセーフティネットを中小の銀行にまで広げることを望んだが，ドイツをはじめ北部ユーロ圏諸国はその要求を拒否した．銀行同盟の当初の構想の中に盛り込まれていた単一預金保険スキームについても，ドイツら北部ユーロ圏諸国の強硬な反対によって立ち消えとなった．預金保険に

関しては，各国の既存のそれを擦り合わせるだけで，当面統合される見通しはない．

　脆弱な銀行部門を改善したければ，EUないしユーロ圏レベルでの金融市場の統合の推進と併せ，銀行の再編・統合を推し進めることにより，自国の銀行の経営体質の強化を図る以外にないとEUの当局者は言う．それは，域内市場統合のロジックとまさしく同一であるといえる．しかし，そのような競い合いレジームがうまくいかないからこそ，様々な問題が生じているのであって，銀行同盟は，本来そのような競い合いレジームの下で不可避に生じる，銀行ナショナリズムならびに国家間の危機対応能力の格差を，EUレベルで克服しようとする試みにほかならなかった．にもかかわらず，同盟という強固な連帯を示す名称とは裏腹に，銀行の破綻処理は，基本的に各国破綻処理当局ないし政府に委ねられ，銀行同盟は銀行危機とソブリン危機のリンクを断ち切るのに成功していない．破綻処理の責任が各国に委ねられる限り，銀行同盟は不完全でヨーロッパの銀行部門の分断は続く[197]．ドイツをはじめ資金余力のある国は，自国の資金を他国の銀行の救済に使うことに消極的で，SBRFが大幅に拡充される見通しは低い．加えて，単一預金保険スキームを含め，EUレベルで十分な財政上のバックストップが構築される可能性も望み薄で，現状では銀行同盟が財政同盟への発展に繋がる契機は見出せない．銀行や株主，債権者に負担を負わせるベイル・インの導入は，投機に失敗して損失の負担を社会に転嫁した銀行と，危機によって生じた未曽有の失業や社会生活の破壊を放置する一方で，これらの銀行にろくに制裁を課すことなく巨額の税金を使って救済した政府に対する，ヨーロッパ市民の怒りを背景としていた．その限りで，ベイル・インは極めて正当で公正な手段であったといえる．にもかかわらず，結果的に，各国のエゴイズムや負担回避のために利用されている観が強い．しかも，ご多分に漏れず，ベイル・インの適用にも様々な例外や抜け道が設けられ，株主や債権者に十分な損失負担を科せないかもしれない一方で，銀行のリスクテークの抑制や金融システムの安定化に繋がらない虞もある．EU当局者の弁明にもかかわらず，公的資金による大手銀行救済の可能性は排除できない．

　にもかかわらず，銀行同盟を統合の画期的発展と捉え，銀行同盟によってあたかもすべての問題が解決可能であるかのように主張する論者もいる[198]．し

表 5-3 システム上重要な大手銀行を規制する政策手段（効果とリスク／課題）

政策手段の概要

政策上の手段 （主要な分岐点でのそれ）	予想される効果	リスク／課題
構造手段：規模ないし業務の制限（システム上重要か，否かの分岐点）	銀行が重要過ぎて潰せなくなることを防止する 秩序だった破綻を容易にし，それにより救済の見込みや暗黙の補助金の可能性を引き下げる	規模や範囲の経済を引き下げ，効率性の損失を伴うかもしれない 「適正な」規模の評価の困難 規制の裁定のリスク より規制されない業務に移らせるリスク
損失吸収能力の増大（窮迫しているか，否かの分岐点）	窮迫の見込みを引き下げる システム上重要になる誘因を引き下げる 暗黙の補助金を引き下げる	規制の裁定のリスク より規制されない業務（影の銀行業）に移らせるリスク 必要な資本バッファーを測定することの困難
システム上重要な銀行の監督強化（窮迫しているか，否かの分岐点）	窮迫の見込みを引き下げる	暗黙の補助金に対する限られた効果 重要過ぎて潰せない問題を解決しない
透明性や開示要件の強化（政府支援があるか，否かの分岐点）	誰もが銀行の健全性や銀行の破綻のシステム上の含意をよりよく評価できるようになるにつれ，不必要な救済を減じる	暗黙の補助金に対する限られた効果
ベイル・イン権限の増大（損失ゼロか引き下げ，もしくは完全損失の分岐点）	破綻処理を容易にする 必要なら救済のコストを引き下げる 暗黙の補助金の一部もしくは全てを相殺する	透明性や情報共有の進展を伴う必要性 各国による非協調的なイニシャチブのリスク
銀行の破綻処理基金への拠出（損失ゼロか引き下げ，もしくは完全損失の分岐点）	暗黙の補助金の一部もしくは全てを相殺する うまくデザインされるなら（例．累進課税），銀行がシステム上重要になる誘因を減じる そのような利用可能な基金を持つことは，破綻処理に関わる当局の意欲を高め，転じて救済の可能性を減じる	国際的な協調がない場合の規制の裁定 補助金を完全に相殺するのに十分高い課税の必要性

出所：IMF (2014), *Global Financial Stability Report*, April, p. 122.

かし，本章で見てきたように，銀行同盟は，当初の構想から大きく後退し，銀行危機とソブリン危機を完全に断ち切るものとはなっていない[199]．そもそも銀行の監督・規制の強化や破綻処理メカニズムの設立のみで，ユーロ圏の銀行や金融システムが抱えている構造的諸問題を解決できると考えるのは，あまりにもナイーブであるというほかない．それらは銀行を規制する手段のあくまで一部に過ぎず，今回の危機をもたらした構造的要因の多くは依然解決されていない（表5-3）．銀行の構造改革や監督・規制体制も不十分で，一部ではなし崩しの緩和も進められている．何よりも実体経済の回復なしには，ユーロ圏の銀行の経営や金融システムの安定化は望めない．銀行同盟が――少なくとも，それ単独では――危機の最終的な解決に繋がらないであろうことは，EUの当局者でさえ認めている．また，銀行同盟は，銀行同盟に加わる国々とそうでない国々との間に溝を生み，分裂を恒常化させる虞もある．いずれにしても，銀行同盟は現状ではユーロ危機解決の最終的な切り札とはなりえない．

注
1) OECD (2014), *OECD Economic Surveys Euro Area*, p. 32.
2) International Monetary Fund (2012), *Global Financial Stability Report*, April, pp. 32-3; Wehinger, G. (2013), 'Banking in a challenging environment: Business models, ethics and approaches towards risk', *Financial Market Trends*, OECD, p. 4.
3) 新形敦（2015），「金融危機後の欧米大手銀行における投資銀行業務の展望」，『資本市場の変貌と証券ビジネス』（第10章所収），証券経営研究会，358頁．
4) European Central Bank (2013), *Banking Structures Report*, November, p. 27.
5) International Monetary Fund (2014), *Global Financial Stability Report: Moving from Liquidity- to Growth-Driven Markets*, April, p. 46.
6) スペイン政府は，2012年7月から2014年2月までの間，金融改革支援プログラムの下で，第1に，独立した国際会計企業によるストレステストの実施と銀行のグループ分け，リストラ・整理計画の提出を経た資本注入による資本増強，第2に，バットバンクを通じた銀行の不良債権処理と流動性注入，第3に，金融部門の監督・規制・整理のフレームワークの改善を3つの柱とする改革を遂行した．その結果，スペインでは，危機の中心となったカハの大規模な再編・淘汰が進み，破綻し国有化された大手銀行のバンキアも，経営改善の進展により再民営化も視野に上ることになった（International Monetary Fund (2014), 'SPAIN: Financial Sector Reform－Final Progress Reform', *IMF Country Report*, No/59）．
7) Deutsche Bank Research (2014), 'European banks' results: the long and wind-

第5章　銀行構造改革と銀行同盟の虚実　　　237

ing road', *Talking Point*（http://www.dbresearch.com/PROD/DBR_INTERNET_EN-PROD/PROD0000000000332608.pdf）．

8) ECB および EBA は，向こう3年間の景気予測を基礎に，域内128行を審査し，合格ラインをリスク加重資産に対する自己資本比率5.5％に設定していた（*Bloomberg*,「銀行に最悪のシナリオを準備－EU ストレステストで関係者」，2014年4月26日（http://www.bloomberg.co.jp/news/123-N4L9M06S972N01.html））．

9) International Monetary Fund (2014), *Global Financial Stability Report*: *Moving from Liquidity- to Growth-Driven Markets*, April, p. 41.

10) *Reuters*,「焦点：欧州銀，ECB の資産査定で年内の資本増強急ぐ」，2013年10月25日（http://jp.Reuterss.com/article/idJPL3N0IF0NV20131025）．

11) ブルームバーグによれば，CoCos は2013年4月に誕生したばかりで，格付も BB ないし Ba3 と投機的で相当の信用リスクがあると評価されているにもかかわらず，アセット・マネージャーやヘッジファンドをはじめとする投資家のリスク志向の高まりを背景に発行が急増し，1年余りの間にユーロ圏の銀行による発行額は400億ドルを超えているといわれる（*Bloomberg*, 'Deutsche Bank Said to Sell About $4 Billion of Capital Notes', 19 May 2014（http://www.bloomberg.com/news/2014-05-19/deutsche-bank-markets-about-3-billion-euros-of-capital-notes.html））．CoCos については，以下も参照のこと（European Central Bank (2014), *Financial Stability Review*, November, pp. 75-4; European Banking Authorities (2014), *Results of 2014 EU-wide stress test -Aggregate Result-*, 26 October. pp. 36-7（http://www.eba.europa.eu/documents/10180/669262/2014+EU-wide+ST-aggregate+results.pdf））．

12) Véron, N. (2014), p. 18.

13) European Central Bank (2014), *Aggregate Report on the Comprehensive Assessment*, October, p. 137.; *The The Wall Street Journal*,「ECB，繰延税金資産へ厳格に対応すべき」，2014年10月28日（http://jp.wsj.com/news/articles/SB12072851737206304029704580240993071260492）．

14) European Central Bank (2014), *Aggregate Report on the Comprehensive Assessment*, October, p. 137. ; *The Wall Street Journal*,「ECB，銀行自己資本規制の抜け穴を懸念」，2014年10月8日（http://jp.wsj.com/articles/SB12645916890387823719904580200722194437684）．

15) European Central Bank (2014), *Aggregate Report on the Comprehensive Assessment*, October, p. 137.

16) *Ibid*., p. 138.

17) *Financial Times*, 'EU considers probe into unfair state aid for south European banks', 6th April, 2015 (http://www.ft.com/intl/cms/s/0/222dc104-dc4b-11e4-b70d-00144feab7de.html#axzz3YwWL45UN)．

18) ボストン・コンサルティング・グループ・マネジングディレクターのアイメン・サレハ氏の見解（Reuters,「欧米の大手銀行，昨年は5万9000人削減　規制強化で収益に圧力」，2015年3月30日（http://jp.Reuterss.com/article/businessNews/id

JPKBN0MQ09C20150330)).

19) *Reuters*,「ECBの資産査定,信頼性確保には一部銀行の「落第」が必要－監督当局トップ＝FT」,2014年2月10日 (http://jp.Reuterss.com/article/jpvbcM2JJan14/idJPL3N0LF3AE20140210).

20) *Reuters*,「ECB,域内行の資産査定で不良債権基準を緩和へ」,2014年1月15日 (http://jp.Reuterss.com/articlePrint?articleId=JPL3N0KP03S20140115).

21) http://www.ecb.europa.eu/press/pr/date/2014/html/pr140429_1.en.html.

22) Constâncio, V. (2014), 'Banking Union: meaning and implications for the future of banking', Speech at Banking Union Conference organised by the Master in Banking and Financial Regulation, Navarra University, Madrid 24 April.

23) European Central Bank (2014), *Aggregate Report on the Comprehensive Assessment*, October, p. 10. 資本不足と査定された銀行は,イタリアの9行を筆頭に,ギリシャ,キプロスが3行とこれに続いた.

24) European Banking Authorities (2014), *Results of 2014 EU-wide stress test -Aggregate Result-*, p. 38. なお,包括的資産査定で資本不足と認定されたスペインのライバーバンクは,2013年のみ自己資本比率が8％を下回ったことから,ストレステストでは合格とされた.また,今回の危機で破綻したデクシアもストレステストでは不合格とされたものの,目下政府の救済により再建途中ということで,増資は求められず,事実上ストレステストの対象から外された.

25) その内訳は,イタリアがモンテパスキを筆頭に4行,ギリシャとベルギー,スロベニアが2行,オーストリア,キプロス,アイルランド,ポルトガルがそれぞれ1行であった (*ibid*., pp. 37-8).

26) *Ibid*., p. 10.

27) *Reuters*,「焦点：欧州銀ストレステスト,好結果の裏に隠された大きな課題」, 2014年10月27日 (http://jp.Reuterss.com/article/topNews/idJPKBN0IG0BF20141027).

28) *Reuters*,「コラム：欧州銀,ストレステスト合格行でも実は資本不足」,2014年10月28日 (http://jp.Reuterss.com/article/jp_column/idJPKBN0IH0542014 1028).

29) *Financial Times*, 'Alternative stress tests find French banks are weakest in Europe' 27th October, 2014 (http://www.ft.com/intl/cms/s/0/fad2c772-5dd7-11e4-b7a2-00144feabdc0.html#axzz3HVNzdIuq).

30) Acharya, V. and Steffen, S. (2014), 'Falling short of expectations? Stress-testing the European banking system', 17 January (http://www.voxeu.org/article/what-asset-quality-review-likely-find-independent-evidence).

31) *The Wall Street Journal*,「ECBの銀行ストレステスト,無難な結果に終わる」, 2014年10月27日 (http://jp.wsj.com/articles/SB12072851737206304029704580239682277781428).

32) European Central Bank (2014), *Aggregate Report on the Comprehensive Assessment*, October, p. 128.

33) *Bloomberg*, 'EU Banks Urged to Boost Capital as Stress Test Doubts Voiced', 12 May, 2014 (http://www.bloomberg.com/news/print/2014-05-12/eu-banks-urged-to-boost-capital-now-as-stress-test-doubts-voiced.html).
34) *The Wall Street Journal*,「ECB職員3分の1近くに「燃え尽き症候群」のリスク＝労組」, 2015年3月28日 (http://jp.wsj.com/articles/SB12540086375885754248404580545484275534868).
35) International Monetary Fund (2014), *Global Financial Stability Report*, April, Chapter 3. p. 6.
36) BNP PARIBAS (http://www.bnpparibas.com/en/news/press-release/joint-press-release-belgian-government-and-bnp-pariba).
37) BNP PARIBAS (http://www.bnpparibas.com/en/news/press-release/bnp-paribas-and-rbs-reach-agreement-sale-certain-assets-and-liabilities-rbss-stru; http://www.bnpparibas.com/en/news/press-release/bnp-paribas-securities-services-acquires-german-depotbank-business-commerzbank).
38) BNP PARIBAS (http://www.bnpparibas.com/en/news/press-release/bnp-paribas-group-acquires-bank-bgz-poland-rabobank-group).
39) BNP PARIBAS (http://www.bnpparibas.com/en/news/discover-bnp-paribas-asia-pacific).
40) International Monetary Fund (2014), *Global Financial Stability Report*, April, Chapter 3, 'How big is the implicit subsidy for banks considered too important to fail', p. 1.
41) OECD (2013), *OECD Economic Survey France*, p. 21; Vestergaard, J. & Retana, M (2013), 'Behind smoke and mirrors', DIIS, pp. 24-5 (http://subweb.diis.dk/graphics/Publications/Reports2013/RP2013-10-Smoke-and-mirrors_web.jpg.pdf).
42) *Spiegel Online*, 'Taking Stock: Why Bankers still aren't chastened', 12 October 2013 (http://www.spiegel.de/international/europe/why-recent-arrests-of-bankers-are-merely-publicity-coups-a-930356.html).
43) *Reuters*,「仏BNPパリバ、米当局への89億ドルの罰金支払いで合意」, 2014年7月1日 (http://jp.Reuterss.com/article/businessNews/idJPKBN0F52PZ20140630).
44) *Spiegel Online*, 'Cartel Power: Megabanks Gain Ground Despite Fine', 10 December 2013 (http://www.spiegel.de/international/business/megabanks-like-deutsche-bank-gaining-power-despite-cartel-fines-a-937880.html).
45) アメリカにおける，巨大銀行の解体に関する議論については，Johnson, S. & Kwak, J. (2010), *13 Bankers－The Wall street Takeover and the Next Financial Meltdown*, the Sagalyn Literary Agency, Maryland（村井章子訳『国家対巨大銀行－金融の肥大化による新たな危機』ダイヤモンド社，2011年）を参照．
46) European Commission (2014), 'Impact Assessment', *Commission Staff Working Document* Part 1/3, SWD (2014) 30/3, pp. 20-21.
47) ユニバーサルバンキングの持つメリットに関しては，ドイツ銀行リサーチによる

以下のレポートを参照のこと．Deutsche Bank Research (2013), 'Universal banks: Optimal for clients and financial stability―Why it would be wrong to split them up―', *Current Issues: Global financial markets*, 22 November (http://www.dbresearch.com/PROD/DBR_INTERNET_EN-PROD/PROD0000000000296976/Universal+banks%3A+Optimal+for+clients+and+financial+stability.pdf)．もっとも，ドイツ銀行自身は，金融危機発生以前，著しく投資銀行業務に傾斜し，ヘッジファンドまがいのビジネスを行っていた．

48) European Commission (2014), 'Impact Assessment', *Commission Staff Working Document* Part 1/3, SWD (2014) 30/3, pp. 20-21.
49) *Ibid*., p. 21.
50) Final Report of the High-level Expert Group chaired by Erkki Liikanen, (2012).
51) *Ibid*., pp. 99-103.
52) *Ibid*., pp. 100-101.
53) *Bloomberg*, 'Liikanen's Bank-Separation Proposal Sparks Opposition, EU Says', 20 December 2012 (http://www.bloomberg.com/news/print/2012-12-20/liikanen-s-bank-separation-proposal-sparks-opposition-eu-says.html)．リーカネン報告の評価については，以下も参照（尾上修悟 (2014)，「欧州の銀行システム改革と銀行同盟―「リーカネン・レポート」をめぐって」，『西南学院大学経済論集』第48巻第3・4号）．なお，フランスにおける金融改革についても，同氏（尾上修悟 (2012)，『フランスとEUの金融ガヴァナンス―金融危機の克服に向けて』ミネルヴァ書房）を参照．
54) European Commission (2014), 'Impact Assessment Annex', *Commission Staff Working Document, Annexes 1-4*, SWD (2014) 30 final, Part 2/3, pp. 27-42 (http://eur-lex.europa.eu/resource.html?uri=cellar:e186dd0b-89b3-11e3-87da-01aa75ed71a1.0001.01/DOC_2&format=PDF).
55) *Bloomberg*, 'BNP is coming under pressure with SocGen to isolate risk', 3 October 2012 (http://www.bloomberg.com/news/2012-10-03/bnp-socgen-face-heightened-push-to-isolate-risk-as-assets-swell.html).
56) *The Wall Street Journal*,「欧州の投資銀行，台本と違う変貌ぶり，トレーディング回復は想定外」，2015年5月1日（http://jp.wsj.com/articles/SB12312591300819944275804580614092800525322）; *Bloomberg*, 'Deutsche Bank bets on fixed-income unit with share sale', 18 May 2014 (http://www.bloomberg.com/news/2014-05-18/deutsche-bank-gains-qatar-as-holder-in-11-billion-share-sale.html).
57) European Commission (2014), 'Impact Assessment Annex', *Commission Staff Working Document*, SWD (2014) 30 final, Part 2/3, Annex A5: Analysis of Possible Incentive towards Trading Activities implied by the Structure of Banks's Minimum Capital Requirements, p. 5 (http://eur-lex.europa.eu/resource.html?uri=cellar:e186dd0b-89b3-11e3-87da-01aa75ed71a1.0001.01/DOC_3&format=PDF).
58) *Bloomberg*, 'Schaeuble Says German Bank Split Law Can Serve as European

Model', 20 January 2014 (http://www.bloomberg.com/news/2014-01-20/schaeuble-says-german-bank-split-law-can-serve-as-european-model.html).

59) *Spiegel Online*, 'Taking Stock: Why Bankers still aren't chastened?', 31 October 2013.

60) European Commission (2014), *Proposal for a regulation of the European Parliament and of the Council on structural measures improving the resilience of EU credit institutions*, COM (2014) 43 final (http://eur-lex.europa.eu/LexUriServ/LexUriServ.do?uri=COM:2014:0043:FIN:EN:PDF).

61) *Bloomberg*, 'EU Bank-Structure Rule Hits Opposition From Ministers', 2 April 2014 (http://www.bloomberg.com/news/2014-04-02/eu-bank-structure-rule-hits-opposition-from-ministers.html).

62) *Bloomberg*, 'EU Lawmakers Dismiss Barnier's Bank-Structure Overhaul Proposals', 7 January 2014 (http://www.bloomberg.com/news/articles/2014-01-06/eu-s-barnier-weighs-proprietary-trading-ban-for-large-banks).

63) *Reuters*, 'EU bank trading plan stops short of U.S. Volcker Rule', 6 January 2014 (http://www.Reuterss.com/article/2014/01/06/eu-banks-idUSL6N0KG1QZ20140106).

64) Ferran (2013), 'Crisis-driven regulatory reform: where in the world is the EU going?', In Ferran, E. Moloney, N., Hill, J.G., Coffee, J.C. Jr. (ed.) *The Regulatory Aftermath of the Global Financial Crisis*, Cambridge University Press, p. 67.

65) *The Wall Street Journal*,「EU財務相,「大きすぎてつぶせない」銀行問題の対処案に合意」, 20 June 2015 (http://jp.wsj.com/articles/SB12208919310003153678304581058452849963870).

66) International Monetary Fund (2014), *Global Financial Stability Report*: *Moving from Liquidity- to Growth-Driven Markets*, April, p. 45.

67) International Monetary Fund (2015), *Global Financial Stability Report: Navigating monetary policy challenges and managing risks*, April, pp. 10, 21.

68) Gros, D. (2013), 'What's wrong with Europe's banks?', *CEPS Commentary* 12, July 2013 (http://www.ceps.be/book/what%E2%80%99s-wrong-europe%E2%80%99s-banks), p. 1.

69) OECD (2013), *OECD Economic Survey France*, p. 21.

70) Gros, D. (2013), p. 1.

71) 星野郁 (2009),「ヨーロッパの金融構造の変貌と金融危機」,『世界経済評論』Vol. 53, No. 3, 2009年3月号.

72) International Monetary Fund (2014), 'SPAIN: Financial Sector Reform—Final Progress Reform', *IMF Country Report* No. 14/59, p. 4.

73) *Ibid.*, pp. 14-5.

74) European Commission (2013), 'Assessment of the 2013 national reform programme and stability programme for Italy', *Commission Staff Working Document*, SWD (2013) 362 final, pp. 20-1.

75) *Spiegel Online*, "'Over-Banked': ECB Tests set to reveal German System Flaws", 23 October 2013 (http://www.spiegel.de/international/europe/ecb-tests-set-to-reveal-german-banking-faults-and-political-agenda-a-929553.html).
76) *Reuters*, 'Euro zone banks shed government bonds in December -ECB data', 29 January 2014 (http://www.Reuterss.com/article/2014/01/29/ecb-spain-bonds-idUSF9N0AK02I20140129).
77) *Spiegel Online*, "'Over-Banked': ECB Tests set to reveal German System Flaws", 23 October 2013.
78) *Bloomberg*,「ドイツ銀は「何もしなければよかった」との声－新戦略失望誘う」, 28 April 2015 (http://www.bloomberg.co.jp/news/123-NNHSYF6K50XS01.html).
79) *Spiegel Online*, 'Over-Banked': ECB Tests set to reveal German System Flaws, 23 October 2013.
80) 藤澤利治 (2013),「国際金融危機とドイツの銀行制度改革－金融危機再発防止の試み」,『証券経済研究』第82号, 132-3頁.
81) OECD (2014), *OECD Economic Survey Germany*, p. 23.
82) Gros, D. (2013), p. 1.
83) *The Wall Street Journal*,「欧州当局, ユーロ圏大手銀行に資本増強求める」, 2015年1月27日 (http://jp.wsj.com/articles/SB12736489134639783367304580424213716522100).
84) Juncker, J.C. (2014), *A New Start for Europe: My Agenda for Jobs, Growth, Fairness and Democratic Change*, Political Guidelines for the next European Commission, Opening Statement in the European Parliament Plenary Session Strasbourg, 15 July, p. 7.
85) Hill, J. (2014), 'Capital Markets Union－finance serving the economy', Speech, Brussels, 06 November 2014 (http://europa.eu/rapid/press-release_SPEECH-14-1460_en.htm).
86) European Economic Community Commission (1966), *The Development of a European Capital Market*, Report of a Group of experts appointed by the EEC Commission (Segré Report); (http://aei.pitt.edu/31823/1/Dev_Eur_Cap_Mkt_1966.pdf).
87) Véron (2014), 'Defining Europe's Capital Markets Union', *Bruegel policy contribution*, ISSUE 2014/12, November; Dixon, H. (2014), *Unlocking Europe's capital markets union*, Centre for European Reform, October.
88) Mersch, Y. (2014), 'Capital Markets Union－the "Why" and the "How" ', Dinner speech, Joint EIB-IMF High Level Workshop, Brussels, 22 October 2014 (https://www.ecb.europa.eu/press/key/date/2014/html/sp141022_1.en.html).
89) European Commission (2015), *Green Paper, Building a Capital Markets Union*, SWD (2015) 13 final, Brussels, 18.2. 2015 COM (2015) 63final (http://eur-lex.europa.eu/legal-content/EN/TXT/PDF/?uri=COM:2015:63:FIN&from=EN).

90) European Central Bank (2014), *Financial Stability Review*, November, p. 31.
91) *Ibid.*, p. 10.
92) *Ibid.*, p. 31.
93) European Central Bank and Bank of England (2014), 'The case for a better functioning securitization market in the European Union', *A Discussion Paper*, May (https://www.ecb.europa.eu/pub/pdf/other/ecb-boe_case_better_functioning_securitisation_marketen.pdf).
94) European Central Bank and Bank of England (2014), *The Impaired EU Securitisation Market: Causes, Roadblocks and How to deal with them* (https://www.ecb.europa.eu/pub/pdf/other/ecb-boe_impaired_eu_securitisation_marketen.pdf), p. 1.
95) *Reuters*, 'Bankers win friends again in Europe with lure of easy money', 21 April, 2014 (http://www.Reuterss.com/article/2014/04/21/us-eu-lobbying-banks-idUSBREA3K04G20140421).
96) European Central Bank and Bank of England (2014), p. 1.
97) http://ec.europa.eu/finance/insurance/solvency/solvency2/index_en.htm
98) de Larosière, J. (2014), 'Finance for Growth—Towards a Capital Markets Union', Brussels, 6. November p. 3 (http://ec.europa.eu/internal_market/conferences/2014/1106-finance-growth/docs/141106-intervention-de-larosiere_en.pdf) (2015/01/12).
99) AFMA (2014), *Securitisation Report Q3 2014*, p. 11.
100) Altomonte, C. and Bussoli, P. (2014), 'Asset—Backed Securities: the key to unlocking Europe's credit markets?', *Bruegel Policy Contribution*, Issue 2014/07, July. p. 5.
101) *Ibid.*, p. 6.
102) *Ibid.*, p. 5.
103) Véron (2014), pp. 4-5.
104) *Ibid.*, pp. 4-5.
105) Véron (2014), p. 5.
106) European Commission, 'Press Release', Michel Barniers remarks at a press conference, 19, December 2013 (http://europa.eu/rapid/press-release_MEMO-13-1186_en.htm).
107) http://www.ecb.europa.eu/ssm/pdf/statement/Euroareasummitstatement2012-06-29EN.pdf
108) Pisani-Ferry, J. & Wolff, G.B. (2012), 'The Fiscal Implications of a Banking Union', *Bruegel Brief Issue*, 2012/02, September. なお，銀行同盟のアイディアを提供したEUのブレーンによる当初の構想では，SSM, SRM, DGSそして共通の財政上のバックストップ（a common fiscal backstop）が，銀行同盟が完全に機能する上で欠かせない4本の柱とされていた（Pisani-Ferry, J., Sapir, A., Véron, N., Wolff, G.B. (2012), 'What kind of European Banking Union?', *Bruegel Policy*

Contribution Issue 2012/12, June.
109) Ferran (2013), p. 28.
110) *Spiegel Online*, 'Over-Banked': ECB Tests set to reveal German System Flaws', 23 October 2013.
111) Corporate Europe Observatory (2014), *A Union for Big Banks*, p. 2 (http://corporateeurope.org/printpdf/1685).
112) Constâncio, V. (2014), 'Banking Union: meaning and implications for the future of banking', Speech at Banking Union Conference organised by the Master in Banking and Financial Regulation, Navarra University, Madrid, 24 April 2014 (https://www.ecb.europa.eu/press/key/date/2014/html/sp140512.en.html).
113) *Ibid.*, p. 8.
114) http://europa.eu/rapid/press-release_IP-13-674_en.htm
115) http://europa.eu/rapid/press-release_STATEMENT-14-119_en.htm?locale=en
116) BRRDについては，次を参照．http://europa.eu/rapid/press-release_IP-12-570_en.htm?locale=en
117) Constâncio, V. (2014), 'Banking Union and European Integration', Speech at the Oe NB Economics Conference, Vienna, 12 May, p. 4.
118) *Ibid.*, p. 4.
119) Speyer, B. (2013), 'EU Banking Union—Right idea, poor execution', *EU Monitor*, Deutsche Bank Research, September 4, p. 14.
120) Constâncio, V. (2014), 'Banking Union and European Integration', Speech at the p. 5.
121) *Ibid.*, p. 2.
122) *Ibid.*, pp. 4-5.
123) Constâncio, V. (2014), 'Banking Union: meaning and implications for the future of banking', *op. cit.*, p. 3.
124) *Ibid.*, p. 4.
125) Final Report of the High-level Expert Group chaired by Erkki Liikanen (2012), 53-4頁．
126) Faull, J. (2011), *Some Legal Challenges of Financial Regulation in the EU*, Director General for Internal Services and Markets at the European Commission, Revised text of the 9th Slynn Foundation Lecture delivered on 7 March 2011 (http://www.slynn-foundation.org/UserFiles/File/Slynn%20Lecture.pdf), p. 13.
127) Constâncio, V. (2014), 'Banking Union: meaning and implications for the future of banking', p. 2.
128) OECD (2010), *OECD Economic Surveys Euro Area*, p. 124.
129) Roubini, N. & Mihm, S. (2010).
130) 普通株や内部留保など損失吸収力の強い資本のこと．
131) 優先株などの資本．
132) 劣後債や劣後ローン，貸倒引当金など．

133) バーゼル3に関しては，以下を参照（大山剛『バーゼルIII の衝撃－日本金融生き残りの道』東洋経済新報社，2011 年）．
134) Vestergaard, J. & Retana, M. (2013), 'Behind smoke and mirrors on the alleged recapitalization of Europe's banks', DIIS Report (http://subweb.diis.dk/graphics/Publications/Reports2013/RP2013-10-Smoke-and-mirrors_web.jpg.pdf), p. 33
134) OECD (2014), *OECD Economic Surveys Euro Area*, p. 31.
136) European Central Bank (2013), *Financial Stability Review*, November, p. 71. なお，ドイツ銀行の場合，2015 年第1四半期の段階でも，レバレッジ比率は 3.4% に留まっている (http://www.bloomberg.co.jp/news/123-NNFJTD6KLVR401.html)．
137) OECD (2014), *OECD Economic Surveys Euro Area*, p. 31.
138) European Commission (2014), 'Impact Assessment Annex', *Commission Staff Working Document* Part 1/3, SWD (2014), 30/3, Part 3/3, Annex A5: Analysis of Possible Incentive towards Trading Activities implied by the Structure of Banks's Minimum Capital Requirements, p. 60.
139) OECD (2014), *OECD Economic Surveys Euro Area*, p. 31.
140) Bank for International Settlement (2014), 'Important steps towards completion of post-crisis regulatory reforms endorsed by Group of Governors and Heads of Supervision', *Press Release*, 12 January: http://www.bis.org/press/p140112.htm
141) *Reuters*,「欧州銀行株が約3年ぶり高値，レバレッジ比率算出基準緩和で」，2014 年 1 月 14 日 (http://jp.Reuterss.com/article/stocksNews/idJPL3N0KN3JD20140113)．
142) International Monetary Fund (2014), *Global Financial Stability Report*: Moving from Liquidity- to Growth-Driven Markets, April, p. 46; OECD (2014), *OECD Economic Surveys Euro Area*, p. 29.
143) *Reuters*,「銀行の自国国債大量保有，金融安定への脅威に＝独連銀総裁」，28 February 2014 (http://jp.Reuterss.com/article/treasuryNews/idJPL3N0LW4F120140227)．同じく，ドイツ連銀のバイトマン総裁は，銀行のバランスシート上で国債を特別扱いし，リスク・フリーにすることをやめることで，民間への貸付が増えるとも主張していた (*Bloomberg*, 'Weidmann Says Ending Sovereign-Debt Privilege Would Spur Lending', 30 August 2013 (http://www.bloomberg.com/news/2013-08-29/weidmann-says-ending-sovereign-debt-privilege-would-spur-lending.html)．
144) *Reuters*,「バーゼル委，国債のゼロリスク評価を見直しへ」，28 January 2015 (http://jp.Reuterss.com/article/marketsNews/idJPL4N0V24FI20150123)．
145) 大山剛 (2011), 241 頁．
146) Bank for International Settlement (2013), 'Group of Governors and Heads of Supervision endorses revised liquidity standard for banks', *Press Release*, 6 January 2013 (http://www.bis.org/press/p130106.pdf)．
147) *Bloomberg*, 'Banks Win 4-Year Delay as Basel Liquidity Rule Loosened', 7 January 2013 (http://www.bloomberg.com/news/articles/2013-01-06/banks-win-

watered-down-liquidity-rule-after-basel-group-deal）．
148) Bank for International Settlement (2014), 'Important steps towards completion of post–crisis regulatory reforms endorsed by Group of Governors and Heads of Supervision', *Press Release*, 12 January: http://www.bis.org/press/p140112.htm
149) International Monetary Fund (2014), *Global Financial Stability Report*: *Moving from Liquidity- to Growth-Driven Markets*, April, p. 42.
150) *Bloomberg*, Europe Set to Postpone Decision on Bank Liquidity Standards', 18 June 2014（http://www.bloomberg.com/news/print/2014-06-18/eu-decision-on-bank-liquidity-rules-may-be-delayed-denmark-says.html）．
151) *International Business Times*, 'Sweden's House Prices Have Tripled In Ten Years, But Is It Really A Bubble Waiting To Be Burst? Nobel Laureate Paul Krugman Thinks So', 20 Feburuay 2014（http://www.ibtimes.com/swedens-house-prices-have-tripled-ten-years-it-really-bubble-waiting-be-burst-nobel-laureate-paul）．Sørensen, P.B. (2013), 'The Swedish Housing Market: Trends and Risks', *Rapport till Finanspolitiska rådet*:（http://www.finanspolitiskaradet.se/download/18.11165b2c13cf48416debd71/1380290128416/Underlagsrapport＋2013-5＋S％C3％B6rensen.pdf）．
152) International Monetary Fund (2014), *Global Financial Stability Report*: *Moving from Liquidity- to Growth-Driven Markets*, April, p. 42.
153) 高山武志（2014），「【米金融制度】ボルカー・ルール施行と注目点－本格的に新たな銀行規制が始まる」，『基礎研レター』（ニッセイ基礎研究所）．なお，発効（2015年7月21日）までに移行期間が設けられ，一部の要件については最長2017年7月までの猶予が認められている（4頁）．
154) Board of Governors of The Federal Reserve System (2014), *Press release*, 18 February 2014（http://www.federalreserve.gov/newsevents/press/bcreg/20140218a.htm）．
155) 『日本経済新聞』，2014年3月23日朝刊紙面．
156) *Bloomberg*, BNP Fine Shows Need to Be Wary of U.S. Rule Changes, Noyer Says, 23 May 2014（http://www.bloomberg.com/news/2014-05-23/bnp-fine-shows-need-to-be-wary-of-u-s-rule-changes-noyer-says.html）．
157) *Bloomberg*, 'BNP to Pay Almost $9 Billion Over U.S. Sanctions Case', 1 July 2014（http://www.bloomberg.com/news/articles/2014-06-30/bnp-paribas-charged-in-sanctions-violation-probe-in-new-york）．
158) Ferran (2013), p. 4.
159) Corporate Europe Observatory (2014), *The Fire Power of the Financial Lobby*（http://corporateurope.org/sites/default/files/attachments/financial_lobby_report.pdf）．
160) *Ibid*., p. 16.
161) *Ibid*., pp. 16-9.
162) *Ibid*., p. 17.

第 5 章　銀行構造改革と銀行同盟の虚実　　　　　　　　　　　　　　　　　247

163)　大和総研,「EU・フランスの金融取引税（FTT）の分析〈現物取引編 2〉」, 税制 A to Z, 2012 年 9 月 14 日 (http://www.dir.co.jp/souken/research/report/law-research/tax/12091401tax.pdf); *Bloomberg*, 'Speculators Find Loopholes in French Transaction Tax', 15 November 2012 (http://www.bloomberg.com/news/2012-11-14/french-transaction-tax-misses-mark-as-speculators-find-loopholes.html).

164)　*Bloomberg*, 'Noyer: Tobin Tax Would Hurt Markets Without Raising Money', 29 May 2013 (http://www.bloomberg.com/news/articles/2013-05-28/noyer-tobin-tax-would-hurt-markets-without-raising-money).

165)　Ferran (2013), pp. 95-6.

166)　Slovik, P. (2012), 'Systemically Important Banks and Capital Regulation Challenges', *OECD Economics Department Working Papers*, No. 916, p. 10.

167)　*Bloomberg*, 'Debt Risk Shifting to Investors as Bank Regulations Bite', 12 June 2014 (http://www.bloomberg.com/news/2014-06-12/debt-risk-shifting-to-investors-as-bank-regulations-bite.html); International Monetary Fund (2015), *Global Financial Stability Report*, pp. 93-135.

168)　European Central Bank (2015), *Financial Integration in Europe*, April, p. 103.

169)　*Bloomberg*, 'Most-Connected Man at Deutsche Bank Favors Lightest Touch', 11 September 2013 (http://www.bloomberg.com/news/articles/2013-09-10/most-connected-man-at-deutsche-bank-pressing-for-lightest-touch).

170)　*Financial Times*, 'Europe needs Deutsche Bank as its champion', 22 April 2015 (http://www.ft.com/cms/s/0/293708ce-e8d1-11e4-87fe-00144feab7de.html#axzz3a7CziVJJ).

171)　Ferran, E. (2013), p. 70.

172)　但し, 預金に関しては, 個人や零細・中小企業の預金の返済順位は, 大企業の預金に対して優位に置かれる.

173)　Constâncio, V. (2014), 'Banking Union and European Integration', p. 4.

174)　*Reuters*,「焦点：欧州債務危機, キプロス救済後のシナリオ」, 2013 年 3 月 27 日 (http://jp.Reuterss.com/article/topNews/idJPTYE92Q01F20130327?pageNumber=1&virtualBrandChannel=0&sp=true).

175)　*Spiegel Online*, 'Over-Banked': ECB Tests set to reveal German System Flaws, 23 October 2013 (http://www.spiegel.de/international/europe/ecb-tests-set-to-reveal-german-banking-faults-and-political-agenda-a-929553.html).

176)　*Ibid*.

177)　Speyer, B. (2013), p. 10.

178)　Corporate Europe Observatory (2014), *A union for big banks* (http://corporateeurope.org/printpdf/1685), p. 4.

179)　もっとも, アングロ・アイリッシュ銀行の場合, 8％ を超える株主や債権者の損失も, 最終的に政府によって救済された.

180)　Corporate Europe Observatory (2014), p. 4.

181)　破綻処理当局は, 加盟国の実体経済に深刻な混乱を引き起こしかねない, 破綻の

伝染や金融システムの不安定化を回避するために，ベイル・インの適用を除外できることになっている（Official Journal of the European Union, Directive 2014/59/EU of The European Parliament and of the Council of 15 May 2014 (http://eur-lex.europa.eu/legal-content/EN/TXT/PDF/?uri=CELEX:32014L0059&from=EN), L 173/201, p. 12）．
182) *Ibid.*, L 173/268, p. 79.
183) *Ibid.*, L 173/281, p. 92.
184) European Commission (2012), 'Impact Assessment', *Commission Staff Working Document*, SWD (2012) 166 final (http://ec.europa.eu/internal_market/bank/docs/crisis-management/2012_eu_framework/impact_assessment_final_en.pdf), p. 244.
185) Financial Watch (2013), 'Europe's banking trilemma-Why banking reform is essential for a successful Banking Union' (http://www.finance-watch.org/our-work/publications/687), p. 30.
186) Official Journal of the European Union, L 173/201. p. 12.
187) Speyer, B. (2013), p. 10; Financial Watch (2013), p. 30.
188) デ・グラウベも新たなベイル・イン原理の導入はユーロ圏におけるシステミック・リスクを増大させ，将来の銀行危機をよりありそうなものにすると主張している（de Grauwe, P. (2013), 'The New Bail-in Doctrine: A recipe for banking crises and depression in the eurozone', *CEPS Commentary*, 4 April）．
189) Official Journal of the European Union, *op. cit.*, L 173/196, L 173/197, pp. 7-8.
190) *Ibid.*, L 173/197, p. 8.
191) Speyer, B. (2013), p. 14.
192) Official Journal of the European Union, L 173/193, p. 4.
193) Deutsche Bundesbank (2014), 'Progress towards a European banking union', *Annual Report 2013*, p. 36.
194) 例えば，ドイツ連邦銀行は，SRB が複雑で面倒な破綻処理決定手順をとらざるを得ない事情を理解しつつも，破綻処理決定のために相対的に短いデッドラインしか与えられていない中で，SRB にそのような複雑な手順が実際に実行可能か，疑問を提起している（*ibid.*, p. 36）．
195) Financial Stability Board (2011), "Effective resolution of systemically important financial institutions" *Consultative Document*, p. 10.
196) Final Report of the High-level Expert Group chaired by Erkki Liikanen (2012), 32 頁．
197) Deutsche Bundesbank (2014), 'Europe's new recovery and resolution regime for credit institutions', *Monthly Report*, June, p. 52.
198) 例えば，佐藤秀樹（2015），「銀行同盟の建設と進展－銀行規制・監督の調和への挑戦」，『日本 EU 学会年報』第 35 号，251-73 頁．
199) International Monetary Fund (2014), 'Euro Area Policies', *IMF Country Report* No. 14, p. 198.

第6章
ECB
—強大化する権力と危うさ—

　ECBは，今回の危機を経て絶大な影響力と権限，そして名声を手にすることになった．ECBは，金融危機の発生と深化の過程で，通貨価値の安定のみを重視した，かつての保守的な政策スタンスをかなぐり捨て，見事なまでのプラグマティストに変身し，危機沈静化のために様々な対策を講じてきた．GIIPS諸国のソブリン危機やユーロ圏の銀行の流動性危機に際しては，大量の国債の買入れと銀行に対する流動性の供給によって破綻を回避し，「ユーロを救うためなら何でもする」とのドラギ総裁の発言は，金融市場のセンチメントの劇的な変化を引き起こすことを通じて危機を収束させた．銀行同盟の発足と共に，ECBはユーロ圏の大手銀行の監督・規制そして破綻処理においても強大な権限を手に入れた．また，2015年に入ると，国債の買い入れを中心とする本格的な量的緩和を押し進め，それに後押しされたユーロ安や資産価格の高騰を受けて，ユーロ圏の景気も緩やかな回復を見せている．危機によって生じたユーロ圏の金融市場の分断も回復が進み，銀行同盟に加えて資本市場同盟プロジェクトが新たに浮上することで，金融統合の復活も期待されている．さらに，3度発生したギリシャ危機においては，救済交渉が難航する中で，ギリシャにとって生命線ともいえる，民間銀行に対する緊急流動性供給の停止をちらつかせて譲歩を迫るなど，文字通りECBは危機を通じてユーロ圏最強の機関にのし上がったといっても過言ではない．

　しかし，危機によって絶大な権限を手に入れ，一見磐石であるかのように見えるECBも，実は多くの問題や課題を抱えている．ECBの量的緩和に対しては，高い評価がある一方で，厳しい批判も存在する．ECBの本格的な量的緩和により拍車のかかった流動性相場の下で，ユーロ圏およびスイスやデンマ

ークなど周辺諸国では，マイナスの金利や国債利回りが生じ，資産バブルへの懸念が高まっているだけでなく，債券市場や為替市場でも著しくボラティリティが高まっている．また，極端な低金利の下で運用難に苦しむユーロ圏の機関投資家は，リスクテークに走らざるを得ない状況へと追い込まれ，低成長下での株価や不動産価格の高騰は，危機以降拡大している所得格差をさらに広げている．ECBは，今回の危機の原因にもなった証券化の再生や金融統合の推進にも再び乗り出そうとしている．ECBの金融政策は大きなリスクと危うさを秘めているといわざるを得ない．何よりもECBの金融政策が，実体経済の回復にはたして結びつくのかどうかは，依然不透明なままとなっている．

ECBの強まる「独裁」に対しては，反発や批判も高まっている．確かに，ECBはユーロ圏を崩壊の危機から救ったものの，大規模な国債の買入れなど超法規的ともとられかねない政策手段に訴えたことや，ギリシャを筆頭にソブリン危機に陥った国々に対しては，トロイカの一員として厳しい緊縮政策を押し付けることで，政治，社会危機を誘発した．他方で，銀行をはじめとする金融業界や金融市場に対しては，あからさまな融和姿勢で臨んでいる．政治的，組織的に独立したテクノクラートによる公正で中立な金融政策の運営ならびに銀行監督・規制の遂行を謳っていながら，実際にはECBは極めて政治的に振る舞っている．今やユーロ諸国の生殺与奪の権を握るほど絶大な権限を握りながら，ECBに対する民主主義的統制は十分に機能しているとは言い難い．

本章では，ユーロの命運を握るに至ったECBについて，その金融政策運営上の問題点や課題，強大化するECBの権力とその民主主義的正当性をめぐる問題点について考察する．

1. ECBの金融政策の直面するチャレンジ

1.1 伝統的金融政策手段の行き詰まり

ECBは，大胆な金融政策の打ち出しにより，危機の沈静化に決定的な役割を果たした．ECBの大胆な行動なしには，GIIPS諸国のデフォルトやユーロ圏の金融システムも崩壊を免れ得なかったといっても過言ではない．

しかし，ECBのとった金融政策は，一見ドラスティックに見えるものの，

実際には，他の先進国の中央銀行に比べて，保守的であったといわれる[1]．というのも，FRB をはじめ他の先進国中央銀行が，長期国債や不動産担保証券，社債の大規模な購入を通じて量的緩和を行ったのに対して，ECB は，銀行に対する流動性の供給や銀行の貸付チャネルの修復といった，専ら伝統的な金融政策の枠組みの下で危機に対処してきたからである[2]．無論，ECB も非伝統的な政策手段を全く使わなかった訳ではない．国債の買入れを通じた本格的な量的緩和に乗り出すことになった 2015 年 3 月以前，ECB も SMP（Securities Market Programme）や CBPP（Covered Bonds Purchase Programme）を通じてソブリン危機に直面した国々の国債やカバード債を購入し，事実上の量的緩和を行った．しかし，実態はともかく，その目的は，過剰な投機を抑え，金融政策の正常なトランスミッション・メカニズムを回復させることを通じて金融政策の単一性を確保することにあり[3]，それらはあくまで限定的かつ一時的なものに過ぎなかった．OMTs に至っては，今日まで一度も使われていない．

　ECB の金融政策が，FRB など他の先進国中央銀行のそれに比べて保守的で，特に量的緩和に関しては極めて限定的なものに留まっていた理由は，ユーロ圏の場合，危機が銀行部門の流動性危機や周辺国のソブリン危機という形で発生し，前者に関しては，伝統的な金融政策手段でひとまず対処可能であった反面，後者に関しては，ECB による大規模な国債の買入れは，たとえ流通市場からのそれであっても，中央銀行による財政ファイナンスを禁じた EU 条約に抵触する虞があり，インフレを引き起こし ECB に課せられた通貨価値の安定という使命を損ないかねないとして，ドイツ国内や ECB 内部にも強い反対意見が存在していたことが挙げられる[4]．OMTs に関しても，ドラギ総裁は最も成功した金融政策手段と評価する一方で[5]，バイトマン独連銀総裁は，ECB の使命を逸脱し，ECB や EU 各国中央銀行が政府から国債を直接取得することを禁じたリスボン条約 123 条を侵害する虞があると批判した．ドイツ憲法裁判所もドイツ国内のユーロ懐疑派による提訴を受けて，OMTs が事実上の財政ファイナンスを通じて裏口から財政同盟を持ち込もうとしているとの懸念を表明していた[6]．それゆえ，ECB による国債の大規模な購入を通じた量的緩和の実行には，大きな制約が存在していた．同時に，ユーロ圏の場合，資本市場が未発達で，ECB が FRB や日銀のように市場から購入可能な規模の大きな民

間資産が十分存在しなかったことも，量的緩和の制約となった．

　また，ECB は，非伝統的な金融政策手段として，2013年7月よりフォワード・ガイダンス（forward guidance）を導入している．しかし，将来の金融政策へのコミットメントを通じて金融市場の期待に働きかけようとするフォワード・ガイダンスが，果たして有効な政策手段であるかどうかについては，専門家の間でも意見が分かれている．ECB の当局者自身，緩和スタンスの継続を望んでいるものの，インフレのリスクが迫れば，物価の安定という使命を守るために利上げに踏み切らざるを得ず，いわゆる「時間的不整合（time-inconsistency）」により，フォワード・ガイダンス戦略にも限界があることを認めている[7]．要するに，ECB は，形の上では伝統的な金融政策手段を駆使することで，一連の危機をどうにか切り抜けてきたといえる．

　ところが，2013年以降金融市場が安定を取り戻す一方で，ユーロ圏のインフレ率は趨勢的に低下し，2014年春以降はデフレ懸念も強まることになった．ユーロ圏各国の財政赤字は，厳しい緊縮政策やソブリン危機の鎮静化に伴う国債利回りの低下によって，概ね改善の方向に向かっていたが，政府の債務残高は依然増加傾向にあった．家計や企業からなる民間部門の債務も増加傾向にあり，銀行の不良債権も増加し続けていた．そのような状況でインフレ率が低下し続ければ，実質金利が高騰し，ユーロ圏は債務デフレのスパイラルに陥る恐れがあった．ギリシャを筆頭に既に南欧諸国は，高い借入コストに悩まされていた（図6-1）．しかも，2012年後半以降，ユーロはドルや円に対して上昇傾向にあった．危機からの回復が思わしくないにもかかわらず，ユーロが他の主要通貨に対して高くなっていた背景には，ECB と他の先進国中央銀行との間の金融政策のスタンスの相違があった．ECB のバランスシートは，LTROsの導入によって2011年末から2012年後半にかけて著しく拡大したものの，2013年以降銀行からの返済が本格化することによって縮小し続け，結果としてECBの金融政策は非緩和的となった（図6-2）．他方，異次元の緩和を推し進めている日銀は言うに及ばず，FRB も概ね拡張スタンスを維持することで，ECB の政策スタンスとの相違が際立つことになった（図6-3）．また，2013年に入り加速したユーロ圏の銀行によるバランスシート調整の一環としての海外資産の圧縮による資金の還流や，危機の沈静化に伴うユーロ圏への資

債務と借入れコストの相関

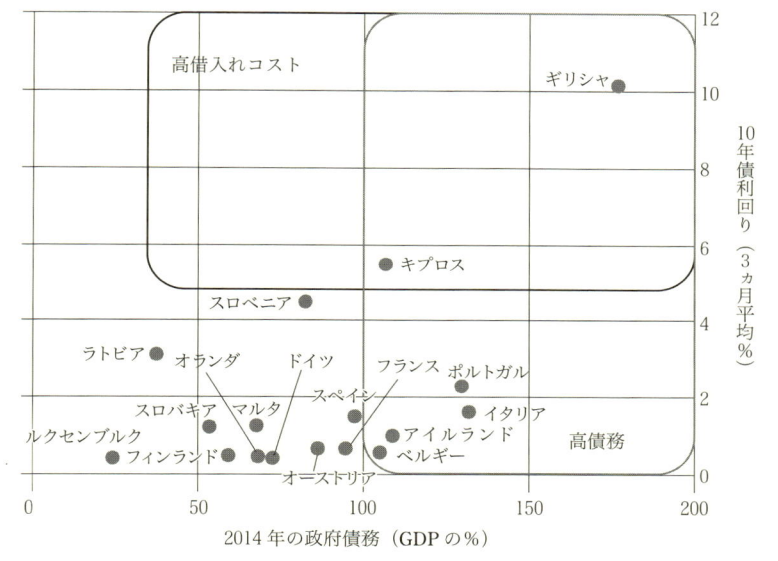

図6-1 高い政府借入れコストに苦しむ南欧諸国

出所：IMF (2015), *Fiscal Monitor*, April, p. 7.

金の流入も，ユーロ高を招く一因となった．それらは，ユーロ圏の金融市場の活況を支える一方，それによってもたらされたユーロ高は，ユーロ圏の国際競争力の悪化やインフレ率の押し下げを通じて，実体経済に悪影響を与えることになった．

そうした状況を受け，IMFのラガルド専務理事は，2014年4月ワシントンにおける財務相・中央銀行総裁会議の直前に，ECBの使命である物価の安定を達成するためにも，ECBに対して非伝統的措置を含む一段の金融緩和を要求した[8]．にもかかわらず，ECBは，「マイナスのインフレは，競争力を取り戻すための相対価格の変化を反映しているかもしれない」[9]として，2014年5月段階でユーロ圏全体に関するデフレ懸念を否定していた．

ところが，2014年5月末のヨーロッパ議会選挙で反EU勢力が伸長し，統合の現状や深刻な経済状況に対するヨーロッパの一般市民の怒りが露わとなり，ECBは更なる緩和への圧力にさらされることになった．ECBは，2014年6

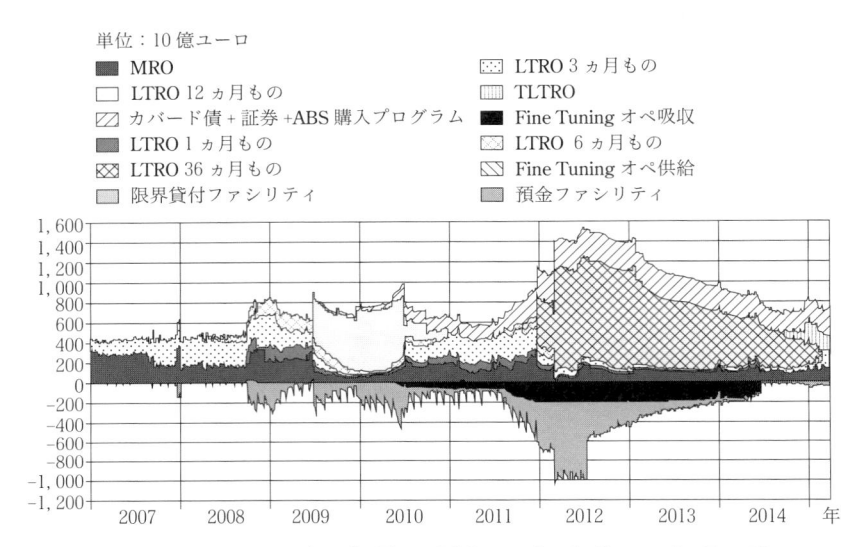

単位：10億ユーロ
- ■ MRO
- □ LTRO 12ヵ月もの
- ▨ カバード債＋証券＋ABS購入プログラム
- ▨ LTRO 1ヵ月もの
- ▨ LTRO 36ヵ月もの
- ▨ 限界貸付ファシリティ
- ▨ LTRO 3ヵ月もの
- ▨ TLTRO
- ■ Fine Tuning オペ吸収
- ▨ LTRO 6ヵ月もの
- ▨ Fine Tuning オペ供給
- ▨ 預金ファシリティ

出所：European Central Bank (2015), *Financial Integration in Europe*, April. p. 12.

図 6-2　ECB のバランスシートの構成と変化

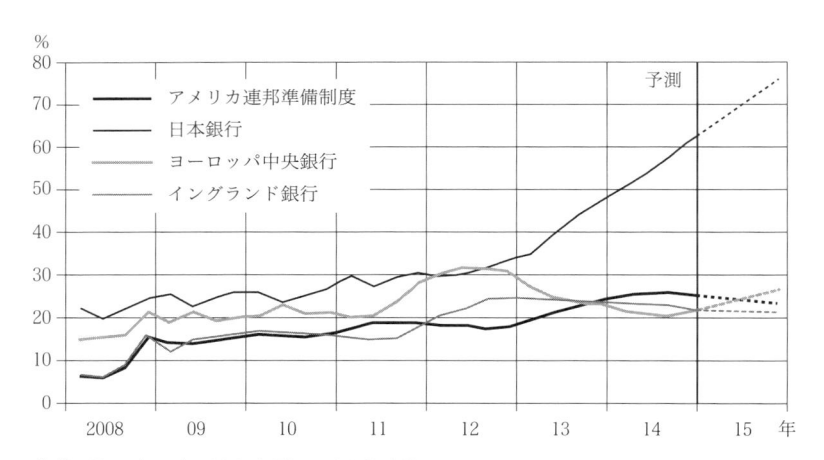

出所：IMF (2015), *Global Financial Stability Report*, April, p. 4.

図 6-3　先進国中央銀行のバランスシートの動向（対 GDP 比％）

月5日の理事会で，主要政策金利であるMROsを0.15%へ，限界貸付ファシリティ（民間銀行へのECBによる貸し付けの上限）金利を0.40%へと引き下げた[10]．また，ECBに滞留している民間銀行の預金を貸出に向かわせるために，預金ファシリティ（民間銀行によるECBへの預入）金利をマイナス0.1%に引き下げた．さらに，固定金利・無制限供給のMROsとLTROsを2016年12月まで延長し，1回限りの措置としてSMPに基づく国債の購入の不胎化を中止すると共に，新たに非金融民間部門に対する銀行貸出（住宅購入の融資は除く）の改善を目的とした，条件付き長期リファイナンス・オペ（Targeted Longer-Term Refinancing Operations：以下TLTROs）の導入を決定した[11]．2014年9月には，ECBはMROsをユーロ導入以来最低水準である0.05%に引き下げ，同じく預金ファシリティ金利も−0.20%とマイナスにまで引き下げた[12]（図6-4）．よって，名目金利の引き下げはもはや限界に達し，銀行はECBに預金を預けていても利子を受け取るどころか，逆に利子を取られることになった．TLTROsの入札も2014年9月と12月，2015年3月の3度にわたって行われ，ECBは銀行の借入コストの低下に貢献したとしているが[13]，3回併せても3,000億ユーロ弱に留まり，バランスシートを再び1兆ユーロまで拡大させることを目指したECBの期待には届かなかった．ユーロ危機解決の切り札とされた銀行同盟も，銀行の自己資本の強化や経営の改善にはつながったものの，民間部門に対する融資の拡大には結びつかなかった．こうして伝統的な金融政策手段はほぼ使い尽くされ，ECBはいよいよ非伝統的な政策手段，本格的な量的緩和の導入へと踏み出さざるを得ない状況に追い込まれることになった．

1.2 ECBによる量的緩和の検討と実施

金利政策を柱とする伝統的な金融政策手段が使い尽くされてしまった以上，ECBにとって残された手段は，量的緩和のみとなった．ECBは，既に2014年4月の理事会において，ユーロ圏でのデフレ傾向が強まっていたことを受けて，全会一致で量的緩和の具体的な検討を進めることを決定していた[14]．OMTsや量的緩和の実施に反対してきたドイツ連邦銀行のバイトマン総裁も，ついに決定に同意したといわれる[15]．

ECB の主要政策金利（左軸）；過剰流動性（右軸）

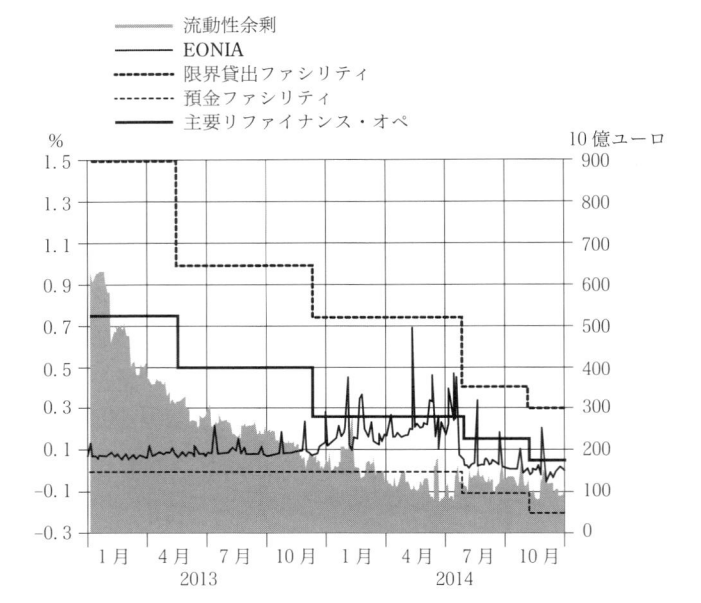

凡例：
- 流動性余剰
- EONIA
- 限界貸出ファシリティ
- 預金ファシリティ
- 主要リファイナンス・オペ

出所：European Central Bank (2015), *Euro Money Market Study 2014*, p. 12.

図 6-4　ECB の主要政策金利の推移

　量的緩和を推進するにあたっての問題は，どのような資産をどれだけ，そしてどのくらいの期間にわたって購入するかであった．ECB の購入可能な資産で，量的緩和で最も大きな効果が期待できるのは，いうまでもなくユーロ圏各国の国債であった．ユーロ圏の国債市場は，2013 年第 4 四半期で 6 兆 3,700 億ユーロと，ユーロ圏の債券市場で最大の規模を誇り，それゆえユーロ圏の国債は，量的緩和のための購入対象として最も適格な資産（eligible assets）といえた（図 6-5）[16]．ECB に対して量的緩和の実施を求めた IMF によれば，ECB がこれらユーロ圏の国債を大規模に購入すれば，同行のバランスシートの著しい拡大につながり，国債利回りの更なる低下や，ポートフォリオのリバランスを通じた株価や社債価格の押し上げに加えて，インフレ期待の押し上げやユーロ高の抑制にもつながる（図 6-6）．確かに，銀行中心の金融構造を有するユ

第6章　ECB

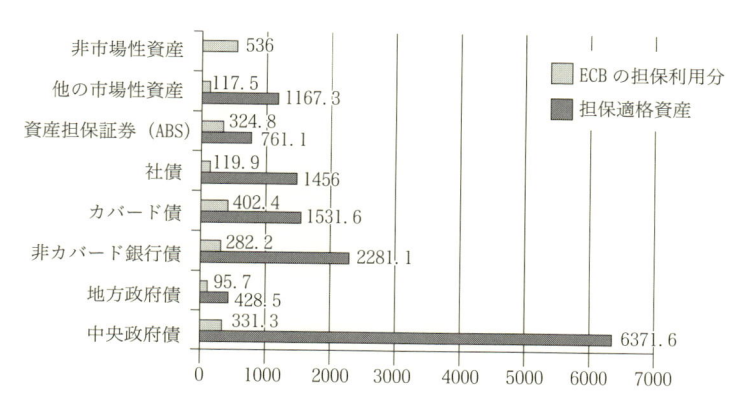

注：担保適格資産は名目価値．ECBへの担保として使われる資産はヘアカット後の評価額．
出所：Claeys, G. (2014), *The (not so) Unconventional Monetary Policy of the European Central Bank since 2008*, Directorate General for Internal Policies, Policy department A: Economic and scientific policy, European Parliament, June. P. 19.

図6-5　ECBとの取引適格資産と実際の利用
（2013年第4四半期データ；単位10億ユーロ）

一ロ圏では，アメリカに比べて資産効果は限られるものの，ECBの量的緩和を通じた資産価格の上昇は，銀行のバランスシートと貸付能力を拡大し，他方で，株価や債券価格の上昇による企業のバランスシートの改善は，企業に対する銀行の貸付意欲を高めるとされた[17]．

けれども，ECBによる大規模な国債の買入れを通じた量的緩和の実施には，多くの障害が存在していた．なかでも最大の障害は，法律ないし条約上の制約で，ECBによるユーロ圏の国債の購入は，中央銀行による財政ファイナンスを禁じたEU条約に抵触する恐れがあった．もっとも，ドイツ国内でOMTsに関する提訴を受けたドイツ憲法裁判所は，OMTsの実施に懸念を表明しながらも，自らは判断を回避し，ヨーロッパ司法裁判所に判断を委ねた．同じく，大規模な国債の買入れを通じた量的緩和の実行には，その実施方法や効果をめぐっても，多くの課題が提起された．まず，ECBは，ユーロ圏19カ国[18]のうちそれぞれの国の国債を，満期を含めてどれくらい購入するのかを決定しなければならないが，ユーロ共同債のような単一の国債やユーロ圏で標準化された

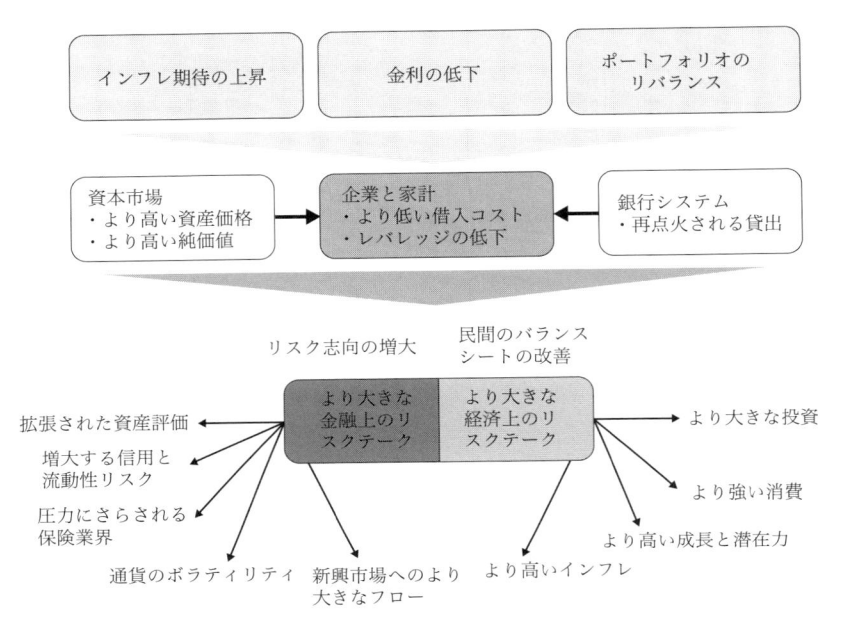

出所：IMF (2015), *Global Financial Stability Report*, April, p. 9.

図 6-6 期待される量的緩和の効果

　国債がない以上，どのような決定を行うにしても，ユーロ圏各国の国債のスプレッドや相対価格に影響を与えるのは必至であった．そのため，国債の買い入れにあたって，ECB が各国政府からの政治的圧力にさらされる恐れがあった[19]．また，ECB による国債の買入れによって利回りが低下すれば，各国政府の構造改革への意欲が削がれ，モラルハザードを引き起こす虞もあった[20]．そうでなくとも，ソブリン危機の鎮静化や世界的な金融緩和の継続により，スペインやイタリアの国債利回りも大きく低下していた．そのような状況で国債の大規模な買入れを通じて量的緩和を推し進めることに対しては，ECB の内部も含めて多くの慎重意見が存在していた[21]．

　国債の購入が難しいとなれば，次の候補は銀行債（Bank Bond）であった．ユーロ圏の銀行は，銀行債市場をリファイナンスの場として積極的に利用してきたこともあり，銀行債の残高は 2013 年第 4 四半期で 3.8 兆ユーロに上って

いた。それゆえ、ECB によって銀行債の購入が行われれば、銀行のバランスシート上におけるポートフォリオのリバランス効果や、銀行の資金調達コストの低下とそれによる収益の改善、貸出意欲の増加といった効果が期待された[22]。しかし、ECB は、2014 年 11 月以降 SSM の下でユーロ圏の大手銀行の監督・規制業務を担うようになったことから、ECB による銀行債の購入は利益相反に繋がる虞があった。しかも、ECB は既にユーロ圏の銀行に対して、LTROs, TLTROs 等を通じて低金利で潤沢な資金を供給していた。そのため、銀行債の購入が銀行による民間向け貸付の拡大につながる確かな保証はなく、銀行への更なる便宜供与に対しては、世論の厳しい批判も予想された。社債も量的緩和の潜在的候補であったが、ユーロ圏の社債市場は、2014 年 2 月段階で約 9,000 億ユーロとそれなりの規模を誇っているものの、発行体がフランスの企業に著しく偏っており[23]、既にイールドも低いことから、量的緩和の適切な対象とは見なされなかった[24]。

残る最後の候補は、ABS であった。ABS には、RMBS や CMBS（Commercial Mortgage-Backed Securities：商業用不動産担保証券）といった不動産担保証券、CDO、自動車ローンやリース債権を担保とした狭義の ABS、中小企業向け融資を担保とする SME ABS、特定のビジネスが将来生み出すキャッシュ・フローを裏付けとして発行される WBS（Whole Business Securitisation）等があった。周知のように、アメリカでは、FRB が長期国債と並んで不動産担保証券を大規模に購入することにより、積極的な量的緩和を推し進めてきた。しかし、ユーロ圏の場合、問題は購入対象となる ABS の残高が決定的に小さいことであった。2014 第 3 四半期で ABS の残高総額は約 1 兆 4,000 億ユーロと、アメリカのそれの 4 分の 1 の規模しかなく、2009 年のピーク時から約 3 分の 1 も減少していた（表6-1）。しかも、グローバルな金融危機ならびにユーロ圏における金融危機の引き金となり、その中に証券化商品も含まれる ABS を ECB が大規模に買入れることは、いうまでもなく大きな問題を孕むものであった。ECB や EU の当局者は、危機を引き起こしたような複雑で不透明な「悪い」証券化ではなく、単純で透明な「高品質」の「良い」証券化を目指すとしているが[25]、ECB がそのような資産を購入することで、再び信用・資産バブルを煽る虞もある。フランスやオランダでは、危機発生後も不動

表 6-1　EU の証券化商品残高

(2014 年第 3 四半期，単位：10 億ユーロ)

	ABS	CDO/CLO	CMBS	RMBS	SME	WBS	総計
オーストリア	0.3		0.2	1.8			2.2
ベルギー	0.0		0.2	57.7	18.7		76.6
フィンランド	0.3					0.5	0.8
フランス	17.5		0.8	19.7	1.2	0.5	39.8
ドイツ	41.3	1.4	8.5	21.0	2.2	0.1	74.4
ギリシャ	12.7	1.8	0.2	3.7	6.7		25.1
アイルランド	0.3	0.1		34.8			35.3
イタリア	44.9	1.8	9.8	79.9	26.9	0.3	163.7
オランダ	2.2	0.5	2.2	243.4	10.0		258.2
ポルトガル	3.7			26.4	6.1		36.2
スペイン	22.6	0.5	0.3	117.9	26.2	0.0	167.4
イギリス	35.9	10.4	52.7	226.7	5.3	71.3	402.3
汎ヨーロッパ[1]	2.0	36.4	9.8	0.2	0.8	0.2	49.4
多国籍[2]	0.5	62.8	1.7		0.4	0.8	66.3
ヨーロッパ全体[3]	190.3	116.0	86.5	834.6	104.6	73.7	1405.8

注：1. 1 国からの担保が 90%を超えない，複数のヨーロッパ諸国のそれからなる担保物件．
　　2. 様々な国々で組成された資産が含まれるすべての取引．
　　3. ロシアやトルコ，グルジア，アイスランド，ウクライナ，スウェーデン，スイス，ハンガリーなどを含む．
出所：AFMA (2014), *Securitisation Report Q3 2014*, p. 11.

産価格の調整が十分に進んでいない[26]．危機以前不動産バブルの生じなかったドイツやオーストリアでも，長期にわたる金融緩和の継続で住宅価格の上昇が見られ，アイルランドや南欧諸国では不動産市場に再び資金が流入し，不動産価格を押し上げ始めている[27]．アイルランドの住宅価格は既に危機発生以前と同水準にある（図 6-7）．にもかかわらず，ECB は，2014 年 6 月 5 日の理事会で，ABS 購入プログラムの準備を開始することを決定し[28]，危機の発生以降行っていたカバード債の買入れを 10 月から復活させると同時に，ABS の購入も 11 月から始めた．もっとも 2015 年 4 月末の段階でも，残高はそれぞれ約 750 億ユーロと 58 億ユーロに留まっている[29]．

　よって，デフレ脱却のために本格的な量的緩和を実施しようとすれば，ECB 自らも認めていたように，ユーロ圏の債券市場の中で最大の残高を誇る国債市場を対象とせざるを得ないのは，当然の成り行きであった[30]．「デフレ

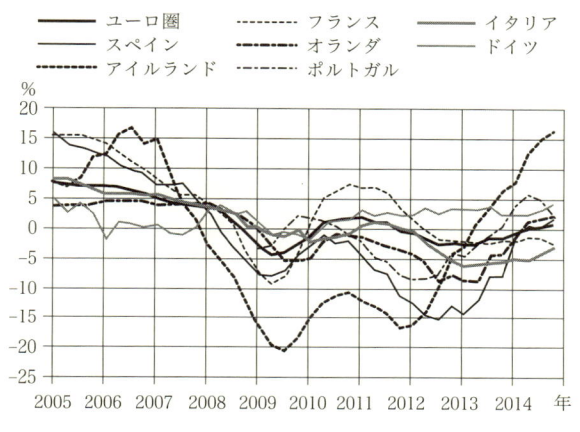

凡例:
- ユーロ圏
- フランス
- イタリア
- スペイン
- オランダ
- ドイツ
- アイルランド
- ポルトガル

出所:European Central Bank (2015), *Financial Stability Review*, May, p. 42.

図 6-7 危機後の住宅不動産価格の反発（2005 年第 1 四半期〜2014 年第 4 四半期；年率％変化）

回避の最善策は，ECB による国債買入れ」（ビスコ伊中央銀行総裁）[31] であり，実施は時間の問題であった．しかも，量的緩和の実施やその対象・方法をめぐる ECB の議論とは別に，金融市場は既に ECB による大規模な量的緩和の実施を見越し，量的緩和を先取りする形でラリーを繰り広げていた．彼らの間では，ドラギ ECB 総裁が 2012 年 8 月にジャクソンホールで行った「ユーロを救うためなら何でもする」との発言が，事実上の量的緩和の実施宣言として受け取られていた[32]．総裁自らが「ユーロを救うためなら何でもする」というのであれば，国債の買入れも当然のことながらその中に含まれる．よって，いずれ ECB は確実に国債の買入れを通じた本格的な量的緩和に踏み切ると読んでいた[33]．2014 年 9 月の時点で，スペイン国債の利回りはソブリン危機以前よりも低い水準に低下し，それはスペイン政府の行った改革の成果といわれたが，その大部分は ECB の金融緩和によるものであったとされる[34]．債券の投資家は，格付機関の分析を無視する形で，ユーロ圏周辺諸国（その中には危機が再燃する前のギリシャも含まれていた）の国債への投資を拡大させていた．同じく，投資家はユーロ圏の社債に対する選好も強め，それを受けて投資適格債だけでなく，無格付債，ハイ・イールド債の発行も増加していた（図 6-8）．金

■ ハイ・イールド債発行
■ レバレッジド・ローン発行

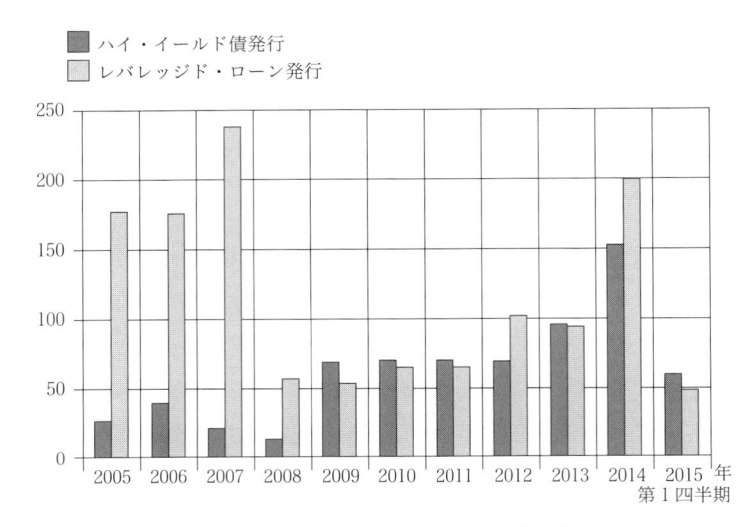

出所：European Central Bank (2015), *Financial Stability Review*, May, p. 57.

図 6-8 ユーロ圏の非金融企業によるハイ・イールド債とレバレッジド・ローンの発行（2005 年～2015 年第 2 四半期；10 億ユーロ）

融市場は危機発生以前のリスクテークの復活の様相を呈していたが，いうまでもなく ECB もそれに深く関与していた．

2015 年 1 月 14 日には，OMTs の判断を委ねられていたヨーロッパ司法裁判所も，大方の予想通り OMTs を事実上合法との判断を下した[35]．EU の多くのケースがそうであるように，この件に関するヨーロッパ司法裁判所の判断にも，「高度」の政治的配慮が働いていたのは間違いない[36]．ECB はそのタイミングを待っていたかのように，1 週間後の 1 月 22 日に量的緩和策の実施を公表した[37]．それによれば，既存のカバード債と ABS の買入れ（約 120 億ユーロ）に加え，PSPP（Public Sector Purchase Programme）の下で 600 億ユーロ相当のユーロ圏の国債や EU ないしヨーロッパの国際機関債の買入れを行い，バランスシートをおよそ 1.1 兆ユーロにまで拡大することを目指す．買入れは 2015 年 3 月から始め，2016 年 9 月まで行うが，場合によってはそれを超えて延長し，インフレ率が 2% になるまで続ける．買入れ資産の 12% までの損失は，ECB と各国中央銀行が共同でシェアするが，残りの 88% については，そ

の92％を各国中央銀行がECBへの出資割合に応じて買入れ，あとの8％をECBが買入れる．よって，ECBによる損失の負担は全体の20％で，後はそれぞれ各国中央銀行の負担となる．なお，1国についての国債買入れ限度額は，購入総額の33％までとし，危機に陥っているギリシャについては，このプログラムを通じた支援対象とはしないこと等が示された．ECB理事会の決定に対しては，ドイツ，オランダ，オーストリア，エストニア4カ国の中央銀行総裁，ラウテンシュレーガー専務理事（ドイツ出身）が反対したと伝えられている[38]．しかし，ECBの損失負担を2割に留めるのが精一杯で，国債の大規模な買入れを通じた量的緩和の実施そのものは，結局多数派に押し切られることになった．長らく待ち望んでいたECBのバズーカ砲を，金融市場が歓迎したことはいうまでもない．

1.3 量的緩和の危うさ

ECBによる量的緩和は，3月4日から始まった[39]．しかし，金融市場は，ECBが1月半ばに量的緩和の実施を告知するや否やすぐさま反応した．告知後4週間で190億ドルがユーロ圏の株式市場に流入し，記録的な資金の流入によって株価が押し上げられると同時に，ハイ・イールド債への投資も急増した[40]．ソブリン債の利回りはさらに低下し，ドイツ国債をはじめいくつかのユーロ圏の国債の利回りはマイナスに転じ，ユーロも押し下げられた[41]．ドイツ連邦銀行らの抵抗によって損失負担の共有はならず，その限りで金融政策の分断は残ったものの，5,000億ユーロから6,000億ユーロであろうとの当初の予想を上回る規模と実施期間が，そうした懸念を打ち消す形となった[42]．また，ECBが大規模な国債買入れを行うことで，市場で債券の不足が生じることも予想されたことから，買い入れた証券の貸出制度も設けられた[43]．ノワイエ仏中央銀行総裁は，量的緩和を極めて効果的であると成果を自画自賛した[44]．

しかし，金融市場は，ECBによる量的緩和を歓迎する一方で，その副作用に対する警戒感も広がっていた．というのも，ユーロ圏は全体としてデフレ傾向に苦しんでいたものの，ドイツ経済は堅調で，にもかかわらず，ユーロ圏各国中央銀行は出資割合に応じて自国の国債を買い入れなければならず，既に不動産・株式バブルの兆しが現れているところに，さらに過剰な流動性が注ぎ込

まれる虞があった[45]．BISも，ECBとは対照的に，量的緩和によって引き起こされている流動性相場，特に債券市場におけるボラティリティの増大に，懸念を表明していた．2015年3月に出された4半期レビューでは，債券市場でボラティリティが高まっている背景には，銀行に対する規制強化の結果，マーケット・メイキングが縮小し流動性が低下していることがあり，金融市場は流動性相場に沸いているものの，何らかのショックによって相場が反転した暁には，流動性の枯渇によって相場が暴落するリスクがあることを指摘していた[46]．銀行に対する規制強化の結果マーケット・メイキングや自己勘定取引に生じている変化・趨勢に関しては，BISの傘下にあるグローバル金融システム委員会も，次のように述べていた．すなわち，銀行に対する規制強化の結果，銀行はマーケット・メイキングに充てる資本を減らし，マーケット・メイキングがより注文主導型ないしブローカレッジ・モデルへシフトしたため，大きな取引の執行に時間がかかるようになっており，多くのマーケット・メーカーが大きなポジションを取ることをためらうようになっている．特にユーロ圏では，銀行が自己勘定取引を減らしたことで，取引がアセット・マネージャーのような少数の市場参加者に集中し，市場の流動性がこれら大手投資ファンドによるポートフォリオの配分決定に依存するようになっている．それゆえ，銀行による流動性供給が減少している状況の下で，市場のセンチメントが悪化した場合には，資産の売却（流動化）が困難となるリスクが存在する[47]．

さらに，ECBによる金融緩和の結果，デンマークやスイスに続いて，ユーロ圏でもマイナスの金利が発生した．ECBが預金ファシリティ金利をマイナスに引き下げたために，EURIBOR（Euro Interbank Offered Rate：ユーロ銀行間取引金利）もマイナスとなり，銀行が借り手に金利を払うという「金融史に残る異常な事態」が生じた[48]．同じく，国債の大規模な買入れを通じた量的緩和によって，ユーロ圏の国債の利回りもマイナスに転じ，ドイツを筆頭に，フィンランド，オランダなど国債が，2015年4月には満期の短いものから順に利回りがマイナスとなった（図6-9）．ユーロ圏の国債は，2014年9月の段階では約1兆ユーロであったが，利回りの急激な低下と価格の上昇により，2015年4月には2.8兆ユーロとわずか半年で3倍に増えた[49]．この間にそのような急激な値上がりや利回りの低下を正当化するほどの劇的な財政赤字や政府債務

第6章 ECB

満期（年）	1	2	3	4	5	6	7	8	9	10
ドイツ	■	■	■	■	■	■	■			
フィンランド	■	■	■	■	■	■	■			
オランダ	■	■	■	■	■					
オーストリア	■	■	■	■	■					
ベルギー	■	■	■	■	■					
フランス	■	■	■	■						
スペイン										
イタリア										
ポルトガル										

凡例：■ マイナスの利回り

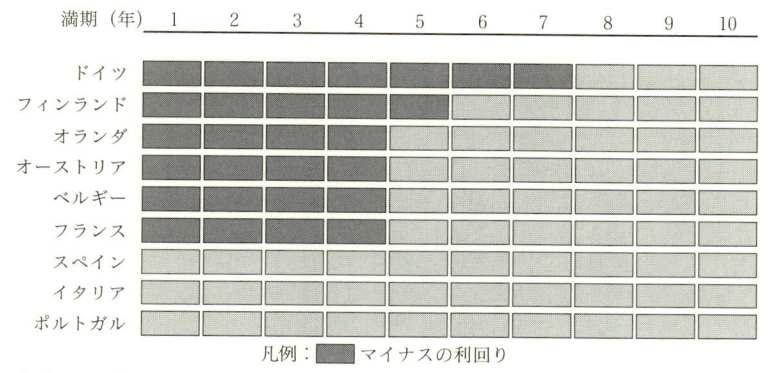

出所：IMF (2015), *Global Financial Stability Report*, April, p. 9.

図 6-9　ECB の量的緩和による国債利回りの変化
（利回りがマイナスのユーロ圏政府債）

の改善があったわけではない．まさしくそれは ECB による金融緩和がもたらした国債バブルといっても過言ではない．マイナスの金利やマイナスの国債利回りについては，それらしい説明がなされているものの，マイナスの金利で資金を預けたり，マイナスの利回りで政府債を保有したりして，資金の出し手が金利を支払う状況は，およそ馬鹿げているとしかいいようがない[50]．

　案の定，マイナス金利に対する投資家の不満を背景に，5 月初めにはドイツ国債をはじめユーロ圏の国債が売られ，ECB の量的緩和によってもたらされた国債価格の上昇が一挙に吹き飛んだ形となった．4 月中旬に 0.05% であった 10 年物ドイツ国債の利回りは，一時 0.8% にまで跳ね上り，わずか 1 週間あまりの間にヨーロッパの国債価値は，1,420 億ユーロ相当も失われることになった[51]．その背景には，デフレ懸念の後退があるといわれ，その限りでは，ECB の量的緩和が功を奏したといえなくもないが，国債利回りの引き下げには限界があることを露呈した形となった．実際，2015 年 3 月に始まった ECB による本格的な量的緩和は，皮肉なことに，国債の利回りの引き下げに関する限り，ドラギ総裁の「ユーロを救うためなら何でもする」とのジャクソンホール発言に比べて，大した効果を上げてはいない（図 6-10）．他方で，実物投資は弱いままとなっている[52]．ECB も，2015 年 5 月の金融安定化報告で，金融面でのリスクテークが高まる一方で，経済面でのリスクテークが遅れたままで

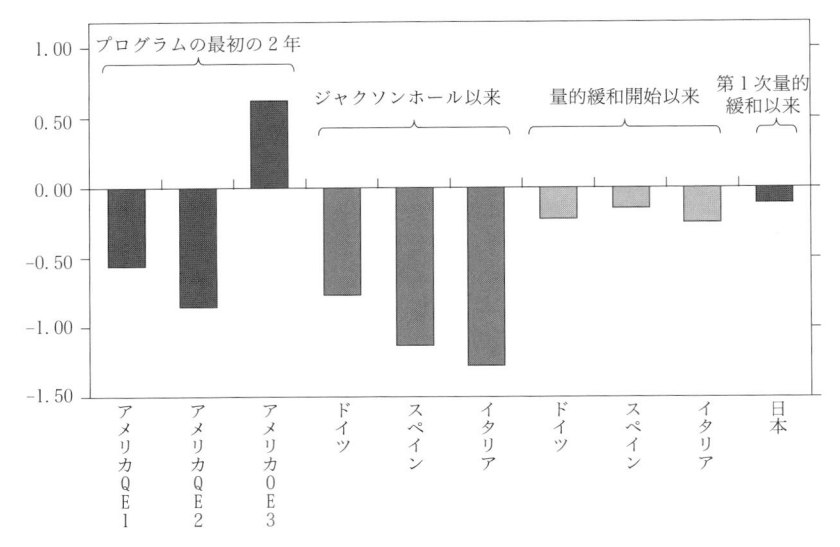

出所：IMF (2015), *Global Financial Stability Report*, April, p. 9.

図 6-10 量的緩和による 10 年物国債利回りの変化

あることを認めていた[53]．さらに，ECB による量的緩和の最大の狙いは，ユーロ安への誘導にあるといわれている[54]．しかし，かつてはインフレの抑制や国際競争力強化の梃子としてユーロ高を歓迎し，通貨の安定性を競い合うことで為替レートや世界経済の安定に資するべきと主張していた ECB が，大規模な量的緩和によって自らリスクテークを煽り，通貨戦争を煽りかねないユーロ安への積極的な誘導を図ろうとする姿には，まさに驚きと隔世の感を禁じ得ない．にもかかわらず，ユーロは，円に対しては勿論のこと，アメリカ経済の行方の不透明さもあって，ドルに対してもさほど大きく減価してはいない．金融市場に煽り立てられ，鳴り物入りで始められた ECB による量的緩和も，限界を露呈しているように見える．

2. 金融統合の神話

2.1 危機克服策として再浮上する金融統合

　金融統合は，ユーロ導入以降統合の牽引車であった．ところが，危機の発生とユーロ圏各国の金融ナショナリズムによってユーロ圏の金融市場は分断され，ECB の金融政策のスムースな伝播も妨げられることなった．その結果，ユーロ圏各国の間で，国債の利回りや銀行の資金調達コストに大きな乖離が生じ，特にソブリン危機に陥った諸国では銀行の資金調達コストが上昇し，非金融企業向け貸付金利も高止まりすることで，経済の低迷やデフレ傾向に拍車を掛けることになった．よって，一旦は金融統合の解体が鮮明となった．

　ドラギ総裁ら ECB の当局者によれば，危機の原因の一端は，ユーロ圏のリテール市場の不完全な統合にあった[55]．ユーロの導入後，インターバンク市場は完全に統合されたものの，リテール市場は分断されたままで，このミスマッチには3つの原因があったとされる．第1の原因は，銀行のバランスシートの資産サイドにあり，ユーロの導入は，ユーロ圏の銀行のクロスボーダーの再編・統合を促すことで，いわゆる「リレーションシップ・バンキング」を排し，銀行の経営や株主を母国における既得権益から遠ざける筈であった．ところが，ユーロ圏の銀行は，ユーロ建てインターバンク市場で自由に借入れを行う能力を手に入れたことにより，スペインやアイルランドの銀行が典型的であったように，国内の不動産のような特定部門への貸付を増大させ，その過程で金融統合はリスクを分散させるのではなく，むしろ集中させることになった．第2の原因は，銀行のバランスシートの負債側にあり，ユーロ圏の銀行は外国からの資金調達を専らインターバンク市場で行っていたが，リスクに敏感な短期の負債に過度に頼っていた結果，危機の発生と共にインターバンク市場における資金調達が困難に陥ることになった（流動性危機）．最後に，第3の原因は，以上の2つの原因が結びついたことによるもので，資産がバランスよく配分されず，地理的にも分散されていなかったために，銀行は国内のショックに対してより脆弱になる一方，対外債務が短期のインターバンク債務でエクイティでなかったために，他の管轄区域（jurisdiction）との間で損失を上手く分かち合う

ことができず，結局バランスシート修復のコストは，国内の財政当局に課せられることになった．よって，ユーロ圏の金融市場の分断を解消し，正常なトランスミッション・メカニズムを回復するためには，リテール市場の統合を通じた金融統合の完成が必要とされた[56]．

さらに，銀行同盟の主要な目的の１つも金融統合の促進にあった．すなわち，銀行同盟の下で進められている，銀行の監督・規制ルールの調和や制度面の統合を通じて競争条件の標準化が図られ，ユーロ圏レベルでM&Aを通じたクロスボーダーの銀行の統合・再編が進む．現在は国毎にセグメントされているリテール市場の統合もそれによって進み，ホールセール市場と併せて真に統合された銀行市場が完成する[57]．そして，完全に統合された銀行市場では，次のような効果が期待される．第１に，強まる銀行間競争と経営効率の改善を通じて，ユーロ圏規模で最適な資金の配分が実現され，中小企業も含むユーロ圏の企業の資金アクセス条件が改善し，ユーロ圏における投資や経済成長が促進される．第２に，金融政策のトランスミッションが円滑，容易となり，金融政策の効率が増す．そして，第３に，非対称的ショックの影響を均す．こうして銀行同盟によって促進される金融統合は，ユーロ圏の安定と成長の促進に資するとされる[58]．

けれども，金融統合に関しては，ユーロ導入時にもまさしく同様のことが語られていた．しかも，金融統合は統合推進の戦略的な梃子でもあったにもかかわらず，今回の危機によってその失敗が明らかとなった．ドラギ総裁らECB，EUの当局者は，金融統合が未だ不十分であったことが危機を招いたとしているが，はたしてそうであろうか．確かに，現在ユーロ圏の金融統合は回復傾向にある（図6-11）．ECBによれば，銀行同盟の設立やECBによって行われている量的緩和が，金融統合回復の主要な要因であった．銀行同盟に続いて打ち出された資本市場同盟も，銀行同盟を補完し，金融統合推進の上で大きな役割を果たすと期待されている[59]．はたして金融統合はEU当局の思惑通り進むのであろうか．

2.2 リテール銀行市場の構造的差異

ECBをはじめEU当局は，銀行同盟の深化や単一金融サービス市場の実現

第 6 章　ECB

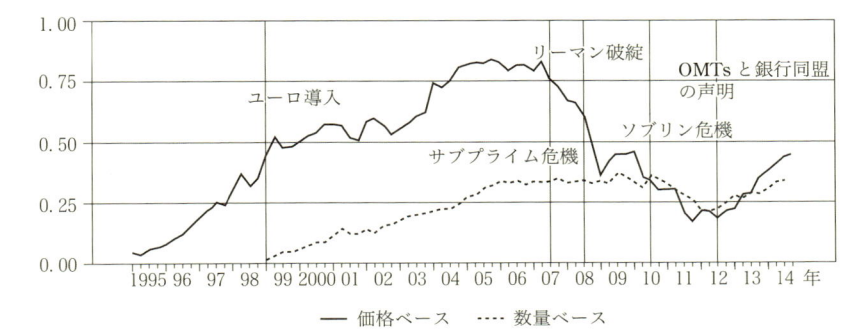

注：価格ベースの金融統合指数は，1995年第1四半期から2014年第4四半期の期間をカバーする10の指数を集計し，数量ベースの金融統合指数は，1999年第1四半期から2014年第3四半期の期間をカバーする5の指数を集計している．金融統合指数は，0（完全な分断）と1（完全な統合）を範囲とし，指数が高くなるほど金融統合が高くなることを示している．
出所：Coeuré, B. (2015), *What is the Goal of the Capital Markets Union?*, ILF conference, Frankfurt am Main, 18 March, p. 4.

図 6-11　金融統合指数（価格及び数量ベース）

を通じて，今後はユーロ圏のリテール市場でも統合が進み，それによって金融統合がより完成に近づくと見ている．しかし，リーカネン報告でも，国や銀行の規模，業態の相違によりビジネス・モデルやガバナンス，リスク指向の度合いが異なるなど，ユーロ圏の銀行市場の多様性や異質性が指摘されていた．ECBのエコノミストらの研究によっても，ユーロ圏の銀行貸出と金融政策のトランスミッションには，銀行の資本量や流動性，銀行と顧客との関係や銀行間のネットワーク，市場における競争の程度などに応じて，国もしくは銀行グループ毎に大きな違いがあることが明らかとされている[60]．例えば，ドイツやイタリアでは，国レベルで見ると，銀行の貸出に対する金融政策のトランスミッション効果は大きく，特に資本が少なく流動性の低い貯蓄銀行や信用組合に対しては大きな影響を与える一方，資本が多く流動性に関してもホールセール市場など代替的な資金調達手段を有する大手銀行の場合には，政策金利の変更によるトランスミッション効果を隔離できることから影響は小さく，国内でも異質性が大きいとされる[61]．他方，同じユーロ圏でも，フランスの場合，銀行貸出に対する金融政策のトランスミッション効果は低く，銀行の規模の違いに

よるその相違も小さくて，より同質的であるとされる[62]．スペインの場合には，トランスミッション効果が弱く，政策金利の変更が銀行貸出に与える影響が小さいため，ブームの時期には引き締めにもかかわらず過剰な信用が供給される一方，危機の時期には著しい貸し渋りが生じるとされる[63]．また，国が異なっていても，同じカテゴリーの銀行グループでは反応の相違は少ないものの，国毎および同じ国内でも銀行のグループ毎に，金融政策のトランスミッション効果に大きな相違が存在するとされる[64]．

　このようにユーロ圏の銀行市場は多様性や異質性が顕著で，統合を通じて均質化が進展しているとは言い難い．焦点とされるリテール市場に関しては，ユーロ圏の場合，取引関係にある当事者間の独立や平等な競争条件に基づく（arm's length）貸出でなくて，「リレーションシップ・バンキング」の下での縁故貸出が支配的で，銀行と顧客の間には長期にわたる親密な取引関係が存在している[65]．ECBをはじめEUの当局者は，そのような縁故貸出を非効率かつ時代遅れで，完全に統合された競争的市場の下では消滅するものとしているが，EUレベルでの数々の制度やルールの調和にもかかわらず，他国のリテール市場への参入は容易なことではなく，国内においても縁故貸出はそう簡単に変わるものではない．

　しかも，ユーロ圏の銀行市場の異質性や多様性は，ユーロ圏の拡大によってさらに増幅され，複雑になることが予想される．2014年1月にはラトビアが18番目のユーロ参加国となり，2015年1月にはリトアニアもユーロに加わった．新たにユーロ圏に参加した国々や参加予定の国々は，いずれも小国で，その限りでユーロ圏の銀行市場や金融システムに与える影響は小さい．また，これらの国々では，オーストリアやイタリアなど西欧の銀行が進出して国内の銀行市場の中枢を占め，母国の本店との間で緊密な資金ネットワークを築いている．グローバルな金融危機の直撃を受けた際も，いわゆる「ウィーン・イニシアチブ」により，危機の悪化防止に一定程度成功を収めた．その意味で，これらの国々もユーロ圏の銀行市場ならびに金融システムに統合されつつある．しかし，形の上ではユーロ圏の銀行市場や金融システムに統合されつつあるとはいえ，これらの国々における銀行市場の構造や，金融政策のトランスミッションが実際にどのように機能しているのかについては，依然不明な部分が多い．

いずれにしても，ユーロ圏諸国のリテール市場の異質性や多様性は，自由化や競争が促されたところでそう簡単には解消されないと思われる．

2.3 資本市場同盟の問題点

ヨーロッパ委員会は，資本市場同盟を銀行同盟に続く重要なプロジェクトと位置づけ，これに本格的に取り組み始めている．2015年2月には，資本市場同盟創設に関するグリーン・ペーパーも公刊された[66]．ECBも資本市場同盟を積極的にサポートする姿勢を見せている．資本市場同盟が何を意味し，EU当局が具体的にどのような課題に取り組もうとしているのかは必ずしも明確ではないものの，金融統合推進の一環と位置づけていることは間違いない．

資本市場の中でも，株式市場の統合はユーロ導入以来最も進んでいて，ユーロ圏内のクロスボーダーのエクイティ保有は，当初1割そこそこであったものが4割を超えている[67]．ユーロ圏の株式市場は，EU域外の経済・金融動向に左右されにくくなっており，その限りで自立性を高め，統合が進んでいるといえる．にもかかわらず，エクイティ・ファイナンスそのものは，その他の資金調達手段に比べてコスト面で不利なこともあって（図6-12），ユーロ導入時の店頭市場ブームの破綻以降，低迷したままとなっている．中小企業はもとより，大企業にとっても，自社株買いの隆盛に見られるように，株式市場は資金調達の場とはなっていない．

EU当局が再生・統合を図ろうとしている証券化市場に関しても，危機以降大きく市場が縮小し，かつ統合も十分に進んでいない．ユーロ圏の場合，アメリカやイギリスの場合とは異なり，証券化の後もオリジナルなローン債権の少なくとも一部は銀行のバランスシートに残されたままで，第三者に転売できず，ローンのデフォルト・リスクにさらされたままとなっている．証券化市場の中でも最大の残高を誇る不動産関連証券化市場の場合，規制やルール，取引慣行の相違等により市場が各国毎に分断され，リスクが未分化で移転や分散が困難になっている．それゆえ，EU当局によれば，不動産金融市場の規制緩和やルール・取引慣行の標準化による統合の促進を通じて，EU規模で標準化された単一の証券化市場ができれば，特に銀行にとってのリスクの移転や分散がはるかに容易となり，EU規模で最適な資金の配分がなされるだけでなく，EUレ

```
──── 全体的な資金調達コスト    ······ 市場ベースの負債での
──── 短期の銀行貸出レート           資金調達コスト
- - - - 上場株式での資金調達コスト  -·-·- 長期の銀行貸出レート
```

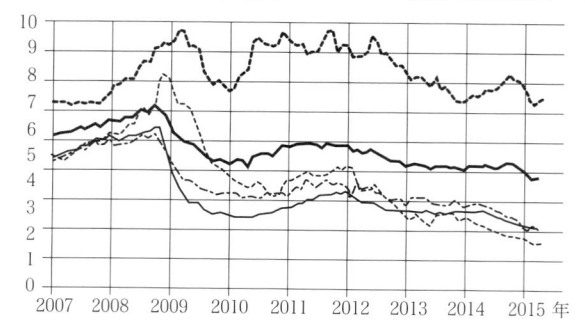

注：非金融企業の全体的な資金調達コストは，銀行貸出コスト，市場負債コスト，エクイティ・コストの加重平均として計算され，ユーロ圏の勘定から抽出されたそれぞれの残高に基づく．エクイティのコスト推計は，3段階の配当割引モデル（a three-stage dividend discount model）に基づく．
出所：European Central Bank (2015), *Financial Stability Review*, May, p. 40.

図 6-12　ユーロ圏の非金融企業の資金調達コスト
(2007年1月～2015年4月；%)

ベルでの監督・規制もより容易になる[68]．同時に，金融上の分断も改善し，ECBの金融政策もスムースに伝わるようになることで，非対称的なショックが生じる可能性も低下し，金融システムの安定化にもつながる[69]．

しかし，売り切り（True Sale）によるローン債権のバランスシートからの切り離しを通じてリスクの移転や分散が容易であったはずのアメリカでも，不動産関連の証券化商品の最終的な引き受けは，フレディ・マックやファニー・メイといった政府がスポンサーとなっている公的な住宅金融専門機関であった．何のことはない，アメリカの場合も，政府が最終的なリスクの引き受け手になっていたのであって，決して証券化市場そのものによってリスクの移転・分散がなされていたわけではない．EUの不動産関連証券化市場の場合，誰がそのようなリスクの最終的な引き受け手になるのか，ほとんど議論されてはいない．そうでなくとも，EUの証券化市場の規模は，アメリカに比べて小さいうえに，国によってかなり偏在している．そもそも証券化以前に，ヨーロッパの不動産

第6章　ECB

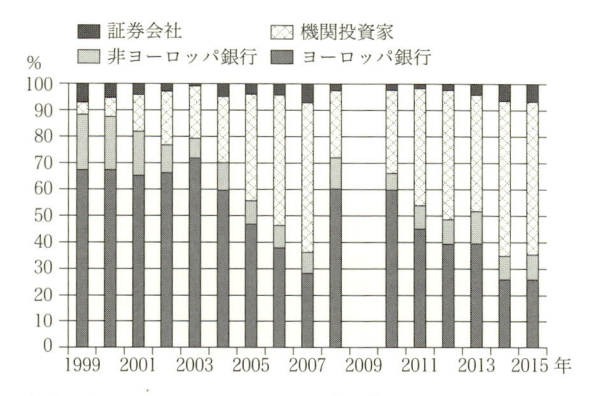

凡例：■ 証券会社　□ 機関投資家　□ 非ヨーロッパ銀行　■ ヨーロッパ銀行

出所：European Central Bank (2015), *Financial Stability Review*, May, p. 58.

図 6-13　レバレッジド・ローン市場における機関投資家の台頭（発行市場における投資家のタイプ別のレバレッジド・ローン購入％：1999-15年）

金融市場は極めてドメスティックでローカルな特性をもつ市場で，EU 規模でこれを統合・標準化することは容易なことではない．また，規制緩和によって現在は厳しく制限されているバランスシートからのローン債権の切り離しによるリスク移転が容易になれば，ヨーロッパでもアメリカで見られたようなモラルハザードや金融機関の暴走が起きる可能性もある．

　さらに，今回の危機を経て，ヨーロッパでも影の銀行業が台頭し，資本市場で活発な取引を行っている．レバレッジド・ローンでは既に銀行を抜いて機関投資家が最大のシェアを占め（図 6-13），かつ極端な低金利下でリスク指向を強め，米企業を中心に発行の増加しているユーロ建てハイ・イールド債への投資を増やしている（図 6-14）．しかし，投資ファンドをはじめ大手投資機関が台頭する一方で，銀行は規制強化によってマーケット・メイキングから撤退し，その結果債券市場ではボラティリティが高まっている．危機発生の際には解約のラッシュやマージン・コールに直面することによって，流動性の枯渇やそれに伴う資産価格の暴落も発生しかねない[70]．資本市場同盟の創設ならびに銀行を介さない資本市場における直接的な金融仲介の増大が，EU 当局の期待するようなリスクの分散や金融システムの安定化に結びつく保証はどこにもない．

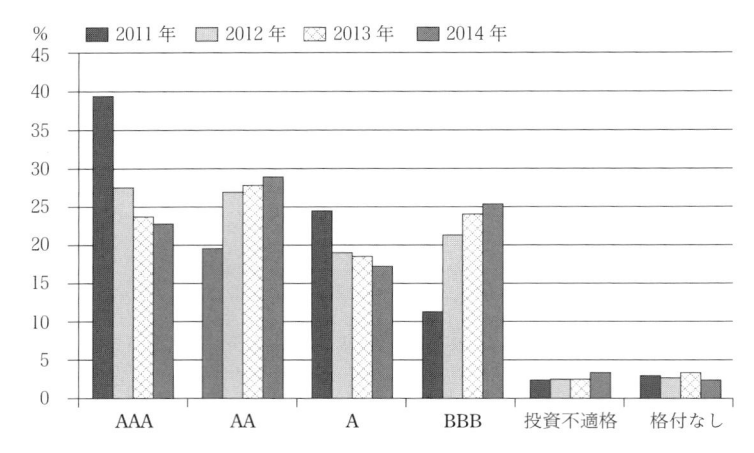

注：ユーロ圏大手保険及び再保険15社の利用可能なデータに基づく．
出所：European Central Bank (2015), *Financial Stability Review*, May, p. 82.

図6-14　ユーロ圏の大手保険会社による格付別債券投資
（2011-14年；総投資ポートフォリオの％；加重平均）

EU当局は，証券化の再生や資本市場同盟の創設を通じてアメリカ型の資本市場をヨーロッパに導入しようと躍起になっているが，真にそれを実現しようとするならば，ファイナンスに関する革命的な意識の転換が必要になるといわれる[71]．イギリスは別にして，大陸ヨーロッパに本当にアメリカ流の資本市場ビジネスや文化が浸透しうるのか，極めて挑戦的な課題であるといえよう．

最後に，銀行同盟では，大手銀行の監督・規制業務はSSMの下に一元化されることになったが，資本市場同盟に関しては，そのような中央集権的な監督・規制機関を置くことが望ましいかどうかについては，意見が分かれている．ヨーロッパ委員会は，すべての金融市場について規制・ルールの調和を進める広範な権限を持った，新しい監督・規制機関の創設を望んでいるといわれる[72]．他方，加盟国の中でも，特にイギリスは，資本市場同盟にSSMのような超国家的な規制機関は必要ではなく，既存の加盟国の当局を通じた監督・規制で十分であり，むしろ資本市場における取引の自由化を推進すべきであって，EUの超国家機関によってロンドン市場を管理されることを望んでいないといわれる[73]．資本市場同盟の狙いの1つは，イギリスをEUに留め置くことにあるも

のの，却って EU の官僚主義に対するイギリス国民の反発を招き，逆効果になる虞もある．銀行同盟の場合，大手銀行の監督・規制権限に関しては，確かに SSM の下に一元化されているものの，それでも SSM ないし ECB と加盟国との間で潜在的な対立の可能性はなくなっていない．税制を含む広範な領域における制度・ルールの調和が必要とされる資本市場同盟の場合，なおさら利害の調整は困難と思われ，資本市場同盟と銀行同盟との間でどのような棲み分けがなされるのかも定かではない．いずれにしても，資本市場同盟は，ヨーロッパ委員会の掲げる 5 年の期間内に完成しそうにない．資本市場同盟実現のためには，数々のハードルを越えなければならないだろう．

2.4 ユーロ圏の金融システムの不均質性

金融統合の推進あるいは資本市場同盟の創設という場合，結局のところ，その最大の目標になるのは，ユーロ圏で最大の資本市場ともいうべき国債（ソブリン）市場の統合であろう．危機の発生以前，ユーロ圏の国債市場はほとんど統合されているように見えたが，実際には各国国債市場の寄せ集めに過ぎず，ソブリン危機の際には分裂が鮮明となった．ユーロ導入時からソブリン危機発生直前までのユーロ圏諸国間のゼロに近い利回り格差（ユーロ圏の最低の水準にあったドイツ国債のそれへの収斂）は，結局金融市場の錯覚に過ぎなかった．ユーロ圏諸国の国債は，規模や満期構造，イールドカーブの形状，発行手続きやカレンダー，そして何よりも信用リスクの評価が異なる[74]．確かに，ソブリン危機の鎮静化によって，一時は大きく乖離したユーロ圏各国国債の利回りも，ギリシャを除き再び収斂する傾向にある．とはいえ，今回の危機によって信用リスクの格差が明白となってしまった以上，もはや完全な収斂は望むべくもない．金融市場ないし投資家は，信用リスクの相違によりユーロ圏諸国の国債を不完全な代替物と見ており，国毎に市場がセグメントされている．同じユーロ建てであっても，ドイツ国債とギリシャ国債は全く別物といってよい．ユーロ圏の拡大に伴って，今後も新たな国債がユーロ圏の国債市場に付け加わることが予想され，それらの国債市場の規模は概して極めて小さいとはいえ，ユーロ圏の国債市場の構造がより複雑となり，異質性が増すことは疑いない．そのことも ECB による金融政策の運営をより難しくするだろう．

ユーロ圏の国債市場の分断を一挙に解消する手段としては，周知のようにユーロ共同債がある．ソブリン危機の最中に提案されドイツの反対によって実現を見なかったものの，ユーロ共同債の提案者の１人であるユンケル元ルクセンブルク首相がヨーロッパ委員会の委員長に就任したことで，再び実現の期待が高まる可能性もある．しかし，ユーロ共同債に関しては，発行方法や調達した資金の分配等をめぐり，様々な技術的，政治的問題が存在している[75]．何よりもドイツが強硬に反対しており，銀行同盟の顚末を見れば，ユーロ共同債実現の可能性は低い．とすれば，国債市場の不完全な統合も，当分の間残らざるを得ない．そして，ユーロ圏の国債市場の分断が解消されず，ユーロ圏諸国の間で国債の信用リスクの相違が残るとなれば，イタリア，スペインを中心に自国の国債を大規模に保有している銀行のリスク評価の相違も解消されず，非対称的なショックが生じる可能性も排除できない．ECBはOMTsを使うことでこれに対処しようとするかもしれないが，その効果は未知数である．さらに，目下検討が進められている国債のリスク評価が現実のものとなれば，特にイタリアやスペインの銀行に打撃を与え，ユーロ圏の銀行システムに対して分断を促すように作用する可能性もある．銀行危機とソブリン危機を断ち切るはずの銀行同盟の限界がここでも露呈する．

　無論，ECBの当局者も，ユーロ圏の金融システムの不均質性を十分認識している．クーレ理事によれば，ユーロ圏の金融システムの不均質性は，垂直的較差（vertical difference），空間的較差（spatial difference），水平的較差（horizontal difference）の３つの次元における金利較差として表れ，ECBの金融政策の円滑なトランスミッションや金融システムの均質性を妨げている[76]．このうち，垂直的較差とは，企業や家計の投資・消費決定にとって最も重要な金利の国別の満期の相違で，空間的較差は，融資の値付けのベンチマークとなる金利の国別の相違，水平的較差は，ユーロ圏内の金融市場の分断による不完全な代替関係から生じる期間プレミア（term premium）の相違とされる[77]．ECBは，これらの較差の解消ないしは緩和を目標とした資産購入を通じて，金融上の分断を修復し，ユーロ圏の金融システムをより均質なものへと近づけ，金融政策のスムースなトランスミッションの実現を目指すという[78]．しかし，20余りの国々からなるユーロ圏の金融システムの複雑さを所与とすれば，ECB

がピンポイントの資産購入を通じて上記の較差の解消を図ることは，至難の業といえよう．

最後に，ユーロ圏の金融システムの異質性や多様性には，銀行や金融システム固有の要因だけでなく，借り手である企業や家計の貯蓄や投資，消費ビヘイビア，市場や産業構造，税制など，実物経済要因や制度要因も深く関係している[79]．言い換えれば，金融上の分断とは，単なる金融フローだけの問題ではなく，その背後には実物経済的な要因が存在している．ユーロ圏では，経済・通貨統合の進展にもかかわらず，依然経済構造の収斂は十分ではなく，大きな構造的差異が残ったままとなっている．そうであれば，金融面での統合，それも規制やルールの調和など制度面での統合をいくら進めたところで，金融上の分断は容易には解消されないだろう．

こうして見てくると，EU 当局の目指す完全な金融統合実現までの道程は極めて遠いといわざるを得ない．1 国の国内における金融統合は，金融市場や金融フローの自立的な運動や制度・ルールの摺り合わせの結果ではなくて，統一的な政治権力の下に確固とした財政基盤に支えられて初めて実現されているものである．破綻処理や預金保険制度についてもまさにそのことが当てはまる．現行の銀行同盟ならびに金融統合はその点で極めて不十分なものに留まっている．銀行同盟の進展や資本市場同盟の創設，ECB のオペレーションを通じて金融統合が促進され，「単一金融市場」の下で展開される金融機関（同士）の競争・再編を通じてユーロ圏の金融構造の均質化が進むとの EU 当局の想定は，あまりにも楽観的で非現実的であるように思われる．よしんば，完全な金融統合が実現された暁には最適な資源の配分やリスクの分散がなされ，ユーロ圏の金融システムの恒久的な安定もそれによって保障されるようになるのだろうか．ボワイエによれば，まさに不安定性や危機こそが完全金融市場の内在的属性にほかならなかった[80]．いずれにしても，ECB ならびに EU は見通し可能な将来にわたり，長くユーロ圏の金融システムの不均質性と向き合わねばならないだろう．

3. ECBの強さと脆さ

3.1 ECB支配とドラギ・マジックの危うさ

　ECBは今回の危機を経て絶大な権限と影響力，そして危機の救世主としての名声も手にすることになった．ECBは大規模な金融市場への介入やユーロ圏の銀行に対する巨額の流動性の供給を通じて銀行危機やソブリン危機を鎮め，ユーロ圏の金融システムを崩壊の危機から救った．さらに，デフレ回避のために，ドイツ連邦銀行らの頑強な抵抗を押しのけて，タブーとされていた大規模な国債の買入を通じた本格的な量的緩和にも踏み切った．かつてはヨーロッパ最強の中央銀行として，一時はECBも牛耳っていたドイツ連邦銀行も，ドイツをバックにしたその影響力は依然侮れないとはいえ，形の上ではもはやユーロ圏の一中央銀行に過ぎない．グローバルな金融危機の発生によりECBの信頼は一旦は地に落ちたが，今や危機の救世主として崇め奉られている．ECBの金融政策，というよりドラギ総裁自身が，かつてのグリーンスパンFRB総裁のように，金融市場によって偶像化され，ドラギ・マジックよろしく金融市場の望む緩和策を次から次へと打ち出すことによって喝采を博し，彼やECBに対する信頼ないし自己充足的な期待がさらに強化される．金融市場の信認と期待は，ECBの支配力の源泉でもある．

　ECBの支配は，金融政策の領域だけに留まらない．銀行同盟の創設により，ECBはユーロ圏大手銀行の監督・規制権限を獲得し，かつ銀行の破綻処理に関しても大きな権限を手にした．それによってECBはユーロ圏の大手銀行の生殺与奪の権を握ったといっても過言ではない．

　さらに，ECBの権限や影響力は，金融的次元を超えて，ユーロ圏諸国の経済政策や国民生活の領域にまで及んでいる．ECBは，選挙で選ばれたわけでもないのに，トロイカの一員として危機に陥ったユーロ圏諸国の経済政策の運営や構造改革のあり方にまで口を挟むようになった．しかも，同じEUの機関であっても，ヨーロッパ委員会とは違って，ECBの場合には，自らの命に従わせるために，金融政策という強力な武器を持っている．ECBはユーロ圏諸国に対する民間銀行を通じたユーロ建て資金の供給者であり，ユーロ建て資金

の供給を止めれば，その時点で当該国は事実上ユーロ離脱に追いやられる．その意味で，ECB はユーロ参加国の生殺与奪の権を握っているといっても過言ではない．ギリシャ危機ではまさにそのことが明らかとなった．ECB は文字通りユーロ圏最強の機関であり，ユーロの存続の鍵を握る存在といえよう．

しかし，ECB は，そのような絶大な権力を握る一方で，同時に数多くの課題にも直面し，その政策運営は危うさを秘めている．

ECB は，金融市場の期待に応えるため，敢えて内外の強い反対を押し切って大規模な量的緩和に踏み切った．ECB による大規模な国債の買入れは，事実上の財政ファイナンスにほかならず，未だ公式には同意の得られていない財政同盟を暗黙の裡に持ち込んだといわれる[81]．ドイツ連邦銀行らの抵抗により，形の上では損失の完全な共有はなされていないとはいえ，ユーロ圏の加盟国，例えばギリシャがデフォルトすれば，結局 ECB もその負担を負わざるを得ない．しかも，ECB がこれまでユーロ圏の銀行に対して潤沢に供給してきた資金は，銀行の貸出を通じた民間企業による実物投資の拡大ではなく，株式や不動産など専ら資産価格の押し上げにつながっている．スティグリッツによれば，量的緩和は，株式を保有する富裕層に不釣合いな恩恵を与える一方，主に銀行預金など確定利付資産しか持たない中下位層には不都合を与えることで，格差の拡大につながっている[82]．しかも，年金基金の所有によって比較的分散されているアメリカとは異なり，ユーロ圏の場合，株式は広範に保有されているわけではないため，資産効果も限られ，持てる者と持たざる者の間の格差を一層拡大させる虞がある．ピケティが詳細に分析したように，ヨーロッパでも 1980 年代以降所得格差が急速に拡大している．ソロスは，ユーロ圏の危機対策は過度に金融政策に偏重しており，ECB の量的緩和は，なるほど短期的には成果を挙げているものの，金融政策だけに頼ることで国家間および国民の間でも貧富の差が広がり，長期的に深刻な政治的反動を生む恐れがあると警告している[83]．

量的緩和に限らず，危機の発生以来進められてきた ECB の金融緩和は，既に分配面での変化を引き起こし，ユーロ圏の金融システムにもストレスを与えている．ECB の金融緩和策は，政府を筆頭に債務者の負担軽減に大きく貢献する一方で，債権者サイドには大きな損失をもたらしている．2013 年にマッ

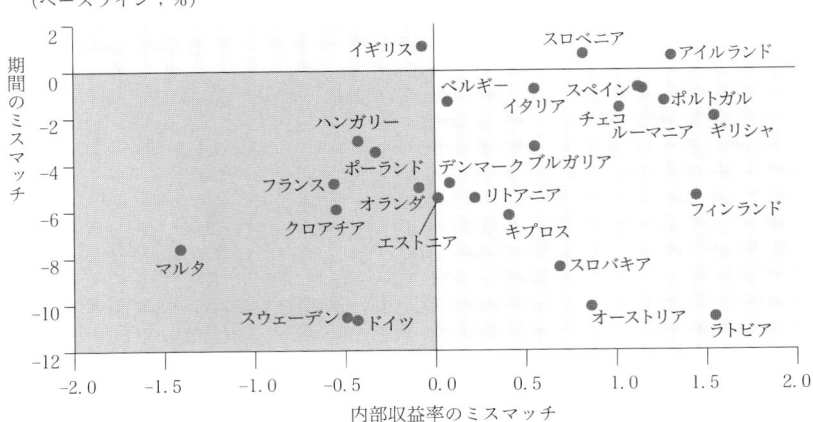

期間のミスマッチとマイナスの投資スプレッド
(ベースライン；%)

出所：IMF (2015), *Global Financial Stability Report*, April, p. 23.

図 6-15　運用難に苦しむ生命保険業界

　キンゼーの行った分析によれば，ユーロ圏では，ECB の金融緩和策により政府と企業が約 6,400 億ドルの金利負担の軽減による利益を得た一方で，家計は預金金利の低下により約 1,600 億ドルの損失を被ることになった[84]．家計の貯蓄の損失は，ドイツにおけるユーロ懐疑派の有力な根拠の1つとなっている．同時に，マッキンゼーの分析で興味深いのは，ECB の金融緩和は，ソブリン危機の鎮静化と銀行の救済が主要な目的であったはずにもかかわらず，FRB の金融緩和によって約 1,500 億ドルの利益を得たアメリカの銀行の場合とは異なり，ユーロ圏の銀行は 2,300 億ドルの損失を被ったとしている点である．その理由は，ECB の金融緩和によってユーロ圏の銀行の金利マージンが著しく低下し，特に貸出に依存する中小の銀行の収入がそれによって大きく失われたことによるとされる[85]．ユーロ圏の中小銀行の経営はただでさえ苦しい中で，ECB の低金利政策がそれに追い討ちをかけている．同じく，極端に低い金利は，生命保険や年金基金といったユーロ圏の機関投資家による運用難も深刻化させている[86]（図 6-15）．ドイツやオーストリアの生命保険をはじめとする，期間のミスマッチや逆ザヤに苦しむ機関投資家は，一部では既に自己資本の取

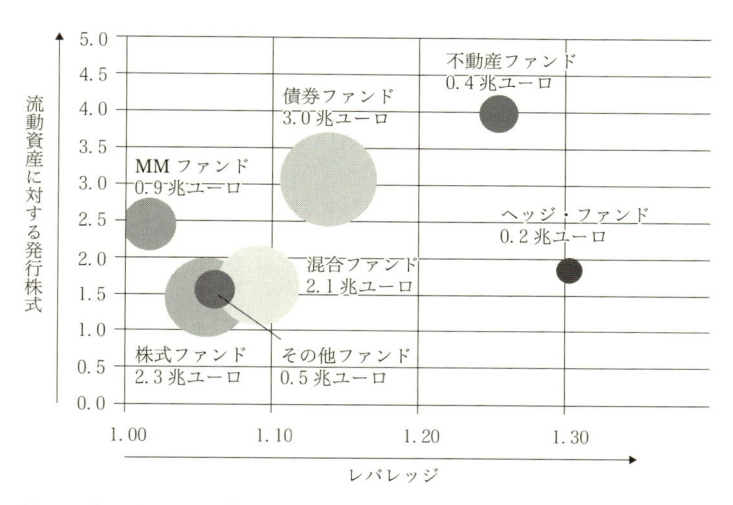

注：バブルの大きさ：1兆ユーロ建総資産．
出所：European Central Bank (2015), *Financial Stability Review*, May, p. 13.

図 6-16 ユーロ圏のマネー・マーケット＆投資ファンドの流動性のミスマッチとレバレッジ（2014年第4四半期のデータ；X軸：レバレッジ（総資産／発行株・ユニット）；Y軸：流動性のミスマッチ（発行株・ユニット／流動資産）

り崩しも余儀なくされ，極端な低金利が今後も何年かにわたって続くようなら，存続の危機に立たされる虞もあることから，より高いリターンを得るために低格付けの社債への投資を拡大させたり（図6-14），プライベート・エクイティやヘッジファンドに運用を委託したりしている[87]．アメリカ同様，ユーロ圏でも，銀行に比べて規制の緩い投資ファンドが急成長し，流動性のミスマッチやレバレッジを高めていることが，ECB自身の分析によっても確認されている[88]（図6-16）．金融システムの安定化を目的としているはずのECBによる金融緩和が，堅実で伝統的な貸出ビジネスを行っていたユーロ圏の中小の銀行を苦境に追いやり，投資家やファンドのリスクテークを煽っている現状は皮肉といわざるを得ない．

ECBは，ドラギ・マジックよろしく市場に優しい政策を通じて一見金融市場をうまく操っているように見えるものの，同行の金融政策の運営はますます金融市場のセンチメントに左右されるようになっている．ECBは，金融市場

の期待に沿う形で只管緩和を進めてきたものの，金融市場の期待を煽り阿ることによって，その期待を満たせなかった場合に，大きなクラッシュが生じる可能性も高まっている．2015年6月3日に，ドラギ総裁が定例の記者会見で行った，「超低金利の時代には市場はそのようなボラティリティに慣れねばならない」との発言が，ソブリン債市場の安定のためにECBが積極的な行動をとらないと解釈されることにより，ユーロ圏のソブリン債の売りを招き，10年物ドイツ国債の利回りは1％近くまで跳ね上がった[89]．先にも述べたが，ECBが大規模な国債の買入れを通じて量的緩和を開始して以降，特に4月末からユーロ圏のソブリン債市場では著しくボラティリティが高まり，ユーロ圏の国債が軒並み値下がり（利回りは上昇）することで，この面に関する量的緩和の効果は早くも剥落しつつある．金融市場はユーロ圏の国債を買い入れるECBの意欲を今後もテストし続けることは間違いない．同時に，ECBによる量的緩和は，アメリカをはじめ他国との間の通貨戦争の激化にも繋がっている．ECBの量的緩和も一因となったドル高はアメリカ経済に好ましくない影響を与え，FRBによる利上げは足踏み状態が続く一方，ユーロ安も思ったほど進まず，ドル－ユーロ間で不安定な相場展開が続いている．そのことは，債券市場のボラティリティの増大と並んで，アメリカ，ユーロ圏ともに将来の出口戦略の実行をより難しいものにすることは間違いない．ECBの金融政策によってもたらされた超緩和的な金融条件の利益は，金融の安定性に関する潜在的なリスクを上回っているというが[90]，ドラギ・マジックは大きな危うさを孕んでいるといっても過言ではない．

3.2 金融政策の運営と銀行監督・規制業務とのジレンマ

ECBの抱えるジレンマは，ECBがSSMの下で担うことになった銀行の監督・規制担当者としての役割・責任と，金融政策の執行者としてのそれとの間でも生じている．ECBは，ユーロ圏の銀行に2度と今回のような深刻な危機を引き起こさせないために，包括的資産査定やストレステスト，厳格な監督・規制を実施し，仮にユーロ圏の大手銀行が破綻の危機に直面しても，救済のために公的資金を使わず，ベイル・イン原則を厳格に適用し秩序正しく破綻させるとしながら，他方で，銀行にかかるストレスを恐れて査定基準や規制をなし

崩し的に緩和し、大手銀行の破綻がユーロ圏の金融システムに及ぼす影響を恐れて、破綻処理に関しても介入や救済の余地を残した。金融政策固有の領域でも、政策金利を史上最低水準にまで引き下げ、さらにタブーとされた国債の買入れによる量的緩和にまで踏み込んだ。ECB は、金融システムの安定性と金融政策上の配慮に関し、銀行の監督・規制と金融政策の執行は別の組織で行っているというが、両者の役割の間に潜在的な緊張関係、利益相反が存在していることは明らかであろう。3 度目のギリシャ危機では、まさにそのことが露わとなった。SSM は、金融安定化のために厳格な運営を求め、ギリシャの銀行による同国の短期財務省証券を含む非流動性資産の保有を制限すべきであると提案する一方、金融政策の領域では、同じ ECB によってギリシャをユーロ圏に留め置くための緊急流動性供給の増額を含む措置が提供されることになった。言い換えれば、ECB の理事会は、厳正な銀行監督・規制の実行とユーロ圏の金融システムを揺るがしかねないギリシャの救済という対立する 2 つの役割を同時に担わねばならなくなった[91]。ドイツ連邦銀行は、ギリシャの問題が起きる以前から、SSM が ECB の金融政策にとって重荷になっているとして、SSM を ECB から分離すべきであるとしていた[92]。しかし、SSM を形式上 ECB から分離したところで、それが問題の解決につながるかどうかは疑問である。SSM を ECB から分離したところで、SSM とそれが監督・規制対象とするユーロ圏ないしヨーロッパの大手銀行、その背後に控える各国政府や監督当局、そして ECB との間には、既に見たように緊密なネットワークと深い相互依存関係が存在している。金融機関監督・規制業務だけを分離したところで、そうした関係を断ち切ることは困難であろう。そのことは将来のベイル・インの厳正な実行にも疑問を投げかけるものとなっている。ましてやギリシャの救済は、単なる金融政策上の問題などではなく、文字通り最高度の政治的決定に属する問題に他ならない。本来政治的に中立で独立した組織であるはずの ECB の金融政策と ECB の行動は、ますます濃厚な政治性を帯びつつある。

3.3 ECB の「独裁」と強まる批判

ECB は、ユーロ圏各国の経済政策の運営にますます口を挟むようになっている。それどころか、ギリシャのケースで示されたように、自らの金融政策手

段を用いて，露骨な圧力をかけるようになってきている．選挙で選ばれたわけではない中央銀行のテクノクラートがますます大きな権力を振い，その決定はユーロ圏諸国の国内経済はもとより，政治・社会状況にも重大な影響を及ぼすようになっている．にもかかわらず，ECBの説明責任や政策決定の透明性は決して十分ではない．

なるほど，ECBも，EU条約に基づいてヨーロッパ議会に説明責任を負っているものの，FRBのように議会で政策決定に関する重要な証言を行うわけでなく，また他の中央銀行に比べてもその説明責任は軽く，仮に通貨価値の安定という使命を果たせない場合でも，メンバーの交替等の罰則は適用されない[93]．そもそも，ヨーロッパ議会に対する説明責任というが，ヨーロッパ議会そのものが，より大きな権限を持ちつつあるとはいえ，ヨーロッパの民主主義的正当性を十分に代表する機関であるとは言い難い．ヨーロッパ議会にはユーロ圏に属さない国のメンバーも参加している．ECBの意思決定の透明性に関しても，ドイツ連邦銀行らの反対を押し切って，2015年1月より理事会開催の1カ月後に議事録を公表することが決定されたものの[94]，発言者の氏名までは明らかにされていない．同じく，ユーロ加盟国の増加に伴って理事会の構成員も増え，意思決定が難しくなったことを受けて，2015年1月よりECB理事会での投票制度の変更も行われた．総裁を筆頭とする常任理事6名は従来通り6票を有する一方，ユーロ圏各国中央銀行の投票権は，経済規模と金融部門の大きさにより2つのグループに分けられ，ドイツ，フランス，イタリア，スペイン，オランダの5カ国に4票，他の14カ国には11票が割り振られ，ローテーションにより投票が行われることになった[95]．ドイツが属するグループはローテーションの回転が速いとは言え，緩和派の筆頭格であるフランス，イタリア，スペインに対してドイツは少数派にとどまり，後者のグループでも緩和派が圧倒的多数を占める．何よりもECBの運営の実権を握っている常任理事会メンバー6名の中で，タカ派はドイツ連邦銀行出身で専務理事のラウテンシュレーガー唯1人で，イタリア出身のドラギ総裁，ポルトガル出身のコンスタンシオ副総裁，ECBのブレーンともいうべきクーレ専務理事はフランス出身となっている．かつてコーエンは，ECBはユーロ参加国の増加によっていずれ少数のインナー集団により支配されると予想していたが[96]，上記のECB理事

会のメンバー構成と投票システムは，ECB の意思決定ならびに権力の中心がどこにあるかを示している．その限りで，フランス，イタリアら緩和派が ECB の多数派を握ることでドイツを封じ込めるという，EMU に込められた戦略は，漸く実を結びつつあるといえるのかもしれない．しかし，ことはそれほど単純ではない．EMU のレジームそのものは依然ドイツそしてネオリベラルな志向が支配しているからである．

　実際，ECB の抱える問題や課題で，各国の国益や様々な社会的グループの利害が絡むことなく，中立もしくは純粋に技術的レベルで解決可能なものは1つもない．ボワイエによれば，「システミックな危機に際しては，マクロ経済的決定論は挫折し，本質的に政治的な選択がなされる．この政治的選択は，マクロ経済学者が特権化するような抽象空間で作用しない」[97]．ECB の独立性や金融政策の中立性など，およそ神話に過ぎない．ECB の金融政策の運営や銀行の監督・規制は，テクノクラートにより脱政治化された空間で行われているのではなくて，まさに濃厚な政治的，社会的空間の中で行われている．そこには，金融機関や金融市場，EU の政治・経済エリートの利害が深く絡んでいることはいうまでもない．

　要するに，ECB は危機を経て強大な権力を手にし，ますますその影響力を強める一方で，同行を民主主義的な管理の下に置き，その行動をチェックする仕組みの確立は極めて不十分なままとなっている．IMF や OECD が，今回の危機への対応で，危機の分析や対応の中で誤りがあったことを自ら認めているのとは対照的に[98]，常に尊大に振る舞ったトリシェ前総裁以来，ECB には自らの政策の失敗に関する内省的な考察はほとんど見られない．それどころか，ECB はますますユーロ圏各国の経済政策の運営に干渉し，各国政府に国民に不人気な改革を断行するよう迫るようになっている[99]．2015年3月18日 ECB 新本部ビル落成式には，フランクフルトの同ビル周辺で，ヨーロッパの政治・社会運動団体の集まりであるブロキュピイ（Blockupy）の主宰により，約2万5,000人が参加した ECB に対する大規模な抗議デモが繰り広げられた[100]．ECB は，EU の独裁や金融支配の象徴的存在となったといっても過言ではない．ECB は，危機を経てユーロ圏最強の機関にのし上がったものの，同時に様々な課題や困難，批判を抱えている．言い換えれば，ECB は強さと

同時に危うさも抱えている．ECB のこうした矛盾を孕んだ構造・性格が，同行の置かれた政治経済学的文脈と共に，今後の ECB の行動を規定することになるだろう．

注
1) Claeys, G. (2014), *The (not so) Unconventional Monetary Policy of the European Central Bank since 2008*, Directorate General for Internal Policies, Policy department A: Economic and scientific policy, European Parliament, June (http://www.bruegel.org/publications/publication-detail/publication/837-the-not-so-unconventional-monetary-policy-of-the-european-central-bank-since-2008/), p. 4.
2) *Ibid.*, pp. 6-13.
3) Official Journal of the European Union (2010), *Decision of the European Central Bank of 14 May 2010, establishing a securities markets programme, (ECB/2010/5)* (http://www.ecb.europa.eu/ecb/legal/pdf/l_12420100520en00080009.pdf?e0e193dbae13419ec1d5208de7cc65b9); Official Journal of the European Union (2009), *Decision of the European Central Bank of 2 July 2009 on the implementation of the covered bond purchase programme (ECB/2009/16)*, (http://www.ecb.europa.eu/ecb/legal/pdf/l_17520090704en00180019.pdf?d74bb43a6071db357e77cc2439415ebe).
4) *Spiegel Online*, 'Anleihekaeufe gegen Deflation, Draghi bricht das naechste Tabu', 3 April 2014 (http://www.spiegel.de/wirtschaft/niedrige-inflation-ezb-bereitet-sich-auf-anleihekaeufe-vor-a-962461.html).
5) Draghi, M. (2013), 'Questions and Answers at Press Conference', Frankfurt am Main, 6 June 2013 (http://www.ecb.europa.eu/press/pressconf/2013/html/is130606.en.html).
6) Ashoka, M. (2014), 'The ECB's Bridged Too Far', *Project Syndicate*, 11 February 2014 (http://www.project-syndicate.org/print/ashoka-mody-shows-why-the-ecb-s--outright-monetary-transactions--program-is-fundamentally-flawed).
7) Cœuré, B. (2014), 'Asset purchases as an instrument of monetary policy', Speech at the high-level conference on "Monetary Policy in the New Normal" organised by the IMF Washington D.C., 13 April 2014 (http://www.ecb.europa.eu/press/key/date/2014/html/sp140413.en.html).
8) Lagarde, C. (2014), 'The Road to Sustainable Global Growth—the Policy Agenda', School of Advanced International Studies, Washington, D.C., 2 April 2014 (https://www.imf.org/external/np/speeches/2014/040214.htm).
9) European Central Bank (2014), *Monthly Bulletin*, June, p. 69.
10) European Central Bank (2014), 'Press release, 5 June 2014 - Monetary Policy

Decisions' (http://www.ecb.europa.eu/press/pr/date/2014/html/pr140605.en.html).
11) TLTROs は，LTROs の返済によるバランスシートの縮小を相殺すべく，当初はユーロ圏の非金融民間部門への融資の総量の 7% に相当する約 4,000 億ユーロが，MROs の金利＋10 ベーシスポイントの固定スプレッドで貸出され，貸出純増額の 3 倍まで追加的な利用も可能となっている．貸出期間は，2016 年 6 月までを予定しているが，最大 2018 年 9 月まで延長可能となっている (European Central Bank (2014), 'Press release: 5 June 2014 - ECB announces monetary policy measures to enhance the functioning of the monetary policy transmission mechanism (http://www.ecb.europa.eu/press/pr/date/2014/html/pr140605_2.en.html)).
12) European Central Bank (2014), 'Press release, 4 September 2014 - Monetary policy decisions' (http://www.ecb.europa.eu/press/pr/date/2014/html/pr140904.en.html).
13) European Central Bank (2015), *Economic Bulletin*, Issue 2, p. 5.
14) Draghi, M. (2014), *Introductory statement to the press conference (with Q&A)*, Frankfurt am Main, 3 April 2014 (http://www.ecb.europa.eu/press/pressconf/2014/html/is140403.en.html).
15) *Spiegel Online*, 'Anleihekäufe gegen Deflation: Draghi bricht das nächste Tabu', 3 April 2014 (http://www.spiegel.de/wirtschaft/niedrige-inflation-ezb-bereitet-sich-auf-anleihekaeufe-vor-a-962461.html).
16) Claeys, G., Darvas, Z., Merler, S. and Wolff, G.B. (2014), 'Addressing weak inflation: the European Central Bank's shopping List', *Bruegel Policy Contribution*, Issue 2014/05, May, p. 15.
17) International Monetary Fund (2014), 'Euro Area Policies', *IMF Country Report* No. 14, 198, p. 11.
18) 2015 年 1 月よりリトアニア参加が 19 番目の加盟国としてユーロ圏に加わった．
19) Claeys, G., Darvas, Z., Merler, S. and Wolff, G.B. (2014), p. 15.
20) European Central Bank (2015), 'Account of the monetary policy meeting of the Governing Council of the European Central Bank, held in Frankfurt am Main on Wednesday and Thursday, 21-22 January 2015', 19 February 2015 (https://www.ecb.europa.eu/press/accounts/2015/html/mg150219.en.html), p. 14.
21) *Ibid.*, p. 14.
22) Claeys. G. (2014), p. 20.
23) *Ibid.*, p. 20.
24) European Central Bank (2015), 'Account of the monetary policy meeting of the Governing Council of the European Central Bank, held in Frankfurt am Main on Wednesday and Thursday, 21-22 January 2015', pp. 13-4.
25) European Central Bank and Bank of England (2014), 'The Impaired EU Securitization Market: Causes, Roadblocks and How to deal with them' (https://www.ecb.europa.eu/pub/pdf/other/ecb_boe_impaired_eu_securitisation_market

en.pdf）(2015/01/11), p. 1.
26) OECD (2015), *OECD Economic Survey France*, p. 23.; European Central Bank (2015), *Financial Stability Review*, May, p. 42.
27) スペイン，ポルトガル，ギリシャ，キプロスら南欧では，不動産購入と引き換えに長期滞在許可を与えることで，中国からをはじめ富裕層の呼び込みを図っているといわれる．International Monetary Fund (2014), 'SPAIN: Financial Sector Reform－Final Progress Reform', *IMF Country Report* No. 14/59, p. 28; European Central Bank (2015), *Financial Stability Review*, May, pp. 41-2.
28) http://www.ecb.europa.eu/press/pr/date/2014/html/pr140605_2.en.html (2015/01/08).
29) European Central Bank (2015), Asset Purchase Programmes (https://www.ecb.europa.eu/mopo/implement/omt/html/index.en.html)（2015/05/19）．
30) European Central Bank (2015), 'Account of the monetary policy meeting of the Governing Council of the European Central Bank, held in Frankfurt am Main on Wednesday and Thursday, 21-22 January 2015', p. 4.
31) *Reuter*，「デフレ回避の最善策はECBの国債買入れ＝イタリア中銀総裁」，12 January 2015 (http://jp.reuters.com/article/topNews/idJPKBN0KL02S20150112).
32) International Monetary Fund (2015), *Global Financial Stability Report*, April, p. 9.
33) *Reuter*，「コラム：ドラギ・マジック，欧州の緩和中毒を増幅へ＝田中理氏」，6 June 2014 (http://jp.reuters.com/article/jp_forum/idJPKBN0EH0P820140606).
34) *Bloomberg*, 'S&P Says Euro-Area Complacent as Draghi Warns on Deficits', 25 September 2014 (http://www.bloomberg.com/news/articles/2014-09-24/s-p-says-euro-area-complacent-as-draghi-warns-on-deficits).
35) Court of Justice of the European Union, Press Release, No 2/15, Luxembourg, 14 January 2015 (http://curia.europa.eu/jcms/upload/docs/application/pdf/2015-01/cp150002en.pdf).
36) Ashoka, M. (2014), 'Did the German Court do Europe a favour?', *Bruegel Working Paper*, 2014/09, p. 1.
37) European Central Bank (2015), 'Press Release, 22 January 2015 – ECB announces expanded asset purchase programme' (http://www.ecb.europa.eu/press/pr/date/2015/html/pr150122_1.en.html).
38) *Reuter*，「ECBが量的緩和決定，景気支援・デフレ回避へ１兆ユーロの支援策」，23 January 2014 (http://jp.reuters.com/article/topNews/idJPKBN0KV1E520150122).
39) European Central Bank (2015), *DECISION (EU) 2015/[XX]* OF THE EUROPEAN CENTRAL BANK of 4 March 2015 on a secondary markets public sector asset purchase programme* (http://www.ecb.europa.eu/ecb/legal/pdf/en_dec_ecb_2015_10_f_.sign.pdf).

40) Bank for International Settlements (2015), *BIS Quarterly Review*, March, p. 12.
41) *Ibid.*, pp. 7-8.
42) *Reuter*,「ECB 量的緩和：予想ほど効果的でない可能性も－市場関係者」, 23 January 2015 (http://www.bloomberg.co.jp/news/123-NILMWR6S972U01.html).
43) *Reuter*,「UPDATE 2-ECB, QE 購入証券の貸出制度導入　運用は各中銀に一定の裁量」, 3 April, 2015 (http://jp.reuters.com/article/marketsNews/idJPL3N0WZ4CL20150403).
44) *The Wall Street Journal*,「ECB 量的緩和,「極めて効果的」＝仏中銀総裁」, 21 April 2015 (http://jp.wsj.com/articles/SB11350573174384774502804580593110215786780).
45) *Reuter*,「焦点：ECB 量的緩和に「成功し過ぎ」リスク, 独バブルに現実味」, 16 March, 2015 (http://jp.reuters.com/article/topNews/idJPKBN0MC0EH20150316).
46) Bank for International Settlements (2015), *BIS Quarterly Review*, March, pp. 2-3.
47) Committee on the Global Financial System (2014), 'Market-making and propriety trading: industry trends, drivers and policy implication', *CGFS Papers*, No. 52, pp. 1-2.
48) 住宅ローンの場合, 銀行が融資した顧客に対してローン元本から差し引く形で金利を支払っているといわれる (*The Wall Street Journal*,「マイナス金利の副作用－欧州銀, 借り手に利払いも」, 14 April 2015 (http://jp.wsj.com/articles/SB12553795185919473670004580579370200626444)).
49) International Monetary Fund (2015), *Global Financial Stability Report*, April, p. 9.
50) *Bloomberg*, 'Alan Howard Says 'Crazy' to Hold Bonds With Negative Yields', 28 April 2015 (http://www.bloomberg.com/news/articles/2015-04-27/brevan-s-howard-says-crazy-to-hold-bonds-with-negative-yields).
51) *The Wall Street Journal*,「欧州国債, 量的緩和前の相場水準に逆戻り」, 8 May 2015 (http://jp.wsj.com/articles/SB10164193758919163512104580627323665673594).
52) Banerjee, R., Kearns, J., Lombardi, M. (2015), '(Why) Is investment weak?', *BIS Quarterly Review*, March, pp. 67-77.
53) European Central Bank (2015), *Financial Stability Review*, May, p. 5.
54) 加藤出 (2015),「『通貨安競争』の行き着く先」,『日本経済新聞』(経済教室：マイナス金利出現の意味〈下〉), 2015 年 5 月 28 日朝刊紙面.
55) Draghi, M. (2014), 'Financial Integration and Banking Union', Speech at the conference for the 20th anniversary of the establishment of the European Monetary Institute, Brussels, 17, February (http://www.ecb.europa.eu/press/key/date/2014/html/sp140212.en.html), pp. 2-3.
56) *Ibid.*, p. 3.

57) Constâncio, V. (2014), 'Banking Union and European Integration', Speech at the OeNB Economics Conference, Vienna, 12 May 2014.
58) Constâncio, V. (2014), 'Reflections on financial integration and stability', Speech at the Joint ECB-EC Conference on Financial integration and Stability in a New Financial Architecture, Frankfurt, 28 April. 2014; Cœuré, B. (2014), *Completing the single market in capital*, Speech, ICMC Capital Market Lecture Series 2014, Paris, 19 May 2014.
59) Coeuré, B. (2015), *What is the Goal of the Capital Markets Union?*, ILF conference, Frankfurt am Main, 18 March (https://www.ecb.europa.eu/press/key/date/2015/html/sp150318_1.en.pdf).
60) de Santis, R.A. & Surico, P. (2013), 'Bank Lending and Monetary Transmission in the Euro Area', *ECB Working Paper Series*, No. 1568/July (http://www.ecb.europa.eu/pub/pdf/scpwps/ecbwp1568.pdf).
61) *Ibid.*, p. 25.
62) *Ibid.*, p. 2.
63) *Ibid.*, p. 25.
64) *Ibid.*, p. 2.
65) *Ibid.*, p. 25.
66) European Commission (2015), *Green Paper, Building a Capital Markets Union*, SWD (2015) 13 final, Brussels, 18.2. 2015 COM (2015) 63final (http://eur-lex.europa.eu/legal-content/EN/TXT/PDF/?uri=COM:2015:63:FIN&from=EN).
67) European Central Bank (2015), *Financial Integration in Europe 2015*, p. 26.
68) European Central Bank (2009), *Financial Integration in Europe*, April, pp. 10-11.
69) European Central Bank and Bank of England (2014), 'The case for a better functioning securitization market in the European Union', *A Discussion Paper*, May (https://www.ecb.europa.eu/pub/pdf/other/ecb-boe_case_better_functioning_securitisation_marketen.pdf), p. 3.
70) European Central Bank (2015), *Financial Stability Review*, May, p. 13.
71) Nixon, S. (2014), 'The Riddle of Europe's Capital Markets Union, Europe File: Who Really Know What the EU's Latest Buzz is All About?', *The Wall Street Journal*, Oct. 5.
72) *Ibid*.
73) Dixon, H. (2014), 'Capital idea', *Breakingviews*, 21 July 2014 (http://www.breakingviews.com/hugo-dixon-what-is-eu-capital-markets-union?/21156455.article) (2015/01/12).
74) Cohen, B.J. (2007), 'Enlargement and the International Role of the Euro', in Roy, J. and Gomis-Porqueras, P. (ed.), *The Euro and the Dollar in a Globalized Economy*, Ashgate, p. 113.
75) リチャード・クー (2013), 『バランスシート不況下の世界経済』徳間書店.

第6章　ECB

76) Cœuré, B. (2014), *Asset purchases as an instrument of monetary policy*, Speech at the high-level conference on "Monetary Policy in the New Normal" organised by the IMF Washington D.C., 13 April 2014 (http://www.ecb.europa.eu/press/key/date/2014/html/sp140413.en.htm).
77) *Ibid.*, p. 2.
78) *Ibid.*, p. 3.
79) de Santis, R.A. & Surico, P. (2013). 銀行貸出や金融政策のトランスミッションの相違は, 実物経済構造の相違を反映している可能性を示唆している (p. 15). また, Teppa, F., et al. (2014), 'Household saving behavior and credit constraints in the Euro area', *Deutsche Bundesbank Discussion Paper*, No. 16/2014 によれば, 家計の貯蓄や流動性制約の相違がユーロ圏における金融政策のトランスミッションに影響を与えている (p. 14).
80) Boyer, R. (2011), 266頁. なお, ユーロ危機に関するボワイエの優れた分析として以下も参照. Boyer, R. (2013), *Overcoming the Institutional Mismatch of the Euro-Zone−Undetected by conventional economics, Favoured by nationally focused politics, Fuelled and then revealed by global finance*. (山田鋭夫・植村博恭訳『ユーロ危機−欧州統合の歴史と政策』藤原書店, 2013年).
81) Ashoka, M. (2014), 'Did the German Court do Europe a favour?', *Bruegel Working Paper*, 2014/09, p. 4.
82) *The Wall Street Journal*, 「FRBのゼロ金利政策は格差助長＝スティグリッツ氏」, 5 June 2015 (http://jp.wsj.com/articles/SB11098407163782254164904581028874144587468).
83) *Reuter*, 「ECB量的緩和：予想ほど効果的でない可能性も−市場関係者」, 23 January 2015 (http://www.bloomberg.co.jp/news/123-NILMWR6S972U01.html).
84) Mckinsey Global Institute (2013), *QE and ultra-low interest rates: Distributional effects and risks*, November, p. 13.
85) *Ibid.*, p. 3.
86) International Monetary Fund (2015), *Global Financial Stability Report*, April, p. 23.
87) Deutsche Bundesbank (2013), *Financial Stability Review*, pp. 50-53.
88) European Central Bank (2015), *Financial Stability Review*, May, p. 13.
89) *Financial Times*, 'Draghi says 'get used to' bond volatility', 3 June 2015 (http://www.ft.com/intl/cms/s/0/6735194c-09c2-11e5-b6bd-00144feabdc0.html#axzz3c9AUqQgJ).
90) Claeys G. and Darvas, Z. (2015), 'The Financial Stability Risks of Ultra-Loose Monetary Policy', *Bruegel Policy Contribution*, March, p. 14.
91) *Reuter*, 「コラム：2つの役割で引き裂かれるECB, ギリシャめぐり鮮明に」, 23 March 2015 (http://jp.reuters.com/article/usPresidentialElections/idJPKBN0MN0XJ20150327).
92) Deutsche Bundesbank (2014), *Financial Stability Review 2014*, p. 71.

93) Claeys G., Hallerberg, M., Tschekassin, O. (2014), 'European Central Bank Accountability: How the monetary dialogue could evolve', *Bruegel Policy Contribute*, Issue 2014/04.
94) European Central Bank (2015), *Monetary Policy Accounts 2015* (https://www.ecb.europa.eu/press/accounts/2015/html/index.en.html).
95) European Central Bank (2015), *Frequently Asked Questions on the rotation of voting rights in the Governing Council* (https://www.ecb.europa.eu/ecb/orga/decisions/govc/html/faqvotingrights.en.html).
96) Cohen, B.J. (2007), p. 108.
97) Boyer, R. (2011), 364 頁.
98) 例えば，OECD は，2007 年から 2012 年にかけてユーロ圏の経済成長率を過大評価し，危機を過小評価したことを認めていた（OECD (2014), 'OECD Forecasts during and after the financial crisis: A Post Mortem', OECD Economics Department, *Policy Note*, no. 23, p. 3 (http://www.oecd.org/eco/outlook/OECD-Forecast-post-mortem-policy-note.pdf).
99) *Financial Times*, 'Draghi and Fischer reject claim central banks are too politicized', 23 May 2015 (http://www.ft.com/intl/cms/s/0/6b70bcec-016a-11e5-ab01-00144feabdc0.html#axzz3b14tjFGo).
100) Blockupy-Resistance in the heart of the European Crisis Regime, 'Blockupy will continue',22 March 2015 (https://blockupy.org/en/5930/blockupy-will-continue/).

第7章
ユーロ危機とヨーロッパ統合の行方
―More Europe は危機の解決となりうるか―

　ユーロ危機の行方は依然不透明で，予測が極めて困難な状況となっている．果たして今回の危機は，最終的に克服され，ヨーロッパ統合のさらなる深化や発展につながるのであろうか．

　危機を通じて鮮明となりつつあるのは，ネオリベラルな構造改革路線へのシフトである．それはEMUの原点への回帰といってもよい．ギリシャを典型に，救済と引き換えにトロイカによって課されることになった厳しい緊縮政策や構造改革，競い合いレジームの再強化による市場統合戦略の完遂，FTAや民営化の推進を柱とするEUの成長戦略に，それは端的に現れている．なかでも，労働市場と福祉・社会保障分野が構造改革の最大のターゲットとなっている．単一ヨーロッパの理想が，ネオリベラルな構造改革路線と一体化し，危機によってより強大な権限や権力を手に入れたEU当局は，危機こそがヨーロッパ統合を深化させるとばかりに，More Europe の道を突き進もうとしている．ヨーロッパ統合推進の美名の下に強制される厳しい構造改革を通じて，加盟国は，連帯を追求するどころか，むしろ厳しい競争・対立関係に置かれている．にもかかわらず，構造改革の推進は，決して容易ではない．ネオリベラルな構造改革は，貧困や格差の拡大を生み，ユーロ圏の抱える最も深刻な経済問題である若年層の失業問題は，ほとんど解決の見込みが立っていない．EUの多くの国々で，政治・社会不安を背景にナショナリズムや排外主義，反EUや反イスラムを掲げる勢力が台頭している．対外的にも，ウクライナ問題をきっかけにロシアとの緊張が増大し，混乱の続く中東・北アフリカからは大量の難民が押し寄せている．3度生じたギリシャ危機による混乱がさらに追い討ちをかけ，危機で露呈した深刻な対立や混乱を前に，恒久平和の追求というEUの理想も

今や色褪せて見える．

　こうした状況でなおかつ追求される More Europe 路線とは，いったい何であろうか．いったいそれは，誰のための統合であろうか．そのような統合は，如何にして政治的，民主主義的に正当化されうるのであろうか．最終章では，ユーロ危機を経てさらに強化されようとしているネオリベラルな競い合いレジームと EU の目指す More Europe 路線が孕む問題点について考察し，併せてユーロ危機とヨーロッパ統合の展望を占う．

1. 危機脱却のための成長戦略

1.1　市場統合戦略の完遂

　EU は，2010 年 3 月危機の最中に次の 10 年の成長戦略として，スマートで持続可能，かつ包含的（inclusive）な成長の 3 つの目標の達成を謳った「ヨーロッパ 2020」を打ち出した[1]．スマートな成長に関しては，イノベーションの推進や投資水準の引き上げ，教育改革，デジタル社会への対応，持続可能な成長に関しては，気候変動・温暖化への対応やエネルギー・輸送効率の改善，グローバル化に対応した産業政策による競争力の強化，包含的な成長に関しては，労働力移動の促進やスキル・アップ，就労率の引き上げを通じた労働市場改革の推進，そして貧困や社会的排除への対策からなっていた．それぞれの項目については，具体的な数値目標も掲げられていた（表 7-1）．これらの改革実行の責任は加盟国の政府にあり，改革の進捗状況は毎年半期毎にヨーロピアン・セメスターを通じてヨーロッパ委員会によって監視され，委員会は自身の分析・評価と加盟国から提出される予算・改革案を踏まえて各国別の勧告案を作成し，理事会の承認を経て勧告がなされることになった．「ヨーロッパ 2020」は，失敗に終わったリスボン戦略に比べて，より焦点が明確で拘束的とされ[2]，環境分野をはじめ様々な分野で野心的な目標が掲げられているものの，その戦略の中心は，自由化や規制緩和を通じた市場統合特にサービス市場の統合と労働市場改革にあった．EU 当局の認識によれば，ユーロ危機の根本的な原因は，EMU の最初の 10 年間にユーロ圏の実物経済の収斂（real convergence）の達成に失敗したことにあり，その最大の原因が，財・サービス・労働市場の統合

表 7-1 ヨーロッパ 2020 の目標と 2012 年時点での達成状況

	2012年の状況	2020年の目標	単位
就労率	68.5	75	20歳～64歳人口の%
R&D への対 GDP 比支出	2.06	3	GDP の%
温室効果ガス削減	83.0[1]	80	1990年指数＝100
最終エネルギー消費における再生可能エネルギーの割合	13.0[1]	20	%
一次エネルギー消費	1 583[1]	1 474	石油100万トン相当
教育と訓練からの早期離脱者	12.8	10	18歳～24歳人口の%
大学教育修了者	35.8	40	30歳～34歳人口の%
貧困のリスクにある人々	123	96	100万人

注：1. 2011年の数字
出所：OECD (2014), *OECD Economic Surveys European Union*, p. 23.

が不完全なままに留まっていることにあるとされた[3]．サービス市場の統合の必要性は，以前から指摘されていたが，その重要性が高まっているにもかかわらず，サービス分野は市場統合が最も進んでいない分野の1つとされ，デジタル・ネットワーク産業やビジネス・リテール・専門サービス分野における規制緩和と参入障壁の撤廃，それによる競争の促進を通じて統合を進める必要性が強調されていた[4]．言い換えれば，競い合いレジームの再強化を通じた市場統合戦略の完遂により真の経済統合（genuine Economic Integration）を実現することによって，経済成長の促進と実物経済の収斂を達成し，最終的な危機の克服を図る，これが EU の成長戦略の中心的な狙いであった．

EU が域外の有力な国々や地域と現在精力的に進めている FTA も，同じ成長戦略の延長上にある．危機によってヨーロッパ域内の貿易や投資が停滞し，今後も長期にわたる低迷が予想される中で，グローバル志向のヨーロッパ企業にとって，アメリカやアジアなど，将来性があり高い成長の見込める市場に参入を図ることがますます重要となっている．EU は既に200以上の FTA を締結し，アメリカや日本，中国とも2020年までに FTA の締結が見込まれ，関税の引き下げ，サービス供給アクセスの改善，知的財産権保護，公共調達の開放，非関税障壁の除去，競争法や環境規制の調和，FDI の流入等で，EU に大きな利益をもたらすことが期待されている[5]．輸出の振興に関しては，ヨーロッパ委員会から，財の輸出を増やすために，現在ヨーロッパ経済の16%を占

める製造業部門のシェアを，2020年までに20%に引き上げる計画も出されている[6]．その背景には，自動車や機械を中心とする製造業部門の高い国際競争力によって支えられたドイツ経済の強さが危機を通じて際立つようになったことや，ヨーロッパでも依然R&D投資の60%以上を占め，典型的な知識・技術集約部門である製造業の生む高い付加価値と強い国際競争力，関連産業部門（サービス部門を含む）への大きな波及効果，そして何よりも良質の雇用創出への強い期待がある[7]．周知のように，中国を筆頭とする新興国の高い経済成長も製造業の輸出に支えられ，脱産業化の進んだアメリカでも危機以降再工業化（reindustrialization）への動きが活発となっている[8]．それゆえ，EUとしても，製造業の再強化を通じて，グローバル・サプライ・チェーンへの積極的な食い込みや輸出の振興を図ろうという狙いがある．

同じく，財政再建の一環や産業リストラの観点から，民営化にも大きな関心が向けられている．ヨーロッパでは，1980年代以降イギリスのサッチャー政権の下で進められた規制緩和路線や，その影響を受けた市場統合戦略の下で民営化が進んだものの，依然公共セクターが大きなウェイトを占め，形の上では民間企業であっても中央政府や地方政府が大きな持分（shareholding）を所有しているケースも多い．しかし，深刻な危機の中で，財政再建や経営効率改善の観点から，南欧諸国を中心に民営化が構造改革の重要な柱として浮上している[9]．

財政赤字の削減に苦しむフランスでは，1990年代末から2000年代初めにかけての時期に，フランス・テレコムやエールフランスといった主要企業の部分的民営化（政府持分の売却）が行われ，財政赤字の削減にも貢献したものの，フランス政府は，2011年末で依然従業員78万人を要する1,500社近くの企業の支配的株主となっている．オランド政権は，政府保有株式の積極的な管理に傾きつつあるが，歳入捻出のための売却というより，経済政策目標に見合ったポートフォリオの見直しの一環であり，戦略的保有と見なす分については売却を望まず，影響力を保持する意向ともいわれる[10]．さらに，オランド政権は，2014年に制定した，長期保有株主を優遇し1株に2票の議決権を認めるいわゆる「フロランジュ法」[11]の規定を利用して，大株主であるエールフランスやルノーに対する支配権を強めている[12]．イタリアも，フランスほどではないも

のの，中央政府がイタリア企業の株式を保有しており，特に鉄道や郵便は完全国有となっている．よって，レンツィ政権の下で両部門を中心に，今後部分的なそれを含めた民営化が進められる公算が高い．地方自治体が所有している水道・ガスといった公益事業や不動産，さらには歴史遺産も民営化の対象と見られている[13]．スペインでも，90年代にユーロ参加のための財政再建策の一環として，エネルギーや電気通信部門を中心に精力的な民営化が進められたものの，郵便や鉄道，航空部門で依然大きな民営化の余地があると見られている．地方政府に所有されている公営病院の民営化も検討に上がっている[14]．ギリシャでも，ユーロ導入以前，政府部門改革のためにエネルギーや電気通信部門で部分的な民営化が行われたものの，政府は依然多くの企業の株式を保有しており，鉄道と郵便は完全国有化のままとなっている．ギリシャ政府は，歴史遺産をはじめ多くの不動産も所有しているといわれる[15]．しかし，これらの国々では危機後の民営化は未だ緒に就いたばかりで，後述のように政治的，社会的障害もあって順調に進んでいるとは言い難い．

これとは対照的に，危機に見舞われた国々の中で最も民営化に積極的な姿勢を見せているのがポルトガルである．危機でトロイカの救済を仰ぐことになったポルトガルでは，民営化が経済再建プログラムで中心的役割を演じている．ポルトガル政府は，民営化を歳入の捻出だけでなく，経営効率の改善や政府の干渉を減らすための手段として捉え，郵便や鉄道，航空，エネルギー分野を中心に精力的に民営化を推し進めている[16]．もっとも，政府の精力的な民営化努力にかかわらず，ポルトガルの財政赤字は4％を超え，政府債務も依然増加を続けている．そのため，ポルトガル政府は，新たに法人税や所得税の引下げにより外国から直接投資を誘致する方針を打ち出している[17]．アイルランドや，多国籍企業に対する特別優遇税制の適用を認めた秘密協定が発覚したルクセンブルク，オランダなどと同様，タックス・ヘブンを売り物に外資の誘致を図ろうとするもので，EU内の税をめぐる競争に拍車を掛けることは間違いない．

要するに，EUの成長戦略は，域内においては，自由化や規制緩和，民営化を推し進めることで競争原理をより徹底させ，市場統合戦略の完遂を目指す一方，域外国との間では，FTAの締結を通じて貿易・直接投資の拡大を図るこ

とにある．何のことはない．EU は危機を経てなお危機の発生以前にとっていたのと同様のネオリベラルな戦略を再び追求しようとしている．

1.2　構造改革の最大の標的としての労働市場

　ユーロ危機がもたらした最大の惨事は，未曾有の高失業にある．南欧の若年層を中心に，2015 年 5 月時点で，ユーロ圏で 1,770 万，EU 全体では 2,300 万人を超える失業者が存在する．失業率は，ギリシャの 25.6% を筆頭に，ユーロ圏平均で 11.1%，EU 平均で 9.6% となっている（図 7-1）．25 歳以下の若年層の失業率に関しては，ギリシャの 49.7%，スペインの 49.3%，イタリアの 41.5% を筆頭に，ユーロ圏平均で 22.1%，EU 平均で 20.6% となっており[18]，ピーク時に比べて僅かに低下したに過ぎない．深刻な雇用問題の克服なしに，ユーロ危機の最終的な解決はありえないといっても過言ではない．

　雇用問題への取り組みに関しては，「ヨーロッパ 2020」でも，リスボン戦略同様，雇用政策のガイドラインとしてフレキシキュリティに引き続き重点が置かれている．そして「ヨーロッパ 2020」でも，労使対話の重要性や積極的労働市場政策への言及はあるものの，重点は明らかに弾力性の方に置かれている．「ヨーロッパ 2020」では，「労働市場を近代化（modernise）」するという表現が使われているが，それが実際に意味しているのは弾力化に近く，雇用政策の重点は，ヨーロッパの労働諸制度の「近代化」と，職種や産業，地域間での労働力移動の促進に置かれている[19]．

　もっとも，努力目標の宣言であり，総花的な政策を並べ立てたに過ぎない「ヨーロッパ 2020」に比べ，IMF や OECD の方が労働市場の「弾力化」の意味するところについて率直に語っている．彼らによれば，危機以降南欧諸国を中心に多くの国々で労働市場の改革が進展しているものの，依然として極めて不十分で，非効率で硬直的な労働市場の諸制度が雇用の創出や競争力の改善を阻んでいる．名目為替レートが固定され，内的減価によってしか実効為替レートの引き下げができないユーロ圏にあって，それは害になるという[20]．その際彼らがユーロ圏における今後の労働市場改革の最大のターゲットと見なしているのが，雇用保護規制の緩和と集団的賃金交渉制度の見直しである．

　前者に関しては，現行の正規雇用労働者に対する，賃金・労働時間の規制や

図 7-1 のデータ（EU 諸国における失業率、2015 年 5 月；季節調整済み；%）：

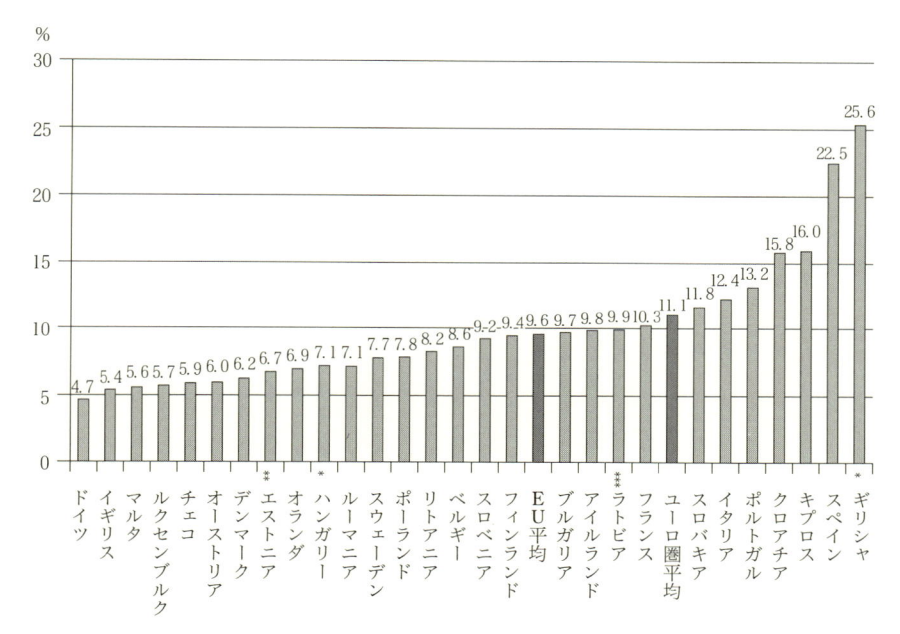

ドイツ 4.7、イギリス 5.4、マルタ 5.6、ルクセンブルク 5.7、チェコ 5.9、オーストリア 6.0、デンマーク 6.2、エストニア 6.7、オランダ 6.9、ハンガリー 7.1、スウェーデン 7.7、ルーマニア 7.7、ポーランド 7.8、リトアニア 8.2、ベルギー 8.6、スロベニア 9.2、フィンランド 9.4、EU 平均 9.6、ブルガリア 9.7、アイルランド 9.8、ラトビア 9.9、フランス 10.3、ユーロ圏平均 11.1、スロバキア 11.8、イタリア 12.4、ポルトガル 13.2、クロアチア 15.8、キプロス 16.0、スペイン 22.5、ギリシャ 25.6

出所：Eurostat (2015), *Unemployment Statistics*, (http://ec.europa.eu/eurostat/statistics-explained/index.php/File:Unemployment_rates,_seasonally_adjusted,_May_2015.png).

図 7-1　EU 諸国における失業率（2015 年 5 月；季節調整済み；%）

解雇の制限といった厳格な保護が，一方で使用者の雇用意欲を損なうことによって雇用の改善を阻み，他方で若年層や女性を非正規雇用に追いやり労働市場の分断を生んでいるとされ[21]，その典型的な事例として，スペインとイタリアのケースが挙げられている．スペインのケースでは，正規労働者の厳格な保護が，賃金の硬直性や企業内配置転換の困難，労働人口の 3 割にも上る非正規雇用，そして高失業を生む元凶となっている[22]．同じく，イタリアのケースでも，正規雇用労働者の過剰な保護が，正規・非正規間やジェンダー間および地域間における労働市場の分断や，労働生産性を反映しない賃金設定，その結果としての労働生産性の停滞および労働生産性を上回る賃金上昇を招く原因になっている[23]．従って，問題の解決のためには，正規雇用労働者に対する厳格な雇用保護規制の緩和，具体的には，解雇・レイオフの条件の緩和（その中には退職金の減額や，解雇の法的手続きに関連した不透明さやコストの引き上げも含ま

れる）が必要で，それによって使用者の雇用意欲が高まり，雇用の拡大が見込める．同時に，若年層や女性の正規雇用が拡大することで，労働市場の分断や移動性の低さが改善され，労働者の間の不平等も少なくなる[24]．労働生産性の停滞ゆえに競争力の低下に苦しむイタリアのようなケースでは，厳格な雇用保護規制の緩和は，最も生産的な部門への労働の再配置を促すことにより，労働生産性の上昇を通じた競争力の回復にもつながるとされる[25]．

　他方，後者に関しては，産業別の集団的な賃金交渉方式が，厳格な雇用保護とも併せて，労使交渉において労働者側を優位に立たせ，労働生産性を上回る賃金要求の実現を可能にし，その結果インフレや競争力の悪化，経常収支不均衡の増大を招く原因になっているという[26]．それゆえ，経営者側にとって都合の良い，景気動向や経営環境の変化に準じたより弾力的な賃金交渉方式への移行，具体的には，集団的賃金交渉の一時的停止や集団交渉結果の適用除外を認める開放条項のより広範な利用，残業・休日労働を含む労働時間の弾力化，賃金の格差付けや業績給の導入，賃金を物価と連動させる賃金スライド制の廃止，企業レベルでの賃金交渉の拡大等が求められている[27]．集団的な賃金交渉方式の見直しに関しては，かつてIMFやOECDは，産業別ないし産業横断的な集団的賃金交渉方式を，雇用創出を妨げるヨーロッパの労働市場の硬直性の最たるものとして厳しく批判し，企業レベルでの「弾力的な」賃金交渉への移行を強く主張していた[28]．しかし，ドイツやオランダ，オーストリア，北欧諸国における産業別ないし産業横断的な集団的賃金交渉方式が，皮肉にも，むしろ賃金抑制や競争力の改善，雇用の安定に繋がっている事実が明らかとなると，その矛盾に関する説得力のある説明なしに，集団的賃金交渉方式と彼らが理想とする「弾力的な」賃金交渉の中間に位置する，南欧諸国における賃金交渉方式を問題視するようになっている[29]．とはいえ，彼らの狙いが企業レベルでの弾力的な賃金交渉方式への移行を促すことにあることは間違いない．集団的賃金交渉方式の弾力化は，危機以降トロイカの圧力の下で既にギリシャやスペインで進行しているが，さらなる弾力化が求められている[30]．同じく，賃金コストが既に大幅に引き下げられたポルトガルでも，解雇手当の引下げと並んで，より経済条件に見合った集団的賃金交渉方式への移行が，次なる改革課題として挙げられている[31]．

無論，EU 当局が進めようとしている労働市場改革は，雇用保護規制の緩和や集団的賃金交渉方式の見直しだけに留まらない．「寛大過ぎる」失業給付の削減，高齢労働者の就労率の引き上げを狙った早期退職制度の廃止，給付開始年齢の引き上げや給付水準の引き下げを主たる内容とする年金制度改革，企業の雇用意欲を高めるための社会保険料の引き下げ等，狭義の労働市場政策から広義のそれにいたるまで多くの分野で改革が検討され，既に一部は実行に移されている．ヨーロッパの労働市場の「弾力化」は，1980 年代以来 EU の政策当局者，IMF，OECD，新古典派経済学者らの悲願であったが，未曾有の危機と高失業によって労働組合や労働者の抵抗が弱まった今が絶好のチャンスとばかりに，労働市場のさらなる弾力化が構造改革の最大のターゲットにされている．労働市場の弾力化要求は，危機に陥った国々は勿論のこと，すべての EU 諸国に対して向けられ，ユーロ圏における労働市場改革成功のモデルとされたドイツですら例外ではない[32]．労働市場改革に関しては，教育や職業訓練など労働市場に関係する諸制度の調和を通じて職種間や産業間，地域間さらには加盟国間で労働力移動の促進を図り，ユーロ圏ないし EU レベルでの労働市場のさらなる統合や労働力の最適分配の実現も課題に掲げられている[33]．労働市場改革においても，単一ヨーロッパの理想とネオリベラルな構造改革路線とが見事に一体化しているといえよう．

2. ネオリベラルな成長戦略の問題性

2.1 反省なき自由化・規制緩和路線の追求

「ヨーロッパ2020」は，域内市場統合戦略やリスボン戦略など，これまでの EU の統合戦略を基本的に踏襲している．リスボン戦略は失敗に終わったが，それはユーロ危機のせいによるものではなく，むしろリスボン戦略の失敗自体がユーロ危機の原因——少なくともその一因——であった．経済統合の要とされる域内市場統合戦略に至っては，既に 20 年にもわたって続けられているにもかかわらず，未だに単一市場は実現されず，市場統合に託された期待が満たされているとは言い難い．そうであるならば，何故リスボン戦略が失敗に終わったのか，また何故域内市場統合戦略が期待されたような成果を挙げられない

でいるのか，その原因や理由について，本来十分な分析や検討があって然るべきであった[34]．にもかかわらず，EU 当局は，失敗に終わったリスボン戦略や，未だ十分な成果を挙げているとは言い難い域内市場統合戦略をほとんどそのまま踏襲する形で，「ヨーロッパ 2020」を打ち出し[35]，「より強固で深く，拡張された単一市場が成長と雇用創出の鍵」[36]であるとして，ネオリベラルな構造改革路線を推し進めようとしている．

しかも，その際の方法はといえば，ヨーロピアン・セメスターの導入によりヨーロッパ委員会の介入はより強まったとはいえ，基本的には，自己責任と自助努力によって加盟国をお互いに競わせる OMC を踏襲する一方目標に関しては，リスボン戦略で掲げたそれをさらに拡張し，就労率（75％）をはじめより野心的な目標を掲げている（表 7-1）．しかし，委員会はそのような戦略や目標を掲げる一方で，報告書の中では，加盟国およびその国民の間に統合疲れ（integration fatigue）や単一市場に対する幻滅の兆候が広がっており，先行きの困難さも認めていた[37]．

「ヨーロッパ 2020」が打ち出されてから既に 5 年が経ち，計画期間の半ばに差し掛かった．けれども，ユーロ圏および EU 経済の現状が物語るように，改革が順調に進んでいるとは言い難い．OECD によれば，いくつかの国々ではあまりにも改革が遅すぎ，同時に危機のせいもあって，ほとんどの国々で目標達成に後れをとっている[38]．なるほど，危機発生直後の 2011 年から 2012 年にかけては，トロイカや金融市場の圧力もあって GIIPS 諸国を中心に大きく改革が進んだ．しかし，2013 年以降はイタリアを筆頭に息切れが顕著となっている（図 7-2）．

サービス分野の統合の推進は，「ヨーロッパ 2020」の成長戦略の最も重要な柱の 1 つであった．にもかかわらず，サービス分野の統合は進むどころか，むしろいくつかの国々では後退さえしている（図 7-3）．サービス部門の労働生産性への貢献も，スウェーデンなど一部の国を除き極めて低いままとなっている（図 7-4）．そもそも 2009 年に発効した，単一サービス市場の創設とその下でのクロスボーダーのサービス提供の自由を定めた EU サービス指令（いわゆるボルケシュタイン指令）は，多くの加盟国でソーシャル・ダンピングを引き起こしかねないと激しい批判を浴びることになった．大幅な修正を経て漸く採

第7章 ユーロ危機とヨーロッパ統合の行方　　303

反応度（2013〜2014年）

[図：散布図。縦軸：反応度（2013〜2014年）、横軸：反応度（2011〜2012年）。各国（オランダ、スロベニア、ベルギー、ドイツ、ルクセンブルク、フランス、フィンランド、EU、スロバキア、オーストリア、イタリア、スペイン、ポルトガル、エストニア、アイルランド、ギリシャ）のプロット。OECD平均線あり。]

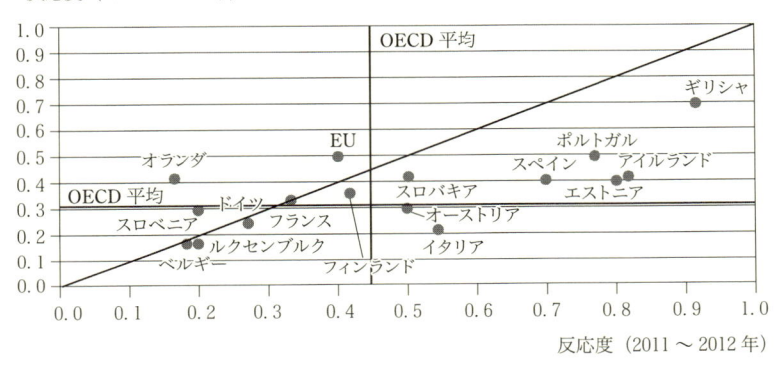

出所：OECD (2015), *Economic Policy Reform 2015: Going for Growth*, p. 20

図 7-2　ユーロ圏諸国の改革反応度の変化（2011-12年と2013-14年）

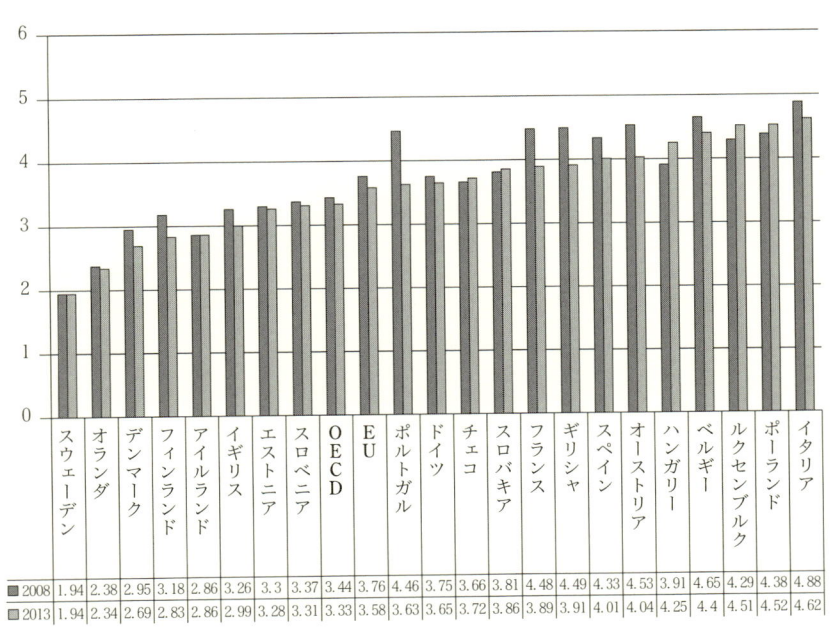

	スウェーデン	オランダ	デンマーク	フィンランド	アイルランド	イギリス	エストニア	スロベニア	OECD	EU	ポルトガル	ドイツ	チェコ	スロバキア	フランス	ギリシャ	スペイン	オーストリア	ハンガリー	ベルギー	ルクセンブルク	ポーランド	イタリア
2008	1.94	2.38	2.95	3.18	2.86	3.26	3.3	3.37	3.44	3.76	4.46	3.75	3.66	3.81	4.48	4.49	4.33	4.53	3.91	4.65	4.29	4.38	4.88
2013	1.94	2.34	2.69	2.83	2.86	2.99	3.28	3.31	3.33	3.58	3.63	3.65	3.72	3.86	3.89	3.91	4.01	4.04	4.25	4.4	4.51	4.52	4.62

出所：OECD (2014), *OECD ECONOMIC SURVEYS: EUROPEAN UNION*, p. 36. より作成.
12 http://dx.doi.org/10.1787/888933010204

図 7-3　2008年から2013年にかけてのサービス分野における障壁の変化

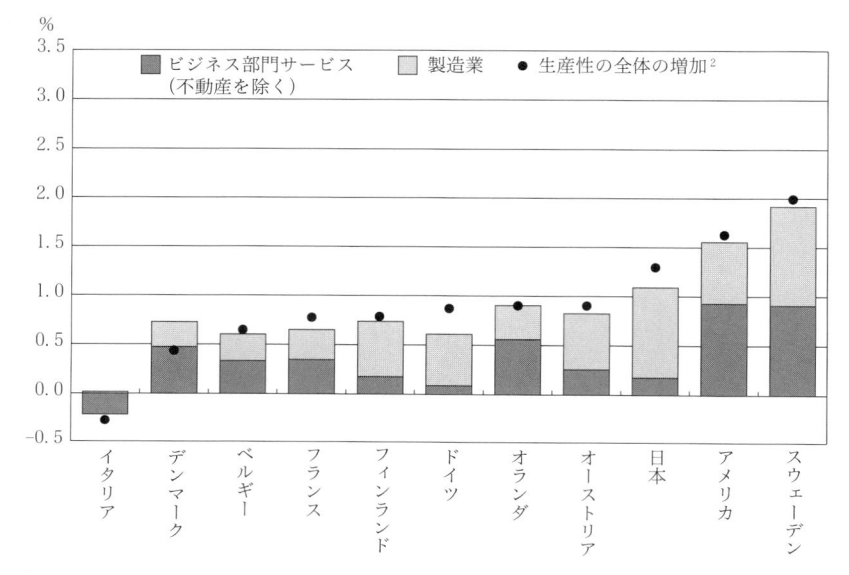

注：1. アメリカについて，2001年から2010年まで，日本については，2001年から2008年までの数字．
2. 労働生産性は，従事者1人当たり実質価値で測られる．
出所：OECD (2015), *Economic Policy Reform 2015: Going for Growth*, p. 60. より作成．

図7-4 主要国におけるサービス部門の労働生産性への貢献
(年平均成長率 2001-2011年[1])

択されたが，その指令すら完全には実施されていない．しかも，同サービス指令は，電気通信やエネルギー，輸送，郵便，金融，水道，公共調達といった分野をカバーしてはいない．既に10年以上も前からサービス市場の統合の必要性が叫ばれていたにもかかわらず，危機を経てもなおその歩みは鈍い[39]．域内市場統合戦略の開始以来既に20年を過ぎているにもかかわらず，未だにEUには単一市場は存在せず，EU各国で規制され統合の進まないサービス分野のGDPに占める割合が増大しているために，域内市場は相対的に縮小さえしている[40]．EU当局が戦略的分野と位置づけるヨーロッパのデジタル・ネットワーク分野でも，グーグルやフェイスブック，アップルといったアメリカ企業の攻勢が目立ち，EU側は，劣勢を跳ね返そうと意識してか，これらの企業を狙い撃ちにしてやたらとEU競争法違反で提訴する動きが目立つ．他方，財の分

野でも，現在ヨーロッパ市場では非常に活発なクロスボーダーの M&A が行われているものの，主役はヨーロッパの企業ではなく，アメリカやアジアの企業であり，景気低迷の続くヨーロッパで，化学やその他製造業，公益事業，電力，エネルギーといった特に重工業部門において，M&A を通じたクロスボーダーの再編の主要な担い手となっている[41]．ドイツのジーメンスではなくアメリカの GE との提携を選んだフランス・アルストムのように，再編によって EU 企業連合が形成されるとは限らない．同時に，そのことは，それ自体が自己目的化してしまっている観のある，規則や法律，制度の（完全な）調和を通じて競争・再編を促そうとする域内市場統合戦略が，はたして本当に有効な成長戦略でありうるのかどうかについて，根本的な問いを突きつけているといっても過言ではない．特にサービス分野の自由化に対して，なぜ多くの加盟国が依然として消極的であるのか，その理由を十分分析・理解せず，ただ保護主義と自由化の遅れを批判するだけで状況が改善しうるのか，甚だ疑問であるといえよう．

　EU は，成長戦略の一環として再工業化を掲げ，2020 年までに製造業のウェイトを現行の 16% から 20% にまで引き上げ，製品輸出の拡大を通じて経済成長と雇用の増加を促そうとしている．特に危機に喘ぐ南欧諸国の問題点として，グローバル・サプライ・チェーンから外れ，世界経済の成長や貿易拡大の恩恵に与れないことが挙げられ，これらの国々でも付加価値が高く雇用吸収力もある製造業のウェイトが高まれば，輸出の拡大を通じて経済成長や雇用の増加が促されるとの期待が持たれている[42]．しかし，それは決して南欧諸国だけの問題ではない．東ヨーロッパの国々を例外として，EU のほとんどの国がこの間製造業のウェイトを趨勢的に低下させてきた．EU の製造業で働く労働者のうちハイテク部門の労働者が占める割合は，2012 年現在で僅か 6.9% に過ぎない（中テク部門は 27.9%，ローテク部門は 36.6%）[43]．西欧諸国で製造業のウェイトが EU の目指す 20% を超えているのは，アイルランド（23.3%）とドイツ（22.4%）の 2 国しかなく，経済の低迷に苦しむフランス，イタリアでは，製造業の占めるウェイトは，それぞれ 10%，15.6% に過ぎない．両国共にこの 10 年余りの間に 5% 前後もウェイトを低下させてきた[44]．

　EU の多くの国々がこのように厳しい状況に置かれている中で，西欧ではほ

とんど唯一ドイツだけが，危機を経てもなお製造業部門の雇用を減らさず維持している．ドイツの製造業の国際競争力の強さは，特に機械エンジニアリングと自動車で際立っており，それぞれ62.4%，64%と高い輸出比率を誇っている（2012年現在）．ドイツの製造業の強さは，価格要因だけでなく，高度の技術とイノベーション能力，それらを支える高い組織効率や安定した労使関係，部品など関連産業との緊密な結びつき，安定した内部資金や銀行との緊密な関係など，ドイツ固有の要因と深く結びついている[45]．これに対して，フランスでは，食品，金属，化学，イタリアでは，金属，機械エンジニアリング，食品，繊維・衣料が製造業の中心で，これらの産業でもイノベーションのポテンシャルは増大しているものの，ドイツの製造業の中心である機械エンジニアリングや自動車に比べて，イノベーションの余地ははるかに劣る．両国でも今回の危機によってプジョーやフィアットなど自動車産業の苦境が話題となったが，自動車産業はフランスでは4.5%，イタリアでは3.7%を占めるに過ぎない[46]．イタリアを除く南欧諸国の状況はさらに厳しい．再工業化を通じたグローバル・サプライ・チェーンへの食い込みというが，ギリシャでは製造業のウェイトは9.7%に過ぎず，危機以前よりさらに低下している．また，南欧の製造業の中核は，ギリシャ，スペイン，ポルトガル共に食品となっている．南欧諸国では，経常収支の不均衡が是正されつつあるが，輸出の増加というよりも，緊縮政策による内需の抑制や投資の低さによるもので，そうでなくとも貿易財部門は小さくて生産性も低く，FDIも限定的で，危機後も非貿易財部門から貿易財部門への資源が移動している証拠はほとんどない[47]．技術革新やイノベーションの促進に関して，「ヨーロッパ2020」は，リスボン戦略同様，対GDP比3%のR&D支出を目標に掲げている．しかし，危機によって民間の投資は低迷し，厳しい緊縮政策によって公的部門におけるR&D投資ですら削られている．そのような状況で，OMCを通じていくら改革を競わせたところで，産業構造の違いやイノベーション能力の大きな格差を所与とすれば，再工業化のモデルとされるドイツに他のEU諸国がキャッチ・アップできるはずがない．OMCの限界は，既にリスボン戦略の失敗によって明らかとなっている．EU経済の現状を見る限り，再工業化戦略はあまりに非現実的であり，実現は不可能と見られている[48]．

そのような状況で，2014年11月ヨーロッパ委員会は，ヨーロッパ戦略投資基金構想を公表した[49]．ヨーロッパ戦略投資基金構想は，危機によって民間投資が激減し，年間約3,700億ユーロの投資ギャップが生じ，デフレ懸念が深刻化している中で，EU予算とEIB（European Investment Bank）から210億ユーロを拠出して基金を作り，これをベースにレバレッジを用い，各国政府や年金基金・生命保険等からも資金を集めて，総額3,150億ユーロを3年間で支出する計画となっている．ヨーロッパ戦略投資基金は，ヨーロッパ経済の低迷が深刻となっているにもかかわらず，財政政策による景気対策が打てない中で，公的保証を呼び水に民間投資を喚起しようとする苦肉の策であり，委員会が社会インフラや中小企業支援を対象とした投資プロジェクトを選定し，EUがリスクを負い官民合同で投資を行うことになっている．しかし，計画の詳細は不明で，量的緩和や証券化再生の試みと同様，金融を梃子に民間のリスクテークを煽ることで経済成長の促進につなげようとする意図がありありと窺える[50]．

2.2 難航するFTAと民営化

FTAも，輸出や投資の促進という点で，EUにとって重要な成長戦略の一環をなしている．特に今回の危機によってヨーロッパ市場がおそらく今後も長期にわたって低迷を抜け出せないと予想される中で，EUは，グローバルな市場，特にアメリカ・アジア市場との連携に活路を見出そうとしており，リベラルな通商政策をより強化し，アメリカそして日本との間でもFTA締結交渉を進めている[51]．ヨーロッパの多国籍企業がそれを後押ししていることは言うまでもない[52]．

なかでもEUが最も期待を寄せているのは，TTIP（Transatlantic Trade and Investment Partnership：環大西洋貿易投資連携協定）に他ならない．EUにとって，戦略的重心を徐々に太平洋へと移行させつつあるアメリカとの間での包括的な経済関係の強化は，90年代以来の悲願であった．にもかかわらず，米国諜報機関によるヨーロッパ各国首脳に対する盗聴・スパイ活動が発覚したことなどもあって，TTIP締結交渉は難航している．EU各国の議会に反対があるだけでなく，ヨーロッパ議会の多数派もTTIPに反対していると伝えられている[53]．ビッグ・ビジネスによるロビーイングを通じて秘密裏に進められ

ている交渉に対しては，かねてから透明性や公正性を欠くとの厳しい批判がある[54]．加えて，投資家保護に著しい重点が置かれ，NAFTA におけるカナダがそうであったように，EU 各国の法律を蔑ろにして米国企業の利益が優先されるかもしれないことへの強い警戒感もある[55]．また，TTIP の締結は，確かに EU とアメリカの間の貿易の拡大にはつながるものの，他方で，EU 域内の貿易を縮小させ，貿易転換効果が顕著となるとの分析もある[56]．既に述べたように，EU 諸国の産業構造は極めて多様で，イノベーション能力やグローバル・サプライ・チェーンへの組み込まれ方の度合いは国毎に大きく異なる．ドイツは，イノベーション能力に優れ，強い国際競争力を持ち，ドイツ企業はグローバル・サプライ・チェーンの主要な担い手でもある．他方，南欧諸国の場合，イノベーション能力に劣り，グローバル・サプライ・チェーンから外れ，国際競争力も低い．その点では，むしろ南欧諸国よりも後から EU に加盟した中東欧諸国の方が，ドイツ経済との結びつきも強く，グローバル・サプライ・チェーンにもうまく組み込まれている．そのような構造上の相違や能力格差を所与とすれば，FTA の締結は，EU 各国に非対称的な影響を与え，格差や分断を拡大しかねない．成長を促すはずの FTA が，むしろ EU ないしユーロ圏経済の一体性を損ないかねないとすれば，大いなる皮肉といわざるを得ない．

また，FTA の締結によって相手国市場への輸出や企業進出がより容易になる反面，相手国から EU 域内への輸出や進出も容易になる．生産性が低く EU 域内で統合が遅れているサービス市場の場合には，アメリカ企業を中心とする域外企業の方が強い競争優位を持ち，TTIP をいわばトロイの木馬として本格参入を図り，EU 市場を支配するのではないかとの懸念が EU サイドに広がっている[57]．2014 年 11 月 27 日にヨーロッパ議会は，既にヨーロッパでも独占的地位を占めつつあるグーグルを念頭において，検索エンジンを商業ビジネスから切り離す検討をヨーロッパ委員会に要求する決議案を採択した[58]．同決議に拘束力はないが，デジタル・ネットワーク産業は EU にとっても死活的に重要な分野であり，かつアメリカに対して劣勢に立たされているだけに，当該分野における交渉も難航が予想される．EU は，日本との間でも FTA 締結交渉を行っているものの，交渉の行方は未だ不透明であり，仮に FTA が締結されたとしても，はたしてそれが EU 経済のバランスの取れた成長につながるのかど

うか，不確かなままとなっている．

さらに，スウェーデンのストックホルム国際平和研究所によれば，EU諸国はアメリカ，ロシアに次ぐ世界有数の武器輸出国となっている．以前はフランスがEU最大の武器輸出国であったが，2005年以降ドイツがフランスを抜いて世界第3位の武器輸出国となり，4位の中国を挟んで，5位にフランス，6位にイギリス，7位にスペイン，イタリアと，EU諸国がトップ10のうちの半分を占めている．主な輸出先は，アメリカや中東（アラブ首長国連邦，イスラエル，サウジアラビア，カタール），インド，中国，北アフリカとなっており，ギリシャなどEU域内の国々も含まれる[59]．EUは，恒久平和や民主主義，人権擁護を理想に掲げ，ドイツ国内でも国民の約3分の2が武器輸出に反対しているといわれる[60]．にもかかわらず，軍事費削減に苦しむEUの軍需産業は武器輸出を拡大させ，紛争地域における軍事的緊張や対立を煽る役割を演じている．政府も敢えてそれを止めようとはしないどころか，むしろ不況打開のために積極的な売込みを図っている．産業界の利益を優先し軍需産業の生き残りのためなら，統合の理念や平和主義を蔑ろにしても構わないというのであろうか．

民営化についても，財政再建や経営効率改善の一環として期待が持たれているものの，ポルトガルを例外として，ソブリン危機に見舞われた国々でも民営化の議論は盛り上がってはいない[61]．というのも，公共サービスや雇用，社会的安定を目的とした公共部門の民営化や，国民の財産とも言うべき公有財産の処分・私有化に対しては，国民の強い抵抗があるからである[62]．加えて，民営化に伴い当該部門の買収が外国企業によって行なわれる場合，特にそれが当該国にとって雇用や戦略上重要な産業である場合には，買収は政治問題にもなりかねない[63]．ギリシャでも，トロイカによって財政赤字を改善しギリシャ経済を抜本的に改革する切り札として民営化が打ち出され，政府も野心的な目標を掲げていた．にもかかわらず，深刻な経済の低迷や国民の反発，さらにはギリシャが将来的にユーロに留まれるかどうかについての投資家の不安等もあり，民営化はほとんど計画通り進展していない（図7-5）[64]．民営化やクロスボーダーのM&Aが成功するか否かは，それが及ぼす政治的，社会的影響にも懸かっている．にもかかわらず，ヨーロッパ委員会は，単にそれが消費者に損害を与えるか否かの極めて狭い基準に基づいて可否を判断するのみで，それらが

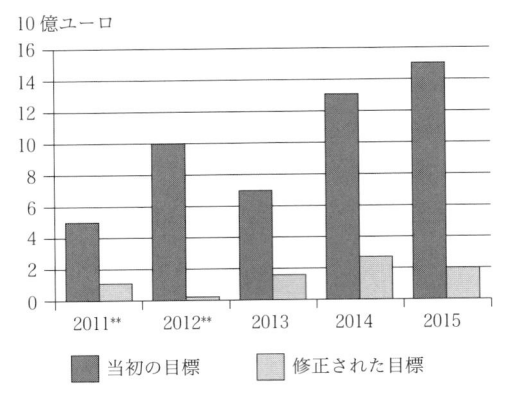

注： *：2013年7月半ば時点での目標
　　**：実際に実行された手続き
出所：Deutsche Bank Research (2013), 'Privatisation in the Euro area: Differing attitudes towards public assets', *Research Briefing European Integration*, August 20. p.9.

図7-5　ギリシャにおける民営化：目標*と実態の著しい乖離

与える政治的・社会的影響をほとんど考慮していない．ギリシャでは，ユーロ離脱をめぐる混乱によって政府や民間の事業が滞り，外国からの投資が失速した[65]．域内市場におけるクロスボーダーの再編やサービス市場の統合と同様，民営化が当局の思惑通り進むのかどうか，現状は極めて不透明であるといわざるを得ない．

2.3　「弾力的な労働市場」の神話

既に述べたように，構造改革の最大のターゲットは労働市場改革にあり，労働市場の「弾力化」を通じた労働コストの引き下げと労働力の移動性の引き上げが課題とされる．

労働市場の「弾力化」に関しては，名目為替レートの変更による調整の可能性が断たれた通貨同盟にあっては，内的減価を通じた労働コストの引き下げのみが競争力回復の手段とされ，労働コストの引き下げを阻む厳格な雇用保護法制や集団的な賃金交渉方式の見直しが進められようとしている．しかし，それによって，競争力が改善し，輸出の拡大や雇用の改善につながるといえるのであろうか．

IMFは，EUにおけるそうした労働市場改革の成功例として，ドイツのケースを挙げている[66]．しかし，ドイツの競争力の改善は，既に見たように，機械エンジニアリングや自動車産業を中核とする産業構造，高い製品の質やイノベーション能力，協調的な労使関係など，ドイツ固有の歴史や制度，経済・産業構造によって支えられたものであって，競争力の改善は決して単なる労働コストの引き下げによってもたらされたわけではない．IMFの賞賛するシュレ

ーダー政権下のドイツの労働市場改革は，ドイツの基幹産業における技能の高い中核労働者ではなく，専ら労働市場の限界層が対象であった．なるほど，シュレーダー政権下の労働市場改革は，「弾力化」を通じて就労率の引き上げには成功したものの，広範な不安定就業層を生み，格差を拡大させたとの厳しい批判がある[67]．ドイツ平等総連合（Der Paritätische Gesamtverband）の分析報告書によれば，労働市場政策における表面的な成功は，ドイツにおける低賃金の不安定雇用の増大によってもたらされたものであり，労働市場の「アメリカ化」すなわち「ワーキング・プア」現象によって実現されているとされる[68]．シュレーダー政権下のネオリベラルな労働市場改革は，結局労働組合をはじめとする支持層の社会民主党からの離反を招き，その後の選挙での敗北・退陣につながった．また，産業別集団的賃金交渉方式や厳格な雇用保護，相対的に寛大な失業給付制度を維持するドイツの労働市場は，ユーロ圏はもとより，OECD諸国の中でも最も「硬直的」である（図7-6）．にもかかわらず，ドイツは高い競争力を有している．IMFは，危機発生以降の労働市場の対照的なパフォーマンス（ドイツの労働市場の堅調と南欧諸国における惨状）を，労働市場や産業構造の相違，労使関係の違いを無視して，単に危機以前の労働市場改革のあるなしに帰着させているが[69]，「硬直的」な労働市場が高い競争力と雇用を生むこの逆説をいったいどのように説明するのであろうか．

　確かに，ギリシャやポルトガル，スペイン，アイルランドでは，相対労働コストが大きく低下し（図7-7），経常収支不均衡も是正されている．しかし，経常収支不均衡の是正は，厳しい緊縮政策に伴う内需の減少によるものであり[70]，それが競争力の改善の結果と見なせるかどうかは疑わしい．ユーロ圏諸国の経常収支と価格競争力の間には，限られた相関関係しかないとの見方もある[71]．イノベーション能力の向上など，継続的な競争力の改善につながるような抜本的な構造改革を伴わなければ，単に一時的に労働コストを引き下げたところで，中長期的な成長や経常収支不均衡の是正にはつながらない．他方で，賃金の上昇を労働生産性の上昇以下に抑え込むことで輸出の増加を図ろうとする戦略は，厳しい緊縮政策と共に国内需要を押し下げ，そのことがまさに景気低迷に拍車を掛けている．それは近隣窮乏化策にほかならない．不況下でユーロ圏各国の政府債務や民間債務も増大している．景気低迷は，緊縮政策となら

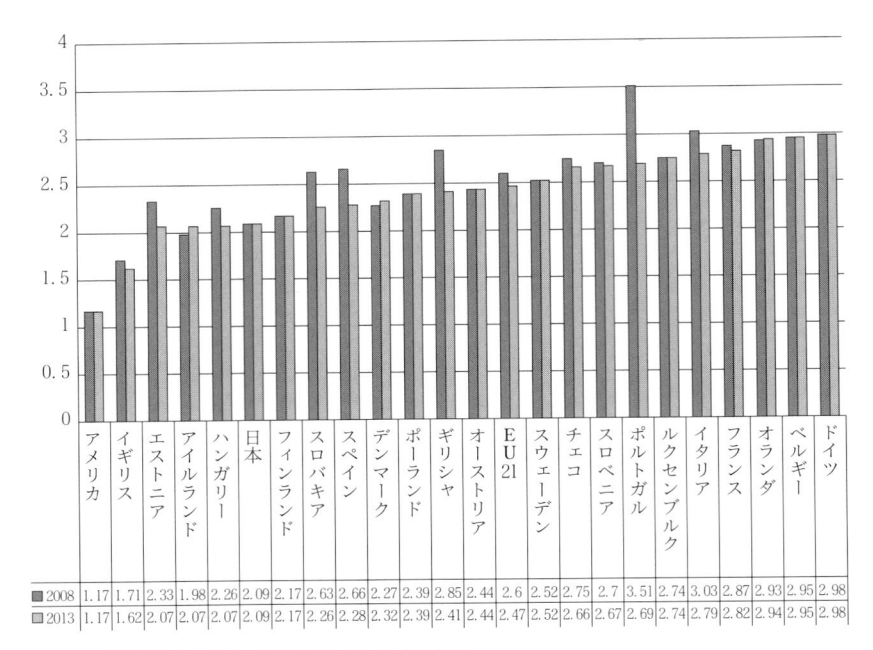

	アメリカ	イギリス	エストニア	アイルランド	ハンガリー	日本	フィンランド	スロバキア	スペイン	デンマーク	ポーランド	ギリシャ	オーストリア	EU21	スウェーデン	チェコ	スロベニア	ポルトガル	ルクセンブルク	イタリア	フランス	オランダ	ベルギー	ドイツ
2008	1.17	1.71	2.33	1.98	2.26	2.09	2.17	2.63	2.66	2.27	2.39	2.85	2.44	2.6	2.52	2.75	2.7	3.51	2.74	3.03	2.87	2.93	2.95	2.98
2013	1.17	1.62	2.07	2.07	2.07	2.09	2.17	2.26	2.28	2.32	2.39	2.41	2.44	2.47	2.52	2.66	2.67	2.69	2.74	2.79	2.82	2.94	2.95	2.98

注：1. 正規労働者の個人及び集団解雇に対する保護.
出所：OECD (2014), *OECD ECONOMIC SURVEYS: EUROPEAN UNION*, p. 34. より作成.
http://dx.doi.org/10.1787/888933010166

図 7-6 2008 年から 2013 年にかけての雇用保護[1]の変化
指数目盛（0（最も規制が少ない）から 6（最も規制が厳しい））

ぶ，労働市場の「弾力化」を通じた労働コストの引き下げや雇用条件の悪化の必然的な帰結であって，ユーロ圏全域で需要を抑え込んでおいて，どうして経済成長や雇用の拡大が実現できるのであろうか．ユーロ圏における需要喚起の必要性は，今や IMF でさえ認めている（図 7-8）．にもかかわらず，一向に積極的な行動がとられないために，需要の喚起はユーロ圏ないし EU 域外のアメリカをはじめとする世界経済の成長や，ECB の金融緩和による資産価格の押し上げに頼らざるを得ない状況となっている．

何よりも最悪の状況にある若年層の雇用に関しては，労働市場の「弾力化」や移動性の増大にもかかわらず，ほとんど改善の兆しが見られない．EU 当局も，若年層の雇用の問題が単に労働市場の「硬直性」によるものではなくて，

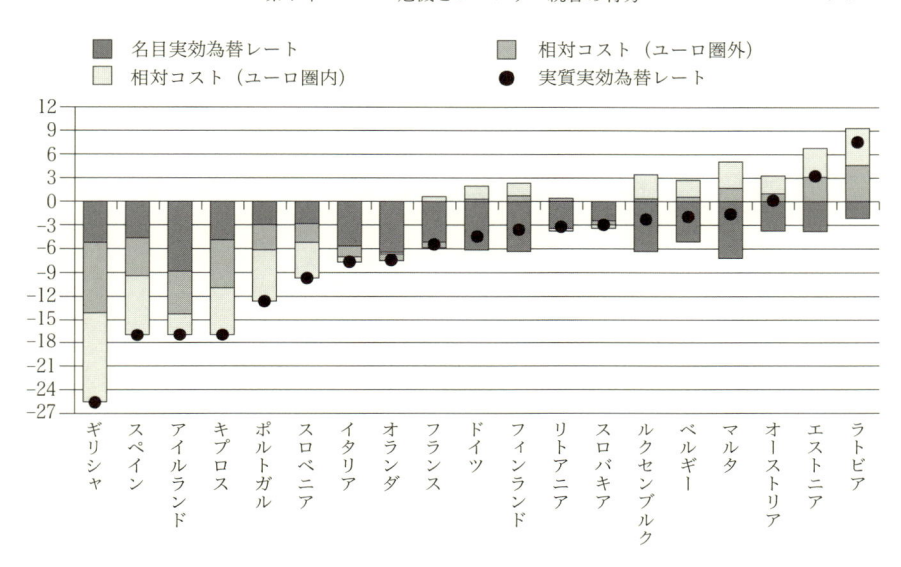

第7章　ユーロ危機とヨーロッパ統合の行方　　313

凡例：
- 名目実効為替レート
- 相対コスト（ユーロ圏内）
- 相対コスト（ユーロ圏外）
- 実質実効為替レート

国（左から右）：ギリシャ、スペイン、アイルランド、キプロス、ポルトガル、スロベニア、イタリア、オランダ、フランス、ドイツ、フィンランド、リトアニア、スロバキア、ルクセンブルク、ベルギー、マルタ、オーストリア、エストニア、ラトビア

注：実質実効為替レートは，単位労働コストによってデフレートされ，下落は実質減価，すなわち競争力の改善に一致する．
出所：European Central Bank (2015), *Financial Stability Review*, May, p. 15.

図 7-7　ユーロ圏における相対物価とコストの改善

漸く技能や教育・職業訓練のあり方などに関連した問題であることを認識しつつある．EU当局は若年層の雇用支援のために総額60億ユーロの「若年雇用パッケージ」を打ち出し，特に職業訓練に力を入れ，ドイツやオーストリア，北欧で成功している見習い制度（apprenticeship）を若年層の高失業に苦しむ南欧諸国や中東欧諸国に移植しようと試みている[72]．しかし，ドイツやオーストリア，北欧諸国における見習い制度や職業訓練制度の成功は，それらの国々で歴史的に形成されてきた，協調的な労使関係や経営者団体と労働組合との間の相互信頼関係，長期的視点に立った教育・人材育成制度，産業構造や企業組織等によって支えられてきたものであって，そのような制度をそう簡単に移植できるものではない．そもそも，そうした政策は，労働市場の「弾力化」を目指すネオリベラルな労働市場改革路線とは相容れない．そうである限り，南欧諸国の若年層の雇用問題の解決は容易ではないだろう．

ネオリベラルな労働市場改革は，フランスとイタリアでは大きな抵抗に遭遇

需要喚起の必要性（経常収支と産出ギャップ）

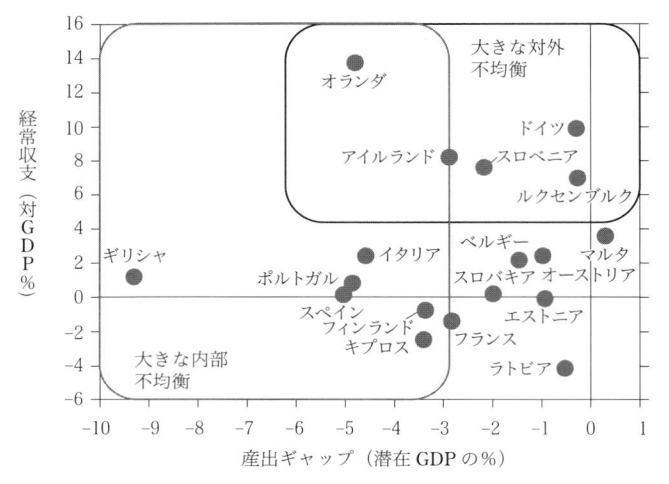

出所：IMF (2015), *Fiscal Monitor*, April, p.7.

図 7-8　ユーロ圏における需要不足と経常収支不均衡

している．両国の労働コストは危機後もさほど低下しておらず，そのことが競争力の低下を招く原因になっていると批判されている[73]．しかし，フランスやイタリアはユーロ圏の大国であり，政治，社会構造および EU との関係は，ネオリベラルな労働市場改革を受け入れざるを得なかった EU の周辺諸国とは大きく異なる．ネオリベラルな労働市場改革を強行しようとすれば，国民の反政府ないし反 EU 感情を掻き立て，政治的，社会的混乱や対立に拍車をかけることにもなりかねない．

　そもそも，労働市場の「弾力化」は，はたして雇用問題の解決や競争力改善の切り札になりうるのだろうか．OECD や IMF の経済学者が理想とし，EU の政策当局者も羨む，世界で最も弾力的な労働市場を持つアメリカでさえ，今回の危機の影響を免れ得なかった．危機によって多くの人々が労働市場から脱落し，アメリカの就労率は危機以前の 66％ から 62％ 代へ低下した．2012 年以降失業率は改善に向かっているものの，危機によって低下した就労率には目立った改善が見られず，2015 年 6 月段階でも 62.6％ と 1978 年の不況時以来の最低水準に留まっている[74]．さらに，就業者の賃金水準も危機以前に比べて大

きく低下し，格差が広がっている．世界で最も弾力的とされるアメリカの労働市場でさえこの有様である．他方，ユーロ圏および EU の場合，危機によってもアメリカほど就労率は低下せず，2013 年以降回復傾向にあり，2014 年第 1 四半期時点で，ユーロ圏の就労率は 67.5%，EU 28 カ国のそれが 68.6% と，アメリカよりも高い[75]．皮肉なことに，就労率に関しては，「硬直的」とされるユーロ圏や EU の労働市場の方が，全体としては良好なパフォーマンスを示している（図 7-9）．しかし，就労率の上昇は，専ら 55 歳以上の高齢の労働者の就労率の上昇であり，家計の困窮や年金制度の改革により已むなく就労を余儀なくされた可能性が高い．これに対して，若年層の就労率は一貫して低下し，特に危機によって若年層が最も大きな打撃を受けたギリシャやスペインは，就労率が著しく低下した．2014 年第 1 四半期の段階で，EU 加盟国の 4 分の 3 で就労率が 2008 年の水準を下回ったままとなっている[76]．2013 年以降増加している雇用も半分以上が一時雇用やパートタイム雇用で，その多くが本来は正規のフルタイム雇用を望みながらも妥協せざるを得なかった不本意就労者と見られ，EU の掲げる良質の雇用の創出とは程遠い状況にある．「ヨーロッパ 2020」の掲げる 75% の就労率ターゲットのクリアは既に困難となりつつある[77]．

　労働市場改革に関するもう 1 つの大きな柱は，労働力の移動性の促進である．「ヨーロッパ 2020」では，労働力の移動性を高め，労働力が職や産業，地域さらには国境を越えてより自由に移動できるようになることで，特に若年層の深刻な失業や労働市場のミスマッチが解消され，ユーロ圏ないし EU レベルで最適な労働力の配分が可能になるという[78]．しかし，最適通貨圏に関する議論でも確認されているように，ユーロ圏ないし EU における労働力の移動性は低い．特にユーロ圏における労働力の移動性は，国境を越えるそれはもとより，国内や職種間の移動であっても高いとは言い難い．ノウシオスとツォラキスによれば，「ヨーロッパ 2020」は，あたかもヨーロッパの労働者に完全な移動性があるか，彼らが新しい職を見つける上で必要な再訓練や新たな技能の獲得に常に準備万端で備えているかのように想定しているが，現実には産業部門や職種毎に異なった固有の技術や技能が要求され，特に危機の際には移動が決して容易ではないことを考慮していないと厳しく批判している[79]．ヨーロッパの労働市場の弾力化を主張する IMF でさえ，経済効率の観点からは望ましいものの，

A 総就労人口のうちの各々サブグループの動向
(2008年第2四半期以降の変化（%）)

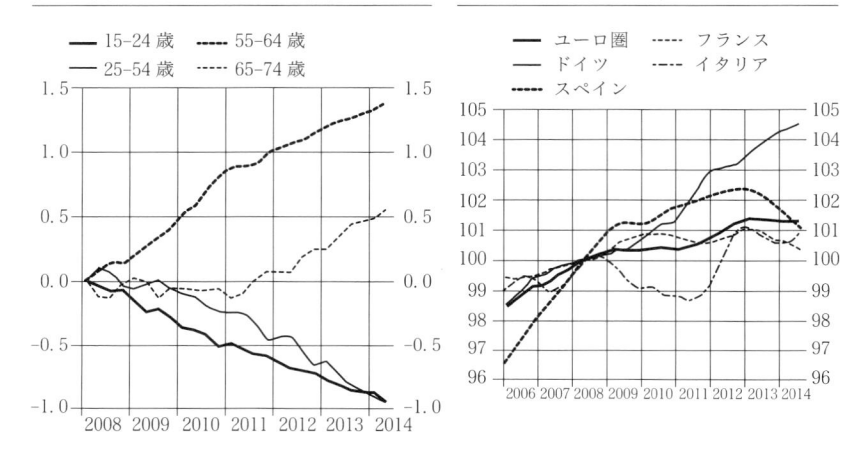

B ユーロ圏と4大国の就労率
(15歳〜74歳；四半期移動平均；指数：2008年第2四半期=100)

出所：European Central Bank (2015), *Economic Bulletin*, Issue 1, p. 24 p. 25.

図7-9　ユーロ圏の労働市場の参加率（就労率）

非貿易財部門から貿易財部門への労働力の移動は容易ではないことを認めている[80]．要するに，労働者の技能と労働力の需要との間にミスマッチがある限り，いくら移動性を促進したところで不均衡は解消されない．ましてや，国境を越える労働力の移動は容易なことではない．南欧諸国における若年層の高失業は，まさにそのことを物語っている．

確かに，危機の結果としてユーロ圏内ないしEU域内における労働力の移動性は高まる傾向にある．なかでもドイツは2013年にEU最大の労働力の受入国となった．しかし，ドイツに流入する労働者は，ポーランドをはじめとする中東欧諸国からが多く，高失業に喘ぐ南欧諸国から流入する労働者の数は，危機以降増加傾向にあるとはいえ，依然限られている[81]．また，ドイツに流入する労働者の多くは，高い学歴や技能を有する技術者や専門的職業人であり[82]，自国で職に就けなかったわけではなく，より良い職を求めて移動したのであって，元々彼らは高い移動性を備えている．他方で，自国でも職を見つけるのが困難な低学歴や低技能の単純労働者の場合，国境を越えて移動したところで，

良質な職を見つけることは極めて困難であり，結局低賃金で劣悪な労働環境に甘んじるか，自国に舞い戻るしかない．南欧諸国の場合，イタリアやスペインがそうであるように，国内の地域間においてさえ労働力の移動性は低い．ましてやユーロ圏や EU レベルではなおさらのことである．いずれにしても，労働力の移動は，南欧諸国における特に若年層の高失業を緩和する上で，限られた役割しか演じておらず，近い将来ユーロ圏の不均衡の是正につながるような規模で労働力の移動が生じる可能性はほとんどないと見られている[83]．

さらに，仮に労働力の移動が増えるにしても，送り出し国にとっては国の将来を担う有為な人材の流出（頭脳流出）につながりかねず，そうであれば将来の成長基盤を揺るがしかねない．今回のギリシャ危機では，既に 10 万人を超える高い技能を持つ若者が自国の将来に見切りをつけてドイツをはじめ国外に脱出したといわれる[84]．他方，受入れ国は，高学歴や高技能の労働者の流入により恩恵を受ける一方で，これら高学歴・高技能層だけでなく単純労働者や難民をも含む大量の移民の流入は，既に政治的，社会的緊張を増大させ，様々な軋轢を生んでいる．フランスでは，移民の排斥を掲げる国民戦線が急速に支持を増やし，イギリスでは，同じく反 EU，反移民の世論の高まりの中で，キャメロン首相が移民流入の制限を EU 残留の条件に掲げ，交渉に臨もうとしている．EU の中でこれまで最も移民に寛容で，社会的統合に努力してきたスウェーデンでさえ，移民排斥を掲げる党が急速に支持を伸ばしている[85]．自由な人の移動を掲げる EU の理想は確かに素晴らしい．しかし，EU レベルでのセーフティネットを欠き，加盟国間における経済格差や所得格差，社会保障制度等の相違をそのままに，ネオリベラルな労働市場改革を通じて労働力の移動を促進しようとすれば，より大きな災厄を招くことにもなりかねない．人の自由移動という EU の理想の追求が，国民感情を刺激し，移民排斥や反 EU 運動を煽ることになるとすれば，極めて皮肉なことといわざるを得ない．

3. ユーロと EU 統合の行方

3.1 超国家的な統合の正当性に対する疑念
統合推進派によれば，ユーロ危機の根本的な原因は，単一の超国家的通貨で

あるユーロと，依然国民国家に基づいて運営されている経済政策との間の本質的な対立にある[86]．グローバル化の進むポスト・ウェストファリアの時代にあっては，ユーロ危機をはじめ，もはや国民国家的な次元で問題を解決することは不可能であり，よって危機の根本的な解決のためには，ますます時代遅れとなり統治能力を欠くようになっている国民国家・政府に代わり，より超国家的な方向へ統合を推し進め，ヨーロッパ・レベルでの解決に委ねるしかないとして，More Europe 路線を提唱する．2012 年末には，ヨーロッパ委員会から EMU の深化に向けた統合計画が提示され[87]，2015 年 6 月末には，ギリシャ危機への対応に追われる中，EU は 2025 年までに EMU を完成させるための措置を打ち出したレポートを公表した[88]．作成者はヨーロッパ委員会委員長のユンケルで，これに EU 大統領のトゥスク，ユーログループ議長のディーゼルブローム，ECB 総裁のドラギ，ヨーロッパ議会議長のシュルツという，EU 主要機関トップの錚々たるメンバーが協力者として加わっている．また，そのロードマップを見ると，いかに彼らが統合の運営やガバナンスにおける説明責任や正当性を意識し，制度の強化や統合に対する信頼の回復を図ろうとしているかがわかる（表 7-2）．実際，ユーロ危機は，経済・金融危機に留まらず，ヨーロッパ統合の政治的・民主主義的正当性や EU の制度やガバナンス，さらには統合戦略のあり方とも深く関わっている[89]．EU 当局や統合推進派は，More Europe 路線の追求を通じて国民国家による政治・法・社会秩序をヨーロッパによるそれに置き換えようとしているが，それによってユーロ危機の根本的な解決が可能となり，ヨーロッパ統合は再びかつてのような輝きを取り戻すことができるようになるのであろうか．そもそもそのような超国家的な秩序への転換は，如何にして政治的，民主主義的に正当化されうるのであろうか．

　実際，危機が発生して以降，多くの対策や改革が，ほとんど民主主義的な手続きを十分経ずに，いわば危機のどさくさに紛れてなし崩し的に導入されることになった．その最たるものが，トロイカによって危機に陥った国々に対して押し付けられた厳しい緊縮政策であった．当該国の政府はもとより，議会もろくに審議を許されず，トロイカの政策を受け入れざるを得なかった．ギリシャの場合，他ならぬトロイカの一員であり，危機対策推進の当事者である IMF 自身が，ギリシャで行われている構造調整策が著しく社会的公正を欠いており，

表 7-2 完全な経済・通貨同盟に向けたロードマップ

第1ステージ　2015年7月1日～2017年6月30日
差し迫ったステップ
経済同盟 ・収斂，雇用，成長の新たな押し上げ
金融同盟 ・銀行同盟を完成させる ・資本市場同盟を開始する ・ヨーロピアン・システミック・リスク・ボードを強化する
財政同盟 ・新たなヨーロッパ財政諮問委員会
民主主義的な説明責任，正当性，制度の強化 ・ヨーロピアン・セメスターを改善する ・ヨーロピアン・セメスターの一部として議会の管理を強化する ・ヨーロッパ議会と各国議会の協力水準を高める ・ユーログループの舵取りを強化する ・ユーロ圏の統合された対外代表へのステップを取る ・安定・協調・ガバナンス条約，ユーロ・プラス・パクトの関連部分，SRF（単一破綻処理基金）に関する政府間協定をEU法の枠組みに統合する

第2ステージ
EMUの構造を完成させる
経済同盟 ・収斂過程を定式化しより拘束的にする
財政同盟 ・ユーロ圏のマクロ経済安定化機能をセットアップする
民主主義的な説明責任，正当性，制度の強化 ・ヨーロッパ安定化メカニズム（ESM）をEUの法的枠組みに統合する ・ヨーロッパレベルで説明責任を負うユーロ圏財務省をセットアップする

遅くとも2025年までの最終ステージ

出所：European Commission (2015), *Completing Europe's Economic and Monetary Union*, Report by Junker,J-C., in close cooperation with Tusk, D, Dijsselbloem, J. Draghi, M. and Schulz, M. pp. 20-1 より作成．

そのために政策の実行が困難になっていることを明確に認めていた．

「ギリシャの財政調整は，裁量的な支出（年金・社会保障）関係の著しい支出削減と給与所得者への著しい課税を内容とする．富裕層や自営業者は著し

い規模で脱税を行っている．非生産的な公的部門は限定的にしか削減されていない．労働が著しい調整の負担を負っている．物価は賃金ほどには低下せず，そのため国民の生活水準は悪化している．社会的不公平への高まる意識が，緊縮プログラムへの支持を掘り崩しつつある」[90]．

ギリシャの場合，3度生じた危機の発生により，トロイカによる救済計画が失敗であったことは既に明白であろう．ヨーロッパ委員会を率いることになったユンケルも，委員長就任時にはトロイカが政策の遂行にあたって民主主義的な正当性や説明責任を欠き，社会的インパクトを軽視したことを認めていた[91]．にもかかわらず，3度生じたギリシャ危機でも，トロイカおよび他のユーロ圏諸国はギリシャに対して懲罰的な条件を科そうとするばかりで，ほとんど譲歩を示そうとはしなかった．スティグリッツによれば，「過去にこれほど意図的で破滅的な結果を招いた不況の例はなかった」[92]にもかかわらず．

実際，今回の危機を通じてEU機関の権限は格段に強化されることになった．ECBは，金融政策の領域で絶大な影響力を手に入れただけでなく，銀行同盟の発足により，大手銀行の監督・規制権限も手に入れ，ユーロ圏ないしEU最強ともいえる地位にのし上がった．救済に関連しては，ESMのような機関も——但し，EU条約ではなく，国家間の国際条約に基づいて——新たに設立されることになった．EU委員会も，各国の財政主権を差し置いて予算編成にまで介入できるようになった．要するに，今回の危機は，既に見たようなドイツの支配と共に，テクノクラシーすなわち超国家的なテクノクラートによる支配も強めたといえる．

しかし，EUのテクノクラートが，脱政治化された中立的な空間でヨーロッパにとって普遍的な利益のため公平無私に行動するというのは，神話に過ぎない．「EUの首都」であるブリュッセルでは，EUの諸機関や各国政府，様々な利益団体による政治ゲームや活発なロビーイング活動が日夜繰り広げられている．EU諸機関や各国政府，経済エリートが，民主主義的な制約や拘束を受けずにEUの政策を牛耳っている．それは，危機の際の露骨な銀行の救済や，危機再発防止のために取り組まれた銀行構造改革の骨抜き，銀行規制や資産評価の際のご都合主義からも容易に窺える．危機対策の切り札とされた銀行同盟の

創設や証券化の再生，資本市場同盟創設の試みも，監督・規制当局や金融業界の利害と密接に結びついている．ECBの金融政策をめぐっても，同行内外で理事および加盟国政府との間で熾烈な政治闘争が繰り広げられ，ECBによる金融政策の運営には，金融市場の利害ならびに金融業界の意向が強く反映されている．ECBと金融業界の間には，アメリカ同様，公然たる回転ドアが存在し，ECBを退任した元役員が大手金融機関に天下りするケースやその逆のケースは枚挙に暇がない．ECBの独立性など，所詮神話に過ぎない．

　他方，金融業界や産業界へのそれと対照的なのが，ヨーロッパの一般的な国民や労働者，労働組合に対するEU当局や各国政府の対応である．すなわち，労働市場の「弾力化」という名目での賃金や労働条件の引き下げ，財政赤字削減のための福祉・社会保障水準の引き下げなど，ベックのいうように，「銀行や大企業には国家主導の社会主義で臨み，労働者や一般国民には冷酷なネオリベラリズムで臨む」[93]との表現がまさにぴったり当てはまる．しかも，そのような厳しい緊縮政策の実行にもかかわらず，一向に債務が減らない一方で，貧困や不平等が著しく拡大している[94]．ヨーロッパ各国の国民の間には，不平等や貧富の格差拡大に対する怒りが渦巻き，統合は金融機関や大企業，富裕層を利するだけで自らの生活や自国の経済状況も改善しないと考える国民が増え，緊縮政策の効果やその政治的正当性をますます疑わしいものしている．IMFとならぶネオリベラルな構造改革の唱道者であるOECDですら，財政の健全化を含む中長期的な構造改革の推進にあたっては，広範な国民的コンセンサスの形成が重要であることを指摘している[95]．広範な国民的なコンセンサスを欠き，民主主義的な正当性や透明性によって担保されることなく，上からあるいは外部から押し付けられた改革は，決して真の改革にはつながらない．ギリシャの場合も，トロイカ主導の下に2011年から2013年にかけて構造改革が精力的に行われ，2014年には財政のプライマリー・バランスが黒字となり，経済成長もプラスに転じるなど，表面的には改革が成功しているかように見えた．しかし，危機を引き起こした，買弁資本による産業支配，賄賂を通じた利益誘導型政治や恩顧主義，社会的連帯を顧みない富裕層といった旧来の社会構造はほとんど変わっておらず，トロイカ撤収後には再びそのような政治が復活する可能性が高いと見られている[96]．2015年1月に行われた総選挙における急進

左派連合スィリザの勝利は、いかに改革が社会に根付いておらず、国民の不興を買っていたのかを端的に示している。3度生じた危機を経て、結局チプラス政権はユーロ残留のために緊急政策を受け入れることになったものの、上からの「革命」は、けっしてギリシャ社会のあり方を根底から変えることはないだろう[97]。ギリシャとは対照的に、危機対策の優等生と見られ、経済に回復の兆しの見えるスペインでも、ギリシャのスィリザと同様の主張を掲げるポデモスが世論調査で首位に立ち、選挙での躍進が予想されている。他方、フランスでは、極右勢力が台頭している。左右両派の過激主義はポピュリズムとの批判を受けるが、過激主義の台頭は、まさにエリートによる政策の失敗と大衆の疎外によって引き起こされたものに他ならない。イタリアの場合、EUはベルルスコーニを退任に追い込み、モンティを首相に据えたが、自国民から政治的な支持を得ることのできないテクノクラートによる統治は、結局短命に終わった。にもかかわらず、改革主導のため、あるいはEUからの支援を引き出すために、ECBを含む元EU官僚を政治のトップにつけようとする企ては依然なくなってはいない。

EUの政治エリートによるスキャンダルも相次いでいる。なかでも、衝撃的であったのは、フランスの元財務相でIMFの現職専務理事、将来の大統領候補とも目されたストロスカーンのスキャンダルであった。ユーロ危機の最中の2011年5月にニューヨークのホテル滞在中の婦女暴行容疑で逮捕され、IMF専務理事の辞任を余儀なくされた。同事件は和解によって処理されたものの、その後売春斡旋容疑でも逮捕された（結果は同件については無罪）。また、ストロスカーンは、2013年にルクセンブルクの銀行の会長に就任し、翌2014年3月にヘッジファンドを立ち上げたが[98]、結局ファンドは破綻した。いずれの事件も、およそ公職にあったものの振る舞いとは思えない。さらに、2014年には、ヨーロッパ委員会の委員長に就任したユンケルのスキャンダルも発覚した。同スキャンダルは、ルクセンブルクが340社に上る多国籍企業に対して、長年にわたり秘密の特別優遇税制を設けていたことが暴露されたもので、アップルのケースが槍玉に挙がったように、折しも不公正な租税回避に対する世界的な批判が高まり、EUでも不正な脱税防止、徴税強化に取り組もうとする矢先の出来事であった[99]。ルクセンブルクによる便宜供与は、法律上は違法でないといわれるものの、公正でないことは明らかで、長年首相の座にあったユン

ケルが知らないはずはない．しかし，EUが未曾有の危機に直面している中で，発足したばかりの委員会を混乱に追い込むのは得策でなく，弱い委員会はむしろEU各国政府にとっては好都合であるとして，ユンケルに対する追及は見送られることになった[100]．アイルランドやオランダをはじめ他のEU諸国も税負担の低さを売り物に産業立地の促進や金融取引の誘致を図っており，その意味でルクセンブルクだけが問題なのではない．とはいえ，ユンケルはルクセンブルクの首相として長くEUの意思決定の中枢に位置し，EU首脳の中でも数少ない「真のヨーロッパ人」としてヨーロッパのために献身的に努力する人物と見られていただけに，今回のスキャンダルは彼個人および委員会にとっても痛手であったのは間違いない．ユンケルは，委員長就任のスピーチで，EUとヨーロッパの一般市民との間に距離が広がっていることを認めていたが[101]，皮肉にも，自らもそれに加担することになった．2014年11月には，ソクラテス前ポルトガル首相がマネーロンダリングや汚職，脱税容疑で逮捕された．彼は，2005年から2011年まで首相を務め，中道左派社会党に属しながら国民に対して厳しい緊縮政策を強いた当事者にほかならなかった[102]．こうしたヨーロッパの政治エリートによるスキャンダルが，統合への信頼性や構造改革の政治的正当性を傷つけていることは間違いない．

　ハーバーマスによれば，グローバル化した現代社会においては，国家の枠を超えた政治機構とこれを支える意思決定の基盤としてのトランスナショナルな政治的公共圏の形成が不可欠とされ，ヨーロッパ統合はまさしくその先駆的な試みとなるはずであった[103]．特に，ヨーロッパ議会は，そのような政治的公共圏とヨーロピアン・アイデンティティの形成において，重要な役割を演じることが期待されていた．実際，ヨーロッパ議会の権限は危機を経て強化され，ヨーロッパ委員会の委員長を選出する権限も手に入れた．しかし，それによって民主主義の赤字が改善され，統合の政治的正当性が強化されたといえるのであろうか．

　現状では，ヨーロッパ議会への権限移譲の進展も，ハーバーマスのいうような政治的公共圏の形成やヨーロピアン・アイデンティティの形成に結び付いているようには見えない．そもそもヨーロッパ議会は，ユーロ危機対策や危機に陥った国々の救済策にはほとんど関与していない．危機対策の主役は，トロイ

カや閣僚理事会，各国政府であって，ヨーロッパ議会は管轄外に置かれ，脇役ですらない．金融政策はもとより，安定成長協定，ヨーロピアン・セメスター，ESM，銀行同盟，ヨーロッパ戦略投資基金など，ユーロ危機対策に関わる領域や機構は，いずれも委員会やECBの管轄下にある．そうでなくとも，ヨーロッパ議会は，100を超える雑多なグループの集まりで，内的統一性を欠いているといわれる[104]．加えて，ヨーロッパ議会ですら既にロビイストの活発な活動の場となっている．さらに，2014年5月の選挙では，反EU派が躍進した．反EU派も雑多なグループの集まりかつ少数派であり，統合支持派の支配するヨーロッパ議会の方向性を変えるまでには至っていないものの，議会運営がより複雑になったのは間違いない．

　さらに，ハーバーマスによれば，政治的公共圏やヨーロピアン・アイデンティティの形成のためには，ヨーロッパ市民がヨーロッパ議会の選挙を通じてEUの政策に影響を及ぼすことができるだけでは不充分であり，EUの様々な意思決定のプロセスが，国家単位の公論形成の場で市民たちに感知でき，かつ市民が公論形成に参加できるようでなければならない．ヨーロッパ次元での公論形成の場は，国内次元での公論形成の場が相互に開かれ，反応しあうことによってのみ生まれてくる[105]．けれども，ヨーロッパ議会は，EU最大の問題であるユーロ危機に関して，EUの政策に影響を与える立場にはない．ましてやヨーロッパ議会は，国境を越えたヨーロッパ・レベルでの公論形成の場とはなっていない．ヨーロピアン・アイデンティティの形成に関しては，いうまでもないだろう．

　確かに，北部ヨーロッパ諸国の国内においては，長い社会民主主義の伝統もあって，公論形成のための民主主義的な政治プロセスが保障されている．それゆえ危機に遭遇しても，それを克服するための国民的コンセンサスの形成や改革への国民の動員が容易で，現にそのようにして北部ヨーロッパ諸国はこれまでも危機を乗り切ってきた．とはいえ，今回のユーロ危機に際しては，ドイツをはじめ北部ヨーロッパ諸国政府も，危機の重大さとEUおよび南欧諸国に対する支援の必要性に関して，国民あるいは議会に向けて十分な説明と説得を行い，いうなれば丁寧な公論形成のプロセスを踏んで対策に臨んできたようには見えない．危機対策は，国民を置き去りにして，政府とEU機関との間の専ら

秘密裏の交渉を通じて行われてきたといえる[106]．他方，南欧諸国では，政治が不安定で労使関係も敵対的であり，広範な国民のコンセンサスをとりながら改革を進めていくことは容易なことではない．南欧諸国では，公論形成が困難で，構造改革を遂行していくための十分なインフラや環境も整っていない．EUからの改革の押し付けも，政治的，社会的緊張をむしろより高める方向に作用している．

　よって，目下のところ，ハーバーマスの期待するような，ヨーロッパ・レベルでの政治的公論形成の場は存在していないように見える．存在しているのは，各国の政治・経済エリートとEU諸機関との間のネットワークであり，超国家的な統合に対する政治的，民主主義的正当性や説明責任が担保されているとは言い難い．それどころか，ギリシャ危機ではギリシャとドイツをはじめとするユーロ圏の債権国との間で，かつてないあからさまな非難や侮蔑の言葉が飛び交った．

3.2　社会的ヨーロッパに立ちはだかる障害

　ヨーロッパ統合を推進してきたのは，決してネオリベラルな構造改革を志向する勢力だけではない．ヨーロッパの中道左派勢力や労働組合も，ヨーロッパ統合の推進に加わっていた．北欧やドイツの中道左派勢力にとって，統合は自国の社会民主主義的なモデルをヨーロッパに広めるチャンスであり，イギリスのようにサッチャーの登場によって労働組合が壊滅的な打撃を受けた国では，EUレベルでの連帯により失われた影響力を取り戻す手段であった．南欧・中東欧諸国では，労働・生活条件の改善や政治の民主化・近代化につながる途であった．本質的にネオリベラルな性格を有するEMUに，ヨーロッパの中道左派勢力が積極的に加わってきた理由もそこにある．彼らにとってヨーロッパ統合への参加は，社会的ヨーロッパ実現のための戦術的妥協にほかならなかった[107]．

　しかし，ヨーロッパが未曾有の危機に遭遇し，危機の中で格差や不平等が著しく拡大，多くの国々で中道左派が政治的支持を失っている現状では，とてもそのような戦術的妥協が功を奏しているようには見えない．フランスのオランド政権の場合は，まさしくその典型といえる．

　オランドは，2012年5月に保守派の前大統領サルコジを下し，ミッテラン

政権以来十数年ぶりに中道左派の熱い期待を背負って大統領の座に就いた．にもかかわらず，かつてのミッテラン同様，大統領就任後ドイツやEU，金融市場等の圧力によって緊縮政策への転換を余儀なくされ，支持率を史上最低の水準にまで低下させた．福祉や雇用対策の充実，移民との融和，多文化共生といったリベラルな主張を掲げてきたオランド社会党政権にとって，シャルリ・エブド襲撃事件を契機としたイスラム・テロに対する治安強化が政権浮揚の一因になるとすれば，大いなる皮肉といわざるを得ない．

　ユーロ導入後，ドイツにおいても，労働組合や中道左派の期待を背負って社会民主党シュレーダー政権が誕生した．しかし，社会保障制度や労働市場に関してネオリベラルな改革（いわゆるハルツ改革）を推し進めることによって，支持母体である中道左派や労働組合の支持を失い，メルケル率いる中道右派連合に選挙で敗れた．シュレーダー政権下で推し進められた構造改革がドイツ経済の復活につながったとする，今日定着しつつある評価は，中道左派の立場からすれば，容易に受け入れられるものではない．社会民主党は現在キリスト教民主同盟，キリスト教社会同盟と大連立を組んで政権に参加しているが，存在感を示しているようには見えない．それどころか，今回のギリシャ危機では，同じ中道左派政党としてギリシャの現政権を支持してもおかしくないにもかかわらず，社会民主党党首ガブリエルや同じく社会民主党党員でヨーロッパ議会議長のシュルツまでも，チプラス政権を非難する有様であった[108]．ネオリベラルな統合の推進と未曾有の危機の発生は，ヨーロッパの中道左派や労働組合を弱体化させ，社会的ヨーロッパ実現の道をさらに遠ざけているように見える．ユンケルは，社会的ヨーロッパのためにより積極的な役割を果たし，すべての人にとって繁栄をもたらす社会市場経済がうまく機能するよう，各国およびヨーロッパ・レベルでの社会的対話の促進に努めるとしているが[109]，社会的対話の推進は，ヨーロッパ・レベルはもとより，EU各国の国内においてさえ容易ではない．

　さらに，社会的ヨーロッパの実現のためには，EUレベルで格差を是正し，加盟国間の平等を保障する再分配政策の実行，すなわち財政同盟が不可欠となる．社会的ヨーロッパ，統一ヨーロッパの理想も，財政的な基盤なしには立ちゆかない．しかし，そのようなヨーロッパ連邦の実現は遙かな夢でしかなく，

現状ではユーロが機能するために最低限必要な財政連邦主義が求められている[110]．それはユーロの機能的欠陥から生じており，危機に対処するためには強固に統合された財政上の枠組みが必要である一方，ユーロ圏各国の民主主義的に正当化された財政主権は最大限尊重されなければならない．そうした仕組みは，ハーバーマスが「非国家的な超国家的民主主義的秩序（entstaatlichtes supranationales demokratisches Gemeinwesen）」と呼ぶところの，ポスト・ウェストファリアの時代におけるそれにマッチした，独自の財政連邦主義（sui generis fiscal federalism）であるとされる[111]．

けれども，たとえそのような限定的な財政連邦主義であっても，目下のユーロ圏において，その実現は決して容易ではない．マジョーンが指摘するように，ドイツをはじめ国内で豊かな福祉・社会保障制度を持つ加盟国ほど，EUレベルでの大規模な財政移転に消極的である一方，南欧諸国のように国内では不十分な福祉・社会保障制度しか持たない国々ほど財政移転の拡充を望んでいる[112]．社会的ヨーロッパの実現には，今日考えられている以上の財政移転，財政主権の移譲が必要であるものの，それを実現するのには大きな政治的困難が伴う．北部ヨーロッパ諸国では，現状においてさえ根強い不満がある中で，さらなる財政資金移転の拡大に国民の同意を取り付けることは難しい．ドイツ国内では，ドイツにおけるヨーロッパ統合の牽引車であった自由民主党が凋落し，代わりにドイツのためのもう1つの道（Alternative für Deutschland）に代表されるユーロ懐疑派が支持を伸ばしている．今回のギリシャ危機によって，そうした動きにますます拍車がかかるおそれもあり，ドイツの現政権のキリスト教民主同盟のメンバーでヨーロッパ統合に最も好意的とされたショイブレ財務相も，チプラス政権の対応に業を煮やし，ギリシャのユーロ離脱もやむなしとの考えに転じたとされる[113]．ドイツ国内には，ECBによる国債の大規模な購入を通じた量的緩和の推進に対しても，財政同盟を裏口から持ち込もうとしているとして厳しい批判がある．ヨーロッパの歴史を振り返るならば，ドイツのケースがまさにそうであったように，通貨同盟から生じる緊張を克服するために財政連邦さらには最終的に国民国家の形成に至る一方で，通貨同盟を構成していた国々や国民国家を形成していた地域が，格差の拡大や財政を通じた再分配をめぐる争いによって分裂に至ったケースも数多く存在する[114]．危機に

よってユーロ圏各国間で対立や亀裂が深まり，ネオリベラルな構造改革路線が再度強化される中で，ユーロ圏レベルでの連帯強化の可能性も著しく低下しているように見える．

ドイツには，財政移転の拡大に対する強い抵抗や，財政規律や通貨価値の安定への固執に見られるような，いわゆる秩序政策（Ordnung Politik）への著しい拘りがある反面，社会民主主義体制の下で中道右派と中道左派が協力して政権運営を担うという政治的仕組み，労使関係の安定と高い国際競争力を同時に支える共同決定制度，経営者団体と労働組合の間で行われる集団的賃金交渉など，本来社会的ヨーロッパ実現のためのモデルとなりうる仕組みや制度が数多く存在している．にもかかわらず，現状ではそれらはほとんど活かされていない．対ヨーロッパ政策では，専ら前者の特徴のみが前面に出ている．

さらに，More Europe の名の下に EU で進められている規制やルールの調和に関しても，はたしてそれが本当に EU の競争力を高め，経済成長を促すことに貢献しているのか，ますます疑問が投げかけられるようになっている．EU は，経済活性化のため最重要の戦略の一環として20年にわたって域内市場統合を進めてきた．にもかかわらず，なお単一市場の実現には不十分で，EU の当局者によれば，さらなる統合が必要であるという．しかし，マジョーンによれば，過剰な調和と強まる官僚主義が，むしろ競争を阻害し，ダイナミックな経済成長の機会を奪い，反 EU 感情を掻き立てる一因となっている[115]．ドイツの頑迷なオルドリベラリズムと EU の官僚主義との結合は，社会的ヨーロッパにとっておそらく最悪の組み合わせにほかならず，そうした方向での統合の推進は，危機の解決をもたらすどころか，ますます対立や緊張を煽り，反 EU ないし反ドイツ感情を高めることになるだろう．

3.3 ヨーロッパ統合の危機とユーロの運命

最後に，EU のガバナンスおよび統合戦略のあり方も，今回の危機と深く結びついている．EU のガバナンスに関しては，リスボン戦略以来，新たなガバナンス方式として OMC が導入された．OMC は，既に何度も述べているように，構造改革や制度改革を各国の自己責任や自助努力に委ねる，政府間主義に基づくところの本質的にナショナルなアプローチであった．それは，共同体方

式 (Community method) に基づくガバナンス方式とは対極に位置する．

しかし，ユーロ圏各国の間に存在する，産業構造や競争力等の格差，社会モデルや政治・社会構造の相違，そしてそこから生じる改革能力の違いを所与とすれば，改革を競わせるだけでは上手くいかないのは当然であった．そのようなガバナンス方式では，コリングノンのいうように，一貫したサプライサイドの構造改革の推進や，経済成長の促進や雇用の創出を後押しする統一されたマクロ経済的フレームワークを管理・運営していくことはほとんど不可能に近い[116]．その結果，ユーロ導入後，ユーロ圏各国の間で経済構造やパフォーマンスの著しい乖離が生じ，それがユーロ危機につながることになった．EUの当局者自身，EMUの最初の10年が実物経済の収斂に失敗したことを明確に認めている[117]．しかも，そのようなガバナンス方式によって，各国は連帯を強化し共同の行動をとるのではなくて，経済政策を相互に監視しあう状況に置かれ，税の引き下げ競争に象徴されるように，他国を犠牲にして自国が少しでも競争上優位に立とうとする近隣窮乏化策へと走らせている．ピケティも問題視しているように，それがどのような帰結，特に各国の財政にどのような影響をもたらすことになっているかは，もはや説明を要するまでもないだろう．にもかかわらず，危機を脱することができないのは，未だ統合が不十分であるからとして，EU当局は競い合いレジームを強化しネオリベラルな構造改革をさらに強化しようとしている．

しかも，ユーロ圏諸国の場合には，ユーロの縛りによってより過酷な状況の下に置かれている．ユーロは自国の通貨という表象はとるものの，その発行量は自国で管理できず，危機の際に自国の金融システムを救うべく中央銀行や政府も行動することができない[118]．共通通貨といってもいわば外貨のようなもので，危機の際にはEUやECBからの救済を仰がなければならないが，そのためには彼らの命に従わなければならない．EMUないしユーロは，EMS下で鮮明となった国際構造調整の非対称性を是正するはずであったが，ウルフのいうように，現行のそれは「EMSのより強化されたバージョン」[119]にほかならず，EMSの下では可能であった為替レートの切り下げに訴えることもできない．裁量的な財政政策運営の道も封じられている．危機の発生から何年も経つのに未だ危機解決の兆しが見えず，多くの国民が緊縮政策や制度・構造改革

に疲弊する中で，なおかつネオリベラルな改革の実行を迫られている．にもかかわらず，構造改革の実行は容易ではない．

ユーロ圏がこうした悪循環にはまり込むことになったのは，統合戦略のあり方も深く関係している．EU は，通貨統合ないし金融統合をヨーロッパ統合推進の戦略的梃子に据えた．デ・グラウベによれば，その理由は，通貨統合ないし金融統合の推進が，スピルオーバー効果を通じて政治統合への道を容易にすると考えられたからであった[120]．しかし，通貨・金融統合を梃子にして統合戦略は，今回の危機で明らかになったように，経済・金融危機のみならず，政治，社会危機をも引き起こし，統合の全過程を重大なリスクにさらすことになった．しかも，ヨーロッパ統合が未曾有の危機にさらされているにもかかわらず，EU 諸国の間には危機克服のために政治統合に進もうとする意欲は窺えない．最大の鍵を握るドイツのメルケルはといえば，相も変わらず曖昧で不作為の立場をとりつづけ，危機の解決に向けて明確なリーダーシップを発揮しようとしない．ベックによれば，そのような振る舞いこそ，メルケルによるユーロ圏ないしヨーロッパ支配の真骨頂であったが，そうした彼女の振る舞いには，今やドイツ国内からも批判が高まっている[121]．

現在の EU ないしユーロ圏には，危機克服のために不可欠な政治的，社会的連帯を強化する仕組みが決定的に欠けているように見える．あるのは，恒常的ともいえる各国間の対立やいがみ合い，絶えず繰り返されるその場凌ぎの妥協と根本的な問題解決の先送りであり，そのような状況からは，ヨーロッパの市民を鼓舞し，政治同盟への発展やヨーロピアン・アイデンティティの醸成につながるような統合のダイナミズムや動因は生まれようがない．そうであれば，ECB やヨーロッパ委員会をはじめ EU の官僚機構や組織がいくら巨大になり，より強力な権限を有するようになろうと，彼らが拠って立つ基盤は依然脆弱なままであろう[122]．そのような状況がヨーロッパ統合の望ましい姿であるとは到底思えない．

廣田によれば，通貨統合は本来連邦主義と結びついた政治統合の要素であり，通貨統合は連邦主義的な政治統合の枠内でのみ実現可能と見なされていた[123]．ところが，ヨーロッパ統合の中で経済統合が優先され，政治統合が脱落する中で，通貨統合は市場統合を補完する手段となり，ネオリベラルな自由化路線，

消極的統合ないし自由主義的統合の趨勢が支配的となった．機能主義的統合論によれば，「経済統合は，経済的依存・連帯の事実の累積が欧州の政治意識の胚胎をもたらし，政治統合に帰結すると捉えられていたが，経済統合の半世紀の現実は，この展望に反するものとなった」[124]．少数のエリートの主導による統合の推進が，市民の疎外感を強め，欧州レベルでの民主主義と各国レベルでの民主主義の両立が困難となり，EU が福祉・社会保障水準の切り下げを要求するネオリベラルな改革の推進者として各国の国民に映ることで，統合に対する寛容なコンセンサスが失われ，ナショナリズムへの回帰を生んでいる．「単一市場と通貨統合が，グローバルな競争に勝ち残るために競争至上主義を全面的に掲げ，ヨーロッパの連帯を薄め消し去るとすれば，統合の進行が市民の欧州アイデンティティーの形成に貢献しえないのは明白である」[125]という．実際，ネオリベラルな構造改革路線に立って推進されるヨーロッパ統合は，ますますグローバリゼーションと区別が付かなくなっており，ロドリックが指摘するように，ヨーロッパ統合と EU 各国における民主主義との両立が困難となっている[126]．堀田によれば，「現在のヨーロッパにおける社会の不安は，それまでの比較的安定した社会的コンテクストを提供していた国民国家という枠組みの解体に対する不安として表明される．こうした中でのヨーロッパの構築は，その開放性が前面化されるならば，なんら代替的な枠組みを提供することなくナショナルな枠組みを侵食する過程として，グローバル化と同列に位置づけられてしまいかねない」[127]．要するに，ポスト・ウェストファリア的な状況の中で，国民国家の限界が明らかとなっているものの，それに代わるヨーロッパ的な次元での連帯や，ハーバーマスの言う「トランスナショナルな政治的公共圏」は生まれていない．廣田は，EU が危機の根本的な解決を図るには，連邦主義や統合の社会的次元の強化に努め，それらを通じて「市民の欧州」の確立を目指す方向に進まなければならないと締め括っている[128]．けれども，残念ながら，ヨーロッパ統合がそのような方向に向かうことは期待できない．現状のようなネオリベラルな統合路線と政府間主義に基づくガバナンスが支配的な限り，「市民の欧州」，社会的ヨーロッパの実現にむけた統合の発展は困難であり，今後も深刻な危機の繰り返しが避けられそうにない．

　ユーロはこの先いったいどのような運命を辿ることになるのであろうか．

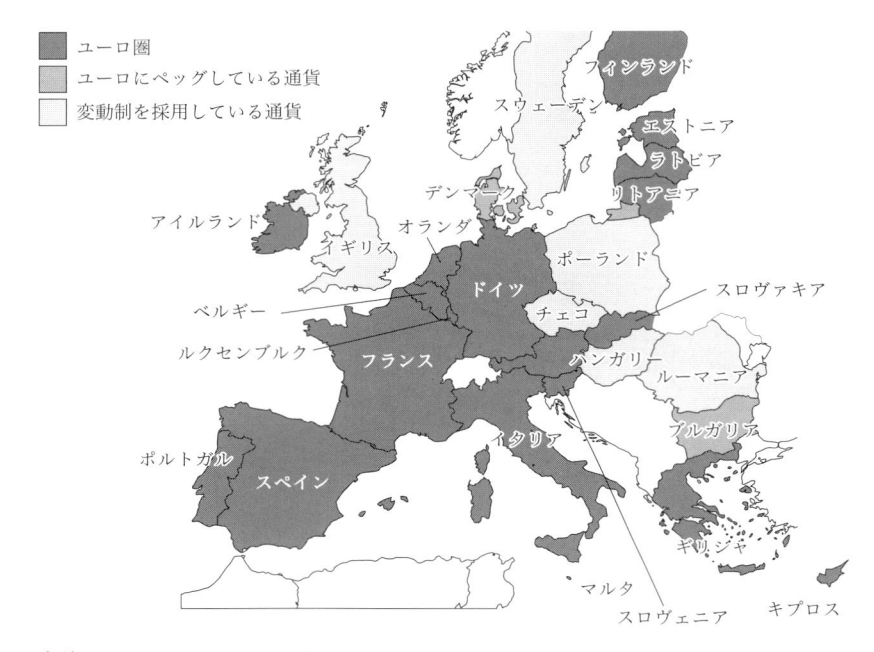

出所：The Economist Online より．

図 7-10　EU の通貨地図（2015 年 1 月現在）

「ユーロは，ヨーロッパを分断するのではなく，ヨーロッパを守る」（ユンケル）[129] という．しかし，EU は既に，ユーロ圏のメンバーと，条件が満たされれば将来ユーロへの参加が見込まれるメンバー，そして非ユーロ圏のメンバー（イギリス，デンマーク，スウェーデン）の3つに分かれている（図 7-10）．第3のメンバーである，デンマークとスウェーデンに関しては，自国通貨がユーロによって振り回される現状を避けるために，ユーロに参加する可能性はなくはないものの，世論のハードルを考えると，参加の可能性は極めて低い．イギリスの場合には，ユーロへの不参加はほぼ確定的で，場合によっては EU からも離脱するかもしれない．

　いうまでもなく，最大の問題は，この先ギリシャのユーロ圏からの離脱がありうるかであろう．これまでユーロの瓦解はもとよりユーロからの離脱もありえないといわれていた．しかし，ヨーロッパの通貨統合の歴史を見れば，通貨

同盟が離脱や分裂により失敗に終わった例はいくつもある．ユーロからの離脱はあまりにもリスクやコストが大きいために，如何なる犠牲を払っても回避されるべきとされていたが，救済をめぐる対立が拗れに拗れて，ギリシャは離脱寸前にまで追いやられることになった．幸か不幸か，土壇場で合意が成立し，ギリシャは当面ユーロに留まれることにはなったものの，依然状況は不透明である．離脱に追いやられた場合に，ギリシャがどのような状況に陥るのかは予想もつかない．その場合，ユーロからの離脱に留まらず，最終的にはEUからの離脱に追い込まれるのかもしれない．そして，一旦ユーロへの参加が不可逆的でないとなれば，次にユーロ離脱に追いやられる国が出ることになるかもしれない．イタリアのような大国が離脱に追いやられるようなことになれば，ユーロの崩壊も避けられそうにない．

　ギリシャがどうなるかの最大の鍵を握っているのは，ドイツであることはいうまでもない．第2次世界大戦後のヨーロッパ統合において，ドイツ人は戦争の贖罪もあって他のヨーロッパ諸国に対して常に善き隣人を演じてきた．そして，ユーロ危機発生以降，必ずしも自ら望んでいたわけではないにもかかわらず，ドイツはユーロ危機対策で主導的な地位に立たされることになった．ドイツは，銀行同盟の下での債務の共同化やユーロ共同債の発行など財政統合につながる動きには悉く反対し，銀行構造改革やECBの量的緩和にも抵抗を見せるなど，あたかもヨーロッパ統合の前進を妨害しているかのように見える．そのため，ドイツおよびドイツ人は多方面から批判にさらされている．しかし，ドイツ人の立場からすると，救済のために既に相当額の財政負担を余儀なくされており，さらなる財政負担の拡大に抵抗するのはある意味当然ともいえる．危機におけるギリシャ政府の対応はドイツ人を苛立たせ，今や多くのドイツ人が，政府の救済策を失敗と見なし，ギリシャのユーロからの離脱を望んでいるといわれる[130]．実際，2度にわたる大戦の敗戦を受けて，ドイツ人1世帯当たりの資産（51,400ユーロ）はヨーロッパで最低のレベルで，南欧諸国の方が1世帯当たりの資産は多く，ギリシャのそれはドイツの2倍に相当すると見積もられている[131]．しかも，EU最大の経済力を誇るドイツでさえ，既に見たように経済・所得格差の拡大が進行している．そのような状況でドイツの一般国民が負担に消極的になるのは無理もない．他方，ギリシャをはじめ南欧諸国でも

一般の国民は危機に苦しむ一方，富裕層は密かに資産を海外に移すなど抜け目なく振る舞っている．危機を引き起こした銀行も，巧妙に負担を政府や社会に転嫁した．ピケティのいうように，ヨーロッパには公的債務など即座に帳消しできるだけの豊かな民間資産があるというのに，政府や国民は公的債務に苦しめられている[132]．ヨーロッパの不幸は，こうした著しい格差や社会的不公正をそのままに，危機の中でドイツ人対ギリシャ人というように国家と国家，国民と国民とが対立する状況に置かれていることである．そのことが，ナショナリズムや排外主義を煽っている．強固な連帯や結束ではなく，互いを監視し，競わせ，従わない者には懲罰を加えるEUのガバナンスのあり方もその一因となっているのは間違いない．いずれにしても今後のギリシャへの対応が，ユーロおよびヨーロッパ統合の先行きを占う上で重要な試金石となろう．

むすびにかえて

　ユーロ危機を経て，EMUならびにユーロは，ネオリベラルなプロジェクトとしてのその本質をより鮮明にしつつある．経済のグローバル化や新興国への経済の重心の移転，西欧資本主義没落への危機意識やヨーロッパの衰退への焦燥感が，EUのエリートをしてネオリベラルな構造改革の推進に駆り立て，危機を経てEUからの統制と競い合いレジームの再強化へと走らせている．そのような状況で，各国の社会的セーフティネットが弱体化し，福祉国家の後退が顕著となっている．ハイパー・グローバリゼーションならぬハイパー・ヨーロピアナイゼーションが進行し，ネオリベラルな改革を通じてグローバルな市場へのさらなる統合が進むことで，グローバリゼーションとヨーロピアナイゼーションの区別がますますつかなくなりつつある．
　ポランニーは，ヨーロッパの歴史の考察を通じて，市場の自己調整的な機能は神話に過ぎず，市場の論理が行き過ぎると社会を破壊しかない危険性を明らかにした．今日のヨーロッパでも，市場や競争の論理で統合を進めようとする戦略方法の欠陥がますます明白となっている．社会的な次元における統合や連帯の必要性を無視ないし軽視したまま，ネオリベラルな構造改革を上から圧しつけることで，加盟国間での対立や軋轢，EUに対する反発，移民排斥や反イ

スラム運動の高まりに見られる社会的緊張を増幅している．「ヨーロッパは危機を通じてのみ成長する」とのジャン-モネの言葉をそのままに，危機というより危機こそがまさに統合を発展させるチャンスと捉え，さらなる危機を待望する見方すら見受けられる．しかし，過去はともかく，もはや今日においてそのような見方は，およそ倒錯した思考にほかならない．そのような危機の代償ないし失敗のつけはいったい誰が払うのか．ブリュッセルの官僚やECBの中央銀行家，大手銀行や大手企業，富裕層ではあるまい．危機が更なる統合の発展につながるような時期はもはや過ぎてしまい，むしろヨーロッパの現状は，20世紀前半のヨーロッパを彷彿とさせる．ユーロ危機を克服するためには，経済成長や雇用の回復，格差の是正，社会的排除の解消が必要不可欠であろう．EU各国や国民を互いに競い合わせるのではなくて，国を超えて協力や連帯を強化することが必要であり，そうでなければ，ヨーロッパ統合への信頼も回復されないし，統合のダイナミズムも復活しない．また，各国の直面する政治，社会危機も解消されないだろう．要するに，どのような形でMore Europeを進めるのかが問題なのであって，（新）機能主義的な論理によって正当化されるところの，単なる統合の形式や制度の発展をもはやアプリオリに善と見なすことはできない．現状のような形のMore Europe路線が続く限り，ユーロやヨーロッパ統合の今後も危機に満ちたものにならざるを得ないだろう．その意味で，今日ヨーロッパ統合が直面している未曾有の危機も，今後に続くであろう長い危機の未だ始まりに過ぎないかもしれない．

注
1) European Commission (2010), *Europe 2020 − A strategy for smart, sustainable and inclusive growth, Communication from the Commission*, Brussels.3.3.2010, COM (2010) 2020 final (http://eur-lex.europa.eu/LexUriServ/LexUriServ.do?uri=COM:2010:2020:FIN:EN:PDF), p. 32.
2) OECD (2014), *OECD Economic Surveys European Union*, p. 23.
3) Peter Praet, Member of the Executive Board of the ECB, 'The financial cycle and real convergence in the euro area', at the Annual Hyman P. Minsky Conference on the State of the US and World Economies, Washington D.C., 10 April 2014, Speech (http://www.ecb.europa.eu/press/key/date/2014/html/sp140410.en.html).

4) OECD (2014), *Economic Policy Reforms: Going for Growth*, p. 18.
5) http://trade.ec.europa.eu/doclib/docs/2012/july/tradoc_149807.pdf.
6) EU Commission (2012). 'A Stronger European Industry for Growth and Economic Recovery'. *Communication from the Commission to the European Parliament, the Council, the European Economic and Social Committee and the Committee of the Regions*. Brussels.
7) Deutsche Bank Research (2013), 'Europe's re-industrialisation', *EU Monitor*, November 26, p. 2.
8) http://www.manufacturing.net/blogs/2014/06/reindustrialization-reshoring-jobs-to-the-us
9) Deutsche Bank Research (2013), 'Privatisation in the Euro area: Differing attitudes towards public assets', *Research Briefing: European integration*, August 20.
10) *Ibid.*, pp. 4-5.
11) 国立国会図書館調査及び立法考査局（2014),「フランス：閉鎖する工場等の売却先を探すよう義務づける法律」(http://dl.ndl.go.jp/view/download/digidepo_8716580_po_02600204.pdf?contentNo=1).
12) 『日本経済新聞』2015 年 5 月 9 日朝刊紙面.
13) Deutsche Bank Research (2013), 'Privatisation in the Euro area: Differing attitudes towards public assets', *Research Briefing: European integration*, August 20. pp. 6-7.
14) *Ibid.*, pp. 8-9.
15) *Ibid.*, p. 9.
16) *Ibid.*, p. 10.
17) 『日本経済新聞』2014 年 11 月 21 日朝刊紙面.
18) Eurostat (2015), *Unemployment Statistics* (http://ec.europa.eu/eurostat/statistics-explained/index.php/Unemployment_statistics)
19) http://eur-lex.europa.eu/LexUriServ/LexUriServ.do?uri=COM:2010:2020:FIN:EN:PDF, pp. 18-19.
20) IMF (2011), *Regional Economic Outlook: Europe, Navigating Stormy Waters*, World Economic and Financial Surveys, October (http://www.imf.org/external/pubs/ft/reo/2011/eur/eng/pdf/ereo1011.pdf), p. 6. OECD (2014), *Economic Policy Reforms: Going for Growth* (http://www.oecd.org/eco/growth/overview-of-structural-reform-actions-2014.pdf), p. 19.
21) OECD (2014), *Economic Policy Reforms: Going for Growth*, p. 19; Cheptea, C., Guajardo, J., Halikias, I., Jurzyk, E., Lin, H., Lusinyan, L. and Spilimbergo, A. (2014), 'What Do Past Reforms Tell Us about Fostering Job Creation in Western Europe?', in IMF (2014), *Jobs and Growth: Supporting the European Recovery*, Chapter 5 (https://www.imf.org/external/np/seminars/eng/2014/EurBook/pdf/5.pdf), p. 40.

22) Cheptea, C., Guajardo, J., Halikias, I., Jurzyk, E., Lin, H., Lusinyan, L. and Spilimbergo, A., (2014), pp. 58-62.
23) *Ibid.*, p. 55-7.
24) OECD (2014), *Economic Policy Reforms: Going for Growth*, p. 19.
25) Lusinyan, L. and Muir, D. (2013), 'Assessing the Macroeconomic Impact of Structural Reforms: The Case of Italy', *IMF Working Paper*, WP/13/22 (https://www.imf.org/external/pubs/ft/wp/2013/wp1322.pdf), p. 9.
26) International Monetary Fund (2011), *Regional Economic Outlook: Europe, Navigating Stormy Waters*, World Economic and Financial Surveys, October (http://www.imf.org/external/pubs/ft/reo/2011/eur/eng/pdf/ereo1011.pdf), p. 6; Cheptea, C., Guajardo, J., Halikias, I., Jurzyk, E., Lin, H., Lusinyan, L. and Spilimbergo, A. (2014), p. 40.
27) *Ibid.*, pp. 6-9.; Anderson, D., Barkbu, B., Lusinyan, L. and Muir, D., (2014), 'Assessing the Gains from Structural Reforms for Jobs and Growth', in IMF, *Jobs and Growth: Supporting the European Recovery, Chapter 7* (http://www.imf.org/external/np/seminars/eng/2014/EURbook/pdf/7.pdf).
28) OECD (1994), *The OECD Jobs Study: Facts, Analysis, Strategies* (http://www.oecd.org/els/emp/1941679.pdf); IMF (1999), 'Chronic Unemployment in the Euro Area: Causes and Cures', *World Economic Outlook* (http://www.imf.org/external/pubs/ft/weo/1999/01/0599ch4.pdf), pp. 88-121.
29) Cheptea, C., Guajardo, J., Halikias, I., Jurzyk, E., Lin, H., Lusinyan, L. and Spilimbergo, A. (2014), p. 40.
30) European Commission (2013). *Annual Growth Survey 2014, Communication from the Commission*, COM (2013) 800 (http://ec.europa.eu/europe2020/pdf/2014/ags2014_en.pdf), p. 18.
31) International Monetary Fund (2014), 'Portugal: Eleventh review under the extended arrangement, and request for extension of the arrangement and waivers of applicability of end-march performance criteria', *IMF Country Report* No. 14/102 (http://www.imf.org/external/pubs/ft/scr/2014/cr14102.pdf), pp. 14-5.
32) ドイツですら、IMFによって失業給付や労働に対する課税が高すぎると批判されている (International Monetary Fund (2011), *Regional Economic Outlook: Europe, Navigating Stormy Waters*, pp. 6-9)。
33) http://eur-lex.europa.eu/LexUriServ/LexUriServ.do?uri=COM:2010:2020:FIN:EN:PDF, p. 18.
34) Cafruny, A. and Ryner, M. (2012), 'The global financial crisis and the European Union—the irrelevance of integration theory and the pertinence of critical political economy', in Nousios, P., Overbeek, H. and Tsolakis, A. (ed.) *Globalization and European Integration—Critical approaches to regional order and international relations*, Routledge, p. 256.
35) Vilpišauskas, R. (2012), 'Does Europe 2020 Represent Learning from the Lisbon

Strategy?', in Smith, M.P. (ed.), *Europe and National Economic Transformation — the EU after the Lisbon Decade*, Palgrave macmillan, pp. 201-2.
36) http://eur-lex.europa.eu/LexUriServ/LexUriServ.do?uri=COM:2010:2020:FIN:EN:PDF, p. 20.
37) *Ibid.*, p. 20.
38) OECD (2014), *OECD Economic Surveys European Union*, p. 24.
39) Deutsche Bank Research (2013), 'The Single European Market 20 years on Achievements, unfulfilled expectations & further potential', *EU Monitor*, October 31, pp. 14-5.
40) Majone (2014), *Rethinking the Union of Europe Post-Crisis — Has Integration Gone Too Far?*, Cambridge University Press, pp. 219-20.
41) *Financial Times*, 2014,8.4. (http://www.ft.com/intl/cms/s/0/facfbda8-1be6-11e4-9db1-00144feabdc0.html#axzz3Kj8h67To).
42) Barkub, B. et al. (2012), 'Fostering Growth in Europe Now', *IMF Staff Discussion Note*, European Department, June 28, SDN/12/07, p. 25.
43) European Commission (2013), *Employment and Social Development in Europe 2013*, Directorate-General for Employment, Social Affairs and Inclusion, Directorate A, p. 69.
44) Deutsche Bank Research (2013), Europe's re-industrialisation, *EU Monitor*, November 26, p. 3.
45) *Ibid.*, pp. 8-9.
46) *Ibid.*, p. 9.
47) IMF (2014), 'Portugal: Eleventh review under the extended arrangement, and request for extension of the arrangement and waivers of applicability of end-march performance criteria', *IMF Country Report* No. 14/102 (http://www.imf.org/external/pubs/ft/scr/2014/cr14102.pdf), p. 28.
48) Deutsche Bank Research (2013), Europe's re-industrialisation, *EU Monitor*, November 26, p. 1.
49) http://europa.eu/rapid/press-release_IP-14-2128_en.htm
50) ヨーロッパ戦略基金構想に関しては、以下を参照されたい（星野（2015）「ユーロ危機の新段階とEUによる危機対策の批判的検討」、『同志社商学』第66巻6号）。
51) De Ville, F. and Orbie, J. (2011), 'The European Union's Trade Policy Response to the Crisis: Paradigm lost or reinforced?' *European Integration online Papers* (*ELoP*), Vol. 15, Article 2 (http://eiop.or.at/eiop/pdf/2011-002.pdf), p. 1.
52) Marinescu, N. (2013), 'Current EU Trade Policy: Features and Perspectives', in Răileanu-Szeles, M. (ed.), *Re-Examining EU Policies from a Global Perspectives: Scenarios for Future Developments*, Palgrave macmillan, p. 137.
53) Pauly, C. (2015), 'Europeans Fear Wave of Litigation from US Firms', Spiegel Online, Jan. 26 (http://www.spiegel.de/international/business/eu-fears-ttif-free-trade-agreement-could-spur-litigation-a-1015013.html).

54) Corporate Europe Observatory (2014), 'Civil society call for full transparency in EU-US trade negotiations', 19 May 2014 (http://corporateeurope.org/international-trade/2014/05/civil-society-call-full-transparency-eu-us-trade-negotiations).
55) Pauly, C. (2015).
56) Bertelsmann Stiftung (2013), 'Transatlantic Trade and Investment Partnership (TTIP): Who benefits from a free trade deal?', Global Economic Dynamics, Jun 16th (http://www.bfna.org/sites/default/files/TTIP-GED%20study%2017June%202013.pdf), pp. 14-5. ちなみに, 同推計によれば, TTIP 締結の結果, EU と BRICS 諸国との間の貿易も減少すると予想されている (pp. 15-6).
57) Todhunter, C. (2014), 'The Transatlantic Trade and Investment Partnership (TTIP) Trojan Horse. Selling out Europe to US Corporate Plunder', Global Research, 30 September 2014 (http://www.globalresearch.ca/the-transatlantic-trade-and-investment-partnership-ttiptrojan-horse-selling-out-europe-to-us-corporate-plunder/5405170).
58) European Parliament (2014), 'European Parliament resolution on supporting consumer rights in the digital single market', 24 November 2014 (http://www.europarl.europa.eu/sides/getDoc.do?type=MOTION&reference=B8-2014-0286&language=EN).
59) Wezeman, S.T. & Wezeman, P. (2014), 'Trends in International Arms Transfer, 2013', *SIPRI Fact Sheet*, Stockholm International Peace Research Institute, March (http://books.sipri.org/files/FS/SIPRIFS1403.pdf), pp. 2-3.
60) *Reuters*, 「焦点:「平和主義」か「産業保護」か, 武器輸出規制に揺れるドイツ」, 2014 年 7 月 26 日 (http://jp.reuters.com/article/topNews/idJPKBN0FV01720140726?sp=true).
61) Deutsche Bank Research (2013), 'Privatisation in the Euro area: Differing attitudes towards public assets', *Research Briefing: European integration*, August 20, p. 2.
62) *Ibid*., p. 5.
63) Mariniello, M. (2014), 'Foreign Takeovers need clarity from Europe', *Bruegel policy brief*, Issue 2014/07, December.
64) Deutsche Bank Research (2013), *op. cit*., p. 9.
65) *The Wall Street Journal*, 「ギリシャ危機再来の懸念, 事業や投資が失速―大統領選出が難航」, 2014 年 12 月 23 日 (http://jp.wsj.com/articles/SB11988376816316583367704580352344160382002).
66) International Monetary Fund (2014), *Jobs and Growth: Supporting the European Recovery*, chapter 5, p. 50.
67) *Spiegel Online*, 'DGB-Bilanz zu zehn Jahren Hartz IV: Beschönigt, verschleiert, verfehlt', 26 Dezember 2014 (http://www.spiegel.de/wirtschaft/soziales/hartz-iv-zehn-jahre-dgb-sieht-ziele-verfehlt-a-1010367-druck.html).
68) Der Paritätische Gesamtverband (2013), *Zwishen Wohlstand und Verarumung:*

Deutschland vor der Zerreissprobe. Bericht zur regionalen Armutsentwicklung in Deutschland 2013 (http://www.der-paritaetische.de/index.php?eID=tx_nawsecu redl&u=0&g=0&t=1437359920&hash=563147815a5b5f7f045e8b3d425af42b0559afe f&file=fileadmin/dokumente/2013_armutsbericht/A4_armutsbericht-2013_web. pdf), S. 4.

69) International Monetary Fund (2014), *Jobs and Growth: Supporting the European Recovery*, chapter 5, p. 48.

70) European Commission (2014), Employment and Social Development in Europe 2013, Directorate-General for Employment, Social Affairs and Inclusion, Directorate A, p. 299.

71) Estrada, A., J. Galí and D. LópezSalido (2012), 'Patterns of Convergence and Divergence in the Euro Area', Paper presented at the 13th Jacques Polak Annual Research Conference, Washington. DC, November 8-9, 2012 (https://www.imf. org/external/np/res/seminars/2012/arc/pdf/ELS.pdf).

72) 駐日 EU 代表部 (2014),「EU が進める待ったなしの若年層雇用対策」, EU MG: (http://eumag.jp/feature/b0214/)

73) OECD (2014), *Economic Challenges and Policy Recommendations for the Euro Area*, Better Policies Series, p. 7.

74) United States Department of Labor (2015), 'Economic News Release: Employment Situation, Bureau of Labor Statistics', June 2015 (http://www.bls.gov/news. release/empsit.nr0.htm).

75) European Commission (2014), *EU Employment and Social Situation Quarterly Review*, September, p. 15 (http://ec.europa.eu/social/main.jsp?catId=737&langId =en&pubId=7722&furtherPubs=yes).

76) *Ibid.*, p. 16.

77) *Ibid.*, pp. 16-7.

78) http://eur-lex.europa.eu/LexUriServ/LexUriServ.do?uri=COM:2010:2020:FIN: EN:PDF, p. 13.

79) Nousios, P. and Tsolakis, A. (2012), 'The contested reconstruction of the Belle Époque? Europe 2020, transnational capitalism and political economy of global restructuring', in Nousios, P., Overbeek, H., Tsolakis, A. (ed,), *Globalisation and European Integration—Critical Approaches to Regional Order and International Relations*, Routledge, p. 254.

80) International Monetary Fund (2011), *Regional Economic Outlook: Europe, Navigating Stormy Waters, World Economic and Financial Surveys*, October (http://www.imf.org/external/pubs/ft/reo/2011/eur/eng/pdf/ereo1011.pdf), p. 7.

81) OECD (2013), 'Recruiting Immigrant Workers: Germany' (http://www.oecd-ilibrary.org/docserver/download/8113101e.pdf?expires=1419241321&id=id&acc name=id11181&checksum=78029CB190E6CFBC6D37F6220351F6A0), p. 56.

第 7 章　ユーロ危機とヨーロッパ統合の行方　　　　　　　　　　　　　341

82) *Ibid.*, p. 56.
83) European Commission (2014), Employment and Social Development in Europe 2013, Directorate-General for Employment, Social Affairs and Inclusion, Directorate A, p. 281.
84) *Financial Times*, 'Greece: Dispatches from the brink',19 June 2015 (http://www.ft.com/intl/cms/s/0/b2c235de-166a-11e5-b07f-00144feabdc0.html#axzz3feBYG9Ln).
85) *Bloomberg*, 'Sweden -- Yes, Sweden -- Leads Anti-Immigration Shift', 4 December 2014 (http://www.bloombergview.com/articles/2014-12-04/sweden-yes-sweden-leads-antiimmigration-shift).
86) Enderlein, H., et al., p. 9.
87) European Commission (2012), A Blueprint for a deep and genuine Economic and Monetary Union: Launching a European debate, Press Release, Brussels, 28th November.
88) European Commission (2015), *Completing Europe's Economic and Monetary Union*, Report by Junker, J-C., in close cooperation with Tusk, D., Dijsselbloem, J., Draghi, M. and Schulz, M.
89) Majone, G. (2014), p. 316.
90) International Monetary Fund (2013), 'Greece', *IMF Country Report*, No. 13/20, January, p. 41.
91) Junker, J.C. (2014) *A New Start for Europe: My Agenda for Jobs, Growth, Fairness and Democratic Change*, Political Guidelines for the next European Commission, Opening Statement in the European Parliament Plenary Session Strasbourg, 15 July 2014, p. 8 (http://ec.europa.eu/priorities/docs/pg_en.pdf).
92) *The Wall Street Journal*,「オピニオン」ギリシャ国民投票,「イエス」なら終わりなき不況に＝スティグリッツ氏」, 2015年6月30日 (http://jp.wsj.com/articles/SB12090554170328684804804581079512521453834).
93) Beck, U. (2012), *Das deutsche Europa: Neue Machtlandschaften in Zeichen der Krise, Suhrkamp Verlag GmbH & Co. KG.*（島村賢一訳『ユーロ消滅？　ドイツ化するヨーロッパへの警告』岩波書店, 2013年), 10頁.
94) Darvas, Z. and Wolff, G.B. (2014), 'Europe's Social Problem and Its implications for Economic Growth', *Bruegelpolicybiref* issue 2014/03, April.
95) OECD (2014), *OECD Economic Surveys European Union*, chapter 1 'Reinvigorating the EU Single Market', pp. 25-6.
96) Barber, T. (2014), 'Patronage and bribery will persist in Greece', *Financial Times*, October 28th (http://www.ft.com/intl/cms/s/0/59a36e32-5ae5-11e4-8625-00144feab7de.html#axzz3HtPLTfmM).
97) Fouskas, V.K. & Dimoulas, C. (2013), *Greece, Financialization and the EU*, palgrave macmillan.
98) *Bloomberg*,「ストロスカーン氏がヘッジファンド創設, 20億ドル調達を計画」,

2014 年 3 月 21 日（http://www.bloomberg.co.jp/news/123-N2QTFR6VDKHV01.html）．

99) *Spiegel on line*, 2014. 11. 18 (http://www.spiegel.de/international/europe/eu-debates-new-rules-to-curb-luxembourg-style-tax-loopholes-a-1003402.html).

100) *Ibid*.

101) Junker, J.C. (2014), p. 16.

102) *Financial Times*, 2014 November 18 (http://www.ft.com/intl/cms/s/0/0a4a2cf8-6f22-11e4-8d86-00144feabdc0.html#axzz3KE55BX5O).

103) Habermas, J. (2008), *ACH, EUROPA: Kleine politische Schriften XI*, Shurkamp Verlag（ユルゲン・ハーバーマス，三島・鈴木・大貫訳『ああ，ヨーロッパ』岩波書店，2010 年），142-3 頁．

104) Deutsche Bank Research (2014), 'Euroscepticism gaining currency?: Implications of the EU elections for economic policy', *EU Monitor: European Integration*, March, pp. 3-5.

105) Habermas, J. (2008), 142 頁．

106) Rachman, G. (2015), 'Eurozone's weakest link is the voters', *Financial Times* (http://www.ft.com/intl/cms/s/0/6201efaa-86f4-11e4-982e-00144feabdc0.html#axzz3NL685Ti5).

107) 労働組合や中道左派が何故ネオリベラル色の濃厚な経済・通貨統合に参加することになったのか，その経緯とその狙いについては，以下を参照されたい（星野（2004），「経済のグローバル化とヨーロッパ経済・通貨統合の展開」，立石・星野・津守『現代世界経済システム―グローバル市場主義とアメリカ・ヨーロッパ・東アジアの対応』八千代出版，第 4 章所収，115-7 頁）．

108) *Financial Times*, 'Germany's ruling coalition closes ranks on Greek crisis', 7 June 2015 (http://www.ft.com/intl/cms/s/0/f6ec6932-0d1e-11e5-a83a-00144feabdc0.html#axzz3fg1YfBKT).

109) Juncker, J.C. (2014), p. 16.

110) Enderlein, H., et al. (2012), p. 21.

111) *Ibid*., p. 21.

112) Majone, G. (2014), p. 211.

113) *The Wall Street Journal*,「ドイツの強硬なギリシャ対応，背後に首相と財務相の溝」，2015 年 7 月 9 日（http://jp.wsj.com/articles/SB11807971170009143901604581097251767510960）．

114) 星野（2007），「欧州通貨統合史」，上川・矢後編『国際金融史』（新・国際金融テキスト 2）有斐閣，第 7 章所収．

115) Majone (2014), p. 234.

116) Collingnon, S. (2010), 'The Lisbon Strategy, Macroeconomic Stability and the Dilemma of Governance with Governments (Or Why Europe Is Not Becoming the World's Most Dynamic Economy)', Talani, L.S. (ed.) *The Future of EMU*, palgrave macmillan, p. 165; Majone (2014), pp. 233-4.

117) Praet, P. Member of the Executive Board of the ECB, at the Annual Hyman P. Minsky Conference on the State of the US and World Economies, Washington D. C., 10. April 2014. Speech,; Enderlein, H., et al. (2012).
118) Marsh, D. (2013), EUROPE'S DEADLOCK: How the Euro Crisis Could Be Solved – and Why It won't Happen. Yale University Press（田村勝省訳『ヨーロッパの行き詰まり：ユーロ危機は今後どうなるのか』一灯舎，2014年），p. 32.
119) Wolf, M. (2015), 'Grexit will leave the euro fragile', *Financial Times*, 7 July, 2015 (http://www.ft.com/intl/cms/s/4e5ef8c0-23df-11e5-bd83-71cb60e8f08c).
120) de Grauwe, P. (2009), 'Some Thoughts on Monetary and Political Union', in Talani, L.S. (eds.) *The Future of EMU*, palgrave Macmillan, pp. 27-28.
121) *Spiegel Online*, 'Angela's Ashes: How Merkel Failed Greece and Europe', 3 July 2015 (http://www.spiegel.de/international/europe/merkel-s-leadership-has-failed-in-the-greece-crisis-a-1042037.html).
122) de Grauwe, P. (2009), p. 28.
123) 廣田功（2014），「欧州統合史から見た通貨統合」（吉國眞一・小川英治・春井久志編『揺れ動くユーロ－通貨・財政安定化への道』，蒼天社出版，第2章所収）．
124) 同上論文，90頁．
125) 同上論文，117頁．
126) Rodrik, D. (2011), *The Globalization Paradox-Democracy and the Future of the World Economy*（柴山・大川訳『グローバリゼーション・パラドックス－世界経済の未来を決める三つの道』白水社，2013年），248-54頁．
127) 堀田鉄也（2013），『ヨーロッパ統合正当化の論理』ミネルヴァ書房，168頁．
128) 廣田，前掲論文，117頁．
129) Juncker, J.C. (2014), p. 21.
130) *Spiegel Online*, 'Zukunft der Eurozone: Fünf Lehren aus der Griechenlandkrise', 12 Juli 2015 (http://www.spiegel.de/wirtschaft/soziales/griechenland-europa-steckt-in-einer-tiefen-vertrauenskrise-a-1043294.html).
131) *Spiegel Online*, 'Photo Gallery: Who Should Cover Debts in the Euro Crisis?', 17 April 2013 (http://www.spiegel.de/fotostrecke/photo-gallery-who-should-cover-debts-in-the-euro-crisis-fotostrecke-95546-7.html).
132) Piketty, T. (2013), 568頁．

索引

［ア行］

アジェンダ2010　67
アムステルダム条約　29
アングロサクソン型資本主義　29, 54
安定成長協定　24, 46
域内市場統合　16, 58
移転同盟　4
バイトマン　151, 251
ウィーン・イニシャチブ　270
ヴェーバー　151
エコノミスト　30
オランド　2, 158, 326
オルドリベラリズム　154, 328

［カ行］

影の銀行　81, 224
競い合いレジーム　69, 295
キャメロン　164, 203
共同決定制度　27
銀行同盟　120, 208, 230, 234
銀行連合　209
金融化　7, 55
偶発転換社債　178, 181
グラス・スティーガル法　190
グリーンスパン　278
繰延税金資産　179
クリントン　54
クローニー・キャピタリズム　114
グローバル・インバランス　55
グローバル・サプライ・チェーン　63, 305, 308
景気循環増幅効果　91, 107
ケインズ主義（政策）　28, 131, 158
コンスタンシオ　105, 227

［サ行］

財政協定　9
財政による自動安定化装置　142
最適通貨圏　17, 58
債務の共同化　4
サッチャー（革命）　53, 136
サブプライム・ローン　8
サルコジ　2, 157
自己勘定取引　190
自己資本比率（規制）　176, 214
システミック・リスク　76, 113, 188, 224
資本市場同盟　10, 203, 273
社会的ヨーロッパ　328
ジャン-モネ　335
シュミット　5, 6
シュレーダー（政権）　61, 66, 135, 154, 311, 326
ショイブレ　327
証券化　9, 206
新機能主義　10
新古典派経済学　11, 24
スキオッパ・レポート　8
スティグリッツ　320
政治統合　20
税をめぐる競争　69, 297
漸進主義アプローチ　30
ソロス　110, 279

［タ行］

秩序政策　328
チプラス　166
デ・グラウベ　330
ディリジスム　158
デクシア　95, 111, 114

テクノクラート　150
テクノクラシー　320
ド・ラロジェール（委員会）　95, 118, 207, 222
ドイツ問題　165-6
トゥスク　165
ドラギ　3, 219, 267, 278, 282, 284
トリシェ　150, 152, 285
ドル支配　55
トロイカ　135, 142, 147, 318, 320
ドロール　5, 6, 36
ドロール委員会　27

［ナ行］

ノワイエ　183, 221, 223

［ハ行］

バーゼル1　97
バーゼル2　97, 98
バーゼル3　214, 218
ハーバーマス　323-5, 327
パドア - スキオッパ　5, 97, 220
パパンドレウ　135
パリバ・ショック　87, 119
バルニエ　193
バローゾ　96, 145
ピケティ　279, 329
ビッカーズ・ルール　194
ビックバン・アプローチ　31
フェルドシュタイン　22
フォーディズム　11
フォルティス　95, 111
フォワード・ガイダンス　252
ブレトンウッズ体制　21, 154
ベイル・イン　120, 227
ベック　155, 156, 321
ヘルシュタット銀行　113
ベルルスコーニ　135, 161
包括的経済政策ガイドライン　69
補完性の原理　32
母国監督主義　94, 115
ポスト・ウェストファリア　5, 7, 10, 66, 318, 327
ポデモス　172
ポランニー　334
ボルカー・ルール　174, 194, 221
ボワイエ　277, 285

［マ行］

マーストリヒト条約　6, 27, 44
マネタリスト　30, 31
マリア・ルペン　4, 159
マルク支配　157
ミッテラン　28, 158, 326
メルケル　2, 155
モンティ　2, 28, 135, 161

［ヤ行］

ユーロ・ユーフォリア　12, 45
ユーロ共同債　154, 276, 333
ユーロクラブ　32
ユーロ・スクレローシス　136
ユニバーサルバンキング・システム　188
ユンケル　203, 276, 323, 326
ヨーロッパ2020　10, 144, 146, 294, 298, 301, 302, 315
ヨーロッパ化　65
ヨーロッパ雇用戦略　29, 32
ヨーロッパ戦略投資基金　9, 307
ヨーロピアン・アイデンティティ　20, 324, 330
ヨーロピアン・セメスター　146, 294

［ラ行］

ライン型資本主義　54
ラガルド　119, 253
ラジャン　106, 109
ラホイ　2
リーカネン報告　190, 194
リーマン・ショック　2, 99, 101, 113, 152
リスク・ウェイト資産　176
リスボン戦略　12, 29, 60, 69, 294, 302
流動性規制　214, 220
量的緩和　255, 263, 279

リレーションシップ・バンキング　267, 270
ルービノミックス　54, 83
レッセフェール　92, 96
レバレッジ比率　183, 215, 218
レンツィ　162

[欧文]

ABS　207, 259
AIG　113
BIS　264
BIS view　88
BRICs　50
BRRD　211, 230, 233
CBPP　251
CDO　90, 259
CDS　1, 81, 113, 152
CRT　90
EBA　95, 118, 177, 183
EFSF　2, 4, 146, 176
EIOPA　96, 206
EMS　22, 44, 154, 157, 329
EMU　15, 23, 27, 129
EONIA　77
ERM　35, 44
ESFS　95, 146
ESM　146, 208, 226
ESMA　96, 118
ESRB　146
ESRC　95
EURIBOR　264

Euro Plus Pact　9, 146, 154
Flexicurity　60
FRB view　88
GIIPS　1, 100, 105, 108, 140
IFRS　91, 93, 207
LIBOR　107, 188, 200
LTROs　102, 116, 199, 218, 252
MMF　80, 84, 100
More Europe　13, 294, 328
MROs　255
OMC　32, 60, 65, 69, 328
OMTs　3, 102, 117, 251, 262
PSPP　262
RMBS　99
SBRF　209
SIVs　81
SME　207
SMP　251
SRB　210, 231
SRM　210, 226
SSM　9, 184, 209, 212, 275, 283
TAF　86, 113
TARGET(2)　33, 77, 103, 109
TBTF　111
TFEU　209
TITF　111
TLTROs　255
TTIP　10, 307
WBS　259

著者紹介

星野　郁（ほしの　かおる）

立命館大学国際関係学部教授．1958 年生まれ．九州大学大学院経済学研究科博士課程単位取得満期退学．九州大学助手，國學院大學経済学部専任講師，助教授，教授を経て 2005 年より現職，経済学修士（九州大学）．著作に『ユーロで変革進む EU 経済と市場』東洋経済新報社，1998 年，共著『現代世界経済システム──グローバル市場主義とアメリカ・ヨーロッパ・東アジアの対応』八千代出版，2004 年，『グローバル・エコノミー（第 3 版）』有斐閣アルマ，2012 年，等．

EU 経済・通貨統合とユーロ危機

2015 年 9 月 25 日　第 1 刷発行

定価（本体 5600 円＋税）

著　者　星　野　　　郁
発行者　栗　原　哲　也
発行所　株式会社 日本経済評論社
〒101-0051 東京都千代田区神田神保町 3-2
電話 03-3230-1661／FAX 03-3265-2993
E-mail: info8188@nikkeihyo.co.jp
振替 00130-3-157198

装丁＊渡辺美知子　　　　藤原印刷／高地製本

落丁本・乱丁本はお取替いたします　　Printed in Japan
© HOSHINO Kaoru 2015
ISBN978-4-8188-2365-5

・本書の複製権・翻訳権・上映権・譲渡権・公衆送信権（送信可能化権を含む）は，㈳日本経済評論社が保有します．
JCOPY 〈㈳出版者著作権管理機構　委託出版物〉
本書の無断複写は著作権法上での例外を除き禁じられています．複写される場合は，そのつど事前に，㈳出版者著作権管理機構（電話 03-3513-6969，FAX 03-3513-6979，e-mail：info@jcopy.or.jp）の許諾を得てください．

IMFと世界銀行の誕生 英米の通貨協力とブレトンウッズ会議	牧野裕	6,400 円
アジア通貨危機とIMF 〔オンデマンド版〕グローバリゼーションの光と影	荒巻健二	3,500 円
現代国際通貨体制	奥田宏司	5,400 円
国際通貨体制と世界金融危機 地域アプローチによる検証	上川孝夫編	5,700 円
実証国際経済学	吉田裕司	4,000 円
グローバリゼーションと国際通貨	紺井博則・上川孝夫編	4,700 円
金融危機と政府・中央銀行	植林茂	4,400 円
金融危機と革新 歴史から現代へ	伊藤正直・靎見誠良・浅井良夫編著	4,200 円
金融ビジネスモデルの変遷 明治から高度成長期まで	粕谷誠・伊藤正直・齋藤憲編	8,000 円
通貨統合の歴史的起源 資本主義世界の大転換とヨーロッパの選択	権上康男	10,000 円
シリーズ 社会・経済を学ぶ 通貨・貿易の問題を考える 現代国際経済体制入門	野崎久和	3,000 円
IMF 8条国移行 貿易・為替自由化の政治経済史	浅井良夫	7,600 円

表示価格は本体価（税別）です

日本経済評論社